Übungsbuch Produktionswirtschaft

Maximilian Lukesch · Florian Kellner

Übungsbuch Produktionswirtschaft

Planung, Steuerung und Industrie 4.0

3., überarbeitete und erweiterte Auflage

Maximilian Lukesch
Universität Regensburg
Regensburg, Deutschland

Florian Kellner
Technische Hochschule Rosenheim
Rosenheim, Deutschland

ISBN 978-3-662-68671-3   ISBN 978-3-662-68672-0 (eBook)
https://doi.org/10.1007/978-3-662-68672-0

Die Deutsche Nationalbibliothek verzeichnet diese Publikation in der Deutschen Nationalbibliografie; detaillierte bibliografische Daten sind im Internet über https://portal.dnb.de abrufbar.

Planung/Lektorat: Susanne Kramer
Springer Gabler ist ein Imprint der eingetragenen Gesellschaft Springer-Verlag GmbH, DE und ist ein Teil von Springer Nature.
Die Anschrift der Gesellschaft ist: Heidelberger Platz 3, 14197 Berlin, Germany

Das Papier dieses Produkts ist recycelbar.

Vorwort zur 3. Auflage

Dieses Buch ist das Ergebnis eines Projekts zur Erstellung, Sammlung und Aufbereitung von Übungsaufgaben für den Fachbereich „Produktionswirtschaft" an der Fakultät für Wirtschaftswissenschaften der Universität Regensburg, das die Autoren zwischen dem Wintersemester 2014/2015 und dem Sommersemester 2019 verfolgt haben.

Die Motivation zur Aufnahme und Durchführung dieses Projekts bestand darin, dem Wunsch von Studierenden nach zusätzlichen Übungsaufgaben für die Klausurvorbereitung nachzukommen. Diese Motivation wurde vom dozentenseitigen Wunsch ergänzt, die Selbststudiumskultur der Studierenden zu fördern. Denn der größte Teil erfolgreichen Lernens besteht darin, eigenständig und ohne den Betreuer an der Seite Wissen auf einen unbekannten Sachverhalt anzuwenden.

Über die Jahre hinweg entstand somit eine umfangreiche Loseblattsammlung mit vielen hilfreichen Aufgaben, die laufend erweitert, verbessert und verfeinert wurden. Mit der Erstveröffentlichung im Springer-Verlag wurde diese Sammlung zusammengefasst, neu strukturiert, umfangreich ergänzt und vollkommen neu formatiert.

In der dritten Auflage wurden verschiedene Überarbeitungen und kleinere Korrekturen vorgenommen. Darüber hinaus wurden etliche Rechenaufgaben sowie eine weitere Fallstudie zum Themenbereich „Industrie 4.0" ergänzt.

Im Zentrum dieses Übungsbuchs steht das eigenständige Bearbeiten ausgewählter Probleme der „klassischen" Produktionswirtschaft sowie des modernen Themas „Industrie 4.0". Umfangreiche konzeptionelle Erklärungen zu den Problemstellungen – und damit eine geeignete weitere Stütze für Ihr Selbststudium – finden Sie in unserem Lehrbuch „Produktionswirtschaft: Planung, Steuerung und Industrie 4.0" (3. Auflage, erschienen bei Springer Gabler, 2022; eBook ISBN: 978-3-662-65803-1, Softcover ISBN: 978-3-662-65802-4).

Die Gliederung des Übungsbuchs orientiert sich am Lehrbuch: In den ersten Kapiteln werden die Produktionsfaktoren „Mensch", „Betriebsmittel", „Material" sowie die Grundlage des dispositiven Faktors, die „Information", thematisiert. Daran anschließend werden Problemstellungen der Produktionsplanung und -steuerung behandelt, namentlich die Lineare Programmierung, die Bedarfsrechnung, die Materialbedarfsplanung und die Reihenfolgeplanung. Das Buch schließt mit vier fiktiven Fallstudien zu Themen der „Industrie

4.0". Für den Einstieg in die Kapitel wird jeweils eine kurze thematische Einführung gegeben. Jedes Kapitel besteht aus einem Aufgaben- und einem Lösungsteil.

Sie werden den größten Nutzen aus diesem Buch ziehen, wenn Sie semesterbegleitend die jeweiligen Kapitel parallel zur Vorlesung und Übung bearbeiten. Auf diese Weise, so ist die Hoffnung der Autoren, kann das Buch sein intendiertes Ziel erreichen: Ihnen ein gutes „Trainingswerkzeug" für Ihre fachliche Ausbildung und selbstverständlich auch für Ihre Klausuren zu sein.

Wir wünschen Ihnen erfolgreiche Arbeit mit dem Buch und viel Erfolg für Ihr Studium!

Regensburg, Deutschland   Dr. Maximilian Lukesch, MBA
                                                      Prof. Dr. habil. Florian Kellner

Inhaltsverzeichnis

Abbildungsverzeichnis

Tabellenverzeichnis

Produktionsfaktor „Mensch"

1

Zusammenfassung

Die menschliche Arbeitsleistung ist ein Kernelement betrieblicher Gütererzeugung. Im Zuge der Industrialisierung haben sich sowohl Umfang und Inhalt von Tätigkeiten als auch die Arbeitsrahmenbedingungen in industriellen Betrieben stark geändert. Während die Arbeit des Menschen früher insbesondere manueller Natur war, erfordern heutige Arbeitsumgebungen zunehmend die geistige Kraft des Menschen in verschiedenen Arbeitssystemen.

Um menschliche Arbeitskraft effizient einsetzen zu können, müssen die individuelle Leistungsfähigkeit und Leistungsbereitschaft der Mitarbeiter berücksichtigt werden. Seit Beginn des 20. Jahrhunderts wurden verschiedene Theorien und Ideen entwickelt, um die Leistung des Mitarbeiters über diese beiden Faktoren besser zu erklären. Die Erkenntnisse aus diesen Theorien haben Eingang in das operative Produktionsmanagement gefunden. Die „klassischen" Umsetzungsformen umfassen das Prinzip des „Scientific Management" (auch: Taylorismus), die Ideen der Human-Relations-Bewegung sowie grundlegende Motivationstheorien wie bspw. die Bedürfnishierarchie nach Maslow und die Zwei-Faktoren-Theorie nach Herzberg. Moderne Gestaltungsmöglichkeiten werden aus mehreren wissenschaftlichen Teildisziplinen (bspw. Arbeitspsychologie, Arbeitsmedizin) abgeleitet. Diese stehen unter dem Sammelbegriff der Arbeitswissenschaften.

Aus Sicht der Arbeitswissenschaften wirken nicht einzelne Kräfte, sondern eine Vielzahl von Faktoren gleichzeitig auf die Leistungsfähigkeit und -bereitschaft eines Mitarbeiters. Neben Arbeitsaufgabe, Arbeitsmethode, Arbeitsplatz, Arbeitsumgebung und Arbeitszeit spielt – damals wie heute – insbesondere das Arbeitsentgelt eine bedeutende Rolle. Aus Sicht des operativen Produktionsmanagements ist es daher besonders wichtig, mithilfe passender Methoden das „geeignete" Arbeitsentgelt (Arbeitsentgeltform und -höhe) für verschiedene Tätigkeiten und Leistungen zu bestimmen.

© Springer-Verlag GmbH Deutschland, ein Teil von Springer Nature 2024
M. Lukesch, F. Kellner, *Übungsbuch Produktionswirtschaft*,
https://doi.org/10.1007/978-3-662-68672-0_1

Die Aufgaben dieses Kapitels konzentrieren sich auf die notwendigen Schritte für die Ermittlung und den Vergleich von Arbeitsentgelten:

- Arbeitsaufgaben unterscheiden sich hinsichtlich ihres Schwierigkeitsgrads. Um verschiedene Tätigkeiten vergleichen zu können, werden summarische oder analytische Verfahren zur Arbeitsbewertung durchgeführt.
- Ein weiterer Bestandteil ist die Berechnung der sogenannten Vorgabezeit. Die Vorgabezeit dient als Basis der Leistungsbewertung.
- Mithilfe des Arbeitsschwierigkeitsgrades, der Vorgabezeit und der Normalleistung können verschiedene Lohnformen (Zeit-, Akkord- und Prämienlohn) und das aus ihnen resultierende Arbeitsentgelt berechnet werden.

Nach Abschluss dieser Aufgaben können Sie …

1) … Arbeitsbewertungen nach summarischen und analytischen Verfahren vornehmen.
2) … Auftrags- und Vorgabezeiten berechnen.
3) … verschiedene Lohnformen (Zeit-, Akkord-, Prämien-, Halsey-, Rowanlohn) berechnen und miteinander vergleichen.

Das Lehrbuch „Produktionswirtschaft: Planung, Steuerung und Industrie 4.0" (Florian Kellner, Bernhard Lienland, Maximilian Lukesch, 3. Auflage, Springer Gabler, 2022) vermittelt die für die Bearbeitung dieser Aufgaben nötigen theoretischen Grundlagen in Kapitel 2.2 „Produktionsfaktor ‚Mensch'".

1.1   Aufgaben

Aufgabe 1 – A1: Arbeitsbewertung bei einem Rohrfabrikanten

Die Firma Rohrmeier fertigt Rohre und Schläuche aller Art. Nach Jahren des Wachstums und der Expansion möchte der Leiter der Division „Abwasser & Wasserwirtschaft", Herr Müller, die Berufsgruppen seiner Abteilung neu bewerten.

a) Welche drei allgemeinen Schritte sind für eine personenunabhängige vergleichende Bewertung der Arbeitsschwierigkeit notwendig?
b) Herr Müller hat sich vorerst für die einfache Bewertung nach dem summarischen Rangfolgeverfahren entschieden. Hierzu fertigt er die in Abb. 1.1 abgebildete Beschreibung aller Tätigkeiten in seiner Division an. Wie müsste Herr Müller die einzelnen Tätigkeiten nach dem summarischen Rangfolgeverfahren anordnen?
c) Herr Müller findet die Anordnung nach dem Rangfolgeverfahren praktikabel, jedoch gibt das Verfahren keine Auskunft über die qualitativen Abstände der einzelnen Tätigkeiten. Daher testet er eine Arbeitsbewertung nach dem analytischen Rangreihenverfahren. In Abb. 1.2 sind die Kriterien sowie die Reihenfolge der Tätigkeiten nach dem

1. Produktionshelfer
An den Produktionsmaschinen stehen Mitarbeiter als Produktionshelfer. Ihre Aufgabe ist es, die fertigen Rohrstücke in Kartons zu verpacken. Die benötigte Geschicklichkeit hält sich dabei in Grenzen, doch muss die Arbeit im Stehen verrichtet werden. Zudem stehen die Produktionshelfer unter Zeitdruck, da laufend neue Rohre aus der Maschine kommen – die Arbeitsgeschwindigkeit ist also fest vorgegeben. Die Tätigkeit als Produktionshelfer erfordert keine größere Verantwortung.

2. Gabelstaplerfahrer
Die fertigen Kartons werden mit Gabelstaplern unmittelbar nach dem Verpacken ins Außenlager der Firma gebracht. Die Tätigkeit ist anspruchsvoller als die Tätigkeit der Produktionshelfer: Zwar muss der Fahrer keine körperliche Anstrengung erbringen, jedoch erfordert die Tätigkeit als Gabelstaplerfahrer ein gewisses Maß an Geschicklichkeit, da die Gassen zwischen den Maschinen eng und teilweise unübersichtlich sind.

3. Schichtführer
Neben den Produktionshelfern gibt es pro Schicht jeweils drei Schichtführer, die während der Pausen die Mitarbeiter an den Maschinen ablösen. Zusätzlich müssen die Schichtführer gute Maschinenkenntnisse besitzen, da sie kleinere Störungen beheben sollen. Somit wird diese Arbeit als anspruchsvoll angesehen, da sie nur von gut ausgebildeten Fachkräften absolviert werden kann. Im Vergleich zur Tätigkeit als Gabelstaplerfahrer ist die Tätigkeit als Schichtführer anspruchsvoller, da sie mit mehr Verantwortung verbunden ist.

4. Qualitätsprüfer
In jeder Schicht gibt es einen Qualitätsprüfer, zu dem alle 30 Minuten ein Rohr gebracht werden muss. Der Prüfer misst die Länge und den Umfang der Rohre. Sollte ein Rohr nicht den Qualitätsansprüchen des Unternehmens entsprechen, muss die Produktion an der Maschine gestoppt und die Parameter der Rohrpresse vom Schichtführer neu eingestellt werden. Der Qualitätsprüfer trägt somit große Verantwortung, wenngleich er keine körperlich anstrengende Arbeit verrichten muss. Die Tätigkeit gilt somit als anspruchsvoller als die Arbeit als Produktionshelfer oder Gabelstaplerfahrer, jedoch als einfacher als die eines Schichtführers.

Abb. 1.1 Aufgabe 1-A1: Tätigkeitsliste

Kriterien	Rangfolge der Tätigkeiten						
Geistiges Können	Qualitätsprüfer	>	Schichtführer	>	Gabelstaplerfahrer	>	Produktionshelfer
Geistige Belastung	Schichtführer	>	Qualitätsprüfer	>	Gabelstaplerfahrer	>	Produktionshelfer
Körperliches Können	Schichtführer	>	Gabelstaplerfahrer	>	Qualitätsprüfer	>	Produktionshelfer
Körperliche Belastung	Produktionshelfer	>	Schichtführer	>	Gabelstaplerfahrer	>	Qualitätsprüfer
Verantwortung	Qualitätsprüfer	>	Schichtführer	>	Gabelstaplerfahrer	>	Produktionshelfer
Umgebungseinflüsse	Produktionshelfer	>	Schichtführer	>	Gabelstaplerfahrer	>	Qualitätsprüfer

Abb. 1.2 Aufgabe 1-A1: Sortierung der Tätigkeiten gemäß Genfer Schema

| Tätigkeit | Kriterien | | | | | | | | | | | | |
| | Ordinalskalierung | | | | | | Metrische Skalierung | | | | | | |
	Geistiges Können	Geistige Belastung	Körperliches Können	Körperliche Belastung	Verantwortung	Umgebungseinflüsse	Geistiges Können	Geistige Belastung	Körperliches Können	Körperliche Belastung	Verantwortung	Umgebungseinflüsse	Arbeitswert
Produktionshelfer													
Gabelstaplerfahrer													
Schichtführer													
Qualitätsprüfer													
Gewichtete Anforderungsart													

Abb. 1.3 Aufgabe 1-A1: Vorlage für das analytische Rangreihenverfahren

Genfer Schema abgebildet. Die von Herrn Müller gewählten Gewichtungsfaktoren der Kriterien lauten:

- Geistiges Können: 25 %
- Geistige Belastung: 10 %
- Körperliches Können: 20 %
- Körperliche Belastung: 15 %
- Verantwortung: 20 %
- Umgebungseinflüsse: 10 %

Wie sähe die Rangreihenmatrix (ordinalskaliert und metrisch) nach dem analytischen Rangreihenverfahren aus? Gehen Sie davon aus, dass zwischen den einzelnen Anforderungen jeweils Äquidistanz vorliegt! Welche Arbeitswerte ergeben sich für die vier Berufsgruppen? Nutzen Sie die Vorlage in Abb. 1.3!

d) Wie würden die Tätigkeiten gemäß dem analytischen Rangreihenverfahren entlohnt werden, wenn das Unternehmen einen Zeitlohn von 20 €/h für einen Arbeitswert von 100 % veranschlagt und ein linearer Verlauf der Lohnkurve unterstellt wird?

Aufgabe 1 – A2: Lohnformbewertung bei einem Automobilhersteller

Der Produktionsleiter der Oberpfälzer Motorenwerke überlegt, die angewandte Lohnform in der Montage von Auspuffanlagen zu ändern. Bei der aktuellen Akkord-Vergütung belaufen sich die Lohnkosten für das Montieren eines Auspuffs auf 0,50 € pro Stück.

a) Der Betriebsrat möchte einen festen Zeitlohn von 15 € pro Stunde (h) prüfen lassen. Bei welcher tatsächlichen Leistung eines Monteurs wäre es kostengünstiger, den Zeitlohn zu bezahlen?

b) Der Produktionsleiter könnte sich auch einen Prämienlohn als Kompromiss vorstellen, welcher jede über die Normalleistung hinausgehende Leistung pro Stück vergütet (Mengenprämie): Die erwartete Normalleistung sei 30 Stück pro Stunde bei einem Grundlohn von 12 €/h. Wie hoch darf die Prämie pro zusätzliche Einheit maximal sein, um günstiger als der Zeitlohn von 15 €/h zu bleiben? Der Produktionsleiter schätzt, dass die durchschnittliche tatsächliche Leistung eines geschickten Arbeiters 10 Stück über der Normalleistung liegt.

c) Mitarbeiter Müller schafft es, pro Stunde 45 Auspuffanlagen zu montieren. Ist bei einem Teilungsfaktor von 50 % der Halsey-Lohn oder der Rowan-Lohn vorteilhafter für ihn? Nehmen Sie dabei jeweils einen Grundlohn von 12 €/h an. Es gelte weiterhin die Annahme, dass die erwartete Normalleistung 30 Stück pro Stunde beträgt.

Aufgabe 1 – A3 Lohnformbewertung in einer Glashütte

In einer Glashütte arbeiten mehrere professionelle Glasbläser an der Herstellung kunstvoller Blumenvasen. Der Produktionsleiter denkt über die Implementierung verschiedener Lohnformen (Zeitlohn, Akkordlohn, Mengenprämienlohn) nach. Je nachdem, wie viele Vasen ein Glasbläser pro Stunde herstellt, ergeben sich unterschiedliche Stückkosten. Um herauszufinden, bei welcher tatsächlichen Leistung welche Lohnform am kostengünstigsten ist, möchte der Produktionsleiter verschiedene Szenarien prüfen. Gegeben seien hierzu die in Tab. 1.1 aufgelisteten Daten.

a) Welche Lohnform würde der Produktionsleiter bei Normalleistung aus Kostengesichtsgründen präferieren?

b) Ab welcher tatsächlichen Ausbringungsmenge ist der Prämienlohn teurer als der Akkordlohn?

c) Bis zu welcher tatsächlichen Ausbringungsmenge ist der Akkordlohn günstiger als der Zeitlohn?

d) Wie müsste der Prämiengrundlohn ceteris paribus angepasst werden, damit er bei einer Ausbringungsmenge von 75 Stück ebenso teuer ist wie der Akkordlohn?

e) Der Abteilungspraktikant hat in seinem Studium vom Halsey-Lohn gehört und schlägt ihn als weitere Möglichkeit vor. Wie hoch darf der Halsey-Teilungsfaktor sein, damit die Halsey-Stückkosten unter den Akkordstückkosten liegen? Nehmen Sie eine tatsächlichen Ausbringungsmenge von 65 Stück und einem Halsey-Grundlohn von 20 €/h an!

Tab. 1.1 Aufgabe 1-A3: Ausgangsdaten

Normalleistung	60 Stk/h
Zeitlohn	22 €/h
Stückakkordlohn	0,33 €/Stk
Mengenprämiengrundlohn	18 €/Stk
Mengenprämie	0,50 €/Stk über Normalleistung
Mit: h = Stunde, Stk = Stück	

Aufgabe 1 – A4: Lohnformbewertung bei einem Kugelschreiberhersteller

Ein Kugelschreiberfabrikant ist in finanzielle Schwierigkeiten geraten und muss über Einsparungsmaßnahmen nachdenken. Der neu eingestellte Montageleiter, Herr Heinrich, möchte in einem ersten Schritt die Lohnkosten überprüfen. Vor zwei Jahren wurde auf Bestreben des Betriebsrats ein fester Zeitlohn (in € pro Stunde = h) von 8,50 €/h eingeführt.

a) Herr Heinrich denkt, dass bei einer Akkord-Vergütung mit einer Vorgabezeit von 0,025 min für die Montage eines Kugelschreibers bei einem Akkordrichtsatz von 20 € Lohnkosteneinsparungen gegenüber dem Zeitlohn möglich sind. Hierfür nimmt er an, dass ein Mitarbeiter im Durchschnitt 900 Kugelschreiber pro Stunde bearbeitet (= Normalleistung). Liegt Herr Heinrich mit seiner Vermutung richtig?

b) Der langjährige Mitarbeiter Herr Huber denkt darüber nach, das Unternehmen zu verlassen. Herr Huber wird aufgrund seiner Erfahrung als sehr produktiver Mitarbeiter geschätzt: Er schafft pro Stunde durchschnittlich 1200 Kugelschreiber – dieser Wert liegt weit über der durchschnittlichen Leistung anderer Mitarbeiter von 900 Kugelschreibern pro Stunde (= Normalleistung). Ihm wird daher eine Entlohnung nach dem Rowan-Lohn vorgeschlagen. Dabei soll der Zeitlohnanteil bei 7 €/h liegen. Stellt der Rowan-Lohn für Herrn Huber eine Verbesserung im Vergleich zum ursprünglichen Zeitlohn von 8,50 €/h dar?

c) Wie hoch müsste ceteris paribus der Teilungsfaktor beim Halsey-Lohn liegen, damit Mitarbeiter Huber den gleichen Verdienst wie bei der Entlohnung gemäß dem Rowan-Lohn (Teilaufgabe b)) erhalten würde? Nehmen Sie einen Grundlohn von 7 €/h für den Halsey-Lohn an.

Aufgabe 1 – A5: Lohnformbewertung bei einer Schneiderei

In einer exklusiven Schneiderei in München arbeiten mehrere Schneiderinnen und Schneider an der Herstellung des neuesten Verkaufsschlagers der Herren-Hemdenmode, dem „Schickeria-Wams". Herr Geier, der Besitzer der Schneiderei, denkt über verschiedene Entlohnungsformen für seine Mitarbeiter nach. Die folgenden Lohnformen erscheinen ihm als überlegenswert: Akkordlohn, Mengenprämienlohn, Rowan-Lohn.

Die durchschnittliche Ausbringungsmenge (Stk = Stück) pro Stunde (h) schwankt von Mitarbeiter zu Mitarbeiter (Tab. 1.3). Eine durchschnittliche Leistung von 1,5 Hemden pro Stunde setzt Herr Geier als Normalleistung für alle Schneider fest. Gemäß den Entlohnungsstrukturen seiner Konkurrenz hat er die in Tab. 1.2 festgehaltenen Ausgangsnotizen für seine Überlegungen gemacht.

a) Schneider Rudi überlegt, zu welcher Lohnform er seinem Chef raten würde. Mit einer durchschnittlichen tatsächlichen Leistung von zwei Hemden pro Stunde ist Rudi der produktivste Mitarbeiter. Zeigen Sie rechnerisch, welche Lohnform er präferieren würde.

Tab. 1.2 Aufgabe 1-A5: Ausgangsdaten

Normalleistung	1,5 Stk/h
Stückakkordlohn	23 €/Stk
Mengenprämiengrundlohn	45 €/h
Mengenprämie	5 €/Stk
Rowan-Grundlohn	40 €/Stk
Mit: h = Stunde, Stk = Stück	

Tab. 1.3 Aufgabe 1-A5: Ausgangsdaten zur Leistung der Mitarbeiter

Mitarbeiter	Tatsächliche Leistung in Stk/Stunde
Schneiderin Julia	1,10
Schneider Holger	1,30
Schneiderin Sabrina	1,55
Schneider Rudi	2,00
Schneiderin Mona	1,70
Schneider Mario	1,60
Mit: Stk = Stück	

b) Nach reiflicher Überlegung möchte Herr Geier den Mengenprämienlohn einführen. Als Mengenprämiengrundlohn möchte er 45 €/h zahlen. Als Normalleistung setzt er 1,5 Stk/h an. In Tab. 1.3 sind die tatsächlichen Leistungen der sechs Angestellten abgebildet. Die in Aufgabe a) veranschlagte Mengenprämie verwirft Herr Geier. Berechnen Sie stattdessen die Mengenprämie, mit der Herr Geier insgesamt 280 € Stundenlohn an seine sechs Mitarbeiter auszahlt!

c) Herr Geiers Sohn Justus studiert BWL und schlägt den Halsey-Lohn als weitere Möglichkeit vor. Bei der Erklärung des Lohnkonzepts gelingt es dem Sohn jedoch nicht, die Bedeutung des Halsey-Teilungsfaktors in Bezug auf die anfallenden Stücklohnkosten zu erklären. Helfen Sie aus, indem Sie die Funktion des Halsey-Teilungsfaktors kurz erklären!

Aufgabe 1 – A6: Zeitermittlung bei einem Anlagenbauer

Nach dem Abschluss Ihres Studiums nehmen Sie eine Anstellung bei einem großen mittelständischen Anlagenbauer auf. Ihr erstes Einsatzgebiet ist die Fertigungsabteilung, in der unter anderem Drehscheiben hergestellt werden. Nach der Zeitaufnahme des Herstellungsprozesses sind Ihnen die in Tab. 1.4 abgebildeten Schritte inklusive ihrer Dauer bekannt.

Der Verteilzeitprozentsatz beträgt 10 % der Grundzeit. Die Erholungszeit beträgt für das Rüsten einmalig 0,6 min und für die Ausführung 8 min pro Los. Rüstvorgänge werden nur einmal pro Los durchgeführt.

a) Wie lang ist die Auftragszeit bei einer Losgröße von 200 Drehscheiben?
b) In einer typischen Arbeitsschicht werden zwei Lose produziert. Wie hoch ist der Akkordzuschlag, wenn der Arbeiter einen arbeitsschwierigkeitsorientierten Stundenlohn von 16 € hat und nach einer Schicht einen Tageslohn von 193,26 € verdient hat?

Tab. 1.4 Aufgabe 1-A6: Ausgangsdaten

Schritt	Tätigkeitsart	Dauer (min, Normalzeit)
1	Rüsten: Einbauen des Bohrkopfes sowie Anpassen der Werkbankhöhe	3,00
2	Einspannen des Werkstücks	0,52
3	Löcher anbohren und Bohrung durchführen	0,37
4	Werkstück ausbauen	0,51
5	Rüsten: Ausbauen des Bohrkopfes sowie Herstellen der Neutralstellung der Werkbank	2,00

Mit: min = Minute

Tab. 1.5 Aufgabe 1-A7: Ausgangsdaten

Schritt	Tätigkeitsart	Dauer (min, Normalzeit)
1	Rüsten: Betriebsbereitschaft der Werkzeugmaschinen einschließlich der Werkzeuge sicherstellen	2,50
2	Werkstücke durch manuelle und maschinelle Fertigungsverfahren herstellen	6,24
3	Bauteile durch Trennen und Umformen herstellen	3,23
4	Baugruppen und Bauteile lage- und funktionsgerecht montieren	2,12
5	Bauteile aus unterschiedlichen Werkstoffen zu Baugruppen fügen	1,41

Mit: min = Minute

Aufgabe 1 – A7: Zeitermittlung bei einem Maschinenbauer

Die Drill Master AG stellt Maschinen für den Bergbau her. Für die Produktion eines Scheinwerfergehäuses muss ein Mitarbeiter eine Reihe von Bauteilen und Baugruppen herstellen. Der Arbeitsplan umfasst die in Tab. 1.5 abgebildeten Schritte inklusive ihrer Dauer. In Gesprächen mit den Schichtleitern haben Sie erfahren, dass der Verteilprozentsatz 15 % der Grundzeit beim Rüsten sowie 10 % der Grundzeit bei der Ausführung beträgt. Der Erholungszeitprozentsatz beträgt für das Rüsten 5 % und für die Ausführung 10 %. Der Rüstvorgang erfolgt pro Los einmal.

a) Wie hoch ist die Auftragszeit bei einer Losgröße von 30 Stück? Nehmen Sie dabei an, dass kein separater Abrüstvorgang erfolgt.

b) Pro Schicht wird üblicherweise ein Los produziert. Wie hoch ist der arbeitsschwierigkeitsorientierte Stundenlohnsatz (Akkordgrundlohn) eines Mitarbeiters, wenn der Minutenfaktor 0,25 €/min und der Akkordzuschlag 20 % beträgt?

c) Wie viel verdient der Mitarbeiter pro Schicht? Es gelte nach wie vor, dass pro Schicht ein Los produziert und ein Minutenfaktor von 0,25 €/min angesetzt wird. Ziehen Sie zur Beantwortung Ihr Ergebnis aus Teilaufgabe a) heran!

Aufgabe 1 – A8: Beurteilung von Halsey- und Rowan-Lohn

In einem Unternehmen wird über die Implementierung des Halsey- oder des Rowan-Lohns in der Fertigung nachgedacht. Als Normalleistung wurde vor etlichen Jahren eine Menge von 10 Mengeneinheiten (ME) pro Stunde festgelegt. Der Fertigungsleiter schätzt jedoch, dass die tatsächliche Leistung aufgrund der vielen neu eingeführten technischen Produktionshilfsmittel zum heutigen Zeitpunkt im Intervall von 25 bis 40 Mengeneinheiten (ME) liegt.

Für den Halsey-Lohn werden ein Grundlohn von 8 Geldeinheiten (GE) pro Stunde und ein Teilungsfaktor von 0,5 angenommen. Für den Rowan-Lohn wird ein Grundlohn von 10 GE pro Stunde festgelegt. Zeigen Sie dem Fertigungsleiter, ab welcher tatsächlichen Leistung (in ME) er aus Kostensicht den Halsey- oder Rowan-Lohn für seine Mitarbeiter präferieren würde!

Aufgabe 1 – A9: Arbeitsbewertung bei einem Textilhändler

Ein europaweit handelnder Textilhändler hat in seinem Lager mehrere Schnittmaschinen installiert, mit denen Stoffrollen verarbeitet werden. Unter anderem werden Stoffrollen zu kleineren Rollen umgewickelt sowie Stoff-Coupons geschnitten und gegebenenfalls auf links oder rechts gelegt. Aktuell gibt es an diesen Maschinen vier Arbeitsplätze I-IV, für die eine REFA-Arbeitsbewertung durchgeführt wurde. Im Einzelnen wurden dabei folgende Anforderungsarten geprüft:

- A: Ausbildung, Erfahrung
- B: Handfertigkeit, Geschick
- C: Verantwortung für eigene und fremde Sicherheit
- D: Aufmerksamkeit
- E: Muskelarbeit
- F: Einflüsse durch Lärm, Schmutz, Vibration

Im Rahmen der Arbeitsbewertung wurden die in Tab. 1.6 abgebildeten Rangfolgeplätze der Anforderungsarten bei den einzelnen Arbeitsplätzen festgehalten. Sie wissen des Weiteren, dass der Produktionsleiter zur Berechnung des Arbeitswerts die in Tab. 1.7 abgebildeten Gewichtungen der Anforderungsarten unterstellt hat.

Tab. 1.6 Aufgabe 1-A9 a): Ausgangsdaten zur Arbeitsbewertung

	Rangfolgeplätze					
	A	B	C	D	E	F
Arbeitsplatz I	70	60	65	65	35	20
Arbeitsplatz II	40	60	40	60	25	25
Arbeitsplatz III	45	50	45	55	40	30
Arbeitsplatz IV	80	55	70	70	30	15

Tab. 1.7 Aufgabe 1-A9 a): Ausgangsdaten zur Anforderungsgewichtung

Anforderungsart	A	B	C	D	E	F
Gewichtung	30 %	15 %	5 %	20 %	15 %	15 %

Tab. 1.8 Aufgabe 1-A9
c): Ausgangsdaten

Arbeitswert	Stundenlohn (€)
56,5	38
42,5	34
37	31
33	26
29,5	21
28	18
25,5	9

a) Ermitteln Sie die Arbeitswerte der vier Arbeitsplätze! Was ist die schwierigste Arbeit, was die Leichteste?

b) Ermitteln Sie nun den Stundenlohn, der für die vier Arbeitsplätze auf Basis der Arbeitswerte ausgezahlt werden sollte. Beachten Sie dabei folgende Annahmen:
   • Der tarifliche Mindestlohn beträgt 9,35 € pro Stunde.
   • Der Arbeitnehmer des am höchstbewerteten Arbeitsplatzes erhält 25 € pro Stunde.
   • Es wird eine lineare Beziehung zwischen Stundenlohn und Arbeitswert unterstellt.

c) Der Produktionsleiter zeigt Ihnen nun eine Tabelle und ein Diagramm zu den aufgenommenen Arbeitswerten verschiedener Arbeitsplätze an einem anderen Standort sowie die dazu bisher ausgezahlten Stundenlöhne (Tab. 1.8). Über die Zeit hinweg, so erklärt er Ihnen, habe sich hier wohl weniger eine lineare Beziehung, sondern vielmehr eine logarithmische Beziehung zwischen Arbeitswert und Stundenlohn ausgebildet (Abb. 1.4). Welcher Lohn müsste bezahlt werden, wenn ein Arbeitsplatz mit dem Arbeitswert 60 eingeführt wird und zwischen den historischen Arbeitswerten/Stundenlöhnen eine logarithmische Beziehung angenommen wird?

Aufgabe 1 – A10: Lohnermittlung im Maschinenbau

Bei einem Regensburger Hersteller für Getränkeabfüllanlagen wurde eine großflächige Analyse von Arbeitsplätzen nach dem REFA-System durchgeführt. In Ihrer Abteilung betraf dies die Arbeitsplätze A-D. Bei der Berechnung der Arbeitswerte wurde Tab. 1.9 zugrunde gelegt, die die Rangpunkte jeder Anforderungsart je Arbeitsplatz beinhaltet. In derselben Tabelle befinden sich auch die ermittelten Arbeitswerte der vier Arbeitsplätze.

a) Ermitteln Sie die der Arbeitswertermittlung zugrunde gelegten Gewichtungsfaktoren der einzelnen Anforderungsarten!

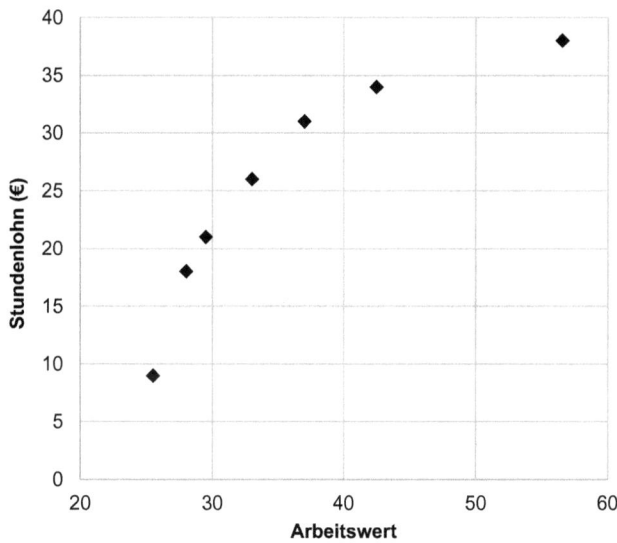

Abb. 1.4 Aufgabe 1-A9 c): Visualisierung des Zusammenhangs zwischen Arbeitswert und Stundenlohn

Tab. 1.9 Aufgabe 1-A10: Ausgangsdaten

		A	B	C	D
Anforderungsart (Abkürzung)	Handwerkliches Geschick (k)	9	12	12	9
	Fachliche Ausbildung (l)	12	3	3	12
	Verantwortung für Betriebsmittel und Material (m)	3	6	12	3
	Belastung durch Umgebungseinflüsse (insb. Lärm) (n)	15	6	0	12
Arbeitswert		9,9	6,9	6,3	8,7

b) Ermitteln Sie nun den Arbeitsstundenlohn der vier Arbeitsplätze. Nehmen Sie an, dass der tarifliche Mindestlohn 9,80 € pro Stunde für Arbeitsplatz C und 10,80 € pro Stunde für Arbeitsplatz B beträgt!

c) Der Mitarbeiter auf Arbeitsplatz D hat von der Arbeitswertermittlung erfahren und erklärt seinem Vorgesetzten, dass er durchaus Verantwortung für Betriebsmittel und Material trägt (Anforderungsart m). Der Vorgesetzte entscheidet, dass der Stundenlohn für Arbeitsplatz D 14,50 € betragen soll. Welcher Rangwert müsste für die Anforderungsart „Verantwortung für Betriebsmittel und Material" bei Arbeitsplatz D vergeben werden, damit gemäß der Rechnung aus Teilaufgabe b) ein Lohn von 14,50 € pro Stunde ermittelt wird?

1.2   Lösungen

Lösung 1 – A1: Arbeitsbewertung bei einem Rohrfabrikanten

▶   **Tipp** Im Lehrbuch „**Produktionswirtschaft: Planung, Steuerung und Industrie 4.0**" finden Sie in Kapitel 2.2.3 ausführliche Erklärungen zur Bewertung der
Schwierigkeit von Arbeitsaufgaben.
  Produktionswirtschaft: Planung, Steuerung und Industrie 4.0, Autoren:
Florian Kellner, Bernhard Lienland, Maximilian Lukesch (3. Auflage, erschienen
bei Springer Gabler, 2022; eBook ISBN: 978-3-662-65803-1, Softcover ISBN: 978-
3-662-65802-4).

a) Die allgemein durchzuführenden Schritte der Arbeitsbewertung lauten:
    1. Arbeits- bzw. Stellenbeschreibung.
    2. Anforderungsanalyse (z. B. nach dem Genfer Schema).
    3. Bewertung der Arbeitsanforderungen (summarisches oder analytisches Verfahren).
b) Im ersten Schritt wird ein paarweiser Vergleich der Tätigkeiten vorgenommen:Tätig-
    keit 1 mit Tätigkeit 2: Tätigkeit 2 ist schwieriger.
    • Tätigkeit 1 mit Tätigkeit 3: Tätigkeit 3 ist schwieriger.
    • Tätigkeit 1 mit Tätigkeit 4: Tätigkeit 4 ist schwieriger.
    • Tätigkeit 2 mit Tätigkeit 3: Tätigkeit 3 ist schwieriger.
    • Tätigkeit 2 mit Tätigkeit 4: Tätigkeit 4 ist schwieriger.
    • Tätigkeit 3 mit Tätigkeit 4: Tätigkeit 3 ist schwieriger.
Nun können die Tätigkeiten nach ihrer Arbeitsschwierigkeit geordnet werden:
Tätigkeit 3 > Tätigkeit 4 > Tätigkeit 2 > Tätigkeit 1.

c) Mithilfe der gegebenen Ordinalskalierungen kann die metrische Skalierung ermittelt
    werden. Über die Verrechnung der einzelnen metrischen Werte mit der Gewichtung
    wird der Arbeitswert bestimmt (Abb. 1.5). Abb. 1.6 zeigt beispielhaft einige Rechen-
    wege zur Ermittlung der einzelnen Felder:

Tätigkeit	Kriterien											
	Ordinalskalierung						Metrische Skalierung					
	Geistiges Können	Geistige Belastung	Körperliches Können	Körperliche Belastung	Verantwortung	Umgebungseinflüsse	Geistiges Können	Geistige Belastung	Körperliches Können	Körperliche Belastung	Verantwortung	Umgebungseinflüsse	Arbeitswert
Produktionshelfer	4	4	4	1	4	1	25 %	25 %	25 %	100 %	25 %	100 %	43,75 %
Gabelstaplerfahrer	3	3	2	3	3	3	50 %	50 %	75 %	50 %	50 %	50 %	55,00 %
Schichtführer	2	1	1	2	2	2	75 %	100 %	100 %	75 %	75 %	75 %	82,50 %
Qualitätsprüfer	1	2	3	4	1	4	100 %	75 %	50 %	25 %	100 %	25 %	68,75 %
Gewichtete Anforderungsart							25 %	10 %	20 %	15 %	20 %	10 %	

Abb. 1.5 Lösung 1-A1 c): Ordinalskalierte und metrische Rangreihenmatrix

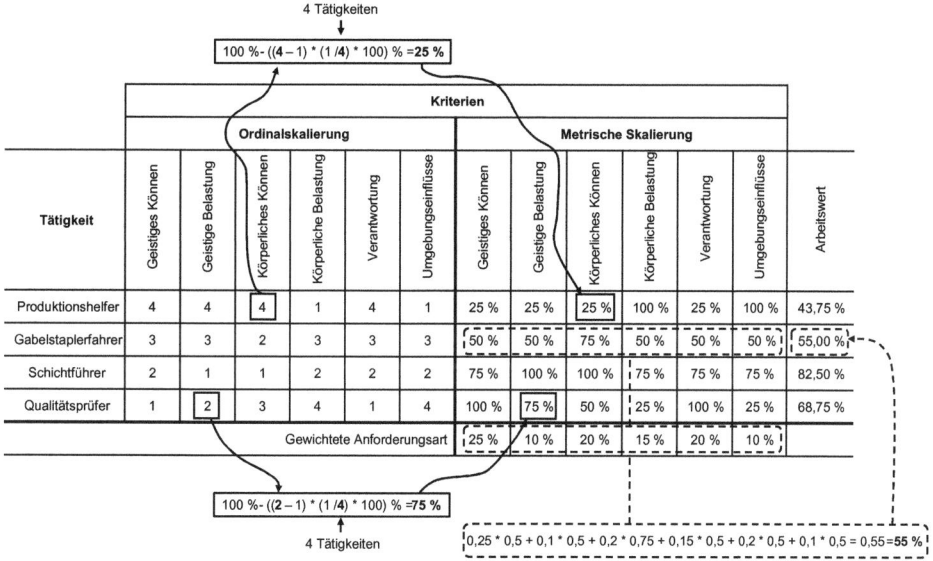

Abb. 1.6 Lösung 1-A1 c): Exemplarische Rechenwege zur Arbeitswertermittlung

- Die ordinalskalierte Rangfolge der Tätigkeiten ergibt sich durch das Auswerten von Abb. 1.2. Da bspw. der Qualitätsprüfer die höchsten Anforderungen an das geistige Können erfüllen muss, erhält er die Rangzahl 1. Abgestuft folgen die Tätigkeiten des Schichtführers (Rang 2), des Gabelstaplerfahrers (Rang 3) und des Produktionshelfers (Rang 4).
- Die metrische Skalierung kann aus der Ordinalskalierung abgeleitet werden. Da es sich um vier Tätigkeiten handelt, zwischen deren Anforderungen Äquidistanz vorliegt, ergeben sich vier Abstufungsschritte (100 %, 75 %, 50 %, 25 %). Jede Anforderungsart, die mit einem Rang von 1 versehen ist, erhält dementsprechend 100 %. Die darauffolgenden Ränge 2, 3 und 4 erhalten 75 %, 50 % und 25 %. Alternativ könnte auch eine metrische Skalierung von 100 %, 66 %, 33 % und 0 % angewandt werden. In dieser Skalierung würde das niedrigste Anforderungsniveau dementsprechend mit 0 bewertet werden. Im Folgenden wird die Skalierung 100 %, 75 %, 50 %, 25 % verwendet.
- Die Arbeitswerte der einzelnen Tätigkeiten ergeben sich durch Multiplikation der metrisch skalierten Anforderungen mit den jeweils hierzu gehörenden, in der Fußzeile vermerkten Gewichten.

d) Mithilfe der in Teilaufgabe c) ermittelten Daten können die Stundenlöhne der verschiedenen Tätigkeiten ermittelt werden (Tab. 1.10).

Tab. 1.10 Lösung 1-A1 d): Entlohnung

Tätigkeit	Arbeitswert	Rechenweg	Gewichteter Lohn (€/h)
–	100 %	–	20,00
Produktionshelfer	43,75 %	$\dfrac{43,75}{100} * 20,00 =$	8,75
Gabelstaplerfahrer	55,00 %	$\dfrac{55}{100} * 20,00 =$	11,00
Schichtführer	82,50 %	$\dfrac{82,50}{100} * 20,00 =$	16,50
Qualitätsprüfer	68,75 %	$\dfrac{68,75}{100} * 20,00 =$	13,75

Mit: h = Stunde

Lösung 1 – A2: Lohnformbewertung bei einem Automobilhersteller

▶ **Tipp** Im Lehrbuch „**Produktionswirtschaft: Planung, Steuerung und Indus-trie 4.0**" finden Sie in Kapitel 2.2.2 ausführliche Erklärungen zur Systematik und Logik der verschiedenen Lohnformen.

Produktionswirtschaft: Planung, Steuerung und Industrie 4.0, Autoren: Florian Kellner, Bernhard Lienland, Maximilian Lukesch (3. Auflage, erschienen bei Springer Gabler, 2022; eBook ISBN: 978-3-662-65803-1, Softcover ISBN: 978-3-662-65802-4).

▶ **Definition** Variablenbezeichnungen:

h = Stunde, k = Halsey-Teilungsfaktor, M = Tatsächliche Leistung, M_N = Normal-leistung, Stk = Stück, S_0 = Grundlohn, S_A = Stundenlohn Akkordlohn, S_H = Stundenlohn Halsey-Lohn, S_P = Stundenlohn Mengenprämienlohn, S_R = Stundenlohn Rowan-Lohn, S_Z = Stundenlohn Zeitlohn.

a) Zur Ermittlung der Lösung müssen die Stundenlohngleichungen beider Lohnformen als Ungleichung aufgestellt und nach der Unbekannten aufgelöst werden. Der Rechen-weg wird durch die folgenden Schritte beschrieben:

$$S_Z = 15\frac{€}{h} \tag{1.1}$$

$$S_Z < S_A \tag{1.2}$$

$$15\frac{€}{h} < \frac{M}{h} * 0,5\frac{€}{Stk} \tag{1.3}$$

$$\frac{M}{h} > 30\frac{Stk}{h} \tag{1.4}$$

Ab einer tatsächlichen Leistung von 30 Stück pro Stunde wäre es günstiger, den Zeitlohn zu zahlen.

b) Zur Ermittlung der Lösung müssen die Stundenlohngleichungen beider Lohnformen als Ungleichung aufgestellt und nach der Unbekannten aufgelöst werden. Der Rechenweg wird durch die folgenden Schritte beschrieben:

$$S_P < S_Z \tag{1.5}$$

$$S_0 + x * (M - M_N) < S_Z \tag{1.6}$$

$$12€ + x * (40 - 30) Stk < 15 € \tag{1.7}$$

$$x < 0,30\frac{€}{Stk} \tag{1.8}$$

Bis zu einer Mengenprämie von 0,30 € pro Stück ist der Mengenprämienlohn günstiger als der Zeitlohn.

c) Zur Ermittlung der Lösungen müssen die Stundenlohngleichungen beider Lohnformen mit den gegebenen Informationen als Gleichung aufgestellt und nach der Unbekannten aufgelöst werden. Der Rechenweg wird durch die folgenden Schritte beschrieben:

Halsey-Lohn

$$S_H = S_0 + S_0 * \frac{M - M_N}{M_N} * k \tag{1.9}$$

$$S_H = 12\frac{€}{h} + 12\frac{€}{h} * \frac{45 - 30}{30} * 0,5 \tag{1.10}$$

$$S_H = 15\frac{€}{h} \tag{1.11}$$

Rowan-Lohn

$$S_R = S_0 + S_0 * \frac{M - M_N}{M} \tag{1.12}$$

$$S_R = 12\frac{€}{h} + 12\frac{€}{h} * \frac{45 - 30}{45} \tag{1.13}$$

$$S_R = 16\frac{€}{h} \qquad (1.14)$$

Nach Berechnung beider Stundenlöhne stellt sich heraus, dass der Rowan-Lohn für Mitarbeiter Müller vorteilhafter wäre.

Lösung 1 – A3: Lohnformbewertung in einer Glashütte

▶   **Tipp** Im Lehrbuch „**Produktionswirtschaft: Planung, Steuerung und Industrie 4.0**" finden Sie in Kapitel 2.2.2 ausführliche Erklärungen zur Systematik und Logik der verschiedenen Lohnformen.
         Produktionswirtschaft: Planung, Steuerung und Industrie 4.0, Autoren: Florian Kellner, Bernhard Lienland, Maximilian Lukesch (3. Auflage, erschienen bei Springer Gabler, 2022; eBook ISBN: 978-3-662-65803-1, Softcover ISBN: 978-3-662-65802-4).

▶ **Definition** Variablenbezeichnungen:
   h = Stunde, k_A = Stückakkordlohn, k_Z = Stücklohnkosten Zeitlohn, k_P = Stücklohnkosten Prämienlohn, M = Tatsächliche Leistung, M_N = Normalleistung, p = Mengenprämie, Stk = Stück, S_0 = Grundlohn, S_P = Stundenlohn Mengenprämienlohn, S_Z = Stundenlohn Zeitlohn.

a) Die Beurteilung der Vorteilhaftigkeit erfolgt über die anfallenden Stücklohnkosten. Für den Akkordlohn sind diese mit 0,33 €/Stk bereits in der Aufgabenstellung gegeben. Für den Zeit- und Mengenprämienlohn errechnen sie sich wie folgt:

Zeitlohn

$$k_Z = \frac{S_Z}{M_N} \qquad (1.15)$$

$$k_Z = \frac{22\,€}{60\,\text{Stk}} = 0{,}37\frac{€}{Stk} \qquad (1.16)$$

Mengenprämienlohn

$$k_P = \frac{S_P}{M_N} = \frac{S_0 + (M - M_N) * p}{M} \qquad (1.17)$$

$$k_P = \frac{18\,€ + \left(60\,\text{Stk} - 60\,\text{Stk}\right)*0,5\,\dfrac{€}{\text{Stk}}}{60\,\text{Stk}} = 0,30\,\frac{€}{\text{Stk}} \qquad (1.18)$$

Aus Kostensicht wird der Produktionsleiter den Mengenprämienlohn bevorzugen. Mit 0,30 €/Stk ist er am günstigsten.

b) Es werden der Stückakkordlohn und die Stücklohnkosten des Prämienlohns in Gleichungsform gebracht. Als Unbekannte wird die tatsächliche Leistung gesetzt.

$$\frac{S_0 + \left(M - M_N\right)*p}{M} > k_A \qquad (1.19)$$

$$\frac{18\,€ + \left(x - 60\,\text{Stk}\right)*0,5\,\dfrac{€}{\text{Stk}}}{x} > 0,33\,\frac{€}{\text{Stk}} \qquad (1.20)$$

$$x > 70,5882\,\text{Stk} \qquad (1.21)$$

Ab einer Ausbringungsmenge von 70,5882 Stück ist der Prämienlohn teurer als der Akkordlohn.

c) Es werden der Stückakkordlohn und die Stücklohnkosten des Zeitlohns in Gleichungsform gebracht. Als Unbekannte wird die tatsächliche Leistung gesetzt.

$$k_A < \frac{S_Z}{M_N} \qquad (1.22)$$

$$0,33\,\frac{€}{\text{Stk}} < \frac{22\,€}{x} \qquad (1.23)$$

$$x < 66,6667 \qquad (1.24)$$

Bis zu einer Ausbringungsmenge von 66,6667 Stück ist der Akkordlohn günstiger als der Zeitlohn.

d) Es werden der Stückakkordlohn und die Stücklohnkosten des Prämienlohns in Gleichungsform gebracht. Als Unbekannte wird der Prämiengrundlohn gesetzt.

$$k_A = \frac{S_0 + \left(M - M_N\right)*p}{M} \qquad (1.25)$$

$$0,33\frac{€}{Stk} = \frac{x + (75\,Stk - 60\,Stk) * 0,5\frac{€}{Stk}}{75\,Stk} \qquad (1.26)$$

$$x = 17,25 \qquad (1.27)$$

Bei einem Prämiengrundlohn von 17,25 €/h wäre der Prämienlohn ebenso teuer wie der Akkordlohn. Der Prämiengrundlohn müsste um 0,75 €/h gesenkt werden.

e) Es werden der Stückakkordlohn und die Stücklohnkosten des Halsey-Lohns in Gleichungsform gebracht. Als Unbekannte wird der Halsey-Teilungsfaktor gesetzt.

$$k_A > \frac{S_0 + S_0 * \frac{M - M_N}{M_N} * k}{M} \qquad (1.28)$$

$$0,33\frac{€}{Stk} > \frac{20€ + 20€ * \frac{65\,Stk - 60\,Stk}{60\,Stk} * x}{65\,Stk} \qquad (1.29)$$

$$x < 0,8700 \qquad (1.30)$$

Bis zu einem Halsey-Teilungsfaktor von 0,8700 liegen die Stücklohnkosten des Halsey-Lohns unter dem Stückakkordlohn.

Lösung 1 – A4: Lohnformbewertung bei einem Kugelschreiberhersteller

▶ **Tipp** Im Lehrbuch „**Produktionswirtschaft: Planung, Steuerung und Industrie 4.0**" finden Sie in Kapitel 2.2.2 ausführliche Erklärungen zur Systematik und Logik der verschiedenen Lohnformen.

Produktionswirtschaft: Planung, Steuerung und Industrie 4.0, Autoren: Florian Kellner, Bernhard Lienland, Maximilian Lukesch (3. Auflage, erschienen bei Springer Gabler, 2022; eBook ISBN: 978-3-662-65803-1, Softcover ISBN: 978-3-662-65802-4).

▶ **Definition** Variablenbezeichnungen:
h = Stunde, k = Halsey-Teilungsfaktor, M = Tatsächliche Leistung, M_N = Normalleistung, min = Minute, Stk = Stück, S_0 = Grundlohn, S_A = Stundenlohn Akkordlohn, S_R = Stundenlohn Rowan-Lohn.

a) Es muss der Akkordlohn pro Stunde berechnet und in Relation zum Zeitlohn gesetzt werden. Der Akkordlohn pro Stunde ergibt sich aus der Multiplikation von Stückzahl (in Stück pro Stunde, hier mit 900 Stück pro Stunde angegeben), Vorgabezeit (in Minuten pro Stück, hier mit 0,025 min pro Stück angegeben) und Minutenfaktor (in € pro Minute).

Der Minutenfaktor ergibt sich durch Division des Akkordrichtsatzes (in € pro Stunde, hier mit 20 € pro Stunde angegeben) geteilt durch 60 (Minuten). In der Aufgabe ergibt sich ein Minutenfaktor von 0,33 € pro Minute. Dies führt zu Gl. 1.31:

$$S_A = 900 \frac{Stk}{h} * 0,025 \frac{min}{Stk} * 0,33 \frac{€}{min} = 7,5 \frac{€}{h} < 8,5 \frac{€}{h} \tag{1.31}$$

Herr Heinrich liegt somit richtig.

b) Es gilt, den Stundenlohn nach dem Rowan-Lohn zu berechnen.

$$S_R = S_0 + S_0 * \frac{M - M_N}{M} \tag{1.32}$$

$$S_R = 7 \frac{€}{h} + 7 \frac{€}{h} * \frac{1200\ Stk - 900\ Stk}{1200\ Stk} = 8,75 \frac{€}{h} \tag{1.33}$$

Der Rowan-Lohn hätte also einen Zusatzverdienst von 0,25 €/h zur Folge.

c) Es werden der Rowan-Stundenlohn aus Teilaufgabe b) und der Halsey-Stundenlohn gleichgesetzt. Als Unbekannte wird der Halsey-Teilungsfaktor gesetzt.

$$S_R = S_0 + S_0 * \frac{M - M_N}{M_N} * x \tag{1.34}$$

$$8,75 \frac{€}{h} = 7 \frac{€}{h} + 7 \frac{€}{h} * \frac{1200\ Stk - 900\ Stk}{900\ Stk} * x \tag{1.35}$$

$$x = 0,75 \tag{1.36}$$

Bei einem Halsey-Teilungsfaktor von 0,75 wäre der Halsey-Stundenlohn ebenso hoch wie der Rowan-Stundenlohn aus Teilaufgabe b).

Lösung 1 – A5: Lohnformbewertung bei einer Schneiderei

▶ **Tipp** Im Lehrbuch „**Produktionswirtschaft: Planung, Steuerung und Industrie 4.0**" finden Sie in Kapitel 2.2.2 ausführliche Erklärungen zur Systematik und Logik der verschiedenen Lohnformen.
Produktionswirtschaft: Planung, Steuerung und Industrie 4.0, Autoren: Florian Kellner, Bernhard Lienland, Maximilian Lukesch (3. Auflage, erschienen bei Springer Gabler, 2022; eBook ISBN: 978-3-662-65803-1, Softcover ISBN: 978-3-662-65802-4).

▶ **Definition** Variablenbezeichnungen:

h = Stunde, k_A = Stückakkordlohn, M = Tatsächliche Leistung, M_N = Normalleistung, min = Minute, p = Mengenprämie, Stk = Stück, S_0 = Grundlohn, S_A = Stundenlohn Akkordlohn, S_P = Stundenlohn Mengenprämienlohn, S_R = Stundenlohn Rowan-Lohn.

a) Schneider Rudi wird diejenige Lohnform empfehlen, bei der sein Stundenlohn am höchsten ist. Zum Vergleich der drei Lohnformen müssen also die jeweiligen Stundenlöhne berechnet werden.

$$S_A = k_A * M = 23\frac{€}{Stk} * 2\frac{Stk}{h} = 46\frac{€}{h} \tag{1.37}$$

$$S_P = S_0 + p*(M - M_N) = 45\frac{€}{h} + 5\frac{€}{Stk} * \left(2\frac{Stk}{h} - 1,5\frac{Stk}{h}\right) = 47,5\frac{€}{h} \tag{1.38}$$

$$S_R = S_0 + S_0 * \frac{M - M_N}{M} = 40\frac{€}{h} + 40\frac{€}{h} * \left(\frac{2\frac{Stk}{h} - 1,5\frac{Stk}{h}}{2\frac{Stk}{h}}\right) = 50\frac{€}{h} \tag{1.39}$$

Rudi würde somit den Rowan-Lohn empfehlen.

b) Es muss der vorgegebene gesamte Stundenlohn von 280 € mit der Formel für den Mengenprämienlohn gleichgesetzt werden. Der Mengenprämiengrundlohn (45 € pro Stunde) wird insgesamt an sechs Schneider ausgezahlt. Davon übertreffen lediglich vier Schneider die veranschlagte Normalleistung. Die tatsächlichen Leistungen der Schneider sind gegeben – ihr jeweiliger Anteil an der insgesamt ausgezahlten Mengenprämie kann also berechnet werden. Als Unbekannte wird die Mengenprämie gesetzt.

$$280€ = 6*45€ + ((1,55 - 1,5)\,Stk + (2 - 1,5)\,Stk + (1,7 - 1,5)\,Stk + (1,6 - 1,5)\,Stk) * x \tag{1.40}$$

$$x = 11,76\frac{€}{Stk} \tag{1.41}$$

Bei einer Mengenprämie von 11,76 € pro Stück über der Normalleistung zahlt Herr Geier insgesamt 280 € Lohn pro Stunde.

c) Der Teilungsfaktor beschreibt die Aufteilung der Sondervergütung der von der Normalleistung abweichenden Ausbringungsmenge zwischen Mitarbeiter und Betrieb. Diese Abweichung kann positiv oder negativ sein: Eine die Normalleistung übersteigende Leistung führt zu einer Belohnung (der Stundenlohn steigt), eine die Normalleistung unterbietende Leistung führt zu einer Bestrafung (der Stundenlohn fällt). Je höher der

Teilungsfaktor, desto größer fällt die Belohnung bzw. Bestrafung für den Mitarbeiter aus – der Betrieb „nimmt nichts" von der Sondervergütung (reagible Stundenverdienstkurve). Je niedriger der Teilungsfaktor, desto weniger reagibel wird die Stundenverdienstkurve – der Betrieb „nimmt" von der Sondervergütung.

Lösung 1 – A6: Zeitermittlung bei einem Anlagenbauer

▶ **Tipp** Im Lehrbuch „**Produktionswirtschaft: Planung, Steuerung und Industrie 4.0**" finden Sie in Kapitel 2.2.3.2 ausführliche Erklärungen zur Ermittlung von Vorgabezeiten.

Produktionswirtschaft: Planung, Steuerung und Industrie 4.0, Autoren: Florian Kellner, Bernhard Lienland, Maximilian Lukesch (3. Auflage, erschienen bei Springer Gabler, 2022; eBook ISBN: 978-3-662-65803-1, Softcover ISBN: 978-3-662-65802-4).

▶ **Definition** Variablenbezeichnungen:

min = Minuten, Stk = Stück, t = Zeit (Indizes: a = Ausführungszeit, er = Erholzeit, g = Grundzeit, r = Rüstgesamtzeit, rg = Rüstgrundzeit, rv = Rüstverteilzeit, rer = Rüsterholzeit, v = Verteilzeit).

a) Die Auftragszeit ergibt sich aus der Addition der Rüstzeit und der Ausführungszeit pro Los.

Rüstzeit

$$t_{rg} = 3\,min + 2\,min = 5\,min \tag{1.42}$$

$$t_{rv} = 5\,min * 0,1 = 0,5\,min \tag{1.43}$$

$$t_{rer} = 0,6\,min \tag{1.44}$$

$$t_r = (5 + 0,5 + 0,6)\,min = 6,1\,min \tag{1.45}$$

Ausführungszeit pro Los

$$t_g = (0,52 + 0,37 + 0,51)\frac{min}{Stk} * 200\,Stk = 280\,min \tag{1.46}$$

$$t_v = 280\,min * 0,1 = 28\,min \tag{1.47}$$

$$t_{er} = 8\,min \tag{1.48}$$

$$t_a = (280 + 28 + 8)\,min = 316\,min \tag{1.49}$$

Die Auftragszeit beträgt (6,1 min + 316 min) = 322,1 min.

b) Die Tagesauftragszeit beträgt (322,1 min * 2) = 644,2 min, da pro Schicht zwei Lose bearbeitet werden. Werden diese 644,2 min mit dem Minutenfaktor (in € pro Minute) multipliziert, so ergibt sich der Tageslohn von 193,26 € (Angabe). Der Minutenfaktor ergibt sich seinerseits aus der Division des Akkordrichtsatzes (in € pro Stunde) durch 60 (Minuten). Der Akkordrichtsatz ergibt sich aus dem arbeitsschwierigkeitsorientierten Stundenlohn plus ebendiesen Stundenlohn mit anschließender Multiplikation mit dem Akkordzuschlag (hier die Unbekannte). Es ergeben sich somit die folgenden Gleichungen:

$$193,26\,€ = \frac{16\dfrac{€}{h} + 16\dfrac{€}{h} * x}{60} * 644,2\,min \tag{1.50}$$

$$x = 0,125 \tag{1.51}$$

Bei einem Akkordzuschlag von 12,5 % erhält der Mitarbeiter einen Tageslohn von 193,26 €.

Lösung 1 – A7: Zeitermittlung bei einem Maschinenbauer

▶   **Tipp** Im Lehrbuch „**Produktionswirtschaft: Planung, Steuerung und Industrie 4.0**" finden Sie in Kapitel 2.2.3.2 ausführliche Erklärungen zur Ermittlung von Vorgabezeiten.
　　Produktionswirtschaft: Planung, Steuerung und Industrie 4.0, Autoren: Florian Kellner, Bernhard Lienland, Maximilian Lukesch (3. Auflage, erschienen bei Springer Gabler, 2022; eBook ISBN: 978-3-662-65803-1, Softcover ISBN: 978-3-662-65802-4).

▶ **Definition** Variablenbezeichnungen:
　　min = Minuten, Stk = Stück, t = Zeit (Indizes: a = Ausführungszeit, er = Erholzeit, g = Grundzeit, r = Rüstgesamtzeit, rg = Rüstgrundzeit, rv = Rüstverteilzeit, rer = Rüsterholzeit, v = Verteilzeit).

a) Die Auftragszeit ergibt sich aus der Addition der Rüstzeit und der Ausführungszeit pro Los.

Rüstzeit

$$t_{rg} = 2,5\,min$$

$$t_{rv} = 2,5\,min * 0,15 = 0,375\,min$$

$$t_{rer} = 2,5\,min * 0,05 = 0,125\,min$$

$$t_r = (2,5 + 0,375 + 0,125)\,min = 3\,min$$

Ausführungszeit pro Los

$$t_g = (6,24 + 3,23 + 2,12 + 1,41)\,min * 30 = 390\,min$$

$$t_v = 390\,min * 0,1 = 39\,min$$

$$t_{er} = 390\,min * 0,1 = 39\,min$$

$$t_a = (390 + 39 + 39)\,min = 468\,min$$

Die Auftragszeit beträgt (3 min + 468 min) = 471 min.

b) Der arbeitsschwierigkeitsorientierte Stundenlohn (hier die Unbekannte) kann über die Formel zur Ermittlung des Akkordrichtsatzes ermittelt werden. Dieser ergibt sich aus der Addition ebendieses Stundenlohns plus den Stundenlohn multipliziert mit dem Akkordzuschlag (hier mit 20 % angegeben). Der Akkordrichtsatz kann seinerseits über den Minutenfaktor (in € pro Minute, hier mit 0,25 € pro Minute angegeben) errechnet werden. Er ergibt sich, indem der Minutenfaktor mit 60 multipliziert wird („ganze Stunden"). Es ergeben sich die folgenden Gleichungen:

$$0,25\,\frac{€}{min} * 60\,\frac{min}{h} = x\,\frac{€}{h} + x\,\frac{€}{h} * 0,2 \tag{1.52}$$

$$x = 12,50\,\frac{€}{h} \tag{1.53}$$

Bei einem Minutenfaktor von 0,25 € pro Minute und einem Akkordzuschlag von 20 % beträgt der arbeitsschwierigkeitsorientierte Stundenlohn 12,50 € pro Stunde.

c) Die Tagesauftragszeit beträgt (471 min * 1) = 471 min, da pro Schicht ein Los bearbeitet wird. Der Tageslohn ergibt sich durch Multiplikation der Tagesauftragszeit mit dem Minutenfaktor (in € pro Minute, hier mit 0,25 € pro Minute angegeben). Der Tageslohn beträgt somit (0,25 * 471) € = 117,75 €.

Lösung 1 – A8: Beurteilung von Halsey- und Rowan-Lohn

▶   **Tipp** Im Lehrbuch „**Produktionswirtschaft: Planung, Steuerung und Industrie 4.0**" finden Sie in Kapitel 2.2.2 ausführliche Erklärungen zur Systematik und Logik der verschiedenen Lohnformen.

Produktionswirtschaft: Planung, Steuerung und Industrie 4.0, Autoren: Florian Kellner, Bernhard Lienland, Maximilian Lukesch (3. Auflage, erschienen bei Springer Gabler, 2022; eBook ISBN: 978-3-662-65803-1, Softcover ISBN: 978-3-662-65802-4).

▶ **Definition** Variablenbezeichnungen:
GE = Geldeinheit, h = Stunde, k = Halsey-Teilungsfaktor, M = Tatsächliche Leistung, ME = Mengeneinheit, M_N = Normalleistung, $S_{0,H}$ = Grundlohn Halsey-Lohn, $S_{0,R}$ = Grundlohn Rowan-Lohn.

Es müssen die Formeln für die Berechnung des Halsey-Lohns und des Rowan-Lohns gleichgesetzt werden. Die Unbekannte ist die tatsächliche Leistung in ME.

$$S_{0,H} + S_{0,H} * \frac{M - M_N}{M_N} * k = S_{0,R} + S_{0,R} * \frac{M - M_N}{M} \tag{1.54}$$

$$8\frac{GE}{h} + 8\frac{GE}{h} * \frac{x\,ME - 10ME}{10ME} * 0,5 = 10\frac{GE}{h} + 10\frac{GE}{h} * \frac{x\,ME - 10\,ME}{x\,ME} \tag{1.55}$$

$$4x^2 - 160x + 1000 = 0 \tag{1.56}$$

Die quadratische Gleichung wird mithilfe der Lösungsformel für die allgemeine quadratische Gleichung (auch: a-b-c-Formel, Mitternachtsformel) aufgelöst.

$$x_{1,2} = \frac{160 \pm \sqrt{160^2 - 4*4*1000}}{2*4} \tag{1.57}$$

$$x_1 \approx 32,25\,ME \text{ und } x_2 \approx 7,75\,ME \tag{1.58}$$

Da in der Angabe vorgegeben wurde, dass sich die tatsächliche Leistung im Mengenintervall von 25 bis 40 ME bewegt, kann x_2 verworfen werden. Der Wechselpunkt der Vorteilhaftigkeit für den Fertigungsleiter ist somit eine tatsächliche Leistung von 32,25 ME. Wird ein jeweils größerer oder ein jeweils kleinerer fiktiver Wert für die tatsächliche Leistung in Gl. 1.55 eingesetzt, so ergibt sich, dass ab einer tatsächlichen Leistung von über 32,25 ME der Rowan-Lohn und unterhalb von 32,25 ME der Halsey-Lohn präferiert werden würde.

Lösung 1 – A9: Arbeitsbewertung bei einem Textilhändler

▶ **Tipp** Im Lehrbuch „**Produktionswirtschaft: Planung, Steuerung und Industrie 4.0**" finden Sie in Kapitel 2.2.3 ausführliche Erklärungen zur Bewertung der Schwierigkeit von Arbeitsaufgaben.

Produktionswirtschaft: Planung, Steuerung und Industrie 4.0, Autoren: Florian Kellner, Bernhard Lienland, Maximilian Lukesch (3. Auflage, erschienen bei Springer Gabler, 2022; eBook ISBN: 978-3-662-65803-1, Softcover ISBN: 978-3-662-65802-4).

a) Die Arbeitswerte ergeben sich jeweils, indem für jeden einzelnen Arbeitsplatz die Rangfolgeplätze mit der zugehörigen Anforderungsgewicht multipliziert und summiert werden. Für Arbeitsplatz I ergibt sich somit bspw. (0,3*70 + 0,15*60 + 0,05*65 + 0,2*65 + 0,15*35 + 0,15*20 =) 54,5. Für die weiteren Arbeitsplätze lauten die Arbeitswerte:
- Arbeitsplatz II: 42,5
- Arbeitsplatz III: 44,75
- Arbeitsplatz IV: 56,5

b) Durch die Zuordnung des Minimal- und Maximallohns zu den beiden Extremwerten der Arbeitswerte und der Anforderung eines linearen Zusammenhangs kann der Stundenlohn der beiden „mittleren" Arbeitswerte berechnet werden, indem die jeweiligen Gleichungen ineinander eingesetzt werden:
(1) $25 = a + b * 56,5$
(2) $9,35 = a + b * 42,5$

Zieht man die zweite Gleichung von der ersten ab, so erhält man $15,65 = b * 14$. Für b ergibt sich somit ein Wert von 1,117857. Wird dieser Wert in Gleichung 1 eingesetzt und nach a aufgelöst, so ergibt sich $a = -38,158929$. Die Formel zur Berechnung der Stundenlöhne lautet also:

$$y(x) = -38,158929 + 1,117857 * x \qquad (1.59)$$

Die Stundenlöhne für alle vier Arbeitsplätze belaufen sich somit auf:

- Arbeitsplatz I (Arbeitswert 54,5): $-38,158929 + 1,117857*54,5 = 22,7643$ €
- Arbeitsplatz II (Arbeitswert 42,5): 9,35 € (aus der Angabe)
- Arbeitsplatz III (Arbeitswert 44,75): $-38,158929 + 1,117857*44,75 = 11,8652$ €
- Arbeitsplatz IV (Arbeitswert 56,5): 25 € (aus der Angabe)

c) Um herauszufinden, welcher Stundenlohn für einen Arbeitsplatz mit dem Arbeitswert 60 auf Basis einer logarithmischen Beziehung zwischen Arbeitswert und Stundenlohn ausgezahlt werden würde, muss zunächst die zugrunde liegende Funktion ermittelt werden. Ausgangspunkt ist die folgende Gleichung, für die es die entsprechenden Koeffizienten a und b zu ermitteln gilt:

$$\hat{y}(x) = a + b * \ln(x) \qquad (1.60)$$

Tab. 1.11 Lösung 1-A9 c):
Berechnung der
Ausgangswerte

Arbeitswert	ln(x)	Stundenlohn (€)
56,5	4,034240638	38
42,5	3,749504076	34
37	3,610917913	31
33	3,496507561	26
29,5	3,384390263	21
28	3,33220451	18
25,5	3,238678452	9

Hierfür wird zunächst der natürliche Logarithmus aller x-Werte (hier der Arbeitswert) berechnet (Tab. 1.11). Nun können die Funktionen zur Ermittlung von Steigung und Achsenabschnitt bei einer linearen Regression angewandt werden:

$$a = \overline{y} - b * \overline{x} \tag{1.61}$$

$$b = \frac{\sum_{i=1}^{N}\left(\left(x_i - \overline{x}\right)*\left(y_i - \overline{y}\right)\right)}{\sum_{i=1}^{N}\left(x_i - \overline{x}\right)^2} \tag{1.62}$$

Als Regressionsfunktion ergibt sich somit der folgende Term:

$$\hat{y}(x) = -96,8238 + 34,4020 * \ln(x) \tag{1.63}$$

Der Stundenlohn für einen Arbeitsplatz mit dem Arbeitswert 60 beläuft sich auf:

$$\hat{y}(60) = -96,8238 + 34,4020 * \ln(60) = 44,0298$$

Lösung 1 – A10: Lohnermittlung im Maschinenbau

▶   **Tipp** Im Lehrbuch „**Produktionswirtschaft: Planung, Steuerung und Indus-trie 4.0**" finden Sie in Kapitel 2.2.3 ausführliche Erklärungen zur Bewertung der Schwierigkeit von Arbeitsaufgaben.

Produktionswirtschaft: Planung, Steuerung und Industrie 4.0, Autoren: Florian Kellner, Bernhard Lienland, Maximilian Lukesch (3. Auflage, erschienen bei Springer Gabler, 2022; eBook ISBN: 978-3-662-65803-1, Softcover ISBN: 978-3-662-65802-4).

a) Um die Anforderungsgewichtungen zu ermitteln, muss ein Gleichungssystem auf-gestellt und durch schrittweise erfolgendes Ineinander-Einsetzen und Auflösen gelöst werden. Begonnen wird mit folgenden Gleichungen:

(1) 9k + 12l + 3m + 15n = 9,9
(2) 12k + 3l + 6m + 6n = 6,9
(3) 12k + 3l + 12m (+ 0n) = 6,3
(4) 9k + 12l + 3m + 12n = 8,7

Zunächst wird Gleichung (4) von Gleichung (1) abgezogen:

$$3n = 1,2 \rightarrow n = 0,4 \qquad (1.64)$$

Nun wird Gleichung (2) von Gleichung (3) abgezogen:

$$6m - 6n = -0,6 \qquad (1.65)$$

Mit der Information, dass n = 0,4 beträgt, kann Gl. 1.65 aufgelöst werden: m = 0,3. m und n werden nun in die Gleichungen (3) und (4) eingetragen:

(3′) 12k + 3l + 3,6 = 6,3
(4′) 9k + 12l + 0,9 + 4,8 = 8,7

Wird (3′) nach k aufgelöst, ergibt sich k = 0,225–0,25l. Dies kann in (4′) eingesetzt werden:

$$9 * (0,225 - 0,25l) + 12l + 5,7 = 8,7 \rightarrow l = 0,1 \qquad (1.66)$$

Nun lässt sich schließlich k ermitteln:

$$k = 0,225 - 0,25 * 0,1 = 0,2 \qquad (1.67)$$

Die Gewichtungen k-n der Anforderungsarten ergeben sich somit als $\{0,2; 0,1; 0,3; 0,4\}$.

b) Durch die Zuordnung zweier gegebener Lohnwerte zu den Arbeitswerten der Arbeitsplätze B und C kann der Stundenlohn der Arbeitsplätze A und D berechnet werden, indem die jeweiligen Gleichungen ineinander eingesetzt werden:
   (1) 10,80 = a + b * 6,9
   (2) 9,80 = a + b * 6,3

Zieht man die zweite Gleichung von der ersten ab, so erhält man 1 = b * 0,6. Für b ergibt sich somit ein Wert von 1,6667. Wird dieser Wert in die erste Gleichung eingesetzt und nach a aufgelöst, so ergibt sich a = −0,7. Die Formel zur Berechnung der Stundenlöhne lautet somit:

$$y(x) = -0,7 + 1,6667 * x \qquad (1.68)$$

Die Stundenlöhne für alle vier Arbeitsplätze belaufen sich auf:

- Arbeitsplatz A (Arbeitswert 9,9): −0,7 + 1,6667 * 9,9 = 15,80 €
- Arbeitsplatz B (Arbeitswert 6,9): 10,80 € (aus Angabe)
- Arbeitsplatz C (Arbeitswert 6,3): 9,80 € (aus Angabe)
- Arbeitsplatz D (Arbeitswert 8,7): −0,7 + 1,6667 * 8,7 = 13,80 €

c) Für die Lohnberechnung wird weiterhin die Gleichung aus Teilaufgabe b) unterstellt:

$$y(x) = -0,7 + 1,6667 * x \qquad (1.69)$$

Zunächst muss der zu erreichende Arbeitswert ermittelt werden. Für y wird der Wert 14,50 eingesetzt und nach x aufgelöst. Es ergibt sich:

$$x = (14,50 + 0,7) / 1,6667 = 9,12 \qquad (1.70)$$

Damit sich dieser Arbeitswert durch Variation des Rangwerts für Anforderung m ergibt, muss der Rangwert in der Arbeitswertermittlungsgleichung als Unbekannte a eingesetzt werden:

$$0,2 * 9 + 0,1 * 12 + 0,3 * a + 0,4 * 12 = 9,12 \qquad (1.71)$$

Wird diese Gleichung nach a aufgelöst, so ergibt sich ein Anforderungsrangwert von 4,4.

Produktionsfaktor „Betriebsmittel"

2

Zusammenfassung

Der Produktionsfaktor „Betriebsmittel" umfasst Potentialfaktoren wie bspw. Maschinen, Anlagen und Werkzeuge. Gemeinsam mit dem Produktionsfaktor „Mensch" ermöglichen Betriebsmittel die Produktion von Gütern.

Auf einer groben Planungsebene muss für die „gute" Bewirtschaftung dieses Produktionsfaktors zunächst ein zum Produktionstyp passender Fertigungsorganisationstyp bestimmt werden. Zur Verfügung stehen funktionsorientierte (Werkstattfertigung) und objektorientierte Organisationstypen (Fließbandfertigung, Transferstraßen, Reihenfertigung, Fertigungsinseln, flexible Fertigungssysteme).

Diese Organisationstypen unterscheiden sich aus betriebswirtschaftlicher Sicht maßgeblich in den Aspekten Effizienz und Flexibilität. Je komplexer und variabler ein Produktportfolio (z. B. Einzel- oder Kleinserienfertigung), desto eher eignen sich ceteris paribus flexible Fertigungsorganisationstypen wie bspw. die Werkstattfertigung. Liegt hingegen ein Produktportfolio geringer Komplexität und Variabilität vor (z. B. Massenfertigung), so eignen sich effiziente Fertigungsorganisationstypen wie bspw. die Fließbandfertigung. Fertigungsorganisationstypen wie die Fertigungsinsel eignen sich für Mischformen.

Hat man sich für einen bestimmten Fertigungsorganisationstyp entschieden, so müssen spezifische Detailprobleme gelöst werden. Bspw. erfordert eine Werkstattfertigung u. a. die Durchführung einer separaten Layoutplanung, infolge derer die transportkostenminimalen Lokationen der einzelnen Werkstätten in einem gegebenen Hallenlayout bestimmt werden müssen. Eine Fließbandfertigung erfordert bspw. die Durchführung einer sogenannten Fließbandabstimmung, d. h. einer Überlegung, welche Arbeitsschritte entlang des Fließbands zu einer Arbeitsstation zusammengefasst werden sollen.

Im folgenden Kapitel wird eine Auswahl dieser Detailprobleme thematisiert und ihre rechnerische Lösung erarbeitet.

© Springer-Verlag GmbH Deutschland, ein Teil von Springer Nature 2024   29
M. Lukesch, F. Kellner, *Übungsbuch Produktionswirtschaft*,
https://doi.org/10.1007/978-3-662-68672-0_2

- Für die eben genannte Layoutplanung der Werkstattfertigung werden ein Eröffnungs-verfahren (Verfahren nach Gilmore) sowie ein Verbesserungsverfahren (CRAFT-Verfahren) bearbeitet.
- In den Aufgaben zur Fließbandabstimmung wird durch die Anwendung verschiedener Prioritätsregeln (z. B. ME-Heuristik) nach einer Fließbandkonfiguration mit bestmög-lichem Bandwirkungsgrad gesucht.
- Die Aufgaben zur Warteschlangenanalyse dienen der Untersuchung gegebener Warteschlangensysteme, wie sie in der Reihenfertigung auftreten können. Ziel die-ser Analyse ist es, u. a. Kennzahlen zur Pufferbestandshöhe und Systemauslastung zu ermitteln.

Nach Abschluss dieses Kapitels können Sie …

1) … eine Startlösung für die Layoutplanung mithilfe des Verfahrens nach Gilmore er-zeugen und mithilfe des CRAFT-Verfahrens verbessern.
2) … eine Fließbandabstimmung mithilfe verschiedener Prioritätsregeln (u. a. ME-Regel, MR-Regel) durchführen.
3) … wichtige Kennzahlen bei der Analyse eines Reihenfertigungssystems berechnen (Warteschlangenanalyse).

Das Lehrbuch „Produktionswirtschaft: Planung, Steuerung und Industrie 4.0" (Florian Kellner, Bernhard Lienland, Maximilian Lukesch, 3. Auflage, Springer Gabler, 2022) ver-mittelt die für die Bearbeitung dieser Aufgaben nötigen theoretischen Grundlagen in Ka-pitel 2.3 „Produktionsfaktor Betriebsmittel".

2.1   Aufgaben

Aufgabe 2 – A1: Fließbandabstimmung mit direkten Vorgängerbeziehungen

Zur Herstellung eines speziellen Metallteils müssen in der Drill Master AG die Arbeits-schritte 0-9 durchgeführt werden (Tab. 2.1). Die Arbeitselemente müssen laut Arbeitsplan nacheinander ausgeführt werden und können nicht getauscht werden. In einer Schicht ste-hen 405 min Arbeitszeit zur Verfügung (= Planzeit) und ein durchschnittliches Produktions-los umfasst 15 Stück des Metallteils (= Planleistung). Sie möchten einen Vorschlag für eine taktgesteuerte Fließbandfertigung dieses Teils erstellen.

Tab. 2.1 Aufgabe 2-A1: Ausgangsdaten

Arbeitsschritte	0	1	2	3	4	5	6	7	8	9
Dauer (in min)	11	9	2	20	18	9	5	20	14	12
Mit: min = Minuten

a) Berechnen Sie die minimale und die maximale Taktzeit! Kann die vorgegebene Planleistung erreicht werden?
b) Machen Sie einen Vorschlag zur Zusammenfassung der Arbeitselemente! Gehen Sie
   davon aus, dass die Zusammenfassung der Arbeitsschrittreihenfolge folgen soll. Geben
   Sie die gesamte Bearbeitungsdauer an den jeweiligen Arbeitsstationen an!
c) Wie hoch ist der Bandwirkungsgrad Ihrer Lösung? Gehen Sie davon aus, dass als
   Systemtaktzeit die Stationszeit der langsamsten Station angesetzt wird!

Aufgabe 2 – A2: Fließbandabstimmung mit der MN- und MP-Heuristik
Die Münchner Firma BestElectro ist ein mittelständischer Hersteller für Elektromodule.
Diese Module müssen in mehreren einzelnen Arbeitselementen A-H zusammengebaut
werden. Sie sollen als Praktikant der Produktionsleitung einen Vorschlag für eine Fließ-
bandabstimmung machen. In einer Schicht stehen 840 min Arbeitszeit zur Verfügung
(= Planzeit), ein typisches Produktionslos umfasst 140 Stück (= Planleistung). Die Arbeits-
zeit in Sekunden pro Arbeitselement sowie die Abfolge der Arbeitselemente sind in
Abb. 2.1 abgebildet.

a) Bestimmen Sie die minimale und maximale Taktzeit.
b) Nehmen Sie eine Fließbandabstimmung mittels der MN-Heuristik vor (Maximale Anzahl Nachfolger).
c) Sie eine Fließbandabstimmung mittels der MP-Heuristik vor (Maximales Positionsgewicht).
d) Berechnen Sie den sich jeweils in Teilaufgabe b) und c) ergebenden Bandwirkungsgrad. Gehen Sie davon aus, dass als Systemtaktzeit die Stationszeit der langsamsten
   Station angesetzt wird!

Aufgabe 2 – A3: Fließbandabstimmung mit der MD- und MR-Heuristik
Die Rollingham Inc. ist ein in England tätiger Hersteller von Fahrzeugteilen. Eines ihrer
Kernprodukte, eine Achsaufhängung für Schwertransport-LKWs, muss in einem kompli-
zierten Arbeitsverfahren (Arbeitselemente A-J) hergestellt werden. Aktuell beträgt die
Plan-Ausbringungsmenge je Schicht 1200 Stück (= Planleistung). Die Arbeitszeit je

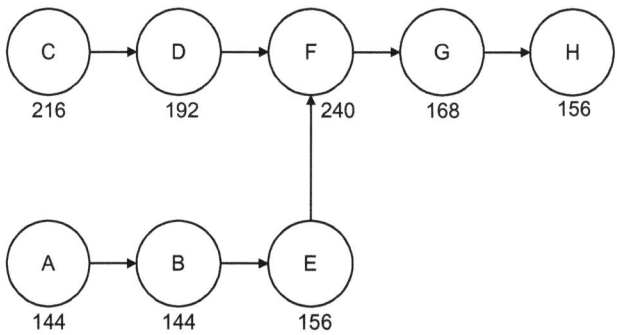

Abb. 2.1 Aufgabe 2-A2: Ausgangsdaten

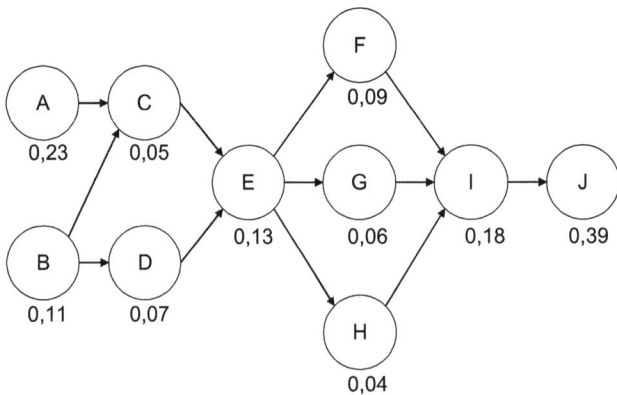

Abb. 2.2 Aufgabe 2-A3: Ausgangsdaten

Arbeitselement (in Minuten) können Sie Abb. 2.2 entnehmen. Die maximale Taktzeit beträgt 0,4 min pro Stück.

a) Berechnen Sie die minimale Taktzeit sowie die für die Erreichung der Planleistung notwendige Planzeit.
b) Nehmen Sie eine Fließbandabstimmung mittels der MD-Heuristik vor (Maximale Anzahl direkter Nachfolger).
c) Nehmen Sie eine Fließbandabstimmung mittels der MR-Heuristik vor (Maximaler Rangwert).
d) Berechnen Sie den sich jeweils in Teilaufgabe b) und c) ergebenden Bandwirkungsgrad. Gehen Sie davon aus, dass als Systemtaktzeit die Stationszeit der langsamsten Station angesetzt wird!
e) Sie Vorschläge: Wie könnte die nicht genutzte Arbeitszeit (Bandwirkungsgrad <100 %) an den Stationen sinnvoll genutzt werden?

Aufgabe 2 – A4: Warteschlangenanalyse im Supermarkt
Im Rahmen eines Praktikums für einen großen Lebensmitteldiscounter sind Sie einem Regionalmanager zugeteilt worden. Er möchte, dass Sie in einem ausgewählten Supermarkt das System „Warteschlange an der Kasse" analysieren. Ihre Aufgabe ist es, verschiedene Leistungskennzahlen zu berechnen. In einem ersten Schritt haben Sie ermittelt, dass im Durchschnitt alle zehn Minuten fünf Kunden an der Kasse ankommen. Ein unerfahrener Kassierer kann durchschnittlich in fünf Minuten drei Kunden bedienen.

a) Wie hoch ist die Auslastung des unerfahrenen Kassierers? Wie hoch ist die Abfertigungszeit pro Kunde?
b) Wie lange muss ein Kunde bei einem unerfahrenen Kassierer durchschnittlich in der Schlange warten?
c) Wieviel Prozent der Arbeitszeit bedient ein unerfahrener Kassierer keine Kunden?

d) Mit welcher Wahrscheinlichkeit befinden sich zu einem beliebigen Zeitpunkt drei Kunden an der Kasse, an der der unerfahrene Kassierer arbeitet?

e) Am Wochenende steigt die durchschnittliche Kundenankunftsrate auf sieben Kunden pro zehn Minuten. Als Gegenmaßnahme setzt der Filialleiter eine erfahrene Mitarbeiterin an der Kasse ein: Sie braucht durchschnittlich für jeden Kunden nur eine Minute. Wie lange muss ein Kunde nun insgesamt an der Kasse anstehen (Wartezeit plus „Bearbeitungszeit")?

Aufgabe 2 – A5: Warteschlangenanalyse in einer Eisdiele
Herr Bauer ist Eigentümer der Eisdiele „TMB Rolled Icecream", welche ein neuartiges, gerolltes Eis in Regensburg verkauft. Das Eis wird pro Kunde frisch zubereitet, indem eine Eiscrememixtur auf eine sehr kalte Metalloberfläche gegossen wird, auf der sie sofort gefriert – der Verkäufer nutzt daraufhin zwei Spachtel, um Toppings in die Mixtur zu rühren und das Eis schließlich zu Rollen zu formen. Die Eisrollen werden dann in einem Becher angeordnet und dem Kunden gegeben.

Das Eis ist ein Verkaufsschlager: Durch die lange Zubereitungszeit entstehen jedoch Warteschlangen am Eisstand. Herr Bauer möchte verschiedene Leistungskennzahlen seines Geschäfts ermitteln. An einem heißen Sommertag vergehen durchschnittlich 1,25 min, bis ein neuer Kunde in die Eisdiele gelangt. Der Verkäufer ist im Durchschnitt zu 80 % ausgelastet.

a) Wie viele Kunden bedient der Verkäufer pro Stunde?

b) Herr Bauer überlegt, ob der Kundenandrang wohl so groß sein wird, dass sich eine Schlange bis auf die Straße hinaus bildet. Er mutmaßt, dass dadurch noch mehr Leute auf seinen Laden aufmerksam werden, auch wenn die Kunden dann etwas länger warten müssen. Er schätzt, dass in dem kleinen Vorraum vor dem Verkaufstresen maximal fünf Leute anstehen können. Werden die Kunden bis auf die Straße hinaus anstehen?

c) Herr Bauer weiß, dass auch ältere Kundensegmente neugierig auf sein Eis sind, aber keine große Geduld haben. Wenn sie länger als 3 min warten müssen, bis sie ihr Eis in die Hand bekommen, gehen sie lieber in die nebenan liegende „klassische" Eisdiele. Herr Bauer stellt an seinen Mitarbeiter daher den Anspruch, dass ein Kunde im Durchschnitt spätestens 3 min nach Ankunft sein Eis in der Hand hält. Erfüllt der Mitarbeiter dieses Ziel?

Aufgabe 2 – A6: Layoutplanung in einem Sägewerk
In der Werkhalle der Regensburger Sägewerke GmbH müssen vier Maschinen (AO1-4) auf vier Standorte (A-D) verteilt werden. Ihnen liegen Daten zu den Distanzen (in Distanzeinheiten = DE, Abb. 2.3) zwischen den Standorten sowie die Materialflussbeziehungen (in Mengeneinheiten = ME, Tab. 2.2) zwischen den Maschinen vor. Sie sollen als Mitarbeiter der Fertigungsleitung ein kostensparendes Layout entwickeln. Der Transportkostensatz betrage 0,20 € pro DE und ME.

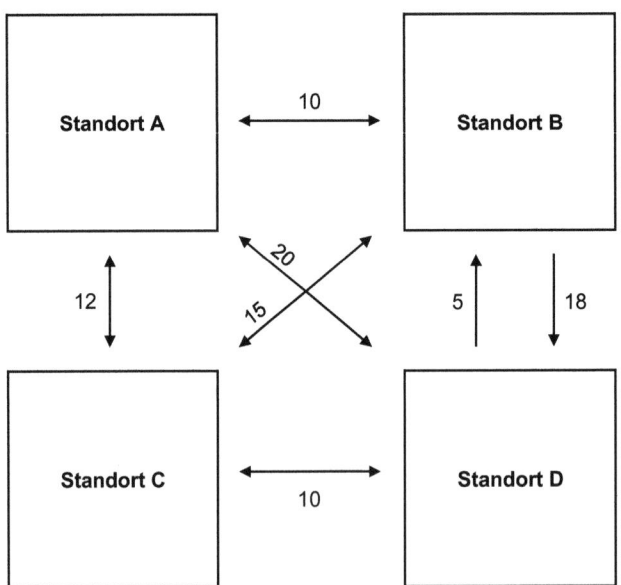

Abb. 2.3 Aufgabe 2-A6: Distanzen zwischen den Standorten (in DE)

Tab. 2.2 Aufgabe 2-A6: Materialflussbeziehungen (in ME)

Maschinen	AO1	AO2	AO3	AO4
AO1	0	100	50	0
AO2	145	0	160	150
AO3	20	80	0	80
AO4	180	90	120	0

a) Der Abteilungspraktikant begutachtet die Distanzmatrix und befindet, sie müsse fehlerhaft sein. Er begründet dies mit der Asymmetrie der Entfernungen. Belehren Sie ihn anhand eines Beispiels, wieso Entfernungsmatrizen nicht zwangsläufig symmetrisch sein müssen.

b) Wie viele mögliche Layouts können im vorliegenden Fall gebildet werden?

c) Beschreiben Sie kurz das Vorgehen des Eröffnungsverfahrens nach Gilmore! Handelt es sich dabei zwangsläufig um die optimale Lösung?

d) Berechnen Sie die Transportkosten der Ausgangslösung AO1/A, AO2/B, AO3/C, AO4/D.

e) Führen Sie das Verfahren nach Gilmore durch! Welches Layout ergibt sich? Wie hoch sind die entstehenden Transportkosten?

Aufgabe 2 – A7: Layoutplanung bei einem Messerhersteller

Die Firma „Manfred Maier – Messer & Mörser" ist ein mittelständischer Hersteller für industrielle Messer- und Schneidewerkzeuge, die vor allem in Großfleschereibetrieben eingesetzt werden. Der Fertigungsleiter will die Kosten in der Fabrikhalle senken. Er überlegt, die Werkstätten W1, W2 und W3 neu auf die Orte O1, O2 und O3 zu verteilen.

Tab. 2.3 Aufgabe 2-A7: Distanzmatrix (in DE)

Standort	O1	O2	O3
O1	0	30	18
O2	6	0	36
O3	30	24	0

Tab. 2.4 Aufgabe 2-A7: Transportkostenmatrix (in Cent/(DE*ME))

Werkstatt	W1	W2	W3
W1	0	54	48
W2	48	0	24
W3	42	30	0

Tab. 2.5 Aufgabe 2-A7: Materialflussbeziehungen (in ME)

Werkstatt	W1	W2	W3
W1	0	180	120
W2	0	0	60
W3	240	60	0

Der Fertigungsleiter denkt nach: Einerseits spielt die Distanz (in Distanzeinheiten = DE, Tab. 2.3) der Orte zueinander eine Rolle, andererseits müssen auch die unterschiedlich hohen Transportkosten (in Cent pro DE und Mengeneinheit = ME, Tab. 2.4) bei der Bewegung von Material (in ME, Tab. 2.5) von Werkstatt zu Werkstatt berücksichtigt werden.

a) Aktuell besteht folgende Zuordnung: W1 auf O1, W2 auf O2 und W3 auf O3. Ermitteln Sie die Transportkosten der aktuellen Zuordnung!

b) Wenden Sie das Verfahren nach Gilmore an, um eine bessere Zuordnung zu ermitteln, und berechnen Sie die anfallenden Transportkosten!

Aufgabe 2 – A8: Layoutplanung bei einem Maschinenbauer

Die Maschinenfabrik Regensburg ist ein international tätiges Maschinenbauunternehmen. Was sie von anderen Unternehmen abhebt, ist ihre beachtliche Fertigungstiefe – selbst einzelne Metallteile können in der Produktionsabteilung hergestellt werden. Da sich die Menge an eigengefertigten Teilen in den letzten Jahren vervielfacht hat, denkt man darüber nach, das bisherige Werkshallenlayout mit den Standorten A, B, C und den zu verteilenden Metallbearbeitungsmaschinen M1, M2, M3 zur Transportkostensenkung zu ändern. Im aktuellen Layout steht M1 auf A, M2 auf B und M3 auf C. Die Transportkosten betragen 0,50 € pro Distanz- (DE, Tab. 2.6) und Mengeneinheit (ME, Tab. 2.7).

a) Wie hoch sind die Kosten in der Ausgangslösung? Verbessern Sie das Layout durch die Anwendung des Eröffnungsverfahrens nach Gilmore!

b) Beschreiben Sie die Vorgehensweise des CRAFT-Verfahrens!

c) Führen Sie das CRAFT-Verfahren auf Basis des Ergebnisses aus Teilaufgabe a) durch! Welches Layout ergibt sich?

Tab. 2.6 Aufgabe 2-A8: Distanzmatrix (in DE)

Standort	A	B	C
A	0	10	15
B	10	0	25
C	15	20	0

Tab. 2.7 Aufgabe 2-A8: Materialflussbeziehungen (in ME)

Maschine	M1	M2	M3
M1	0	30	260
M2	65	0	50
M3	150	40	0

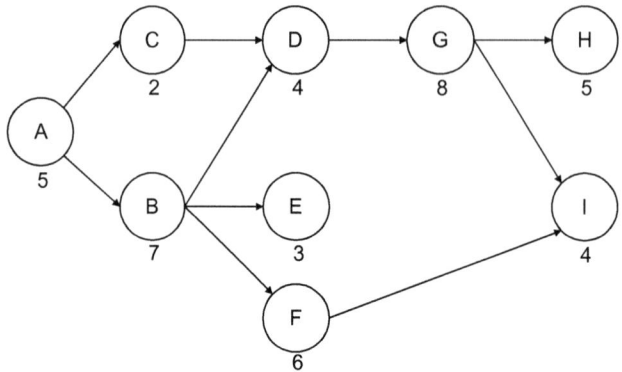

Abb. 2.4 Aufgabe 2-A9: Ausgangsdaten

Aufgabe 2 – A9: Logistikdienstleister

Im Versandterminal eines europaweit agierenden Logistikdienstleisters werden Retouren von alten Fernseh-Receivern für ein großes Pay-TV-Unternehmen abgewickelt. Da die wesentlichen Teile einer Retoure (Receiver, Kabel) weiterverwendet werden können, ist es die Aufgabe des Logistikdienstleisters, die retournierte Ware wiederaufzubereiten („refurbishing") bzw. wertvolle Materialien für eine anderweitige Verwendung zurück zu gewinnen. Dabei handelt es sich um äußerst handarbeitsintensive Tätigkeiten. In Abb. 2.4 sind die einzelnen Arbeitsschritte A-I, ihre Dauer (in Zeiteinheiten = ZE) und ihre Vorrangbeziehungen abgebildet. Ihre Aufgabe besteht darin, diese Arbeitsschritte in eine effiziente Arbeitsstationsstruktur zu überführen.

In einer Schicht stehen 500 ZE Arbeitszeit zur Verfügung (= Planzeit). Als Zielvorgabe wurde vom Pay-TV-Unternehmen eine Stückzahl von 50 Stück wieder-aufbereiteter Retouren je Schicht vorgegeben (= Planleistung).

a) Bestimmen Sie die minimale und maximale Taktzeit.
b) Nehmen Sie eine Fließbandabstimmung mittels der ME-Heuristik vor (= Maximale Elementzeit).
c) Nehmen Sie eine Fließbandabstimmung mittels der MN-Heuristik vor (= Maximale Anzahl Nachfolger).
d) Nehmen Sie eine Fließbandabstimmung mittels der MD-Heuristik vor (= Maximale Anzahl direkter Nachfolger).
e) Berechnen Sie den sich jeweils in Teilaufgabe b) bis d) ergebenden Bandwirkungsgrad. Gehen Sie davon aus, dass als Systemtaktzeit die Stationszeit der langsamsten Station angesetzt wird!

Aufgabe 2 – A10: Holzmanufaktur
In einer mittelständischen Holzmanufaktur im Salzburger Land werden verschiedene Souvenir-Artikel für den Tourismusmarkt in der Salzburger Region gefertigt. Das aus Produktionssicht komplexeste und aus Absatzsicht erfolgreichste Produkt „Sound of Music All Stars" muss in mehreren Einzelarbeitsschritten gefertigt und montiert werden. Die bisher eher handwerklich geprägte Produktion dieses Produkts soll nun durch ein Fließbandsystem beschleunigt werden. Hierfür hat Ihnen der Geschäftsleiter die zu tätigenden Arbeitsschritte, ihre ungefähre Dauer (in Zeiteinheiten = ZE) und ihre Vorgängerbeziehungen aufgezeichnet (Abb. 2.5). „Das sieht etwas wild aus, dessen bin ich mir bewusst", gesteht Ihnen der Geschäftsführer. „Aber es sind dafür alle Informationen abgebildet!"

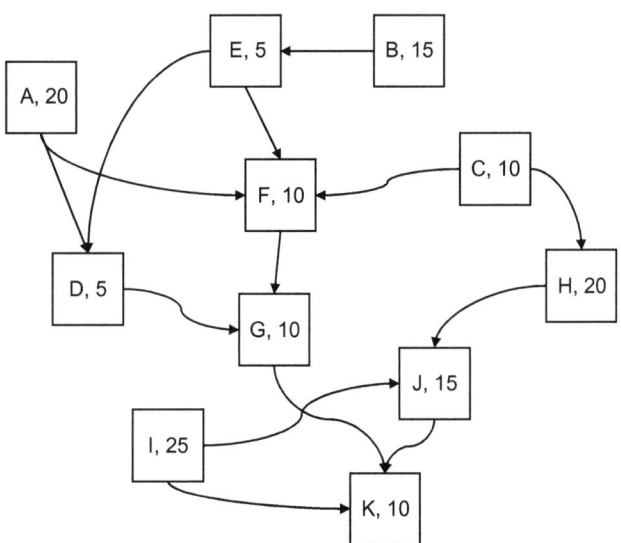

Abb. 2.5 Aufgabe 2-A10: Ausgangsdaten

a) Bereiten Sie Abb. 2.5 für die Zwecke einer Fließbandabstimmung auf!

b) Bestimmen Sie die minimale und maximale Taktzeit! Gehen Sie von einer zu er-
reichenden Planleistung von 200 Stück je 7000 Zeiteinheiten aus!

c) Nehmen Sie eine Fließbandabstimmung mittels der ME-Heuristik vor (= Maximale
Elementzeit).

d) Nehmen Sie eine Fließbandabstimmung mittels der MR-Heuristik vor (= Maximaler
Rangwert).

e) Berechnen Sie den sich jeweils in Teilaufgabe c) und d) ergebenden Bandwirkungsgrad. Gehen Sie davon aus, dass als Systemtaktzeit die Stationszeit der langsamsten
Station angesetzt wird!

2.2   Lösungen

Lösung 2 – A1: Fließbandabstimmung mit direkten Vorgängerbeziehungen

▶   Tipp Im Lehrbuch „**Produktionswirtschaft: Planung, Steuerung und Industrie 4.0"** finden Sie in Kapitel 2.3.3.2 ausführliche Erklärungen zur Logik und
zum Ablauf einer Fließbandabstimmung sowie der dafür zur Verfügung stehenden Heuristiken.
      Produktionswirtschaft: Planung, Steuerung und Industrie 4.0, Autoren:
Florian Kellner, Bernhard Lienland, Maximilian Lukesch (3. Auflage, erschienen
bei Springer Gabler, 2022; eBook ISBN: 978-3-662-65803-1, Softcover ISBN:
978-3-662-65802-4).

a) Die minimale Taktzeit entspricht der Dauer des am längsten dauernden Arbeitselements. Sie beträgt hier 20 min pro Stück (Arbeitselemente 3 und 7). Die maximale
Taktzeit ergibt sich aus der Division der Planzeit durch die Planleistung. Sie beträgt
hier (405/15 =) 27 min/Stk. Das bedeutet, dass wenigstens alle 27 min ein Stück „vom
Band rollen muss", um die Planleistung zu erfüllen. Da alle Arbeitselementzeiten unter
der maximalen Taktzeit liegen, kann davon ausgegangen werden, dass die Planleistung
erreicht wird. Es gilt jedoch, durch geschickte Zusammenfassung der Arbeitselemente
den Bandwirkungsgrad zu optimieren.

b) Eine mögliche Vorgehensweise zur Bildung von Arbeitsstationen ist in Tab. 2.8 abgebildet. Die Systemtaktzeit entspricht der Dauer der am längsten dauernden Arbeitsstation, hier also 27 min. Dies bedeutet, dass alle 27 min ein Stück „vom Band rollt":
Die Planleistung wird erreicht.

c) Der Bandwirkungsgrad ergibt sich, indem die Summe der Arbeitszeiten über alle
Arbeitsstationen durch die Anzahl der Arbeitsstationen, multipliziert mit der Systemtaktzeit, dividiert wird.

Tab. 2.8 Lösung 2-A1 b): Bildung der Arbeitsstationen

Arbeitselemente	0	1	2	3	4	5	6	7	8	9	
Dauer (in min)	11	9	2	20	18	9	5	20	14	12	Arbeitszeit auf Station
Arbeitsstation 1	x	x	x								22 min
Arbeitsstation 2			x								20 min
Arbeitsstation 3					x	x					27 min
Arbeitsstation 4							x	x			25 min
Arbeitsstation 5									x	x	26 min
Mit: min = Minuten, x = Markierung, wenn ein Arbeitselement Teil einer Arbeitsstation ist											

$$\frac{(22+20+27+25+26)\,\text{min}}{(5*27)\,\text{min}} = 0,8889 = 88,89\,\% \qquad (2.1)$$

Lösung 2 – A2: Fließbandabstimmung mit der MN- und MP-Heuristik

▶ **Tipp** Im Lehrbuch „**Produktionswirtschaft: Planung, Steuerung und Industrie 4.0**" finden Sie in Kapitel 2.3.3.2 ausführliche Erklärungen zur Logik und zum Ablauf einer Fließbandabstimmung sowie der dafür zur Verfügung stehenden Heuristiken.

Produktionswirtschaft: Planung, Steuerung und Industrie 4.0, Autoren: Florian Kellner, Bernhard Lienland, Maximilian Lukesch (3. Auflage, erschienen bei Springer Gabler, 2022; eBook ISBN: 978-3-662-65803-1, Softcover ISBN: 978-3-662-65802-4).

a) Die minimale Taktzeit entspricht der Dauer des am längsten dauernden Arbeitselements. Sie beträgt hier 240 s pro Stück (Arbeitselement F). Die maximale Taktzeit ergibt sich aus der Division der Planzeit durch die Planleistung. Sie beträgt hier ((840 * 60)/140 =) 360 sek/Stk. Das bedeutet, dass wenigstens alle 360 s ein Stück „vom Band rollen muss".

b) Die Lösung können Sie Abb. 2.6 und Tab. 2.9 entnehmen.

Die Anzahl der Nachfolger für jedes Arbeitselement kann aus dem Vorranggraphen abgelesen werden. Gemäß der MN-Regel erhält dasjenige Arbeitselement den höchsten Rang, das die meisten Nachfolger aufweist. Bei einer gleichen Anzahl an Nachfolgern wird nach dem Index sortiert: Das heißt bspw., dass Element B vor Element C steht.

Mithilfe der Rangfolge kann die Gruppierung von Arbeitselementen zu Arbeitsstationen beginnen. Exemplarisch sei die Vorgehensweise für die Gruppierungen 1 und 2 dargestellt:

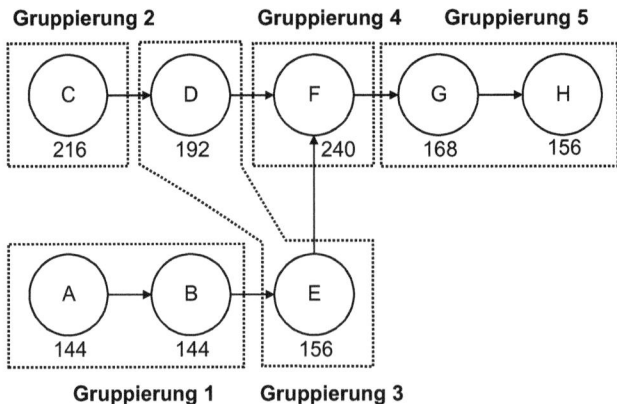

Abb. 2.6 Lösung 2-A2 b): Arbeitsstationen nach der MN-Heuristik

Tab. 2.9 Lösung 2-A2 b): MN-Heuristik-Tableau

Element	Elementzeit (in sek)	Anzahl Nachfolger	Rangfolge	Gruppierung	Stationszeit (in sek)
A	144	5	1	1	288
B	144	4	2	1	288
C	216	4	3	2	216
D	192	3	4	3	348
E	156	3	5	3	348
F	240	2	6	4	240
G	168	1	7	5	324
H	156	0	8	5	324
Mit: sek= Sekunden					

- Es wird mit Element A begonnen, da es den Rang 1 aufweist. Es wird nun, der Rangfolge folgend, geprüft, ob Element A mit anderen Elementen zu einer Arbeitsstation zusammengefasst werden kann.
  - Als erstes wird geprüft, ob Element A mit Element B (Rang 2) verknüpft werden kann. Eine Prüfung des Vorranggraphen zeigt, dass eine Verknüpfung technisch möglich ist – es werden keine Arbeitselemente übersprungen. Werden die Elementzeiten von A und B summiert, ergibt sich eine Stationszeit von 288 s. Diese Stationszeit liegt unterhalb der maximalen Taktzeit und ist somit erlaubt. Die beiden Elemente werden gruppiert.
  - Die bis zu diesem Punkt gebildete Arbeitsstation weist eine Stationszeit von 288 s auf – es verbleibt ein restlicher Puffer von (360 − 288 =) 72 s. Da alle anderen folgenden Arbeitselemente eine Elementzeit von über 72 s aufweisen, müssen keine weiteren Elemente geprüft werden. Somit ist Gruppierung 1 abgeschlossen – die Elemente A und B können für die folgenden Durchläufe von der Liste gestrichen werden.

- Das nächste zu prüfende Element ist Element C. Der um die bereits verbauten Arbeitselemente bereinigten Rangfolge folgend, wird geprüft, ob Element C mit weiteren Elementen zusammengefasst werden kann.
  - Als erstes wird Element D (Rang 4) geprüft. Aus technischer Sicht ist eine Verknüpfung möglich. Indes würde eine Zusammenfassung eine Arbeitsstationszeit von (216 + 192 =) 408 s erzeugen. Da diese Zeit über der maximalen Taktzeit liegt, kann keine Verknüpfung vorgenommen werden.
  - Als nächstes wird Element E geprüft. Aus technischer Sicht ist eine Verknüpfung mit Element C möglich – beide Arbeitselemente liegen parallel. Erneut würde jedoch eine Zusammenfassung die maximale Taktzeit überschreiten (216 + 156 = 372).
  - Alle weiteren Elemente der Liste können aus technischer Sicht nicht mit Element C verknüpft werden, da hierfür ein noch nicht verplantes Element übersprungen werden müsste. Somit ist Gruppierung 2 abgeschlossen – sie beinhaltet lediglich Element C.

Alle weiteren Zusammenfassungsdurchläufe folgen demselben Prinzip. Es wird schrittweise nach der Rangfolge geprüft, ob das Element mit dem höchsten Rang, das noch nicht in einer Arbeitsstation verbaut ist, mit anderen Elementen kombiniert werden kann. Die Kombinationsmöglichkeit ergibt sich einerseits aus der technischen Möglichkeit gemäß Vorranggraph, andererseits durch das Nicht-Überschreiten der maximalen Taktzeit bei Zusammenfassung.

Die Fließbandabstimmung nach der MN-Heuristik bringt fünf Arbeitsstationen hervor. Sie können mit ihrer Gruppierungsnummer (Tab. 2.9) in die folgende Reihenfolge gebracht werden: 1, 2, 3, 4, 5. Alternativ kann auch die Reihenfolge 2, 1, 3, 4, 5 gebildet werden.

c) Die Lösung können Sie Abb. 2.7 und Tab. 2.10 entnehmen.

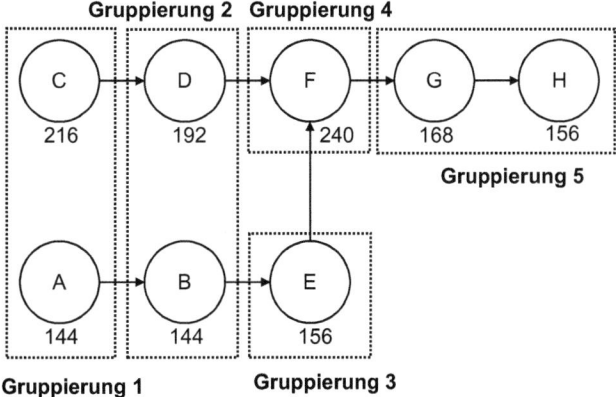

Abb. 2.7 Lösung 2-A2 c): Arbeitsstationen nach der MP-Heuristik

Tab. 2.10 Lösung 2-A2 c): MP-Heuristik-Tableau

Element	Elementzeit (in sek)	Positionsgewicht	Rangfolge	Gruppierung	Stationszeit (in sek)
A	144	1008	1	1	360
B	144	864	3	2	336
C	216	972	2	1	360
D	192	756	4	2	336
E	156	720	5	3	156
F	240	564	6	4	240
G	168	324	7	5	324
H	156	156	8	5	324
Mit: sek = Sekunden					

Die Ermittlung des Positionsgewichts erfolgt über die Summierung der Elementzeiten des gerade betrachteten Arbeitselements sowie aller diesem nachfolgenden Arbeitselemente. Für Arbeitselement A ergibt sich beispielhaft der Positionsgewichtswert (144 + 144 + 156 + 240 + 168 + 156 =) 1008. Das Element mit dem höchsten Positionsgewicht erhält Rang 1, alle weiteren Elemente werden absteigend nach dem Positionsgewicht in die Rangreihenfolge gebracht.

Mithilfe der Rangfolge kann die Gruppierung von Arbeitselementen zu Arbeitsstationen beginnen. Exemplarisch sei die Vorgehensweise für die Gruppierungen 1 und 2 dargestellt:

- Es wird mit Element A begonnen, da es den Rang 1 aufweist. Es wird nun, der Rangfolge folgend, geprüft, ob Element A mit anderen Elementen zu einer Arbeitsstation zusammengefasst werden kann.
  - Als erstes wird geprüft, ob Element A mit Element C (Rang 2) verknüpft werden kann. Eine Prüfung des Vorranggraphen zeigt, dass eine Verknüpfung technisch möglich ist – beide Arbeitselemente liegen parallel. Werden die Elementzeiten von A und C summiert, ergibt sich eine Stationszeit von 360 s. Diese Stationszeit entspricht der maximalen Taktzeit, ist somit erlaubt. Die beiden Elemente werden gruppiert.
  - Da die gebildete Station keine verfügbare Restzeit mehr aufweist, müssen keine weiteren Elemente geprüft werden. Somit ist Gruppierung 1 abgeschlossen – beide Elemente können für die folgenden Durchläufe von der Liste gestrichen werden.
- Das nächste zu prüfende Element ist Element B. Der um die bereits schon verbauten Arbeitselemente bereinigten Rangfolge folgend, wird geprüft, ob Element B mit weiteren Elementen zusammengefasst werden kann.
  - Als erstes wird Element D (Rang 4) geprüft. Aus technischer Sicht ist eine Verknüpfung erneut möglich, da beide Elemente parallel zueinander liegen. Eine Zusammenfassung würde eine Arbeitsstationszeit von (144 + 192 =) 336 s erzeugen.

Da diese Zeit unter der maximalen Taktzeit liegt, können die Elemente B und D zusammengefasst werden. Als Restzeit verbleiben (360 − 336 =) 24 s.
- Da alle weiteren Arbeitselemente eine Elementzeit von über 24 s aufweisen, ist Gruppierung 2 abgeschlossen. Beide Elemente werden für die folgenden Durchläufe von der Liste gestrichen.

Alle weiteren Zusammenfassungsdurchläufe folgen demselben Prinzip. Es wird schrittweise nach der Rangfolge geprüft, ob das Element mit dem höchsten Rang, das noch nicht in einer Arbeitsstation verbaut ist, mit anderen Elementen kombiniert werden kann. Die Kombinationsmöglichkeit ergibt sich einerseits aus der technischen Möglichkeit gemäß Vorranggraph, andererseits durch das Nicht-Überschreiten der maximalen Taktzeit bei Zusammenfassung.

Die Fließbandabstimmung nach der MP-Heuristik bringt fünf Arbeitsstationen hervor (Abb. 2.7). Sie können mit ihrer Gruppierungsnummer (Tab. 2.10) in die folgende Reihenfolge gebracht werden: 1, 2, 3, 4, 5.

d) Der Bandwirkungsgrad ergibt sich, indem die Summe der Arbeitszeiten über alle Arbeitsstationen durch das Produkt aus Anzahl der Arbeitsstationen und Systemtaktzeit dividiert wird.

Bandwirkungsgrad MN-Heuristik:

$$\frac{288 + 216 + 348 + 240 + 324}{5 * 348} = 81{,}38\,\% \tag{2.2}$$

Bandwirkungsgrad MP-Heuristik:

$$\frac{360 + 336 + 156 + 240 + 324}{5 * 360} = 78{,}67\,\% \tag{2.3}$$

Lösung 2 – A3: Fließbandabstimmung mit der MD- und MR-Heuristik

▶ **Tipp** Im Lehrbuch „**Produktionswirtschaft: Planung, Steuerung und Industrie 4.0"** finden Sie in Kapitel 2.3.3.2 ausführliche Erklärungen zur Logik und zum Ablauf einer Fließbandabstimmung sowie der dafür zur Verfügung stehenden Heuristiken.

Produktionswirtschaft: Planung, Steuerung und Industrie 4.0, Autoren: Florian Kellner, Bernhard Lienland, Maximilian Lukesch (3. Auflage, erschienen bei Springer Gabler, 2022; eBook ISBN: 978-3-662-65803-1, Softcover ISBN: 978-3-662-65802-4).

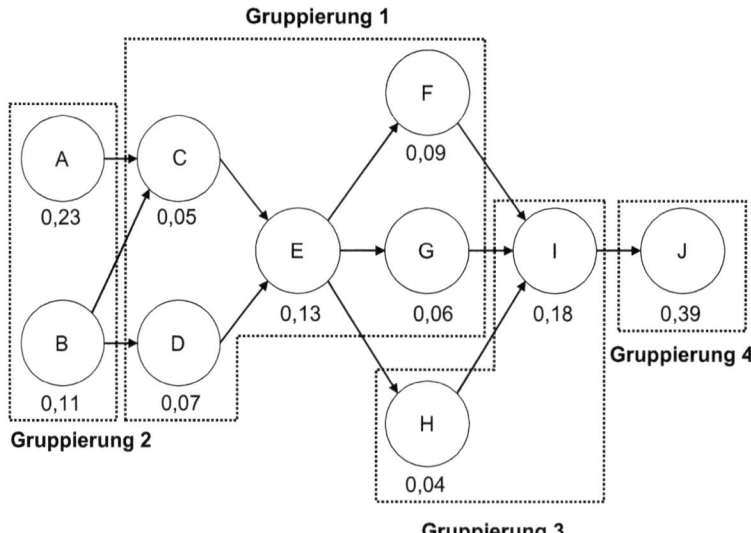

Abb. 2.8 Lösung 2-A3 b): Arbeitsstationen nach der MD-Heuristik

Tab. 2.11 Lösung 2-A3 b): MD-Heuristik-Tableau

Element	Elementzeit (in min)	Summe direkter Nachfolger	Rangfolge	Gruppierung	Stationszeit (in min)
A	0,23	1	3	2	0,34
B	0,11	2	2	2	0,34
C	0,05	1	4	1	0,4
D	0,07	1	5	1	0,4
E	0,13	3	1	1	0,4
F	0,09	1	6	1	0,4
G	0,06	1	7	1	0,4
H	0,04	1	8	3	0,22
I	0,18	1	9	3	0,22
J	0,39	0	10	4	0,39
Mit: min = Minuten					

a) Die minimale Taktzeit entspricht der Dauer des am längsten dauernden Arbeitselements. Sie beträgt hier 0,39 min pro Stück (Arbeitselement J). Die zur Erreichung der Planleistung notwendige Planzeit ergibt sich, indem die maximale Taktzeit (0,4 min pro Stück) mit der Planleistung (1200 Stück) multipliziert wird. Sie beträgt hier (0,4 * 1200) min = 480 min.

b) Die Lösung können Sie Abb. 2.8 und Tab. 2.11 entnehmen.

Die Anzahl der direkten Nachfolger kann aus dem Vorranggraphen ausgelesen werden. Im Gegensatz zur MN-Regel (vgl. Aufgabe 2-A2) werden lediglich diejenigen Nachfolger gezählt, die unmittelbar an ein Arbeitselement anschließen. Dasjenige Arbeitselement, das die meisten direkten Nachfolger aufweist, erhält den höchsten Rang. Bei gleicher Anzahl an direkten Nachfolgern wird nach dem Index sortiert: Das heißt bspw., dass Element A in der Rangfolge vor Element C steht.

Mithilfe der Rangfolge kann die Gruppierung von Arbeitselementen zu Arbeitsstationen beginnen. Exemplarisch sei die Vorgehensweise für die Gruppierung 1 dargestellt:

- Es wird mit Element E begonnen, da es den Rang 1 aufweist. Es wird nun, der Rangfolge folgend, geprüft, ob Element E mit anderen Elementen zu einer Arbeitsstation zusammengefasst werden kann.
  - Als erstes wird geprüft, ob Element E mit Element B (Rang 2) verknüpft werden kann. Eine Prüfung des Vorranggraphen zeigt, dass eine Verknüpfung technisch nicht möglich ist, da die Vorgänger C und D übersprungen werden müssten.
  - Es wird geprüft, ob Element E mit dem Element A (Rang 3) verknüpft werden kann. Auch hier ist eine Verknüpfung technisch nicht möglich, da die Vorgänger C und D übersprungen werden müssten.
  - Als nächstes wird eine Verknüpfung mit Element C (Rang 4) geprüft. Aus technischer Sicht ist eine Verknüpfung möglich. Werden die Elementzeiten von E und C zusammengelegt, ergibt sich eine Stationszeit von $(0,13 + 0,05 =) 0,18$ min. Diese Stationszeit liegt unterhalb der maximalen Taktzeit und ist somit erlaubt. Die beiden Elemente werden gruppiert. Die bis zu diesem Punkt gebildete Arbeitsstation weist eine Stationszeit von $0,18$ min auf – es verbleibt ein restlicher Puffer von $(0,4 - 0,18 =) 0,22$ min. Dieser Puffer ist groß genug, um weitere Elemente aufzunehmen. Die Prüfung wird fortgesetzt.
  - Es wird geprüft, ob der bisher gebildeten Gruppierung von E und C auch das Element D (Rang 5) hinzugefügt werden kann. Aus technischer Sicht ist dies möglich. Wird das Element der Gruppierung hinzugefügt, so ergibt sich eine neue Arbeitsstationszeit von $(0,18 + 0,07 =) 0,25$ min. Dies liegt unterhalb der maximalen Taktzeit. Element D wird der Gruppierung somit hinzugefügt. Es verbleiben noch $(0,4 - 0,25 =) 0,15$ min Pufferzeit. Dieser Puffer ist groß genug, um weitere Elemente aufzunehmen. Die Prüfung wird fortgesetzt.
  - Als nächstes wird geprüft, ob Element F der Gruppierung E, C, D hinzugefügt werden kann. Aus dem Vorranggraphen kann ausgelesen werden, dass dies technisch möglich ist. Mit seiner Elementzeit von $0,09$ min „passt" Element F noch in die verbleibende Pufferzeit von $0,15$ min. Element F wird der Gruppierung hinzugefügt. Es verbleibt eine Pufferzeit von $(0,15 - 0,09 =) 0,06$ min. Dieser Puffer ist groß genug, um weitere Elemente aufzunehmen. Die Prüfung wird fortgesetzt.
  - Schließlich wird geprüft, ob Element G der Gruppierung E, C, D, F hinzugefügt werden kann. Aus technischer Sicht ist dies möglich. Wird das Element der Gruppierung hinzugefügt, so ergibt sich eine neue Arbeitsstationszeit von $(0,34 + 0,06 =) 0,4$ min. Dies entspricht der maximalen Taktzeit. Element D wird der Gruppierung hinzugefügt. Da keine weitere Pufferzeit mehr besteht, ist Gruppierung 1 abgeschlossen. Sie beinhaltet die Elemente E, C, D, F und G. Diese Elemente können für die folgenden Durchläufe von der Liste gestrichen werden.

Alle weiteren Zusammenfassungsdurchläufe folgen demselben Prinzip. Es wird schrittweise nach der Rangfolge geprüft, ob das Element mit dem höchsten Rang, das noch nicht in einer Arbeitsstation verbaut ist, mit anderen Elementen kombiniert werden kann. Die Kombinationsmöglichkeit ergibt sich einerseits aus der technischen Möglichkeit gemäß Vorranggraph, andererseits durch das Nicht-Überschreiten der maximalen Taktzeit bei Zusammenfassung.

Die Fließbandabstimmung nach der MD-Heuristik bringt vier Arbeitsstationen hervor. Sie können mit ihrer Gruppierungsnummer (Tab. 2.11) in die folgende Reihenfolge (Abb. 2.8) gebracht werden: 2, 1, 3, 4.

c) Die Lösung können Sie Abb. 2.9 und Tab. 2.12 entnehmen.

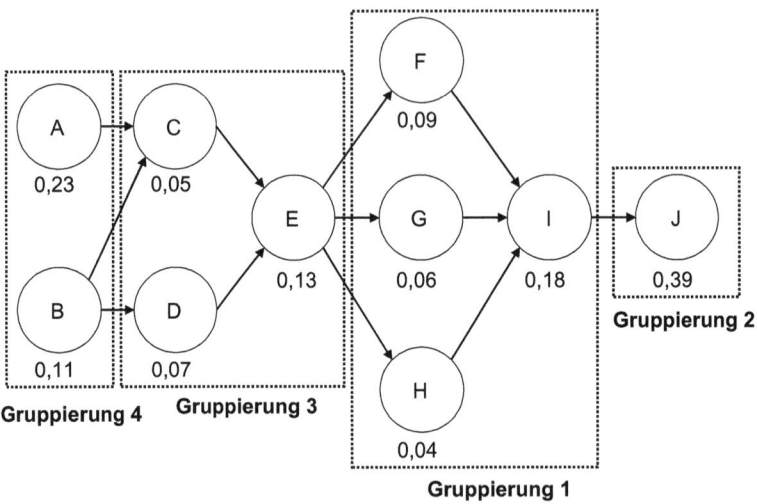

Abb. 2.9 Lösung 2-A3 c): Arbeitsstationen nach der MR-Heuristik

Tab. 2.12 Lösung 2-A3 c): MR-Heuristik-Tableau

Element	Elementzeit (in min)	Rangwert	Rangfolge	Gruppierung	Stationszeit (in min)
A	0,23	0,28	4	4	0,34
B	0,11	0,23	7	4	0,34
C	0,05	0,18	10	3	0,25
D	0,07	0,20	9	3	0,25
E	0,13	0,32	3	3	0,25
F	0,09	0,27	5	1	0,37
G	0,06	0,24	6	1	0,37
H	0,04	0,22	8	1	0,37
I	0,18	0,57	1	1	0,37
J	0,39	0,39	2	2	0,39
Mit: min = Minuten					

Die Ermittlung des Rangwerts erfolgt über die Summierung der Elementzeit eines Arbeitselements mit den Elementzeiten aller ihm direkt nachfolgenden Arbeitselemente. Für Element A ergibt sich bspw. ein Rangwert von (0,23 + 0,05 =) 0,28, für Element B ein Rangwert von (0,11 + 0,05 + 0,07 =) 0,23. Das Element mit dem höchsten Rangwert erhält Rang 1, alle weiteren Elemente werden absteigend nach ihrem Rangwert in die Rangreihenfolge gebracht.

Mithilfe der Rangfolge kann die Gruppierung von Arbeitselementen zu Arbeitsstationen beginnen. Exemplarisch sei die Vorgehensweise für Gruppierung 1 dargestellt:

- Es wird mit Element I begonnen, da es den Rang 1 aufweist. Es wird nun, der Rangfolge folgend, geprüft, ob Element I mit anderen Elementen zu einer Arbeitsstation zusammengefasst werden kann.
  - Als erstes wird geprüft, ob Element I mit Element J (Rang 2) verknüpft werden kann. Eine Prüfung des Vorranggraphen zeigt, dass eine Verknüpfung aus technischer Sicht erlaubt ist. Die summierte Elementzeit von (0,18 + 0,39 =) 0,57 min übersteigt jedoch die maximale Taktzeit. Es wird also keine Verknüpfung vorgenommen.
  - Als nächstes wird Element E (Rang 3) geprüft. Da sich zwischen Element I und Element E mehrere Arbeitselemente befinden, ist eine Verknüpfung jedoch aus technischer Sicht nicht möglich, da Vorgänger übersprungen werden müssten.
  - Dasselbe gilt für den nächsten Prüfschritt: Eine Verknüpfung mit Element A (Rang 4) ist aus technischer Sicht nicht möglich.
  - Es wird daraufhin Element F (Rang 5) geprüft. Im Vorranggraphen zeigt sich, dass Element F ein direkter Vorgänger von Element I ist. Eine Verknüpfung ist aus technischer Sicht somit möglich. Gemeinsam würden sie eine Arbeitsstationszeit von (0,18 + 0,09 =) 0,27 min aufweisen. Da dies unterhalb der maximalen Taktzeit liegt, werden beide Elemente verknüpft. Es verbleibt eine Pufferzeit von (0,4 − 0,27 =) 0,13 min. Dieser Puffer ist groß genug, um weitere Elemente aufzunehmen. Die Prüfung wird fortgesetzt.
  - Als nächstes wird geprüft, ob Element G (Rang 6) der bisherigen Gruppierung I, F hinzugefügt werden kann. Aus technischer Sicht ist dies möglich, da auch Element G ein direkter Vorgänger von I ist. Mit seiner Elementzeit von 0,06 min „passt" Element G in die verbleibende Pufferzeit. Element G wird der Gruppierung hinzugefügt. Die neue Arbeitsstationszeit beträgt (0,18 + 0,09 + 0,06 =) 0,33 min, es verbleibt eine Pufferzeit von (0,4 − 0,33 =) 0,07 min. Die Prüfung wird fortgesetzt.
  - Element B (Rang 7) kann aus technischer Sicht nicht mit der bisherigen Gruppierung I, F, G verknüpft werden.
  - Ein Hinzufügen von Element H (Rang 8) ist indes erlaubt, da es sich um einen direkten Vorgänger von I handelt. Mit seiner Elementzeit von 0,04 min „passt" Element H noch in die verbleibende Pufferzeit. Es wird somit der Gruppierung I, F, G hinzugefügt. Die neue Stationszeit beträgt (0,18 + 0,09 + 0,06 + 0,04 =) 0,37 min, die verbleibende Pufferzeit beträgt (0,4 − 0,37 =) 0,03 min. Da diese Pufferzeit

kleiner als alle verbleibenden, noch nicht einer Gruppierung hinzugefügten Arbeitselemente ist, kann die Prüfung von Element I an dieser Stelle beendet werden. Gruppierung 1 umfasst somit die Elemente I, F, G, H. Diese können für alle weiteren
Prüfdurchläufe von der Liste gestrichen werden.

Alle weiteren Zusammenfassungsdurchläufe folgen demselben Prinzip. Es wird schrittweise nach der Rangfolge geprüft, ob das Element mit dem höchsten Rang, das noch nicht
in einer Arbeitsstation verbaut ist, mit anderen Elementen kombiniert werden kann. Die
Kombinationsmöglichkeit ergibt sich einerseits aus der technischen Möglichkeit gemäß
Vorranggraph, andererseits durch das Nicht-Überschreiten der maximalen Taktzeit bei Zusammenfassung.

Die Fließbandabstimmung nach der MR-Heuristik bringt vier Arbeitsstationen hervor
(Abb. 2.9). Sie können mit ihrer Gruppierungsnummer (Tab. 2.12) in die folgende Reihenfolge gebracht werden: 4, 3, 1, 2.

d) Der Bandwirkungsgrad ergibt sich, indem die Summe der Arbeitszeiten über alle
Arbeitsstationen durch die Anzahl der Arbeitsstationen, multipliziert mit der Systemtaktzeit, dividiert wird.

Bandwirkungsgrad MD-Heuristik:

$$\frac{0,34 + 0,4 + 0,22 + 0,39}{4 * 0,40} = 84,38\,\% \tag{2.4}$$

Bandwirkungsgrad MR-Heuristik:

$$\frac{0,34 + 0,25 + 0,37 + 0.39}{4 * 0,39} = 86,54\,\% \tag{2.5}$$

e) Für die Nutzung von Fließbandleerzeiten kann eine Vielzahl von Möglichkeiten er-
dacht werden. Beispielhaft seien an dieser Stelle die folgenden genannt:
- Erhöhen der Planleistung
- Senken der Planzeit
- Durchführen anderweitiger Tätigkeiten (z. B. Aufräumen des Arbeitsplatzes, Kehren,
Reinigen von Arbeitsgeräten, Wiederbestückung des Arbeitsplatzes mit Produktiv-
material)
- Verlängerung der Pause, Einführung von Pausenzeiten
- Einführen von Kontrollschritten (z. B. Qualitätsstichprobe)

Lösung 2 – A4: Warteschlangenanalyse im Supermarkt

▶ **Tipp** Im Lehrbuch „**Produktionswirtschaft: Planung, Steuerung und Industrie 4.0**" finden Sie in Kapitel 2.3.3.3 Erklärungen zu den Kennzahlen und zum Ablauf einer M/M/1-Warteschlangenanalyse.

Produktionswirtschaft: Planung, Steuerung und Industrie 4.0, Autoren: Florian Kellner, Bernhard Lienland, Maximilian Lukesch (3. Auflage, erschienen bei Springer Gabler, 2022; eBook ISBN: 978-3-662-65803-1, Softcover ISBN: 978-3-662-65802-4).

Die Lösungen können Sie Tab. 2.13 und 2.14 entnehmen.

Lösung 2 – A5: Warteschlangenanalyse in einer Eisdiele

▶ **Tipp** Im Lehrbuch „**Produktionswirtschaft: Planung, Steuerung und Industrie 4.0**" finden Sie in Kapitel 2.3.3.3 Erklärungen zu den Kennzahlen und zum Ablauf einer M/M/1-Warteschlangenanalyse.

Produktionswirtschaft: Planung, Steuerung und Industrie 4.0, Autoren: Florian Kellner, Bernhard Lienland, Maximilian Lukesch (3. Auflage, erschienen bei Springer Gabler, 2022; eBook ISBN: 978-3-662-65803-1, Softcover ISBN: 978-3-662-65802-4).

Tab. 2.13 Lösung 2-A4: Aufgaben a) bis d)

Teilaufgabe	Wert	Rechenweg und Ergebnis
	Ankunftsrate λ (pro 10 min)	= 5 Stk/10 min (gegeben)
	Ankunftsrate λ (pro h)	= (5 Stk * 6)/(10 min * 6) = 30 Stk/h
	Abfertigungsrate μ (pro 5 min)	= 3 Stk/5 min (gegeben)
	Abfertigungsrate μ (pro h)	= (3 Stk * 12)/(5 min * 12) = 36 Stk/h
	Zwischenankunftszeit A	= $(1/\lambda)$h = (1/30)h = 0,03333 h
a)	Abfertigungszeit S	= $(1/\mu)$h = (1/36)h = 0,02778 h
a)	Auslastung ρ	= λ/μ = (30/36) = 83,33 %
c)	Leerzeit	= $1 - \rho$ = 1 − 0,8333= 16,67 %
	Length of queue (LQ)	= $\rho^2/(1 - \rho)$ = = (0,8333²/(1-0,8333))Stk = 4,167 Stk
b)	Wait in queue (WQ)	= LQ/λ = (4,1667/30)h = 0,1389 h
	Length of system (LS)	= LQ + ρ = (4,1667 + 0,8333)Stk = 5 Stk
	Wait in system (WS)	= WQ + $(1/\mu)$ = = (0,1389 + (1/36))h = 0,1667 h
d)	p (LQ = 3)	= 0,8333³ * (1 − 0,8333) = 9,645 %
Mit: h = Stunde, min = Minute, Stk = Stück		

Tab. 2.14 Lösung 2-A4: Aufgabe e)

Teilaufgabe	Wert	Rechenweg und Ergebnis
	Ankunftsrate λ (pro 10 min)	= 7 Stk/10 min (gegeben)
	Ankunftsrate λ (pro h)	= (7 Stk * 6)/(10 min * 6) = 42 Stk/h
	Abfertigungsrate μ (pro 1 min)	= 1 Stk/1 min (gegeben)
	Abfertigungsrate μ (pro h)	= (1 Stk * 60)/(1 min * 60) = 60 Stk/h
	Zwischenankunftszeit A	= $(1/\lambda)$h = (1/42)h = 0,0238 h
	Abfertigungszeit S	= $(1/\mu)$h = (1/60)h = 0,0167 h
	Auslastung ρ	= λ/μ = (42/60) = 70 %
	Leerzeit	= $1 - \rho = 1 - 0,7 = 30 \%$
	Length of queue (LQ)	= $\rho^2/(1 - \rho)$ = = $((0,7^2)/(1 - 0,7))$Stk = 1,633 Stk
	Wait in queue (WQ)	= LQ/λ = = (1,6333/42)h = 0,03889 h
	Length of system (LS)	= $LQ + \rho$ = (1,6333 + 0,7)Stk = 2,333 Stk
e)	Wait in system (WS)	= $WQ + (1/\mu)$ = = (0,0389 + (1/60))h = 0,05556 h

Mit: h = Stunde, min = Minute, Stk = Stück

Tab. 2.15 Lösung 2-A5: Aufgaben a) bis c)

Teilaufgabe	Wert	Rechenweg und Ergebnis
	Ankunftsrate λ (pro 1,25 min)	= 1 K/1,25 min (gegeben)
	Ankunftsrate λ (pro h)	= (1 K * 48)/(1,25 min * 48) = 48 K/h
	Auslastung ρ	= 80,00 % (gegeben)
	Leerzeit	= $1 - \rho = 1 - 0,8 = 20,00 \%$
a)	Abfertigungsrate μ (pro h)	Die Berechnung erfolgt über die Umformung der Formel zur Berechnung der Auslastung ρ: = (λ/ρ)K/h = (48/0,8)K/h = 60 K/h
	Zwischenankunftszeit A	= $(1/\lambda)$h = (1/48)h = 0,02083 h
b)	Length of queue (LQ)	= $\rho^2/(1 - \rho)$ = = $((0,8)^2/(1 - 0,8))$K = 3,2 K
b)	Length of system (LS)	= $LQ + \rho$ = (3,2 + 0,8)K = 4 K
c)	Abfertigungszeit S	= $(1/\mu)$min = (1/1)min = 1 min
c)	Wait in queue (WQ)	= LQ/λ = (3,2/48)h = 0,06667 h
c)	Wait in system (WS)	= $WQ + (1/\mu)$ = = (0,06667 + (1/60))min = 0,08333 h

Mit: h = Stunde, K = Kunde, min = Minute

Die Rechenwege und Lösungen zu dieser Aufgabe können Sie Tab. 2.15 entnehmen. Die ausformulierten Antworten zu den Aufgaben b) und c) lauten:

b) Die Schlange (wartende Kunden + bedienter Kunde) umfasst nur vier Personen. Es bildet sich keine Schlange bis auf die Straße.

c) Nein, momentan dauert es (0,08333 * 60 =) 5 min, bis ein Kunde sein Eis erhält.

Lösung 2 – A6: Layoutplanung in einem Sägewerk

▶ **Tipp** Im Lehrbuch „**Produktionswirtschaft: Planung, Steuerung und Industrie 4.0**" finden Sie in Kapitel 2.3.3.1 ausführliche Erklärungen zur Layoutplanung in Werkstattfertigungsumgebungen sowie zu den dafür vorhandenen Heuristiken.

Produktionswirtschaft: Planung, Steuerung und Industrie 4.0, Autoren: Florian Kellner, Bernhard Lienland, Maximilian Lukesch (3. Auflage, erschienen bei Springer Gabler, 2022; eBook ISBN: 978-3-662-65803-1, Softcover ISBN: 978-3-662-65802-4).

a) Mögliche Gründe können beispielsweise sein:
  • Vorhandensein von Einbahnstraßen für Gabelstapler.
  • Aus Platzgründen asymmetrisches Transportnetzwerk über Hängeförderer, Transportbänder, Rutschen etc.
  • Mechanische Gründe: Großvolumige Behälter können bspw. an einem Hängeförderer nicht eng aneinander in entgegengesetzte Richtungen transportiert werden.
b) Die Anzahl möglicher Layouts ergibt sich über den Term n!, wobei n für die Anzahl verfügbarer Standorte steht.

$$4! = 4*3*2*1 = 24 \tag{2.6}$$

Es können insgesamt 24 unterschiedliche Layouts erstellt werden.

c) Das Eröffnungsverfahren nach Gilmore weist diejenigen Maschinen, die insgesamt die intensivsten Materialflussbeziehungen zu allen anderen Maschinen aufweisen, den Standorten mit den niedrigsten Gesamtentfernungen zu allen anderen Standorten zu. Hierbei handelt es sich um eine heuristische Herangehensweise, daher muss es sich bei ihrem Ergebnis nicht zwangsläufig um die optimale Lösung handeln. Typischerweise werden hiermit jedoch mit relativ geringem Rechenaufwand gute Ergebnisse erzeugt.
d) Die Transportkosten der Ausgangslösung werden berechnet, indem die in der Aufgabenstellung gegebene Distanzmatrix und Materialflussbeziehungsmatrix zuerst miteinander und daraufhin mit dem Transportkostensatz multipliziert werden (Tab. 2.16).

Tab. 2.16 Lösung 2-A6: Transportkosten der Ausgangslösung (in €)

Zuordnung	AO1 auf A	AO2 auf B	AO3 auf C	AO4 auf D
AO1 auf A	0	200	120	0
AO2 auf B	290	0	480	540
AO3 auf C	48	240	0	160
AO4 auf D	720	90	240	0

Beispielrechnungen zu Tab. 2.16:

- AO2 auf B zu AO1 auf A: 10 DE * 145 ME * 0,20 €/(DE*ME) = 290 €
- AO3 auf C zu AO1 auf A:12 DE * 20 ME * 0,20 €/(DE*ME) = 48 €
- AO4 auf D zu AO3 auf C: 10 DE * 120 ME * 0,20 €/(DE*ME) = 240 €

Die Summe der Transportkosten der Ausgangslösung beträgt (290 € + 48 € + 720 € + … =) 3128,00 €.

e) Das Verfahren nach Gilmore beginnt mit der Ermittlung der Materialflussintensität aller Maschinen sowie dem Grad der Zentralität aller Standorte. Zur Ermittlung der Materialflussintensität werden die Materialflussmengen zeilen- und spaltenweise je Maschine summiert (Tab. 2.17) und daraufhin absteigend in Rangfolge gebracht (Tab. 2.18).

Im nächsten Schritt wird die Zentralität aller Standorte ermittelt. Hierfür werden die die Entfernungen von und zu allen Standorten zeilen- und spaltenweise je Standort summiert (Tab. 2.19) und daraufhin aufsteigend in Rangfolge gebracht (Tab. 2.20).

Tab. 2.17 Lösung 2-A6: Ermittlung der Materialflussintensität der Maschinen (in ME)

Maschine	AO1	AO2	AO3	AO4	Summe
AO1	0	100	50	0	150
AO2	145	0	160	150	455
AO3	20	80	0	80	180
AO4	180	90	120	0	390
Summe	345	270	330	230	

Tab. 2.18 Lösung 2-A6: Rangbildung (absteigend nach der Materialflussintensität)

Standort	Summe	Rang
AO1	345 + 150 = 495	4
AO2	270 + 455 = 725	1
AO3	330 + 180 = 510	3
AO4	230 + 390 = 620	2

Tab. 2.19 Lösung 2-A6: Ermittlung der Zentralität der Standorte (in DE)

Standort	A	B	C	D	Summe
A	0	10	12	20	42
B	10	0	15	18	43
C	12	15	0	10	37
D	20	5	10	0	35
Summe	42	30	37	48	

Tab. 2.20 Lösung 2-A6: Rangbildung (aufsteigend nach der Summe aller Entfernungen)

Standort	Summe	Rang
A	42 + 42 = 84	4
B	30 + 43 = 73	1
C	37 + 37 = 74	2
D	48 + 35 = 83	3

Tab. 2.21 Lösung 2-A6: Neuanordnung der Distanzmatrix (Vorbereitung zur Transportkosten-ermittlung, in DE)

		AO1	AO2	AO3	AO4
Maschinen-Standort-Zuordnung		A	B	D	C
AO1	A	0	10	20	12
AO2	B	10	0	18	15
AO3	D	20	5	0	10
AO4	C	12	15	10	0

Tab. 2.22 Lösung 2-A6: Transportkostenberechnung der neuen Zuordnung (in €)

Zuordnung	AO1 auf A	AO2 auf B	AO3 auf D	AO4 auf C
AO1 auf A	0	200	200	0
AO2 auf B	290	0	576	450
AO3 auf D	80	80	0	160
AO4 auf C	432	270	240	0

Die Zuordnung gemäß dem Verfahren nach Gilmore erfolgt nun, indem die Maschinen mit den höchsten Materialflussintensitäten den Standorten mit dem niedrigsten Zentralitätsgrad zugewiesen werden:

- AO1 auf Standort A.
- AO2 auf Standort B.
- AO3 auf Standort D.
- AO4 auf Standort C.

Zur Berechnung der im neuen Layout entstehenden Transportkosten ist es hilfreich, die Distanzmatrix gemäß der neuen Zuordnung anzuordnen (Tab. 2.21).

Die Transportkostenberechnung der neuen Zuordnung erfolgt analog zur Transportkostenberechnung in der Ausgangslösung. Es wird die umgestellte Distanzmatrix zunächst mit der Materialflussbeziehungsmatrix der Aufgabenstellung und daraufhin mit dem Transportkostensatz multipliziert (Tab. 2.22).

Beispielrechnungen zu Tab. 2.22:

- AO1 auf A zu AO3 auf D: 20 DE * 50 ME * 0,20 €/(DE*ME) = 200 €
- AO3 auf D zu AO2 auf B: 5 DE * 80 ME * 0,20 €/(DE*ME) = 80 €
- AO4 auf C zu AO3 auf D: 10 DE * 120 ME * 0,20 €/(DE*ME) = 240 €

Die Summe der Transportkosten beträgt in der neuen Anordnung (290 € + 80 € + 432 € + … =) 2978,00 €.

Lösung 2 – A7: Layoutplanung bei einem Messerhersteller

▶   **Tipp** Im Lehrbuch „**Produktionswirtschaft: Planung, Steuerung und Indus-trie 4.0**" finden Sie in Kapitel 2.3.3.1 ausführliche Erklärungen zur Layout-planung in Werkstattfertigungsumgebungen sowie zu den dafür vorhandenen Heuristiken.

Produktionswirtschaft: Planung, Steuerung und Industrie 4.0, Autoren: Florian Kellner, Bernhard Lienland, Maximilian Lukesch (3. Auflage, erschienen bei Springer Gabler, 2022; eBook ISBN: 978-3-662-65803-1, Softcover ISBN: 978-3-662-65802-4).

a) Die Berechnung der Transportkosten in der Ausgangslösung erfolgt analog zur Vor-gehensweise in Lösung 2-A6. Der einzige Unterschied ist, dass kein einheitlicher, son-dern ein vom Materialfluss abhängiger Transportkostensatz gegeben ist. Es werden somit zur Berechnung der Transportkosten die drei in der Aufgabenstellung gegebenen Matrizen miteinander multipliziert: Die Distanzmatrix, die Materialflussbeziehungs-matrix und die Transportkostenmatrix. Das Ergebnis ist in Tab. 2.23 abgebildet.

Beispielrechnungen zu Tab. 2.23:

- W1 auf O1 zu W2 auf O2: 30 DE * 180 ME * 54 Cent/(DE*ME) = 291.600 Cent
- W2 auf O2 zu W3 auf O3: 36 DE * 60 ME * 24 Cent/(DE*ME) = 51.840 Cent
- W3 auf O3 zu W2 auf O2: 24 DE * 60 ME * 30 Cent/(DE*ME) = 43.200 Cent

Die Summe der Transportkosten beträgt in der Ausgangslösung (302.400 Cent + 291.600 Cent + … =) 792.720 Cent = 7927,20 €.

b) Das Verfahren nach Gilmore beginnt mit der Ermittlung der Materialflussintensität aller Werkstätten sowie dem Grad der Zentralität aller Standorte. Zur Ermittlung der Zentralität aller Standorte werden die Entfernungen von und zu allen Standorten zei-len- und spaltenweise je Standort summiert (Tab. 2.24) und daraufhin aufsteigend in Rangfolge gebracht (Tab. 2.25).

Tab. 2.23 Lösung 2-A7: Transportkostenberechnung der Ausgangslösung (in Cent)

Zuordnung	W1 auf O1	W2 auf O2	W3 auf O3
W1 auf O1	0	291.600	103.680
W2 auf O2	0	0	51.840
W3 auf O3	302.400	43.200	0

Tab. 2.24 Lösung 2-A7: Ermittlung der Zentralität der Standorte (in DE)

Standort	O1	O2	O3	Summe
O1	0	30	18	48
O2	6	0	36	42
O3	30	24	0	54
Summe	36	54	54	

Tab. 2.25 Lösung 2-A7: Rangbildung (aufsteigend nach der Summe aller Entfernungen)

Standort	Summe	Rang
O1	36 + 48 = 84	1
O2	54 + 42 = 96	2
O3	54 + 54 = 108	3

Tab. 2.26 Lösung 2-A7: Ermittlung der Kostenintensität der Materialflussbeziehungen (in Cent)

Werkstatt	W1	W2	W3	Summe
W1	0	9720	5760	15.480
W2	0	0	1440	1440
W3	10.080	1800	0	11.880
Summe	10.080	11.520	7200	

Tab. 2.27 Lösung 2-A7: Rangbildung (absteigend nach der Kostenintensität)

Werkstatt	Summe	Rang
W1	10.080 + 15.480 = 25.560	1
W2	11.520 + 1440 = 12.960	3
W3	7200 + 11.880 = 19.080	2

Die Ermittlung der Materialflussintensität aller Werkstätten unterscheidet sich von der Vorgehensweise in Lösung 2-A6, da hier ein unterschiedlicher Kostensatz je Materialfluss vorliegt. Es wird daher nicht auf die mengenmäßige Materialflussintensität, sondern auf die Kostenintensität der Materialflussbeziehungen abgestellt. Diese ergibt sich durch Multiplikation der Transportkostenmatrix (Tab. 2.4) mit der Materiaflussmatrix (Tab. 2.5). Das Ergebnis ist in Tab. 2.26 abgebildet. Die Werkstätten werden daraufhin absteigend nach ihrer Kostenintensität in Rangfolge gebracht (Tab. 2.27).

Die Zuordnung gemäß dem Verfahren nach Gilmore erfolgt nun, indem die Werkstätten mit den höchsten Materialfluss-Kostenintensitäten den Standorten mit dem höchsten Zentralitätsgrad zugewiesen werden:

- W1 auf O1.
- W2 auf O3.
- W3 auf O2.

Tab. 2.28 Lösung 2-A7: Neuanordnung der Distanzmatrix (Vorbereitung zur Transportkosten-ermittlung)

Werkstatt-Standort-Zuordnung		W1	W2	W3
		O1	O3	O2
W1	O1	0	18	30
W2	O3	30	0	24
W3	O2	6	36	0

Tab. 2.29 Lösung 2-A7: Transportkostenberechnung der neuen Zuordnung (in Cent)

Zuordnung	W1 auf O1	W2 auf O3	W3 auf O2
W1 auf O1	0	174.960	172.800
W2 auf O3	0	0	34.560
W3 auf O2	60.480	64.800	0

Zur Berechnung der im neuen Layout entstehenden Transportkosten ist es hilfreich, die Distanzmatrix gemäß der neuen Zuordnung anzuordnen (Tab. 2.28).

Die Transportkostenberechnung der neuen Zuordnung erfolgt, indem die umgestellte Distanzmatrix mit der Kostenintensitätsmatrix multipliziert wird (Tab. 2.29).

Beispielrechnungen zu Tab. 2.29:

- W1 auf O1 zu W2 auf O3: 18 DE * 180 ME * 54 Cent/(DE*ME) = 174.960 Cent
- W2 auf O3 zu W1 auf O1: 30 DE * 0 ME * 48 Cent/(DE*ME) = 0 Cent
- W3 auf O2 zu W2 auf O3: 36 DE * 60 ME * 30 Cent/(DE*ME) = 64.800 Cent

Die Summe der Transportkosten beträgt in der neuen Zuordnung (60.480 Cent + 174.960 Cent + … =) 507.600 Cent = 5076,00 €

Lösung 2 – A8: Layoutplanung bei einem Maschinenbauer

▶ **Tipp** Im Lehrbuch „**Produktionswirtschaft: Planung, Steuerung und Indus-trie 4.0"** finden Sie in Kapitel 2.3.3.1 ausführliche Erklärungen zur Layout-planung in Werkstattfertigungsumgebungen sowie zu den dafür vorhandenen Heuristiken.

Produktionswirtschaft: Planung, Steuerung und Industrie 4.0, Autoren: Florian Kellner, Bernhard Lienland, Maximilian Lukesch (3. Auflage, erschienen bei Springer Gabler, 2022; eBook ISBN: 978-3-662-65803-1, Softcover ISBN: 978-3-662-65802-4).

a) Die Summe der Transportkosten in der Ausgangslösung lässt sich – analog zu den vorangegangenen Aufgaben – durch Multiplikation der Distanz- und Materialfluss-beziehungsmatrizen und dem Transportkostensatz ermitteln. Sie beträgt (0 DE * 0 ME * 0,5 €/(DE*ME) + 10 DE * 65 ME * 0,5 €/(DE*ME) + … =) 4575,00 €. Das Verfahren

Tab. 2.30 Lösung 2-A8: Ermittlung der Zentralität der Standorte (in DE)

Standort	A	B	C	Summe
A	0	10	15	25
B	10	0	25	35
C	15	20	0	35
Summe	25	30	40	

Tab. 2.31 Lösung 2-A8: Rangbildung (aufsteigend nach der Summe aller Entfernungen)

Standort	Summe	Rang
A	25 + 25 = 50	1
B	30 + 35 = 65	2
C	40 + 35 = 75	3

Tab. 2.32 Lösung 2-A8: Ermittlung der Materialflussintensität der Maschinen (in ME)

Maschine	M1	M2	M3	Summe
M1	0	30	260	290
M2	65	0	50	115
M3	150	40	0	190
Summe	215	70	310	

Tab. 2.33 Lösung 2-A8: Rangbildung (absteigend nach der Materialflussintensität)

Maschine	Summe	Rang
M1	215 + 290 = 505	1
M2	70 + 115 = 185	3
M3	310 + 190 = 500	2

nach Gilmore beginnt daraufhin mit der Ermittlung der Materialflussintensität aller Werkstätten sowie dem Grad der Zentralität aller Standorte. Zur Ermittlung der Zentralität aller Standorte werden die Entfernungen von und zu allen Standorten zeilen- und spaltenweise je Standort summiert (Tab. 2.30) und daraufhin aufsteigend in Rangfolge gebracht (Tab. 2.31).

Zur Ermittlung der Materialflussintensität werden die Materialflussmengen zeilen- und spaltenweise je Maschine summiert (Tab. 2.32) und daraufhin absteigend in Rangfolge gebracht (Tab. 2.33).

Die Zuordnung gemäß dem Verfahren nach Gilmore erfolgt nun, indem die Maschinen mit den höchsten Materialflussintensitäten den Standorten mit dem höchsten Zentralitätsgrad zugewiesen werden:

- M1 auf Standort A.
- M2 auf Standort C.
- M3 auf Standort B.

Tab. 2.34 Lösung 2-A8: Neuordnung der Distanzmatrix (Vorbereitung zur Transportkosten-ermittlung, in DE)

Maschinen-Standort-Zuordnung		M1	M2	M3
		A	C	B
M1	A	0	15	10
M2	C	15	0	20
M3	B	10	25	0

Tab. 2.35 Lösung 2-A8: Transportkostenberechnung der neuen Zuordnung (in €)

Zuordnung	M1 auf A	M2 auf C	M3 auf B
M1 auf A	0	225	1300
M2 auf C	487,50	0	500
M3 auf B	750	500	0

Zur Berechnung der im neuen Layout entstehenden Transportkosten ist es hilfreich, die Distanzmatrix gemäß der neuen Zuordnung anzuordnen (Tab. 2.34).

Die Transportkostenberechnung der neuen Zuordnung erfolgt dann analog zur Transportkostenberechnung in der Ausgangslösung. Es wird die umgestellte Distanzmatrix zunächst mit der Materialflussbeziehungsmatrix der Aufgabenstellung und daraufhin mit dem Transportkostensatz multipliziert (Tab. 2.35).

Beispielrechnungen zu Tab. 2.35:

- M1 auf A zu M2 auf C: 15 DE * 30 ME * 0,5 €/(DE*ME) = 225 €
- M2 auf C zu M3 auf B: 20 DE * 50 ME * 0,5 €/(DE*ME) = 500 €
- M3 auf B zu M1 auf A: 10 DE * 150 ME * 0,5 €/(DE*ME) = 750 €

Die Summe der Transportkosten beträgt in der neuen Zuordnung (487,5 € + 750 € + … =) 3762,50 €.

b) Das CRAFT-Verfahren ist ein iteratives Verfahren zur Verbesserung eines Layouts, in dem in jeder Iteration die Standorte (A, B, C, …) der Anordnungsobjekte (AO) vertauscht werden, um eine Verbesserung des Zielwerts (i. d. R. die anfallenden Transportkosten) zu erreichen. Die AO werden in jeder Iteration nach folgendem Muster durchgetauscht:
   - Das AO auf Standort A mit dem AO auf Standort B, C, D, …
   - Das AO auf Standort B mit dem AO auf Standort C, D, E, …
   - Das AO auf Standort C mit dem AO auf Standort D, E, F, …
   - …

Für alle Vertauschungen wird der entstehende Zielwert berechnet. Ergeben sich Verbesserungen, so wird die Lösung mit der größten Verbesserung des Zielwerts abgespeichert und als Grundlage für die nächste Iteration verwendet. Ergibt sich in einer Iteration keine Verbesserung des Zielwerts, bricht das Verfahren ab.

c) Das CRAFT-Verfahren beginnt mit der Aufstellung der in Teilaufgabe a) ermittelten Ausgangslösung (M1 auf A, M2 auf C, M3 auf B, Gesamttransportkosten = 3762,50 €). Es werden daraufhin iterativ Vertauschungen durchgeführt (folgende Tabellen). Die Berechnung der in einer Vertauschung anfallenden Transportkosten folgt demselben Schema wie in Teilaufgabe a) (Tab. 2.36, 2.37, 2.38, 2.39, 2.40 und 2.41).

Tab. 2.36 Lösung 2-A8: 1. Iteration, Tausch M1-M3

Neue Zuordnung	A	M3
	B	M1
	C	M2
Transportkosten	3750,00 €	
Differenz	− 12,50 € (Verbesserung der Lösung)	

Tab. 2.37 Lösung 2-A8: 1. Iteration, Tausch M1-M2

Neue Zuordnung	A	M2
	B	M3
	C	M1
Transportkosten	5637,50 €	
Differenz	+ 1875,00 € (Verschlechterung der Lösung)	

Tab. 2.38 Lösung 2-A8: 1. Iteration, Tausch M2-M3

Neue Zuordnung	A	M1
	B	M2
	C	M3
Transportkosten	4575,00 €	
Differenz	+ 812,50 € (Verschlechterung der Lösung)	

Tab. 2.39 Lösung 2-A8: 2. Iteration, Tausch M3-M1

Neue Zuordnung	A	M1
	B	M3
	C	M2
Transportkosten	3762,50 €	
Differenz	+ 12,50 € (Verschlechterung der Lösung)	

Tab. 2.40 Lösung 2-A8: 2. Iteration, Tausch M3-M2

Neue Zuordnung	A	M2
	B	M1
	C	M3
Transportkosten	5900,00 €	
Differenz	+ 2150,00 € (Verschlechterung der Lösung)	

Tab. 2.41 Lösung 2-A8: 2. Iteration, Tausch M1-M2

Neue Zuordnung	A	M3
	B	M2
	C	M1
Transportkosten	4637,50 €	
Differenz	+887,50 € (Verschlechterung der Lösung)	

Durchführung der 1. Iteration

Nach Abschluss der ersten Iteration (Tab. 2.36, 2.37, und 2.38) werden M1 und M3 getauscht. Eine neue Ausgangslösung wurde ermittelt:

- M1 auf B.
- M2 auf C.
- M3 auf A.
- Gesamtkosten = 3750 €

Diese Ausgangslösung wird zur Grundlage der in der 2. Iteration durchzuführenden Vertauschungen.

Durchführung der 2. Iteration

Nach Abschluss der zweiten Iteration (Tab. 2.39, 2.40 und 2.41) wird kein Tausch vorgenommen, da keine Kosteneinsparung erzielt werden konnte. Das CRAFT-Verfahren endet somit. Die Ausgangslösung der zweiten Iteration (A-M3, B-M1, C-M2, Transportkosten 3750,00 €) ist das Endergebnis des CRAFT-Verfahrens.

Aufgabe 2-A9: Logistikdienstleister

▶   **Tipp** Im Lehrbuch „**Produktionswirtschaft: Planung, Steuerung und Industrie 4.0**" finden Sie in Kapitel 2.3.3.2 ausführliche Erklärungen zur Logik und zum Ablauf einer Fließbandabstimmung sowie der dafür zur Verfügung stehenden Heuristiken.

Produktionswirtschaft: Planung, Steuerung und Industrie 4.0, Autoren: Florian Kellner, Bernhard Lienland, Maximilian Lukesch (3. Auflage, erschienen bei Springer Gabler, 2022; eBook ISBN: 978-3-662-65803-1, Softcover ISBN: 978-3-662-65802-4).

a) Die minimale Taktzeit entspricht der Dauer des am längsten dauernden Arbeitselements. Sie beträgt hier 8 ZE pro Stück (Arbeitselement G). Die maximale Taktzeit ergibt sich aus der Division der Planzeit durch die Planleistung. Sie beträgt hier (500/50 =) 10 ZE/Stk. Das bedeutet, dass wenigstens alle 10 ZE ein Stück Retoure wieder aufbereitet sein muss.

b) Gemäß der ME-Regel erhält dasjenige Arbeitselement den höchsten Rang, das die
   längste Elementzeit aufweist. Die Lösung können Sie Abb. 2.10 und Tab. 2.42 entnehmen. Beachten Sie, dass bei denjenigen Elementen, die dieselbe Elementzeit aufweisen, dasjenige Element den höheren Rang erhält, das den niedrigeren Knotenindex
   hat – somit steht bspw. Element A im Rang höher als Element H. Die Systematik der
   Arbeitsstationsbestimmung folgt derselben Logik, wie sie in der Lösung zur Aufgabe
   2-A2 und 2-A3 dargestellt wurde.

Die Fließbandabstimmung nach der ME-Heuristik bringt fünf Arbeitsstationen hervor. Sie
können mit ihrer Gruppierungsnummer (Tab. 2.42) in die folgende beispielhafte Reihenfolge gebracht werden: IV, II, III, I, V.

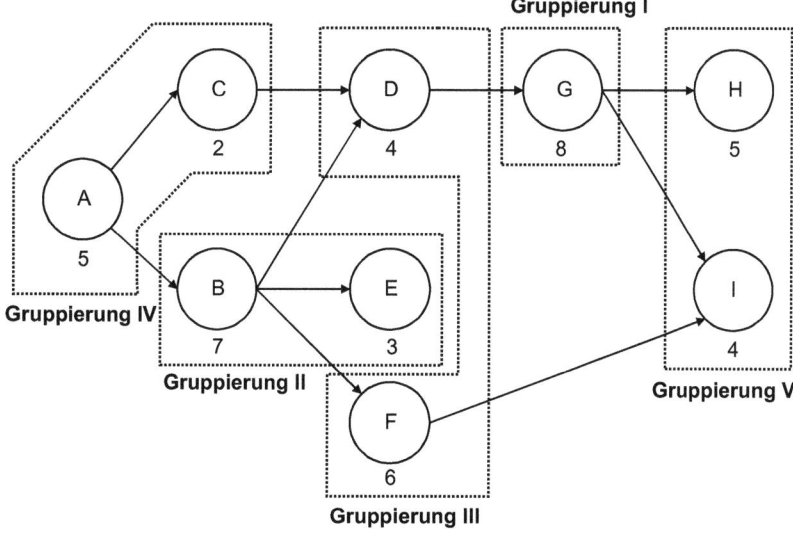

Abb. 2.10 Lösung 2-A9 b): Arbeitsstationen nach der ME-Heuristik

Tab. 2.42 Lösung 2-A9 b): ME-Heuristik-Tableau

Element	Elementzeit (ZE)	Rangfolge	Gruppierung	Stationszeit (ZE)
A	5	4	IV	7
B	7	2	II	10
C	2	9	IV	7
D	4	6	III	10
E	3	8	II	10
F	6	3	III	10
G	8	1	I	8
H	5	5	V	9
I	4	7	V	9
Mit: ZE = Zeiteinheit				

c) Die Anzahl der Nachfolger für jedes Arbeitselement kann aus dem Vorranggraphen abgelesen werden. Gemäß der MN-Regel erhält dasjenige Arbeitselement den höchsten
   Rang, das die meisten Nachfolger aufweist.

Die Lösung können Sie Abb. 2.11 und Tab. 2.43 entnehmen. Beachten Sie, dass bei denjenigen Elementen, die dieselbe Anzahl an Nachfolgern aufweisen, dasjenige Element den
höheren Rang erhält, das den niedrigeren Knotenindex hat – somit steht bspw. Element E
im Rang höher als Element H und Element H höher als Element I. Die Systematik der
Arbeitsstationsbestimmung folgt derselben Logik, wie sie in der Lösung zur Aufgabe
2-A2 und 2-A3 dargestellt wurde.

Die Fließbandabstimmung nach der MN-Heuristik bringt fünf Arbeitsstationen hervor. Sie können mit ihrer Gruppierungsnummer (Tab. 2.43) in die folgende beispielhafte
Reihenfolge gebracht werden: I, II, III, IV, V.

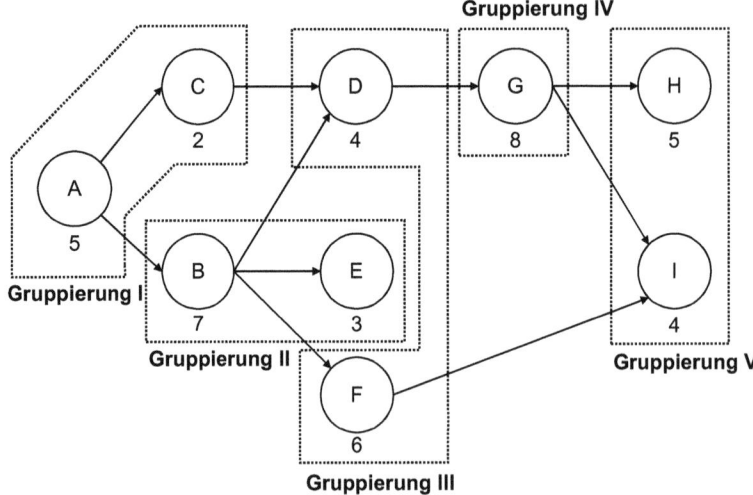

Abb. 2.11 Lösung 2-A9 c): Arbeitsstationen nach der MN-Heuristik

Tab. 2.43 Lösung 2-A9 c): MN-Heuristik-Tableau

Element	Elementzeit (ZE)	Anzahl Nachfolger	Rangfolge	Gruppierung	Stationszeit (ZE)
A	5	8	1	I	7
B	7	6	2	II	10
C	2	4	3	I	7
D	4	3	4	III	10
E	3	0	7	II	10
F	6	1	6	III	10
G	8	2	5	IV	8
H	5	0	8	V	9
I	4	0	9	V	9
Mit: ZE = Zeiteinheit					

d) Die Anzahl der direkten Nachfolger kann aus dem Vorranggraphen ausgelesen werden. Im Gegensatz zur MN-Regel (vgl. Teilaufgabe c)) werden lediglich diejenigen Nachfolger gezählt, die unmittelbar an ein Arbeitselement anschließen. Dasjenige Arbeitselement, das die meisten direkten Nachfolger aufweist, erhält den höchsten Rang. Bei gleicher Anzahl an direkten Nachfolgern wird nach dem Index sortiert.

Die Lösung können Sie Abb. 2.12 und Tab. 2.44 entnehmen. Die Systematik der Arbeitsstationsbestimmung folgt derselben Logik, wie sie in der Lösung zur Aufgabe 2-A2 und 2-A3 dargestellt wurde.

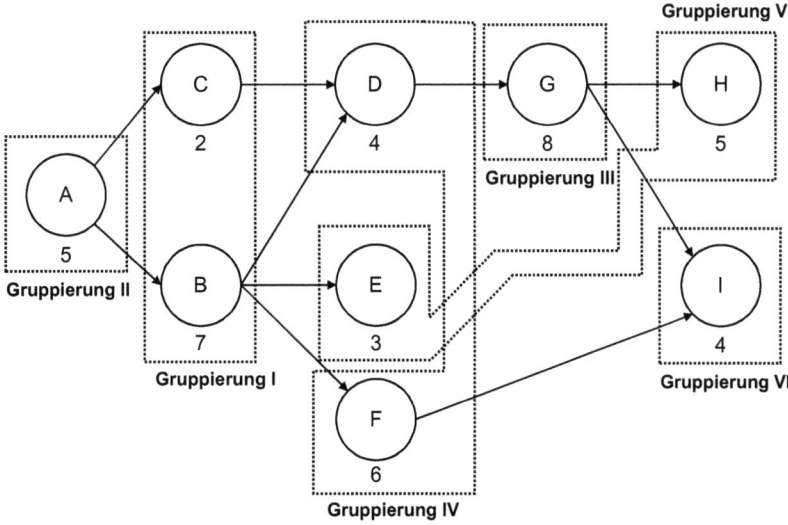

Abb. 2.12 Lösung 2-A9 d): Arbeitsstationen nach der MD-Heuristik

Tab. 2.44 Lösung 2-A9 d): MD-Heuristik-Tableau

Element	Elementzeit (ZE)	Anzahl direkter Nachfolger	Rangfolge	Gruppierung	Stationszeit (ZE)
A	5	2	2	II	5
B	7	3	1	I	9
C	2	1	4	I	9
D	4	1	5	IV	10
E	3	0	7	V	8
F	6	1	6	IV	10
G	8	2	3	III	5
H	5	0	8	V	8
I	4	0	9	VI	4
Mit: ZE = Zeiteinheit					

Die Fließbandabstimmung nach der MD-Heuristik bringt sechs Arbeitsstationen hervor. Sie können mit ihrer Gruppierungsnummer (Tab. 2.44) in die folgende beispielhafte Reihenfolge gebracht werden: II, I, IV, III, V, VI.

e) Der Bandwirkungsgrad ergibt sich, indem die Summe der Arbeitszeiten über alle Arbeitsstationen durch das Produkt aus Anzahl der Arbeitsstationen und Systemtaktzeit dividiert wird.

Bandwirkungsgrad ME-Heuristik:

$$\frac{7+10+10+8+9}{5*10} = 88,00\,\% \tag{2.7}$$

Bandwirkungsgrad MN-Heuristik:

$$\frac{7+10+10+8+9}{5*10} = 88,00\,\% \tag{2.8}$$

Bandwirkungsgrad MD-Heuristik:

$$\frac{9+5+8+10+8+4}{6*10} = 73,33\,\% \tag{2.9}$$

Lösung 2 – A10: Holzmanufaktur

▶ **Tipp** Im Lehrbuch „**Produktionswirtschaft: Planung, Steuerung und Industrie 4.0"** finden Sie in Kapitel 2.3.3.2 ausführliche Erklärungen zur Logik und zum Ablauf einer Fließbandabstimmung sowie der dafür zur Verfügung stehenden Heuristiken.

Produktionswirtschaft: Planung, Steuerung und Industrie 4.0, Autoren: Florian Kellner, Bernhard Lienland, Maximilian Lukesch (3. Auflage, erschienen bei Springer Gabler, 2022; eBook ISBN: 978-3-662-65803-1, Softcover ISBN: 978-3-662-65802-4).

a) Um die Abbildung ordentlich aufzubereiten, ist es sinnvoll, die Arbeitselemente zu sortieren. Auf diese Weise werden die Beziehungen unter den Arbeitselementen klarer erkennbar und somit die Fließbandabstimmung leichter durchführbar. Abb. 2.13 zeigt eine Möglichkeit einer übersichtlichen Sortierung.

Abb. 2.13 Lösung 2-A10 a):
Sortierter Vorranggraph

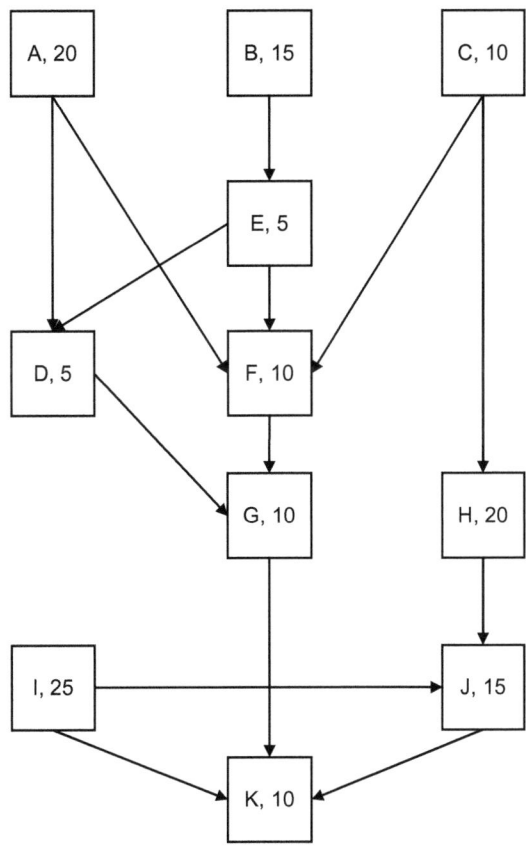

b) Die minimale Taktzeit entspricht der Dauer des am längsten dauernden Arbeitselements. Sie beträgt hier 25 ZE pro Stück (Arbeitselement I). Die maximale Taktzeit
   ergibt sich aus der Division der Planzeit durch die Planleistung. Sie beträgt hier
   (7000/200 =) 35 ZE/Stk. Das bedeutet, dass wenigstens alle 35 ZE ein Stück „vom
   Band rollen" muss.

c) Gemäß der ME-Regel erhält dasjenige Arbeitselement den höchsten Rang, das die
   längste Elementzeit aufweist. Die Lösung können Sie Abb. 2.14 und Tab. 2.45 entnehmen. Beachten Sie, dass bei denjenigen Elementen, die dieselbe Elementzeit aufweisen, dasjenige Element den höheren Rang erhält, das den niedrigeren Knotenindex
   hat. Die Systematik der Arbeitsstationsbestimmung folgt derselben Logik, wie sie in
   der Lösung zur Aufgabe 2-A2 und 2-A3 dargestellt wurde.

Die Fließbandabstimmung nach der ME-Heuristik bringt fünf Arbeitsstationen hervor. Sie
können mit ihrer Gruppierungsnummer (Tab. 2.45) in die folgende beispielhafte Reihenfolge gebracht werden: II, V, I, III, IV.

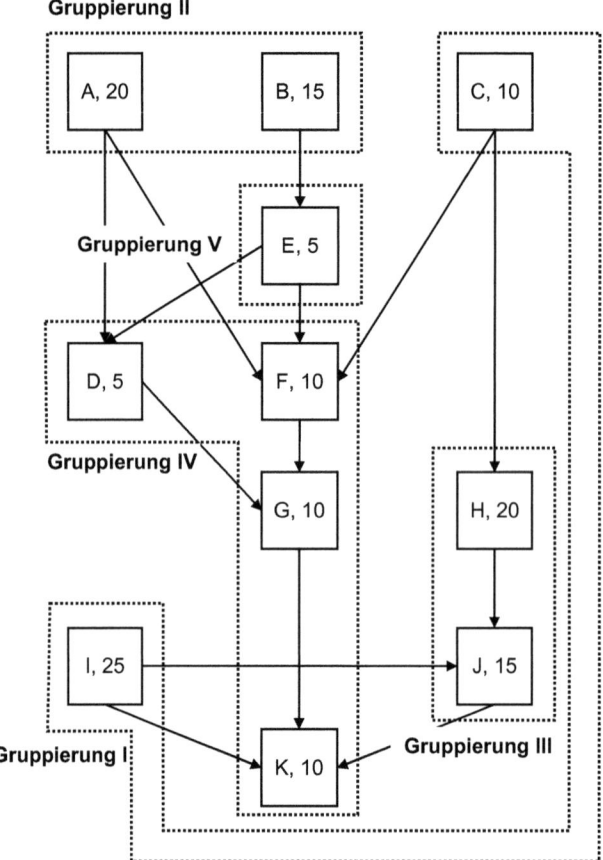

Abb. 2.14 Lösung 2-A10 c): Arbeitsstationen nach der ME-Heuristik

Tab. 2.45 Lösung 2-A10 c): ME-Heuristik-Tableau

Element	Elementzeit (ZE)	Rangfolge	Gruppierung	Stationszeit (ZE)
A	20	2	II	35
B	15	4	II	35
C	10	6	I	35
D	5	10	IV	35
E	5	11	V	5
F	10	7	IV	35
G	10	8	IV	35
H	20	3	III	35
I	25	1	I	35
J	15	5	III	35
K	10	9	IV	35
Mit: ZE = Zeiteinheiten				

d) Gemäß der MR-Regel erhält dasjenige Arbeitselement den höchsten Rang, das die größte Summe aus eigener Elementzeit und der Elementzeiten der direkt nachfolgenden Arbeitselemente aufweist. Der Rangwert von Arbeitselement A beträgt somit bspw. (20 + 5 + 10 =) 35. Die Lösung können Sie Abb. 2.15 und Tab. 2.46 entnehmen. Beachten Sie, dass bei denjenigen Elementen, die dieselbe Elementzeit aufweisen, dasjenige Element den höheren Rang erhält, das den niedrigeren Knotenindex hat. Die Systematik der Arbeitsstationsbestimmung folgt derselben Logik, wie sie in der Lösung zur Aufgabe 2-A2 und 2-A3 dargestellt wurde.

Die Fließbandabstimmung nach der MR-Heuristik bringt fünf Arbeitsstationen hervor. Sie können mit ihrer Gruppierungsnummer (Tab. 2.46) in die folgende beispielhafte Reihenfolge gebracht werden: I, III, II, IV, V.

e) Der Bandwirkungsgrad ergibt sich, indem die Summe der Arbeitszeiten über alle Arbeitsstationen durch das Produkt aus Anzahl der Arbeitsstationen und Systemtaktzeit dividiert wird.

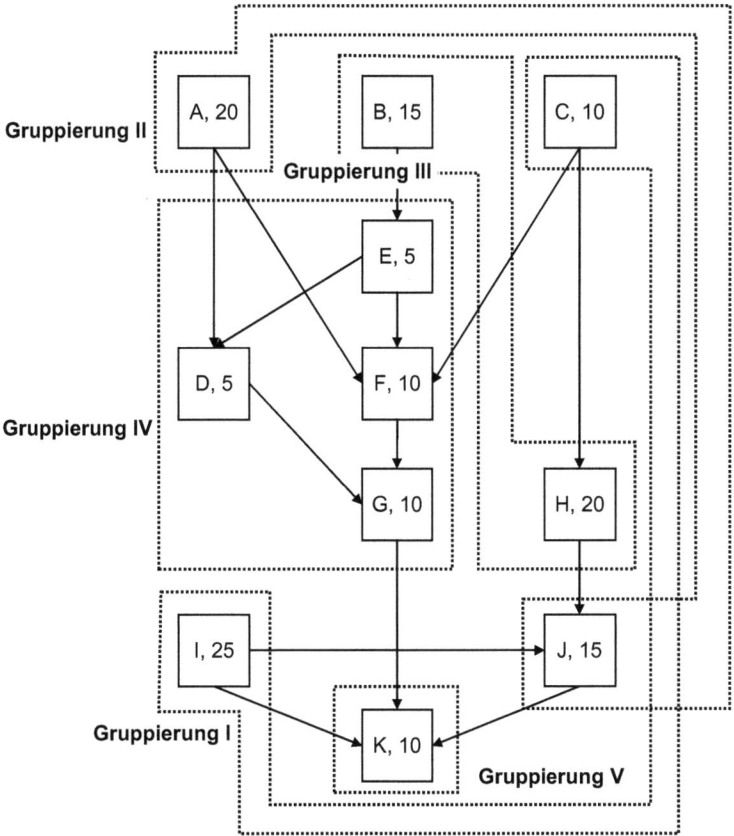

Abb. 2.15 Lösung 2-A10 d): Arbeitsstationen nach der MR-Heuristik

Tab. 2.46 Lösung 2-A10 d): MR-Heuristik-Tableau

Element	Elementzeit (ZE)	Rangwert	Rangfolge	Gruppierung	Stationszeit (ZE)
A	20	35	3	II	35
B	15	20	6	III	35
C	10	40	2	I	35
D	5	15	10	IV	30
E	5	20	7	IV	30
F	10	20	8	IV	30
G	10	20	9	IV	30
H	20	35	4	III	35
I	25	50	1	I	35
J	15	25	5	II	35
K	10	10	11	V	10

Mit: ZE = Zeiteinheiten

Bandwirkungsgrad ME-Heuristik:

$$\frac{35+35+35+35+5}{5*35} = 82,86\,\% \tag{2.10}$$

Bandwirkungsgrad MR-Heuristik:

$$\frac{35+35+35+30+10}{5*35} = 82,86\,\% \tag{2.11}$$

Produktionsfaktor „Material"

3

Zusammenfassung

Roh-, Hilfs- und Betriebsstoffe sind die Ausgangsstoffe der Güterproduktion – sie werden als Repetier- oder Verbrauchsfaktoren bezeichnet. Da die Materialkosten bei bestimmten Produkten einen maßgeblichen Anteil der Gesamtstückkosten ausmachen, ist die richtige Bewirtschaftung des Produktionsfaktors „Material" von hoher Bedeutung. Eine in diesem Zusammenhang oftmals angewandte Maßnahme ist die Standardisierung von Werkstoffen, Baugruppen, Zwischen- und Endprodukten mithilfe von Normung und Typung.

Dieses Kapitel fokussiert auf die Aufgabe der Materialklassifikation zur Ermittlung einer betriebswirtschaftlich sinnvollen Dispositionsstrategie von Materialien. Hierzu dienen die ABC- und die XYZ-Analyse. Bei der ABC-Analyse werden Werkstoffe nach ihrem relativen Anteil am Gesamtverbrauchswert in A-, B- und C-Güter eingeteilt. Im Rahmen der XYZ-Analyse werden Materialien anhand der Regelmäßigkeit ihres Bedarfsverlaufs in X-, Y- und Z-Güter eingeteilt. Durch die Kombination von ABC- und XYZ-Analyse kann anschließend eine Reihe von Handlungsempfehlungen für die Materialdisposition abgeleitet werden.

Nach Abschluss dieses Kapitels können Sie …

1) … Werkstoffe anhand einer ABC-Analyse klassifizieren und ihre Ergebnisse grafisch darstellen.
2) … Werkstoffe anhand einer XYZ-Analyse klassifizieren.

Das Lehrbuch „Produktionswirtschaft: Planung, Steuerung und Industrie 4.0" (Florian Kellner, Bernhard Lienland, Maximilian Lukesch, 3. Auflage, Springer Gabler, 2022) vermittelt die für die Bearbeitung dieser Aufgaben nötigen theoretischen Grundlagen in Kapitel 2.4 „Produktionsfaktor Material".

© Springer-Verlag GmbH Deutschland, ein Teil von Springer Nature 2024   69
M. Lukesch, F. Kellner, *Übungsbuch Produktionswirtschaft*,
https://doi.org/10.1007/978-3-662-68672-0_3

3.1 Aufgaben

Aufgabe 3 – A1: ABC-Analyse bei einem Maschinenbauer

Sie machen ein Praktikum in der Materialdisposition der Maschinenfabrik Regensburg. Eine Ihrer ersten Aufgaben lautet, eine ABC-Analyse für die in der Fertigung verwendeten Materialien durchzuführen. Ihnen werden die in Tab. 3.1 abgebildeten Daten sowie folgenden Klassifizierungsregeln gegeben:

- Die Klassifizierung der Materialien erfolgt nach ihrem kumulierten Verbrauchswert.
- Klasse A: 0–80 %
- Klasse B: 80–95 %
- Klasse C: 95–100 %

Führen Sie rechnerisch sowie grafisch eine ABC-Analyse durch!

Aufgabe 3 – A2: Unvollständiges ABC-Tableau

Ihnen ist ein unvollständiger Datensatz (Tab. 3.2 und 3.3) einer ABC-Analyse gegeben. Als Klassifizierungsregeln sollen gelten:

- Die Klassifizierung der Materialien erfolgt nach ihrem kumulierten Verbrauchswert.
- Klasse A: 0–85 %
- Klasse B: 85–99 %
- Klasse C: 99–100 %

Berechnen Sie die fehlenden Größen in Tab. 3.2 und 3.3 und fertigen Sie eine Grafik der Ergebnisse an!

Tab. 3.1 Aufgabe 3-A1: Ausgangsdaten

Materialnr.	Planpreis (€/kg)	Planbedarfsmenge (kg)
XY-41	781,25	270
XY-42	4,00	48.000
XY-43	7,00	3000
XY-44	2,625	14.000
XY-45	13,75	2500
XY-46	17,75	2100
XY-47	55,00	300
XY-48	0,125	54.000
XY-49	0,20	58.000
XY-50	0,175	97.500

Tab. 3.2 Aufgabe 3-A2: Ausgangsdaten

Materialart	Planpreis (€/ME)	Planbedarfsmenge (ME)	Verbrauchswert (absolut, €)	Verbrauchsanteil	Rang
301	2000	60			
302	90			0,036	
303		1800			1
304	50				
305	5				
306		500			2
307		2000	40.000		
308	100			0,008	
Σ			1.000.000		

Mit: ME = Mengeneinheit

Tab. 3.3 Aufgabe 3-A2: ABC-Tableau

Rang	Materialart	Materialpositionsanteil kumuliert	Verbrauchsanteil kumuliert	Klasse
1			0,54	
2			0,76	
3				
4				
5				
6				
7			0,999	
8	305			

Aufgabe 3 – A3: XYZ-Analyse mit Störpegel und Nullperiodenanteil

Nachdem Sie Ihren Vorgesetzten mehrere Male Ihr Geschick bei der Erstellung von ABC-Analysen unter Beweis stellen konnten, sollen Sie nun eine XYZ-Analyse vornehmen. Aus dem ERP-System haben Sie sich die historischen Bedarfe der vergangenen Jahre für eine Reihe von Materialien als Liste ausgeben lassen (Tab. 3.4).

Ihre Vorgesetzte gibt Ihnen die Klassifizierungsgrenzen vor: „Üblicherweise gehen wir bei der XYZ-Analyse sehr pragmatisch vor: Alle Materialien, deren historischer Bedarfsverlauf durch einen Nullperiodenanteil (NPA) größer als 0,3 gekennzeichnet ist, werden mit dem Kennzeichen ‚Z' versehen. X-Materialien zeichnen sich durch einen Störpegel (SP) geringer als 0,5 aus. Y-Materialien sind alle diejenigen mit einem Störpegel größer als 0,5".

Nehmen Sie anhand dieser Anweisungen und der unten gegebenen Daten die XYZ-Analyse vor!

Tab. 3.4 Aufgabe 3-A3: Ausgangsdaten

Materialart	Jahresbedarfe (in Mengeneinheiten = ME)					
	2010	2011	2012	2013	2014	Summe
XY-41	100	90	85	110	105	490
XY-42	16.000	4000	8000	12.800	24.000	64.800
XY-43	1000	2000	500	200	1200	4900
XY-44	5000	3750	4000	6500	1000	20.250
XY-45	700	210	700	140	840	2590
XY-46	700	420	560	210	770	2660
XY-47	100	30	0	30	0	160
XY-48	18.000	10.800	10.800	10.800	10.800	61.200
XY-49	20.000	26.000	8000	8000	6000	68.000
XY-50	32.500	39.000	35.750	27.625	32.500	167.375

Tab. 3.5 Aufgabe 3-A4: Ausgangsdaten (Nachfrage in ME)

Teil	Jan	Feb	Mrz	Apr	Mai	Jun	Jul	Aug	Sep	Okt	Nov	Dez	XYZ
A	34	54	12	0	12	34	13	20	41	25	5	13	
B	51	73	52	85	100	44	31	53	64	24	53	14	
C	8	30	70	12	16	73	41	74	24	5	15	10	
D	200	250	300	100	250	250	300	100	200	80	170	260	
E	400	452	212	430	420	407	253	321	485	334	358	303	

Aufgabe 3 – A4: XYZ-Analyse mit Variationskoeffizient

Nach dem Studium beginnen Sie Ihre Karriere bei einem Automobilzulieferunternehmen in der Abteilung „Produktionsplanung". Ihr Team ist momentan mit der Prognose der künftigen Kundennachfrage beschäftigt. Das Problem besteht darin, dass die Kundennachfrage nach einigen Teilen stark schwankt. Deshalb bittet Sie Ihr neuer Chef, mithilfe der XYZ-Analyse die in Tab. 3.5 abgetragenen Teile gemäß ihrem Nachfrageverlauf in die Klassen X, Y und Z einzuteilen. Idee ist es nämlich, die Nachfrageprognose zunächst mit den gut prognostizierbaren X- und Y-Teilen zu beginnen.

Als Klassifikationskriterium soll der Variationskoeffizient (VK) für das Jahr 2017 dienen. Für die Einteilung der Teile in die Klassen X, Y und Z gelten die folgenden Grenzen:

- X-Teile: VK = 0 bis 25 %
- Y-Teile: VK ≥ 25 % bis 50 %
- Z-Teile: VK ≥ 50 %

Bestimmen Sie für jedes der fünf Teile A, B, C, D, E in Tab. 3.5 die Klasse X, Y oder Z gemäß den obigen Angaben und tragen Sie das Ergebnis in die Spalte XYZ ein. In den Spalten Jan-Dez sind die Nachfragemengen (in Mengeneinheiten = ME) in den Monaten Januar bis Dezember 2017 angegeben.

Tab. 3.6 Aufgabe 3-A5: Ausgangsdaten

Materialnummer	Durchschnittlicher Einkaufspreis (GE)	Einkaufsmenge (ME)
10001	11	350
10002	34	138
10003	14	283
10004	7	129
10005	6	87
10006	18	494
Mit: GE = Geldeinheiten, ME = Mengeneinheiten		

Aufgabe 3 – A5: ABC-Analyse

Sie arbeiten in der Beschaffungsabteilung der Münchner Feintechnik AG. Für die Materialien 10001–10006 haben Sie sich die durchschnittlichen Einkaufspreise (in Geldeinheiten = GE) sowie die historischen Einkaufsmengen (in Mengeneinheiten = ME) des vergangenen Jahres auswerten lassen. Diese sind Ihnen in Tab. 3.6 gegeben. Nun möchten Sie eine ABC-Analyse durchführen. Als Schnittwerte haben Sie für die Klasse A 80 %, für Klasse B 97 % und für Klasse C 100 % festgelegt.

Führen Sie eine ABC-Analyse durch und visualisieren Sie Ihre Ergebnisse! Verwenden Sie für Ihr ABC-Diagramm den kumulierten Verbrauchswert (in GE) als Y-Achse und die kumulierte Materialmenge (in ME) als X-Achse.

Aufgabe 3 – A6: Normung und Typung

Zeigen Sie beispielhaft anhand des Du-Pont-Schemas, wie sich Normung und Typung auf die Profitabilität eines Unternehmens auswirken können. Geben Sie jeweils mindestens einen Argumentationspfad an!

3.2 Lösungen

Lösung 3 – A1: ABC-Analyse bei einem Maschinenbauer

▶ **Tipp** Im Lehrbuch „**Produktionswirtschaft: Planung, Steuerung und Industrie 4.0**" finden Sie in Kapitel 2.4.3.2 Erklärungen zur Vorgehensweise von ABC- und XYZ-Analysen sowie den aus ihren Ergebnissen abzuleitenden Empfehlungen für die Materialbeschaffung.

Produktionswirtschaft: Planung, Steuerung und Industrie 4.0, Autoren: Florian Kellner, Bernhard Lienland, Maximilian Lukesch (3. Auflage, erschienen bei Springer Gabler, 2022; eBook ISBN: 978-3-662-65803-1, Softcover ISBN: 978-3-662-65802-4).

Die Lösung können Sie der Tab. 3.7, 3.8 sowie Abb. 3.1 entnehmen.

Tab. 3.7 Lösung 3-A1: Vorbereitung des ABC-Tableaus

Materialnr.	Planpreis (€/kg)	Planbedarfsmenge (kg)	Verbrauchswert (absolut, €)	Verbrauchswert (%)	Rang
XY-41	781,25	270	210.937,50	36,10 %	1
XY-42	4,00	48.000	192.000,00	32,86 %	2
XY-43	7,00	3000	21.000,00	3,59 %	6
XY-44	2,625	14.000	36.750,00	6,29 %	4
XY-45	13,75	2500	34.375,00	5,88 %	5
XY-46	17,75	2100	37.275,00	6,38 %	3
XY-47	55,00	300	16.500,00	2,82 %	8
XY-48	0,125	54.000	6750,00	1,16 %	10
XY-49	0,20	58.000	11.600,00	1,99 %	9
XY-50	0,175	97.500	17.062,50	2,92 %	7
Σ			584.250,00	100,00 %	

Tab. 3.8 Lösung 3-A1: ABC-Tableau

Materialnr.	Materialpositionsanteil kumuliert	Verbrauchswert kumuliert	ABC-Kennziffer
XY-41	10,00 %	36,10 %	A
XY-42	20,00 %	68,97 %	A
XY-46	30,00 %	75,35 %	A
XY-44	40,00 %	81,64 %	B
XY-45	50,00 %	87,52 %	B
XY-43	60,00 %	91,11 %	B
XY-50	70,00 %	94,04 %	B
XY-47	80,00 %	96,86 %	C
XY-49	90,00 %	98,84 %	C
XY-48	100,00 %	100,00 %	C

Lösung 3 – A2: Unvollständiges ABC-Tableau

▶ **Tipp** Im Lehrbuch „**Produktionswirtschaft: Planung, Steuerung und Industrie 4.0"** finden Sie in Kapitel 2.4.3.2 Erklärungen zur Vorgehensweise von ABC- und XYZ-Analysen sowie den aus ihren Ergebnissen abzuleitenden Empfehlungen für die Materialbeschaffung.

Produktionswirtschaft: Planung, Steuerung und Industrie 4.0, Autoren: Florian Kellner, Bernhard Lienland, Maximilian Lukesch (3. Auflage, erschienen bei Springer Gabler, 2022; eBook ISBN: 978-3-662-65803-1, Softcover ISBN: 978-3-662-65802-4).

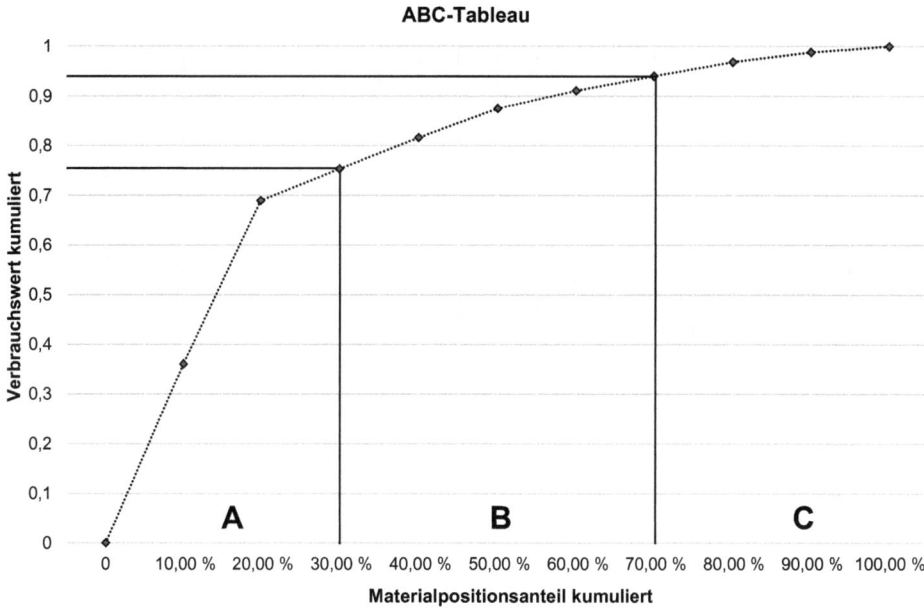

Abb. 3.1 Lösung 3-A1: Grafische Darstellung der Ergebnisse der ABC-Analyse

Tab. 3.9 Lösung 3-A2: Vervollständigte Ausgangsdaten

Materialart	Planpreis (€/ME)	Planbedarfsmenge (ME)	Verbrauchswert (absolut, €)	Verbrauchsanteil	Rang
301	2000	60	120.000	0,120	3
302	90	400	36.000	0,036	5
303	300	1800	540.000	0,540	1
304	50	700	35.000	0,035	6
305	5	200	1000	0,001	8
306	440	500	220.000	0,220	2
307	20	2000	40.000	0,040	4
308	100	80	8000	0,008	7
Σ			1.000.000	1,000	

Die Lösung können Sie der Tab. 3.9, 3.10 sowie Abb. 3.2 entnehmen.

Lösung 3 – A3: XYZ-Analyse mit Störpegel und Nullperiodenanteil

▶   **Tipp** Im Lehrbuch „**Produktionswirtschaft: Planung, Steuerung und Industrie 4.0"** finden Sie in Kapitel 2.4.3.2 Erklärungen zur Vorgehensweise von ABC-
und XYZ-Analysen sowie den aus ihren Ergebnissen abzuleitenden Empfehlungen für die Materialbeschaffung.

Produktionswirtschaft: Planung, Steuerung und Industrie 4.0, Autoren: Florian Kellner, Bernhard Lienland, Maximilian Lukesch (3. Auflage, erschienen bei Springer Gabler, 2022; eBook ISBN: 978-3-662-65803-1, Softcover ISBN: 978-3-662-65802-4).

Die Lösung können Sie der Tab. 3.11 und 3.12 entnehmen.

Tab. 3.10 Lösung 3-A2: ABC-Tableau

Rang	Materialart	Materialpositionsanteil kumuliert	Verbrauchsanteil kumuliert	Klasse
1	303	0,125	0,540	A
2	306	0,250	0,760	A
3	301	0,375	0,880	B
4	307	0,500	0,920	B
5	302	0,625	0,956	B
6	304	0,750	0,991	C
7	308	0,875	0,999	C
8	305	1,000	1,000	C

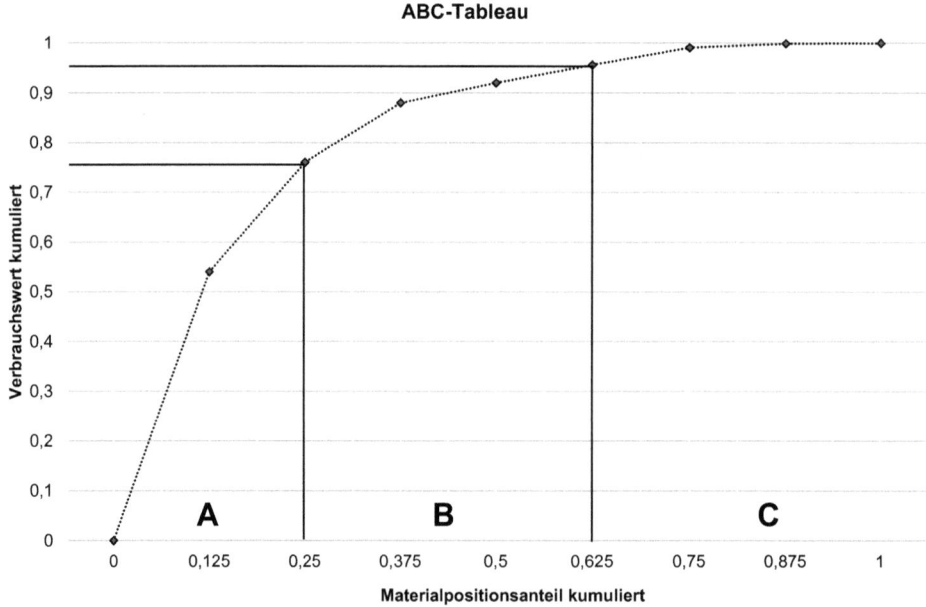

Abb. 3.2 Lösung 3-A2: Grafische Darstellung der Ergebnisse der ABC-Analyse

Tab. 3.11 Lösung 3-A3: Klassifizierungsregeln

Merkmal	Untergrenze	Obergrenze	Zeichen
SP	0,00	0,50	X
SP	0,50	-	Y
NPA	0,30	-	Z

Tab. 3.12 Lösung 3-A3: XYZ-Tableau

Materialart	Mittelwert	MAD	Standardabweichung	NPA	SP	Klasse
XY-41	98	8,4	9,27	0,00	0,0857	X
XY-42	12.960	5632	6870,69	0,00	0,4346	X
XY-43	980	504	620,97	0,00	0,5143	Y
XY-44	4050	1360	1805,55	0,00	0,3358	X
XY-45	518	274,4	285,55	0,00	0,5297	Y
XY-46	532	173,6	200,94	0,00	0,3263	X
XY-47	32	27,2	36,55	0,40	0,8500	Z
XY-48	12.240	2304	2880,00	0,00	0,1882	X
XY-49	13.600	7520	7939,77	0,00	0,5529	Y
XY-50	33.475	3120	3790,12	0,00	0,0932	X

Mit: MAD = Mean Absolute Deviation, NPA = Nullbedarfsperiodenanteil, SP = Störpegel

Lösung 3 – A4: XYZ-Analyse mit Variationskoeffizient

▶ **Tipp** Im Lehrbuch „**Produktionswirtschaft: Planung, Steuerung und Industrie 4.0"** finden Sie in Kapitel 2.4.3.2 Erklärungen zur Vorgehensweise von ABC- und XYZ-Analysen sowie den aus ihren Ergebnissen abzuleitenden Empfehlungen für die Materialbeschaffung.

Produktionswirtschaft: Planung, Steuerung und Industrie 4.0, Autoren: Florian Kellner, Bernhard Lienland, Maximilian Lukesch (3. Auflage, erschienen bei Springer Gabler, 2022; eBook ISBN: 978-3-662-65803-1, Softcover ISBN: 978-3-662-65802-4).

Die Lösung zur Aufgabe 3-A4 können Sie der Tab. 3.13 entnehmen. Dabei gilt für jedes Teil:

$$VK = \frac{Standardabweichung}{Mittelwert} = \frac{\sqrt{\frac{1}{n} * \sum_i \left(x_i - \bar{x}\right)^2}}{\frac{1}{n} * \sum_i x_i} \qquad (3.1)$$

Tab. 3.13 Lösung 3-A4: XYZ-Tableau

Teil	Jan	Feb	Mrz	Apr	Mai	Jun	Jul	Aug	Sep	Okt	Nov	Dez	VK	XYZ
A	34	54	12	0	12	34	13	20	41	25	5	13	0,70	Z
B	51	73	52	85	100	44	31	53	64	24	53	14	0,44	Y
C	8	30	70	12	16	73	41	74	24	5	15	10	0,81	Z
D	200	250	300	100	250	250	300	100	200	80	170	260	0,36	Y
E	400	452	212	430	420	407	253	321	485	334	358	303	0,22	X

Lösung 3 – A5: ABC-Analyse

▶ **Tipp** Im Lehrbuch „**Produktionswirtschaft: Planung, Steuerung und Industrie 4.0**" finden Sie in Kapitel 2.4.3.2 Erklärungen zur Vorgehensweise von ABC- und XYZ-Analysen sowie den aus ihren Ergebnissen abzuleitenden Empfehlungen für die Materialbeschaffung.

Produktionswirtschaft: Planung, Steuerung und Industrie 4.0, Autoren: Florian Kellner, Bernhard Lienland, Maximilian Lukesch (3. Auflage, erschienen bei Springer Gabler, 2022; eBook ISBN: 978-3-662-65803-1, Softcover ISBN: 978-3-662-65802-4).

Die Lösung zur Aufgabe 3-A5 können Sie den Tab. 3.14 und 3.15 entnehmen. Abb. 3.3 zeigt die visualisierten Ergebnisse.

Lösung 3 – A6: Normung und Typung

Um die Wirkung von Normung und Typung auf die Profitabilität eines Unternehmens zu zeigen, bietet sich das Du-Pont-Schema an.

Anhand des Du-Pont-Schemas lässt sich bspw. argumentieren, dass durch Normung größere Einkaufslose bezogen werden können, sodass der Einkauf von Mengenrabatten profitieren kann. Folglich sinken die Materialeinzelkosten. Zudem können durch Normung auch die Fertigungseinzelkosten reduziert werden, da die Mitarbeiter mit der Verarbeitung des genormten Teils schneller als bei nicht-genormten Teilen vertraut sind. Auch die einmaligen Kosten der Konstruktion und der Arbeitsplanung lassen sich durch Normung reduzieren, da die Mitarbeiter auf vorgefertigte Arbeitspläne, Stücklisten etc. zurückgreifen können. Die Reduktion der Material- und der Fertigungseinzelkosten führen ceteris paribus zu geringeren Herstellkosten, d. h. zu geringeren variablen Kosten. Dies führt zu insgesamt geringeren Kosten und zu einem gesteigerten Gewinn. Der Return on Investment steigt.

Tab. 3.14 Lösung 3-A5: Vorbereitung des ABC-Tableaus

Materialnr.	Durchschnittl. Einkaufspreis (GE)	Einkaufsmenge (ME)	Verbrauchswert (absolut)	Verbrauchswert (%)	Rang
10001	11	350,00	3850	0,1687	4
10002	34	138,00	4692	0,2056	2
10003	14	283,00	3962	0,1736	3
10004	7	129,00	903	0,0396	5
10005	6	87,00	522	0,0229	6
10006	18	494,00	8892	0,3896	1
		Σ	22.821		

Mit: GE = Geldeinheiten, ME = Mengeneinheiten

Tab. 3.15 Lösung 3-A5: ABC-Tableau

Materialnr.	Materialmenge kumuliert (ME)	Verbrauchswert kumuliert (%)	ABC-Kennziffer
10006	494	0,3896	A
10002	632	0,5952	A
10003	915	0,7689	A
10001	1265	0,9376	B
10004	1394	0,9771	C
10005	1481	1,0000	C

Mit: ME = Mengeneinheiten

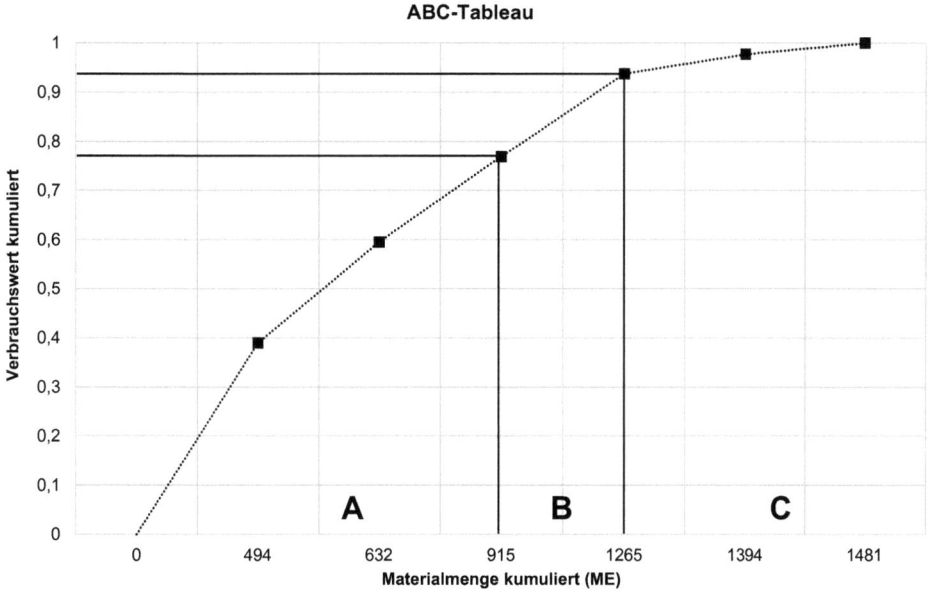

Abb. 3.3 Lösung 3-A5: Grafische Darstellung der Ergebnisse der ABC-Analyse

Auch der Profitabilitätseffekt der Typung kann im Du-Pont-Schema gezeigt werden: Typung kann bspw. dazu führen, dass weniger unterschiedliche Zwischenprodukte auf Lager genommen werden müssen, was zu einer Reduktion an Halbfertigprodukten führt. Dies hat ceteris paribus zur Folge, dass weniger Umlaufvermögen im Unternehmen gebunden ist, was mit einem geringeren Kapitaleinsatz gleichzusetzen ist. Bei einem unveränderten Gewinn steigt der Return on Investment.

Grundlage des dispositiven Faktors: Information

4

Zusammenfassung

Für die Steuerung eines Betriebs werden tagtäglich viele Informationen gesammelt und verarbeitet. Im operativen Bereich handelt es sich dabei maßgeblich um Informationen, die für den zielgerichteten Einsatz der Produktionsfaktoren „Mensch", „Betriebsmittel" und „Material" notwendig sind.

Für die Speicherung, Weitergabe, Veränderung, Verarbeitung und Verwaltung der Informationen werden IT-Systeme eingesetzt. In einer typischen industriellen Systemlandschaft wird zwischen verschiedenen Systemtypen unterschieden:

- Taktisch-strategische Planung und Steuerung der Wertschöpfungskette: Supplier Relationship Management, Customer Relationship Management, Product Lifecycle Management.
- Systeme, die das operative Tagesgeschäft unterstützen: Supply Chain Execution Systeme, Supply Chain Planning Systeme, Supply Chain Monitoring Systeme.

Zwei besondere Informationsträger verknüpfen die drei Produktionsfaktoren „Mensch", „Betriebsmittel", „Material" im Rahmen der Planung: Stücklisten und Arbeitspläne. Stücklisten geben in unterschiedlichen Darstellungsformen (Mengen-, Struktur-, Baukasten-, Varianten- oder Mehrfachstücklisten) Aufschluss über die mengenmäßige Zusammensetzung eines Produkts. Grafisch lassen sich Stücklisten durch einen Erzeugnisbaum oder Gozinto-Graphen repräsentieren. Arbeitspläne listen die Fertigungsschritte auf, die nötig sind, um ein bestimmtes Produkt herzustellen.

Im Rahmen der folgenden Aufgaben wird die Erstellung von Stücklisten sowie ihre Auswertung hinsichtlich der Ermittlung von Sekundärbedarfen thematisiert. Zur Visualisierung des Stücklistenaufbaus werden Gozinto-Graphen erstellt. Diese stellen die Grundlage für die Sekundärbedarfsermittlung über Bedarfsmatrizen dar.

Nach Abschluss dieses Kapitels können Sie …

1) … anhand gegebener Informationen Baukasten-, Struktur- und Mengenstücklisten erstellen und ineinander umformen.
2) … anhand gegebener Stücklisten und Erzeugnisbäume Gozinto-Graphen zeichnen.
3) … aus gegebenen Primärbedarfen den Sekundärbedarf mithilfe der Bedarfsmatrizenrechnung berechnen.

Das Lehrbuch „Produktionswirtschaft: Planung, Steuerung und Industrie 4.0" (Florian Kellner, Bernhard Lienland, Maximilian Lukesch, 3. Auflage, Springer Gabler, 2022) vermittelt die für die Bearbeitung dieser Aufgaben nötigen theoretischen Grundlagen in Kapitel 2.5 „Produktionsfaktor ‚Information'".

4.1   Aufgaben

Aufgabe 4 – A1: Stücklisten und Gozinto-Graph

Ein Unternehmen stellt aus den Rohstoffen R und den Zwischenstufen Z das Produkt P her. Die Erzeugnisstruktur ist durch ein Baumdiagramm (Abb. 4.1) gegeben.

a) Fassen Sie die Werte aus Abb. 4.1 in einer Baukasten-, Struktur- und Mengenstückliste zusammen!
b) Erstellen Sie den Gozinto-Graphen für das Produkt P!

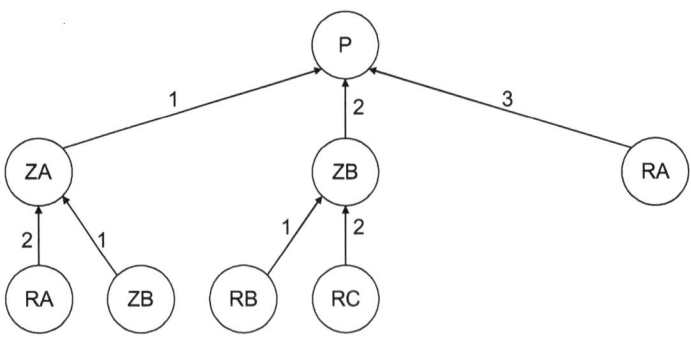

Abb. 4.1 Aufgabe 4-A1: Erzeugnisstruktur

Aufgabe 4 – A2: Berechnung des Sekundärbedarfs anhand von Stücklisten

Ihnen sind in Tab. 4.1, 4.2 und 4.3 Stücklisten sowie – in ihren Kopfzeilen – die jeweiligen Primärbedarfe der Endprodukte EP, B1, B2 gegeben. Ihre Aufgabe ist es, zu jeder Stückliste den jeweiligen Gozinto-Graphen zu zeichnen sowie den Sekundärbedarf (in Stück = Stk) nach Maßgabe des angegebenen Primärbedarfs zu berechnen.

Tab. 4.1 Aufgabe 4-A2: Mengenstückliste

I. Mengenstückliste für EP (Bedarf an EP: 10.000 Stück)	
Material	Menge
Z1	3 Stk
Z2	1 Stk
Z3	7 Stk
M1	32 Stk
M2	13 St
M3	16 Stk

Tab. 4.2 Aufgabe 4-A2: Baukastenstückliste

II. Baukastenstückliste	
Baugruppe B1 (Bedarf an B1: 200 Stück)	
Material	Menge
M1	3 Stk
Z1	2 Stk
Z2	1 Stk
Baugruppe B2 (Bedarf an B2: 500 Stück)	
Material	Menge
Z3	2 Stk
M2	3 Stk
Baugruppe Z1	
Material	Menge
M1	2 Stk
M2	4 Stk
Baugruppe Z2	
Material	Menge
Z1	1 Stk
M2	3 Stk
Baugruppe Z3	
Material	Menge
Z2	3 Stk
M1	2 Stk

Tab. 4.3 Aufgabe 4-A2: Strukturstückliste

III. Strukturstückliste (Bedarf an EP: 3000 Stück)		
EP		
Stufe	Material	Menge
1	Z1	1 Stk
2	Z2	2 Stk
3	M1	1 Stk
3	M2	4 Stk
3	M3	3 Stk
2	M1	5 Stk
2	M2	3 Stk
1	Z2	3 Stk
2	M1	1 Stk
2	M2	4 Stk
2	M3	3 Stk

Aufgabe 4 – A3: Bedarfsmatrizenrechnung für einen Montageprozess

In der Feintechnik AG muss die benötigte Menge an Rohstoffen für einen Auftrag von 15.000 Stück des Endprodukts EP berechnet werden. Zur Herstellung des Endprodukts müssen die Rohstoffe R1 und R2 über verschiedene Arbeitsprozesse zunächst in die Halbfertigprodukte Z1-3 verarbeitet werden. Diese werden dann im Rahmen eines Montageprozesses zusammengebaut. Abb. 4.2 zeigt die Erzeugnisstruktur des Endprodukts EP. Bestimmen Sie mittels Matrizenrechnung den Bedarf an R1 und R2!

Aufgabe 4 – A4: Sekundärbedarfsrechnung mit Bedarfsmatrizenrechnung

Beim letzten Treffen mit dem Produktions- und Montageleiter der Feintechnik AG wurden Sie informiert, dass sich der Herstellungsprozess des Endprodukts EP geändert hat. Das Halbfertigprodukt Z3 konnte durch Rationalisierungsmaßnahmen aus der Erzeugnisstruktur gestrichen werden. Stattdessen wird nun der Rohstoff R3 verbaut. Die geänderte Erzeugnisstruktur sehen Sie in Abb. 4.3. Bestimmen Sie mittels Matrizenrechnung den Sekundärbedarf an den Rohstoffen R1-3, wenn der Primärbedarf für EP 2000 Stück beträgt!

Aufgabe 4 – A5: Stücklisten und Sekundärbedarfsrechnung bei einem Maschinenbauer

Sie sind in der Einkaufsabteilung der Maschinenfabrik Regensburg angestellt und arbeiten an der Sekundärbedarfsplanung für die kommende Planperiode. Im Detail geht es um die nötigen Rohstoffe R1-3, die für die Herstellung der beiden Schaltmodule „Master I" und

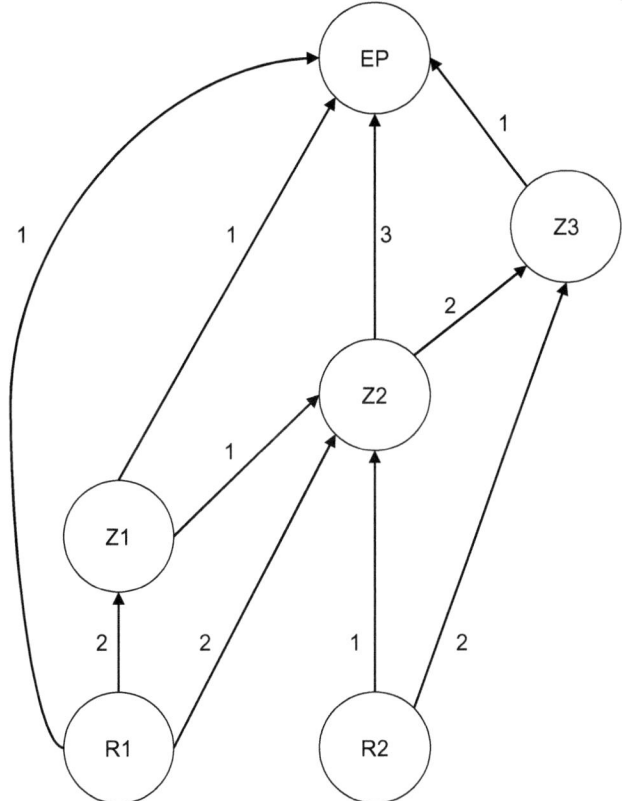

Abb. 4.2 Aufgabe 4-A3: Erzeugnisstruktur

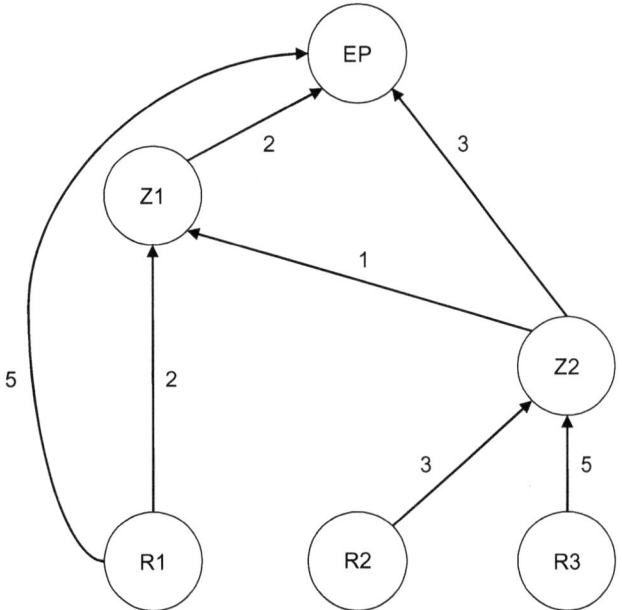

Abb. 4.3 Aufgabe 4-A4: Erzeugnisstruktur

„Master+" (im Folgenden jeweils als EP bezeichnet) benötigt werden. Da es sich bei diesen Rohstoffen um besonders teure Rohstoffe handelt, haben Sie sich entschlossen, die Berechnungsroutinen des MRP-Durchlaufs händisch zu überprüfen. Halbfertigprodukte werden im Folgenden mit HP1-4 abgekürzt.

a) Für das Schaltmodul „Master I" haben Sie sich die Baukastenstückliste (Tab. 4.4) geben lassen. Sie möchten prüfen, ob die für die Herstellung einer einzelnen Einheit dieses Produkts im ERP-System abgelegten Mengenangaben korrekt sind. Überführen Sie die Baukastenstückliste in eine Mengenstückliste! Erstellen Sie außerdem den dazugehörigen Gozinto-Graphen!

b) Beim Modell „Master+", bestehend aus den Modulen M1-2 sowie den Rohstoffen R1-2, haben Sie sich von der Abteilungspraktikantin den Gozinto-Graphen erstellen und in Direktbedarfsmatrizenform überführen lassen (Tab. 4.5). Ermitteln Sie anhand dieser Direktbedarfsmatrix per Bedarfsmatrizenrechnung den Bedarfsvektor für den Bau von 100 Stück „Master+".

Tab. 4.4 Aufgabe 4-A5: Baukastenstückliste

Endprodukt „Master I" (EP)	
Material	Menge
HP 1	1 Stk
HP 3	1 Stk
HP 4	2 Stk
R 1	2 Stk
Halbfertigprodukt HP 1	
Material	Menge
HP 2	2 Stk
Halbfertigprodukt HP 2	
Material	Menge
R 1	3 Stk
Halbfertigprodukt HP 3	
Material	Menge
R 1	2 Stk
R 2	1 Stk
Halbfertigprodukt HP 4	
Material	Menge
HP 3	3 Stk
R 3	2 Stk

Tab. 4.5 Aufgabe 4-A5 b): Direktbedarfsmatrix „Master+"

D	EP	M1	M2	R1	R2
EP	0	0	0	0	0
M1	1	0	0	0	0
M2	2	1	0	0	0
R1	0	2	3	0	0
R2	1	2	1	0	0

Aufgabe 4 – A6: Stücklisten bei einem Elektronikproduzenten

Bei einem Produzenten für Haushaltselektronik muss die Sekundärbedarfsplanung für die kommende Produktionsperiode durchgeführt werden. Der Erzeugnisbaum in Abb. 4.4 zeigt Ihnen, wie das Endprodukt EP aus den Zwischenprodukten Z1-4 sowie den Rohstoffen R1-4 hergestellt wird.

a) Erstellen Sie eine Baukasten-, Struktur- und Mengenstückliste für das Produkt EP.
b) Welche Anpassung muss am Erzeugnisbaum vorgenommen werden, um ihn in einen Gozinto-Graphen zu überführen?

Aufgabe 4 – A7: Materialengpässe

Sie arbeiten in der Beschaffungsabteilung eines mittelständischen Automobilzulieferers. Aufgrund einer unsicheren internationalen Handelslage wurden Sie von Ihrem Vorgesetzten angehalten, verschiedene Szenarien für den monatlichen Output der Produkte A und B zu erarbeiten. Sie schätzen, dass der Rohstoff R1 den Engpass darstellen wird. In Abb. 4.5 ist Ihnen der Gozinto-Graph der beiden Produkte gegeben (A, B = Endprodukte,

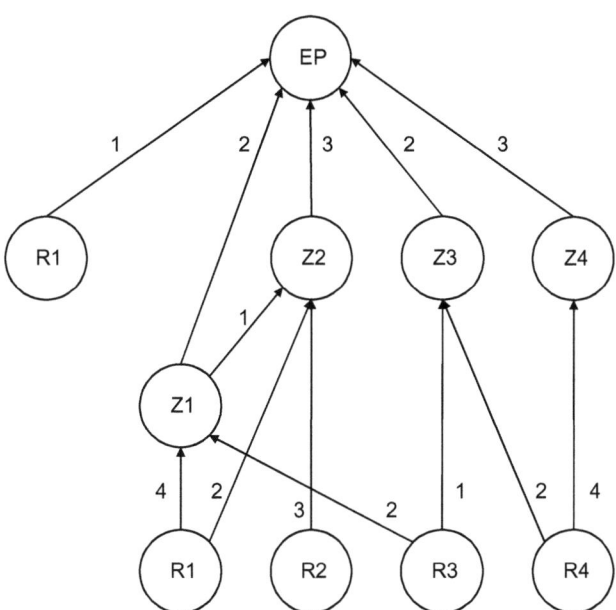

Abb. 4.4 Aufgabe 4-A6: Erzeugnisstruktur

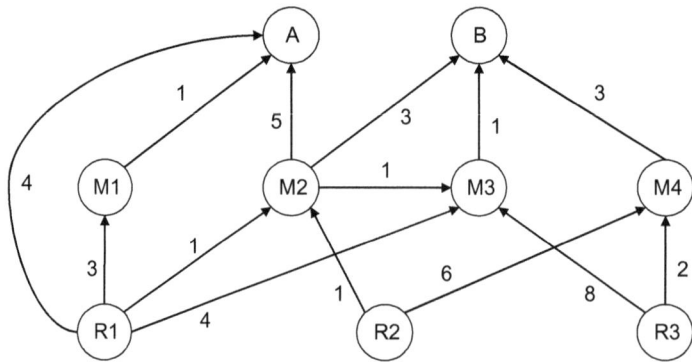

Abb. 4.5 Aufgabe 4-A7: Erzeugnisstruktur

M1-3 = Zwischenprodukte, R1-3 = Rohstoffe). Verwenden Sie für die folgenden Aufgaben die Berechnungssystematik der Bedarfsmatrizenrechnung!

a) Wie viele Stück von A können hergestellt werden, wenn der Output von B auf 5000 Stück festgelegt wurde und von R1 nur 130.000 Mengeneinheiten (ME) beschafft werden können?

b) Bei welcher Outputmenge von B können 10.000 Stück von A hergestellt werden? Es gelte nach wie vor die begrenzte Inputmenge von R1 = 130.000 ME.

c) Bei der Schwesterfirma konnten 500 Stück des Zwischenprodukts M1 beschafft werden. Wie viele Stück von A können nun hergestellt werden? Es gelte erneut, dass sich der Output von B auf 5000 Stück belaufen soll und die Inputmenge von R1 130.000 ME beträgt.

d) Durch eine neuartige Technologie in der Rohstoffverarbeitung könnte der Einsatz des Rohstoffs R1 halbiert werden. Wie viele Stück A könnten nun hergestellt werden, unter der Bedingung, dass der Output von B 5000 Stück beträgt und von R1 nur 130.000 Mengeneinheiten (ME) beschafft werden können? Um wieviel Prozent steigt der Output von A im Vergleich zu Ihrem Ergebnis aus a)?

Aufgabe 4 – A8: Nahrungsergänzungsmittel

Die Vitalityblend Ltd. ist ein Hersteller von Nahrungsergänzungsmitteln. Ein bei Studenten besonders beliebtes Produkt sind die „Energy Pills" (= EP), die dank ihres Koffeinzusatzes einen müdigkeitsreduzierenden Effekt haben. Aufgrund einer Cyber-Attacke auf das Rechenzentrum des Cloud-Providers kann der Produktionsleiter nicht auf die EP-Rezeptur zugreifen. Da jedoch ein neues Los gefertigt werden muss, zieht er die Gozinto-Graph-Notizen (siehe Abb. 4.6) seines Praktikanten zu Rate. Diese sind jedoch unvollständig.

Der Gozinto-Graph zeigt einerseits den Stückbedarf (in Einfachdruck), andererseits die für den letzten Auftrag von 1200 Mengeneinheiten (ME) von EP benötigten Gesamtmengen der Zwischenprodukte Z1-3 und Rohstoffe R1-5 (in Fettdruck). Der Produktionsleiter erinnert sich außerdem, dass der Bedarf von R1 für Z1 doppelt so hoch ist wie für Z2. Vervollständigen Sie den Gozinto-Graphen um die fehlenden Stückbedarfe (fett markierte Pfeile)!

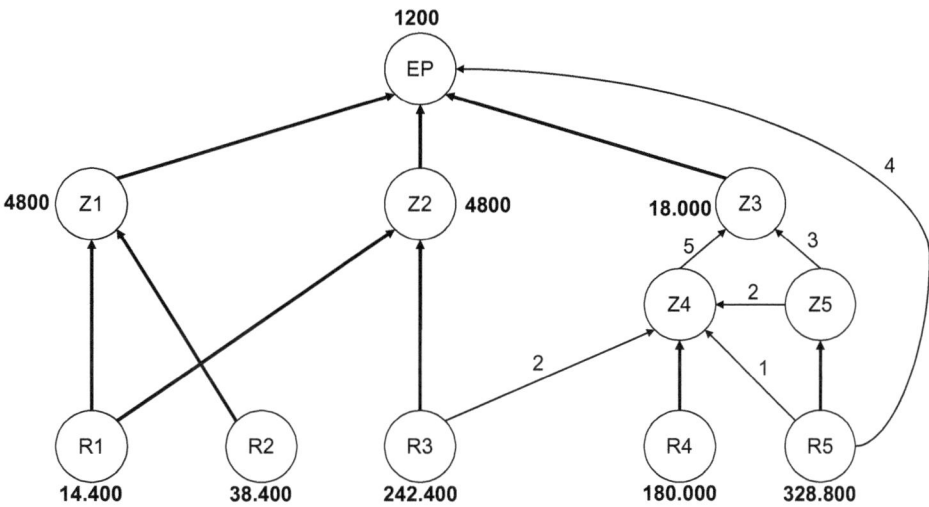

Abb. 4.6 Aufgabe 4-A8: Ausgangsdaten

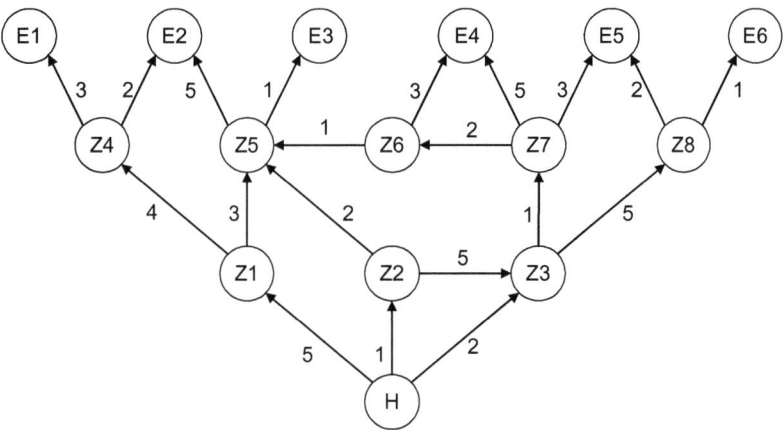

Abb. 4.7 Aufgabe 4-A9: Gozinto-Graph

Aufgabe 4 – A9: Papier

Die Polarprints AG ist ein Hersteller für eine Vielzahl von Papierprodukten für den B2B-
und B2C-Markt. Ihre Produkte lassen sich alle aus demselben Grundrohstoff herstellen:
Holz. Dieses wird in mehreren Schritten in verschiedene Zellstoffmischungen („chemical
pulp") verarbeitet und je nach Produkt-Markt-Kombination miteinander gemischt, um
eine bestimmte Papierfarbe und Stärke zu erhalten. Im Gozinto-Graphen (Abb. 4.7) sind
die benötigten Mengen an Holz H sowie die Mischverhältnisse der Zellstoffmischungen
Z1-8 für die Endprodukte E1-6 gegeben. Beantworten Sie folgende Fragen!

a) Aufgrund von Waldbränden konnte nur eine Menge von 55.650 Mengeneinheiten (ME) Holz erworben werden. Ermitteln Sie mithilfe des Gozinto-Graphen, wieviele ME der Endprodukte E1-6 hergestellt werden können – dabei soll die folgende, stückdeckungsbeitragsortierte Liste inklusive der hinter den Endprodukten genannten Maximalausbringungsmengen (in ME) beachtet werden:

$$E1(200\,ME) > E2(100\,ME) > E4(300\,ME) >$$
$$E6(50\,ME) > E5(800\,ME) > E3(1300\,ME).$$

b) Der CEO möchte wissen, welchen Einfluss die Materialknappheit auf den gesamten Deckungsbeitrag hatte. Berechnen Sie mithilfe der folgenden Stückdeckungsbeiträge (in Geldeinheiten pro Mengeneinheiten = GE/ME) und ihres Ergebnisses aus a) den erzielten gesamten Deckungsbeitrag! Um wieviel Prozent wäre der gesamte Deckungsbeitrag höher gewesen, wenn Holz keinen Engpass dargestellt hätte und alle Maximalausbringungsmengen hätten produziert werden können?

$$E1(0{,}95\,GE/ME) > E2(0{,}8\,GE/ME) > E4(0{,}76\,GE/ME)) >$$
$$E6(0{,}46\,GE/ME) > E5(0{,}19\,GE/ME) > E3(0{,}02\,GE/ME).$$

c) Geben Sie die Strukturstückliste für ein Stück des Endprodukts E5 an!

Aufgabe 4-A10: Du-Pont-Schema

Sie arbeiten in der Produktionsabteilung eines Unternehmens, das einen chemischen Baustoff für den deutschen Markt produziert. In den vergangenen Jahren ist das Geschäft schleppend verlaufen. Der Chefcontroller bittet die Abteilungsleitungen um Vorschläge, wie der Return-On-Investment (= ROI) im kommenden Jahr gesteigert werden kann. Aus Ihrer Studienzeit wissen Sie, dass der Einfluss der Produktion auf den ROI eines Unternehmens durch das Du-Pont-Schema visualisiert werden kann. Nach einer längeren Recherche haben Sie eine Reihe bedeutender Kennzahlen für das vergangene Jahr gesammelt. Lösen Sie mithilfe dieser Kennzahlen die folgenden Aufgaben!

Informationen aus der Controlling-Abteilung für das vergangene Jahr

Anzahl abgesetzter Stück des Fertigprodukts in Mengeneinheiten (ME)	200 ME
Durchschnittlicher Preis pro ME	8 GE
Angefallene Vertriebs- und Verwaltungskosten pro ME	0,5 GE
Gesamte Materialeinzelkosten	300 GE
Zuschlag Materialgemeinkosten	10 %
Gesamte Fertigungseinzelkosten	500 GE
Zuschlag Fertigungsgemeinkosten	20 %

Die Bilanz für das vergangene Jahr (alle Angaben in Geldeinheiten = GE) ist Ihnen ebenfalls gegeben (Abb. 4.8).

a) Wie hoch ist der ROI des vergangenen Jahres?

b) Aus Vertriebsvorbesprechungen für das kommende Jahr wissen Sie, dass der prognostizierte Umsatz um 8 % niedriger ist als im aktuellen Jahr. Wie wird sich ceteris paribus der ROI entwickeln?

c) Eine Kollegin aus der Buchhaltung schlägt vor, den bilanziellen Wert zweier Maschinenanlagen durch außerordentliche Abschreibungen zu senken. Sie sieht darin ein Einsparungspotenzial von 2000 GE. Um wieviel würde ceteris paribus der ROI des Unternehmens steigen?

d) Eine Besprechung mit der Einkaufsabteilung und dem Produktionsleiter bringt eine weitere Möglichkeit ins Spiel: Bei zwei Verbrauchsmaterialien könnte ein günstigerer Lieferant gewählt werden. Dies würde den durchschnittlichen Bestandswert an Rohmaterial um 10 %, den Bestandswert an Halbfertigprodukten um 5 % und den Bestandswert an Fertigprodukten um 2 % senken. Jedoch würden aufgrund der energieintensiveren Verwertung der Materialien die Materialgemeinkosten um 10 % steigen. Wie würde sich der ROI entwickeln?

e) Der CEO schlägt vor, nach Einsparungspotenzial im „Overhead" von Vertrieb und Verwaltung zu suchen. Seiner Einschätzung nach könnte eine FTE gespart werden, was eine Kostenreduktion von 30 GE zur Folge hätte. Der Vertriebsleiter gibt jedoch zu bedenken: Dies würde auch zu einem Absinken der abgesetzten Stückmenge von 10 % führen. Wie wäre die Auswirkung beider Effekte gemeinsam auf den ROI?

f) Die Vertriebsabteilung schlägt vor, das Zahlungsziel zu verkürzen und somit den Wert der ausstehenden Forderungen zu senken. Um wieviel müssten die Forderungen sinken, um den ROI auf 3,1 % zu heben?

g) Sie vermuten, dass eine Einsparung im Bereich der Herstellkosten erfolgen sollte. Sie möchten daher untersuchen, wo das größte Einsparpotenzial liegt. Ermitteln Sie die Elastizitäten ermitteln, die zwischen dem ROI und den Fertigungseinzelkosten sowie zwischen dem ROI und den Materialeinzelkosten bestehen. Welches Einsparungspotenzial ist größer?

Passivseite			Aktivseite		
A.	Anlagevermögen (= AV)		A.	Eigenkapital	13.715
	a. Immobiles AV	11.000	B.	Verbindlichkeiten	7.385
	b. Mobiles AV	2.500			
B.	Umlaufvermögen (= UV)				
	a. Roh-/Hilfs-/Betriebsstoffe	2.000			
	b. Halbfertigprodukte	1.000			
	c. Fertigprodukte	1.200			
	d. Zahlungsmittel	200			
	e. Forderungen	3.200			
SUMME		21.100	SUMME		21.100

Abb. 4.8 Aufgabe 4-A10: Ausgangsdaten

4.2   Lösungen

Lösung 4 – A1: Stücklisten und Gozinto-Graph

▶   **Tipp** Im Lehrbuch „**Produktionswirtschaft: Planung, Steuerung und Industrie 4.0"** finden Sie in Kapitel 2.5.3.2 Erklärungen zu den verschiedenen Formen
von Stücklisten sowie zu Gozinto-Graphen und Erzeugnisbäumen.
  Produktionswirtschaft: Planung, Steuerung und Industrie 4.0, Autoren:
Florian Kellner, Bernhard Lienland, Maximilian Lukesch (3. Auflage, erschienen
bei Springer Gabler, 2022; eBook ISBN: 978-3-662-65803-1, Softcover ISBN: 978-
3-662-65802-4).

a) Die Lösung können Sie den Tab. 4.6, 4.7 und 4.8 entnehmen.
b) Die Lösung ist in Abb. 4.9 abgebildet.

Tab. 4.6 Lösung 4-A1: Baukastenstückliste

P		ZA		ZB	
Material	Menge	Material	Menge	Material	Menge
ZA	1 Stk	RA	2 Stk	RB	1 Stk
ZB	2 Stk	ZB	1 Stk	RC	2 Stk
RA	3 Stk				

Tab. 4.7 Lösung 4-A1: Strukturstückliste

Stufe	Material	Menge
1	ZA	1 Stk
2	RA	2 Stk
2	ZB	1 Stk
3	RB	1 Stk
3	RC	2 Stk
1	ZB	2 Stk
2	RB	1 Stk
2	RC	2 Stk
1	RA	3 Stk

Tab. 4.8 Lösung 4-A1: Mengenstückliste

Bauteil	Menge	
ZA		1 Stk
ZB	2 + 1 * 1	= 3 Stk
RA	2 * 1 + 3	= 5 Stk
RB	1 * 2 + 1 * 1 * 1	= 3 Stk
RC	2 * 2 + 2 * 1 * 1	= 6 Stk

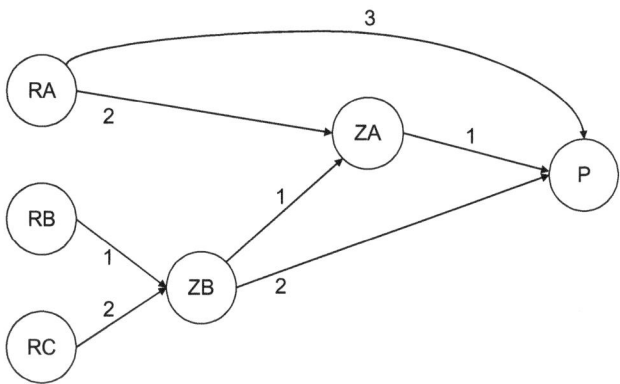

Abb. 4.9 Lösung 4-A1: Gozinto-Graph

Lösung 4 – A2: Sekundärbedarfsrechnung anhand von Stücklisten

▶ **Tipp** Im Lehrbuch „**Produktionswirtschaft: Planung, Steuerung und Industrie 4.0"** finden Sie in Kapitel 2.5.3.2 Erklärungen zu den verschiedenen Formen von Stücklisten sowie zu Gozinto-Graphen und Erzeugnisbäumen.

Produktionswirtschaft: Planung, Steuerung und Industrie 4.0, Autoren: Florian Kellner, Bernhard Lienland, Maximilian Lukesch (3. Auflage, erschienen bei Springer Gabler, 2022; eBook ISBN: 978-3-662-65803-1, Softcover ISBN: 978-3-662-65802-4).

Die Mengenstückliste kann nicht in einen Gozinto-Graphen überführt werden, da sie keinen Aufschluss über die Erzeugnisstruktur gibt. Die Lösungen für die Baukasten- und Strukturstückliste finden sich in Abb. 4.10 und 4.11.

Berechnung der Sekundärbedarfsmengen:

- Mengenstückliste:
    - M1: $32 * 10.000 =$ 320.000 Stk
    - M2: $13 * 10.000 =$ 130.000 Stk
    - M3: $16 * 10.000 =$ 160.000 Stk
- Baukastenstückliste:
    - M1: $(2*2 + 3 + 2*1*1) * 200 + (2*1*3*2 + 2*2) * 500 =$ 9800 Stk
    - M2: $(4*2 + 3*1 + 4*1*1) * 200 + (3 + 3*3*2 + 4*1*3*2) * 500 =$ 25.500 Stk
- Strukturstückliste:
    - M1: $(5*1 + 1*2*1 + 1*3) * 3000 =$ 30.000 Stk
    - M2: $(3*1 + 4*2*1 + 4*3) * 3000 =$ 69.000 Stk
    - M3: $(3*2*1 + 3*3) * 3000 =$ 45.000 Stk

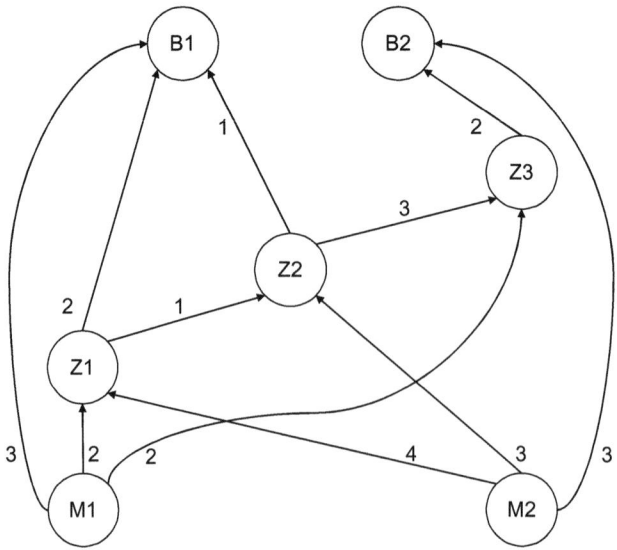

Abb. 4.10 Lösung 4-A2: Gozinto-Graph (Baukastenstückliste)

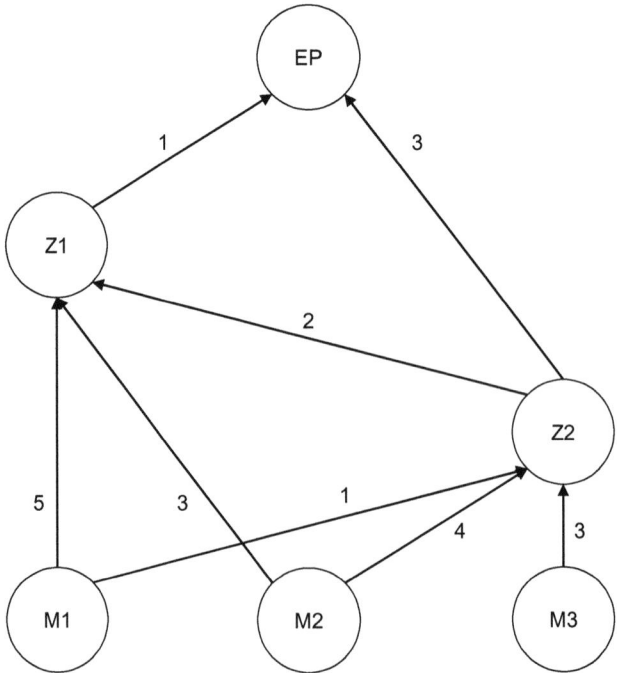

Abb. 4.11 Lösung 4-A2: Gozinto-Graph (Strukturstückliste)

Lösung 4 – A3: Bedarfsmatrizenrechnung für einen Montageprozess

▶ **Tipp** Im Lehrbuch „**Produktionswirtschaft: Planung, Steuerung und Industrie 4.0**" finden Sie in Kapitel 2.5.3.2 Erklärungen zur Berechnung von Sekundärbedarfen mithilfe von Bedarfsmatrizen.

Produktionswirtschaft: Planung, Steuerung und Industrie 4.0, Autoren: Florian Kellner, Bernhard Lienland, Maximilian Lukesch (3. Auflage, erschienen bei Springer Gabler, 2022; eBook ISBN: 978-3-662-65803-1, Softcover ISBN: 978-3-662-65802-4).

Zur Berechnung des Sekundärbedarfs (Abb. 4.12) muss zunächst der Gozinto-Graph in die Direktbedarfsmatrix D überführt werden. Die Direktbedarfsmatrix gibt in

D	EP	Z1	Z2	Z3	R1	R2
EP	0	0	0	0	0	0
Z1	1	0	1	0	0	0
Z2	3	0	0	2	0	0
Z3	1	0	0	0	0	0
R1	1	2	2	0	0	0
R2	0	0	1	2	0	0

D2	EP	Z1	Z2	Z3	R1	R2
EP	0	0	0	0	0	0
Z1	3	0	0	2	0	0
Z2	2	0	0	0	0	0
Z3	0	0	0	0	0	0
R1	8	0	2	4	0	0
R2	5	0	0	2	0	0

D3	EP	Z1	Z2	Z3	R1	R2
EP	0	0	0	0	0	0
Z1	2	0	0	0	0	0
Z2	0	0	0	0	0	0
Z3	0	0	0	0	0	0
R1	10	0	0	4	0	0
R2	2	0	0	0	0	0

D4	EP	Z1	Z2	Z3	R1	R2
EP	0	0	0	0	0	0
Z1	0	0	0	0	0	0
Z2	0	0	0	0	0	0
Z3	0	0	0	0	0	0
R1	4	0	0	0	0	0
R2	0	0	0	0	0	0

G	EP	Z1	Z2	Z3	R1	R2
EP	1	0	0	0	0	0
Z1	6	1	1	2	0	0
Z2	5	0	1	2	0	0
Z3	1	0	0	1	0	0
R1	23	2	4	8	1	0
R2	7	0	1	4	0	1

⊗

	y
EP	15.000
Z1	0
Z2	0
Z3	0
R1	0
R2	0

▤

	x
EP	15.000
Z1	90.000
Z2	75.000
Z3	15.000
R1	345.000
R2	105.000

Abb. 4.12 Lösung 4-A3: Bedarfsmatrix

Matrizenform an, wie viele Einheiten von welchem Material in jedes andere Material eingehen. Die Direktbedarfsmatrix wird im ersten Schritt mit sich selbst multipliziert – dies ergibt die Matrix D2. Dieser Multiplikationsvorgang wird so oft wiederholt (D2 * D, dann D3 * D, dann D4 * D, …), bis sich in der Matrix nur mehr Bedarfsangaben für die Rohstoffe R1 und R2 befinden. In D4 ist dies der Fall – die Bedarfsaufschlüsselung ist abgeschlossen.

Die Gesamtbedarfsmatrix G ergibt sich aus der Addition von D, D2, D3, D4 und der Einheitsmatrix. Wird G mit dem Primärbedarfsvektor multipliziert, ergibt sich der Gesamtbedarfsvektor. Der Sekundärbedarf beträgt für R1 345.000 Stück und für R2 105.000 Stück.

Lösung 4 – A4: Sekundärbedarfsrechnung mit Bedarfsmatrizenrechnung

▶ **Tipp** Im Lehrbuch „**Produktionswirtschaft: Planung, Steuerung und Industrie 4.0**" finden Sie in Kapitel 2.5.3.2 Erklärungen zur Berechnung von Sekundärbedarfen mithilfe von Bedarfsmatrizen.

Produktionswirtschaft: Planung, Steuerung und Industrie 4.0, Autoren: Florian Kellner, Bernhard Lienland, Maximilian Lukesch (3. Auflage, erschienen bei Springer Gabler, 2022; eBook ISBN: 978-3-662-65803-1, Softcover ISBN: 978-3-662-65802-4).

Zur Berechnung des Sekundärbedarfs (Abb. 4.13) muss zunächst der Gozinto-Graph in die Direktbedarfsmatrix D überführt werden. Die Direktbedarfsmatrix gibt in Matrizenform an, wie viele Einheiten von welchem Material in jedes andere Material eingehen. Diese Direktbedarfsmatrix wird im ersten Schritt mit sich selbst multipliziert – dies ergibt die Matrix D2. Diese Matrix wird nun erneut mit der Direktbedarfsmatrix D multipliziert. Da sich in D3 nur mehr Bedarfsangaben für die Rohstoffe R1-3 befinden, ist die Bedarfsaufschlüsselung abgeschlossen.

Die Gesamtbedarfsmatrix G ergibt sich aus der Addition von D, D2, D3 und der Einheitsmatrix. Wird G mit dem Primärbedarfsvektor multipliziert, ergibt sich der Gesamtbedarfsvektor. Der Sekundärbedarf beträgt für R1 18.000 Stück, für R2 30.000 Stück und für R3 50.000 Stück.

Lösung 4- A5: Stücklisten und Sekundärbedarfsrechnung bei einem Maschinenbauer

▶ **Tipp** Im Lehrbuch „**Produktionswirtschaft: Planung, Steuerung und Industrie 4.0**" finden Sie in Kapitel 2.5.3.2 Erklärungen zu den verschiedenen Formen von Stücklisten sowie zur Berechnung von Sekundärbedarfen mithilfe von Bedarfsmatrizen.

Produktionswirtschaft: Planung, Steuerung und Industrie 4.0, Autoren: Florian Kellner, Bernhard Lienland, Maximilian Lukesch (3. Auflage, erschienen bei Springer Gabler, 2022; eBook ISBN: 978-3-662-65803-1, Softcover ISBN: 978-3-662-65802-4).

D	EP	Z1	Z2	R1	R2	R3
EP	0	0	0	0	0	0
Z1	**2**	0	0	0	0	0
Z2	**3**	**1**	0	0	0	0
R1	**5**	**2**	0	0	0	0
R2	0	0	**3**	0	0	0
R3	0	0	**5**	0	0	0

D2	EP	Z1	Z2	R1	R2	R3
EP	0	0	0	0	0	0
Z1	0	0	0	0	0	0
Z2	**2**	0	0	0	0	0
R1	**4**	0	0	0	0	0
R2	**9**	**3**	0	0	0	0
R3	**15**	**5**	0	0	0	0

D3	EP	Z1	Z2	R1	R2	R3
EP	0	0	0	0	0	0
Z1	0	0	0	0	0	0
Z2	0	0	0	0	0	0
R1	0	0	0	0	0	0
R2	**6**	0	0	0	0	0
R3	**10**	0	0	0	0	0

G	EP	Z1	Z2	R1	R2	R3
EP	**1**	0	0	0	0	0
Z1	**2**	**1**	0	0	0	0
Z2	**5**	**1**	**1**	0	0	0
R1	**9**	**2**	0	**1**	0	0
R2	**15**	**3**	**3**	0	**1**	0
R3	**25**	**5**	**5**	0	0	**1**

	y
EP	**2.000**
Z1	0
Z2	0
R1	0
R2	0
R3	0

	x
EP	**2.000**
Z1	**4.000**
Z2	**10.000**
R1	**18.000**
R2	**30.000**
R3	**50.000**

Abb. 4.13 Lösung 4-A4: Bedarfsmatrix

a) Die Lösung können Sie der Tab. 4.9 und der Abb. 4.14 entnehmen.

b) Die Lösung können Sie der Abb. 4.15 entnehmen. Zur Berechnung des Sekundär-bedarfs muss die Direktbedarfsmatrix im ersten Schritt mit sich selbst multipliziert werden – dies ergibt die Matrix D2. Diese Matrix wird nun erneut mit der Direkt-bedarfsmatrix D multipliziert. Da sich in D3 nur mehr Bedarfsangaben für die Roh-stoffe R1 und R2 befinden, ist die Bedarfsaufschlüsselung abgeschlossen. Die Gesamtbedarfsmatrix G ergibt sich aus der Addition von D, D2, D3 und der Ein-heitsmatrix. Wird G mit dem Primärbedarfsvektor multipliziert, ergibt sich der Gesamtbedarfsvektor. Der Sekundärbedarf beträgt für R1 1100 Stück und für R2 600 Stück.

Tab. 4.9 Lösung 4-A5: Mengenstückliste

Endprodukt „Master I"		
Material	Menge	
HP 1		1 Stk
HP 2	2*1	= 2 Stk
HP 3	1 + 3*2	= 7 Stk
HP 4		2 Stk
R 1	2 + 3*2*1 + 2*1 + 2*3*2	= 22 Stk
R 2	1*1 + 1*3*2	= 7 Stk
R 3	2*2	= 4 Stk

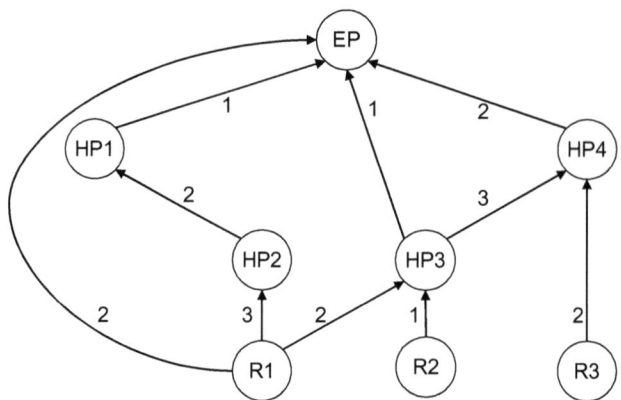

Abb. 4.14 Lösung 4-A5: Gozinto-Graph

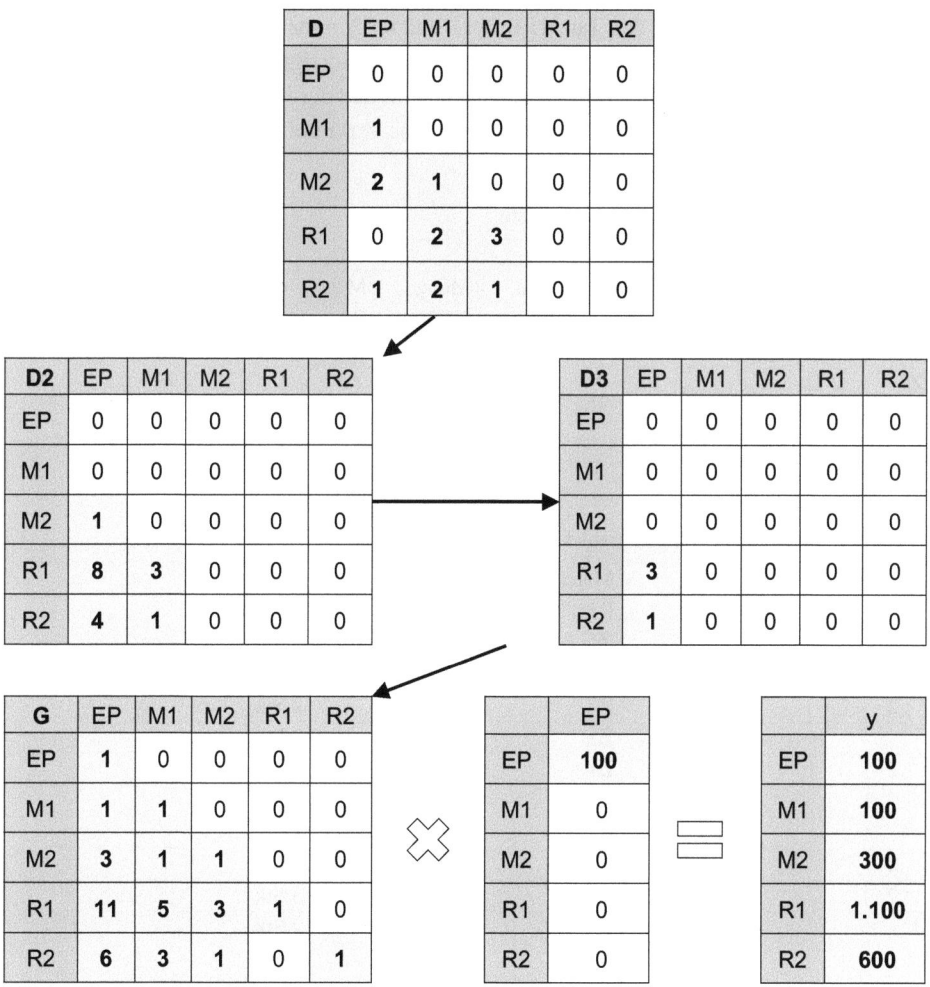

Abb. 4.15 Lösung 4-A5: Bedarfsmatrixrechnung

Lösung 4 – A6: Stücklisten bei einem Elektronikproduzenten

▶ **Tipp** Im Lehrbuch „**Produktionswirtschaft: Planung, Steuerung und Industrie 4.0**" finden Sie in Kapitel 2.5.3.2 Erklärungen zu den verschiedenen Formen von Stücklisten sowie zu Gozinto-Graphen und Erzeugnisbäumen.

Produktionswirtschaft: Planung, Steuerung und Industrie 4.0, Autoren: Florian Kellner, Bernhard Lienland, Maximilian Lukesch (3. Auflage, erschienen bei Springer Gabler, 2022; eBook ISBN: 978-3-662-65803-1, Softcover ISBN: 978-3-662-65802-4).

a) Die Lösung können Sie den Tab. 4.10, 4.11 und 4.12 entnehmen.

b) Die doppelte Ausweisung des Rohstoffs R1 müsste korrigiert werden. Hierfür müsste der Eintrag zu R1 auf der mittleren Ebene entfernt und der Pfeil mit der Mengenangabe 1 mit dem Eintrag zu R1 auf der untersten Ebene verknüpft werden.

Tab. 4.10 Lösung 4-A6: Baukastenstückliste

EP		Z1		Z2		Z3		Z4	
Mat.	Menge	Mat.	Menge	Mat.	Menge	Mat.	Menge	Mat.	Menge
Z1	2 Stk	R1	4 Stk	Z1	1 Stk	R3	1 Stk	R4	4 Stk
Z2	3 Stk	R3	2 Stk	R1	2 Stk	R4	2 Stk		
Z3	2 Stk			R2	3 Stk				
Z4	3 Stk								
R1	1 Stk								

Tab. 4.11 Lösung 4-A6: Strukturstückliste

Stufe			Material	Menge
1			R1	1 Stk
1			Z1	2 Stk
	2		R1	4 Stk
	2		R3	2 Stk
1			Z2	3 Stk
	2		Z1	1 Stk
		3	R1	4 Stk
		3	R3	2 Stk
	2		R1	2 Stk
	2		R2	3 Stk
1			Z3	2 Stk
	2		R3	1 Stk
	2		R4	2 Stk
1			Z4	3 Stk
	2		R4	4 Stk

Tab. 4.12 Lösung 4-A6: Mengenstückliste

Material	Menge	
Z1	2 + 1*3	= 5 Stk
Z2		3 Stk
Z3		2 Stk
Z4		3 Stk
R1	1 + 4*2 + 4*1*3 + 2*3	= 27 Stk
R2	3*3	= 9 Stk
R3	2*2 + 2*1*3 + 1*2	= 12 Stk
R4	2*2 + 4*3	= 16 Stk

Lösung 4 – A7: Materialengpässe

▶ **Tipp** Im Lehrbuch „**Produktionswirtschaft: Planung, Steuerung und Industrie 4.0**" finden Sie in Kapitel 2.5.3.2 Erklärungen zur Berechnung von Sekundärbedarfen mithilfe von Bedarfsmatrizen.

Produktionswirtschaft: Planung, Steuerung und Industrie 4.0, Autoren: Florian Kellner, Bernhard Lienland, Maximilian Lukesch (3. Auflage, erschienen bei Springer Gabler, 2022; eBook ISBN: 978-3-662-65803-1, Softcover ISBN: 978-3-662-65802-4).

Es gilt, zunächst die Gesamtbedarfsmatrix zu bestimmen. Hierfür muss zunächst der Gozinto-Graph in die Direktbedarfsmatrix D überführt werden. Die Direktbedarfsmatrix gibt in Matrizenform an, wie viele Einheiten von welchem Material in jedes andere Material eingehen. Diese Direktbedarfsmatrix wird im ersten Schritt mit sich selbst multipliziert – dies ergibt die Matrix D2. Diese Matrix wird nun erneut mit der Direktbedarfsmatrix D multipliziert. Da sich in D3 nur mehr Bedarfsangaben für die Rohstoffe R1-3 befinden, ist die Bedarfsaufschlüsselung abgeschlossen. Die Gesamtbedarfsmatrix G (Abb. 4.16) ergibt sich aus der Addition von D, D2, D3 und der Einheitsmatrix. Mithilfe der Gesamtbedarfsmatrix können die verschiedenen Szenarien durchgespielt werden, indem der Primärbedarfsvektor entsprechend der Aufgabenangabe angepasst und dann mit der Gesamtbedarfsmatrix multipliziert wird.

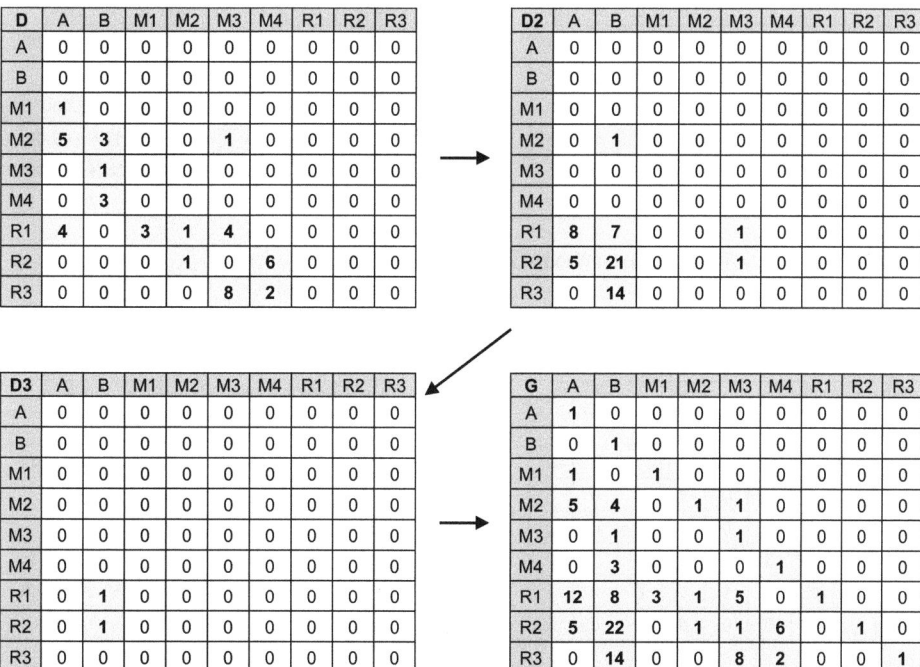

Abb. 4.16 Lösung 4-A7: Gesamtbedarfsmatrix

a) Um herauszufinden, wie viele Stück von A hergestellt werden können, wird im Primär-bedarfsvektor festgelegt, dass von A insgesamt × Stück (= Unbekannte) und von B 5000 Stück hergestellt werden sollen. Wird der Primärbedarfsvektor daraufhin mit der Gesamtbedarfsmatrix multipliziert, erhält man eine Reihe von Gleichungen (Abb. 4.17). Die Zeile R1 im Gesamtbedarfsvektor gibt uns den Berechnungsrahmen vor:

$$130.000 = 12 * x + 40.000 \rightarrow x = 7500 \tag{4.1}$$

Mit der Restriktion, dass von R1 lediglich 130.000 ME beschafft werden können und dass von Produkt B 5000 Stück hergestellt werden sollen, können insgesamt 7500 Stück von Produkt A hergestellt werden.

b) In dieser Teilaufgabe wird die Outputmenge von B als Unbekannte in den Primär-bedarfsvektor eingesetzt. Es ergeben sich die in Abb. 4.18 gezeigten Gleichungen. Er-neut gibt die Zeile R1 im Gesamtbedarfsvektor nun den Berechnungsrahmen vor:

$$130.000 = 120.000 + 8x \rightarrow x = 1250 \tag{4.2}$$

G	A	B	M1	M2	M3	M4	R1	R2	R3
A	1	0	0	0	0	0	0	0	0
B	0	1	0	0	0	0	0	0	0
M1	1	0	1	0	0	0	0	0	0
M2	5	4	0	1	1	0	0	0	0
M3	0	1	0	0	1	0	0	0	0
M4	0	3	0	0	0	1	0	0	0
R1	12	8	3	1	5	0	1	0	0
R2	5	22	0	1	1	6	0	1	0
R3	0	14	0	0	8	2	0	0	1

Bedarf	
A	x
B	5.000
M1	0
M2	0
M3	0
M4	0
R1	0
R2	0
R3	0

Gesamtbedarf	
A	x
B	5.000
M1	x
M2	5x + 20.000
M3	5.000
M4	15.000
R1	12x + 40.000
R2	5x + 110.000
R3	70.000

Abb. 4.17   Lösung 4-A7 a): Gesamtbedarfsvektorberechnung

G	A	B	M1	M2	M3	M4	R1	R2	R3
A	1	0	0	0	0	0	0	0	0
B	0	1	0	0	0	0	0	0	0
M1	1	0	1	0	0	0	0	0	0
M2	5	4	0	1	1	0	0	0	0
M3	0	1	0	0	1	0	0	0	0
M4	0	3	0	0	0	1	0	0	0
R1	12	8	3	1	5	0	1	0	0
R2	5	22	0	1	1	6	0	1	0
R3	0	14	0	0	8	2	0	0	1

Bedarf	
A	10.000
B	x
M1	0
M2	0
M3	0
M4	0
R1	0
R2	0
R3	0

Gesamtbedarf	
A	10.000
B	x
M1	10.000
M2	50.000 + 4x
M3	x
M4	3x
R1	120.000 + 8x
R2	50.000 + 22x
R3	14x

Abb. 4.18   Lösung 4-A7 b): Gesamtbedarfsvektorberechnung

Mit der Restriktion, dass von R1 lediglich 130.000 ME beschafft werden können und dass von Produkt B 10.000 Stück hergestellt werden sollen, können insgesamt 1250 Stück von Produkt A hergestellt werden.

c) In dieser Teilaufgabe muss berücksichtigt werden, dass sich der Bedarf an R1 um denjenigen Bedarf reduziert, der sich aus der Herstellung von 500 Stück M1 ergibt. Aus der Gesamtbedarfsmatrix kann ausgelesen werden, dass für die Herstellung eines Stücks M1 insgesamt drei Mengeneinheiten von R1 benötigt werden. Das bedeutet, dass sich der Bedarf an R1 um (3 * 500 =) 1500 Stück reduziert. Diese Information kann in Gl. 4.1 eingesetzt werden – die Unbekannte x steht erneut für die Menge an A:

$$130.000 = 12 * x + 40.000 - 1500 \rightarrow x = 7625 \qquad (4.3)$$

Mit der Restriktion, dass von R1 lediglich 130.000 ME beschafft werden können, dass von Produkt B 5000 Stück hergestellt werden sollen und dass von Zwischenprodukt M1 500 Stück vorhanden sind, können insgesamt 7500 Stück von Produkt A hergestellt werden.

d) In der Angabe wird vorgegeben, dass sich der Faktoreinsatz von R1 halbiert. Diese Information kann auf die Gesamtbedarfsmatrix aus Abb. 4.17 angewandt werden. Alle Werte in der Zeile R1 werden um die Hälfte reduziert. Erneut kann eine Gleichung auf Basis der Zeile R1 aufgestellt werden:

$$130.000 = 6 * x + 20.000 \rightarrow x = 18.333,33 \qquad (4.4)$$

Im Vergleich zu Teilaufgabe a) führt also eine Halbierung des Faktoreinsatzes von R1 zu einer Steigerung der Outputmenge von A um 244,44 %.

Lösung 4 – A8: Nahrungsergänzungsmittel

Abb. 4.19 zeigt die Lösung.

Lösung 4 – A9: Papier

a) Es werden die folgenden Mengen produziert:
   - E1 benötigt (3*4*5 =) 60 ME Holz pro 1 ME. Es kann die Maximalmenge von 200 ME produziert werden. Es verbleiben noch (55.650 − 12.000 =) 43.650 ME Holz.
   - E2 benötigt (2*4*5 + 5*3*5 + 5*2*1 + 5*1*2*1*2 + 5*1*2*1*5*1 =) 195 ME Holz pro 1 ME. Es kann die Maximalmenge von 100 ME produziert werden. Es verbleiben noch (43.650 − 19.500 =) 24.150 ME Holz.

- E4 benötigt $(3*2*1*5*1 + 3*2*1*2 + 5*1*5*1 + 5*1*2 =)$ 77 ME Holz pro 1
  ME. Es kann die Maximalmenge von 300 ME produziert werden. Es verbleiben
  noch $(24.150-23.100 =)$ 1050 ME Holz.
- E6 benötigt $(1*5*5*1 + 1*5*2 =)$ 35 ME Holz pro 1 ME. Es kann mit dem verbleibenden Holz nur noch eine Menge von $(1050/35 =)$ 30 ME produziert werden.

b) Von E5 und E3 kann keine Menge produziert werden, da kein Holz mehr übrig ist.

c) Es wird ein Deckungsbeitrag von insgesamt $(200 * 0,95 + 100 * 0,8 + \ldots =)$ 511,80 GE
   erzielt. Wäre Holz kein Engpass gewesen, so wäre ein Deckungsbeitrag von 699 GE erzielt worden. Das wären 36,58 % mehr gewesen.

Tab. 4.13 zeigt die Strukturstückliste.

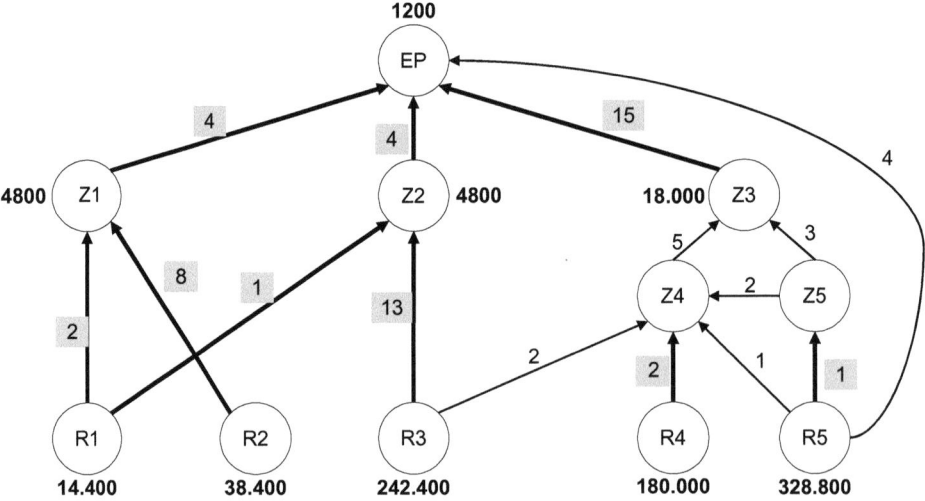

Abb. 4.19 Lösung 4-A8: Ausgefüllter Gozinto-Graph

Tab. 4.13 Lösung 4-A9: Strukturstückliste E5

Stufe				Material	Menge
1				Z7	3
	2			Z3	1
		3		Z2	5
			4	H	1
		3		H	2
1				Z8	2
	2			Z3	5
		3		Z2	5
			4	H	1
		3		H	2

Lösung 4-A10: Du-Pont-Schema

a) Der ROI betrug 2,7014 %.
b) Der ROI würde ceteris paribus auf 2,0948 % fallen.
c) Der ROI würde ceteris paribus auf 2,9843 % steigen.
d) Der ROI würde ceteris paribus auf 2,7226 % steigen.
e) Der ROI würde ceteris paribus auf 2,0853 % fallen.
f) Es muss folgende Gleichung aufgelöst werden: $0,031 = 0,3563 * (1600/(13.500 + 200 + x + 4200))$. Wird diese Gleichung nach x aufgelöst, so ergibt sich ein Wert von 489,6774. Die Forderungen müssten also um 84,6976 % sinken.
g) In der Ausgangssituation liegt ein ROI von 2,7014 % vor. Dabei fallen Fertigungseinzelkosten (FEK) von 500 GE und Materialeinzelkosten (MEK) von 300 GE an. Mithilfe dieser Informationen können die Elastizitäten berechnet werden:

- Sinken die FEK um 1 %, dann betragen sie 495 GE. Der ROI steigt auf 0,027251. Das heißt, dass pro 1 % FEK-Senkung eine Steigerung des ROI von $((0,027251/0,027014) - 1 =)$ 0,8773 % herbeiführt.

- Sinken die MEK um 1 %, dann betragen sie 297 GE. Der ROI steigt auf 0,027156. Das heißt, dass pro 1 % MEK-Senkung eine Steigerung des ROI von $((0,027156/0,027014) - 1 =)$ 0,5257 % herbeiführt.

Die Wirkung der FEK-Senkung ist somit größer.

Produktionsplanung: Lineare Programmierung

5

Zusammenfassung Im Rahmen der Produktionsplanung und -steuerung können mithilfe der Linearen Programmierung mehrere Planungsaufgaben unterstützt werden. Ein exemplarischer Einsatzbereich ist die aggregierte Produktionsplanung, bei der lineare Zielfunktionen (z. B. Produktionskostenfunktionen oder Deckungsbeitragsfunktionen) hinsichtlich bestimmter Restriktionen (bspw. verfügbare Ressourcenmengen und Kapazitäten) zu optimieren sind. Damit soll die Lineare Programmierung Entscheidungen der Produktionsprogrammplanung unterstützen und Aufschluss darüber geben, wie viel von welchem Produkt produziert werden soll, um ein vorgegebenes Ziel (z. B. Produktionskostenminimierung, Deckungsbeitragsmaximierung) zu erreichen.

Um ein lineares Optimierungsproblem zu lösen, muss zunächst das Lineare Programm formal aufgestellt werden. In den Aufgaben dieses Kapitels sollen dafür Informationen aus Stücklisten, Arbeitsplänen und weiteren Quellen in mathematische Gleichungssysteme überführt werden. Dabei sind eine oder mehrere lineare Zielfunktionen und die den Handlungsraum einschränkenden Gleichungen aufzustellen.

Die Lösung linearer Optimierungsprobleme ist der zweite thematische Block dieses Kapitels. Ein anschauliches Lösungsverfahren für bis zu zwei Entscheidungsvariablen ist die grafische Lösung. Hierbei wird das Lineare Programm in einem zweidimensionalen Koordinatensystem dargestellt. Durch eine Isoquantenverschiebung wird dann der Punkt gesucht, der die Zielfunktion optimiert.

Eine zweite Möglichkeit ist die Lösung des Linearen Programms mithilfe des Simplex-Algorithmus. In den dazugehörigen Aufgaben wird das Lineare Programm in ein Simplex-Tableau übertragen und anschließend die erforderlichen Schritte des Simplex-Algorithmus iterativ durchgeführt, um den optimalen Punkt zu identifizieren. Schließlich wird das Endtableau (Basis- und Nicht-Basisvariablen) betriebswirtschaftlich interpretiert.

© Springer-Verlag GmbH Deutschland, ein Teil von Springer Nature 2024   107
M. Lukesch, F. Kellner, *Übungsbuch Produktionswirtschaft*,
https://doi.org/10.1007/978-3-662-68672-0_5

Neben der grafischen Lösung und der Lösung mithilfe des Simplex-Algorithmus kann auch Standard-Software (z. B. AMPL, GAMS, IBM ILog CPLEX, LINGO, Gurobi oder der in Microsoft Excel integrierte Solver) eingesetzt werden, um lineare Optimierungsprobleme zu lösen. Diese Programme generieren im Zuge der Lösung Antwort- und Sensitivitätsberichte, die aus betriebswirtschaftlicher Sicht wertvolle Informationen bieten.

Nach Abschluss dieses Kapitels können Sie …

1) … für einen gegebenen betriebswirtschaftlichen Sachverhalt ein Lineares Programm formulieren.
2) … die optimale Lösung eines Linearen Programms grafisch ermitteln.
3) … die optimale Lösung eines Linearen Programms mithilfe des Simplex-Algorithmus ermitteln.
4) … das Endtableau des Simplex-Algorithmus betriebswirtschaftlich interpretieren.
5) … aus dem Microsoft Excel Solver generierte Antwort-/Sensitivitätsberichte interpretieren.

Das Lehrbuch „Produktionswirtschaft: Planung, Steuerung und Industrie 4.0" (Florian Kellner, Bernhard Lienland, Maximilian Lukesch, 3. Auflage, Springer Gabler, 2022) vermittelt die für die Bearbeitung dieser Aufgaben nötigen theoretischen Grundlagen in Kapitel 3.3.1.4 „Lineare Programmierung: Einführung und Einsatz in der Produktionsplanung".

5.1   Aufgaben

Aufgabe 5 – A1: Formulierung eines Linearen Programms bei einem Elektronikhersteller

Sie sind als Produktionsplaner bei der Elektronikfabrik Regensburg angestellt und sollen die Produktionsentscheidung für die kommende Produktionsperiode, die insgesamt vier Wochen umspannen wird, zur Herstellung der Hauptprodukte MyPhone, MyPod und MyPad unterstützen. Nach mehreren Gesprächen mit Kollegen und Vorgesetzten sowie einer eingehenden Durchsicht der im ERP-System abgelegten Fertigungsinformationen haben Sie die in Abb. 5.1 gezeigten Informationen auf Ihrem Notizzettel stehen. Formulieren Sie die Produktionsplanentscheidung als Lineares Programm!

Aufgabe 5 – A2: Grafische Lösung eines Linearen Programms bei einem Computerhersteller

Ein Regensburger Computerhersteller stellt in zwei Werken (Standorte Reinhausen und Kneiting) Laptops und All-in-One-PCs her, die sich durch ihre Custom-Built-Gehäuse von Konkurrenzprodukten abheben. Sie sollen als Assistenz der Produktionsleitung Vorschläge

---

Geschäftsleitung
Das Produktionsprogramm der Produkte MyPhone, MyPod und MyPad soll den gesamten Deckungsbeitrag über alle drei Produkte maximieren!

Controlling: Deckungsbeiträge der einzelnen Produkte
- MyPhone   235 €
- MyPod   90 €
- MyPad   590 €

Materialwirtschaft
- Schalenkunststoff
- Elektronik
- Displaykunststoff

Mengenstückliste (in Mengeneinheiten = ME):

```
            |  Schalenkunststoff   |  Elektronik    |  Displaykunststoff
-------------------------------------------------------------------------------
MyPhone|    5                 |  3        |  7
MyPod  |    2                 |  1        |  3
MyPad  |    1                 |  0,5      |  3
```

Arbeitsplan: Normalzeiten der Herstellung
- MyPhone   5 Minuten
- MyPod   3,5 Minuten
- MyPad   7 Minuten

Restriktionen: Für die kommende Produktionsperiode stehen zur Verfügung…
- Schichtleiter: 5 Facharbeiter je Schicht bei 5 Arbeitstagen pro Woche und 2 Schichten pro Tag à 8 Stunden (abzüglich jeweils 1 Stunde Pause).
- Einkaufsleiter: 30.000 Einheiten Schalenkunststoff, 50.000 Einheiten Elektronik, 40.000 Einheiten Displaykunststoff.
- Vertriebsleiter: Die maximale Herstellungsmenge der MyPads soll 10.000 Stück betragen. Darüber hinaus soll die Mindestmenge der Herstellungsmenge von MyPhones der Hälfte des Produktionsvolumens des MyPads betragen.

Abb. 5.1 Aufgabe 5-A1: Ausgangsdaten

für die Formulierung eines wöchentlichen Linearen Programms mit dem Ziel der Deckungsbeitragsmaximierung machen. Ihre Informationssuche beenden Sie mit den folgenden Notizen:

- Im Reinhausener Werk, in dem die grundlegenden Montagearbeiten durchgeführt werden, werden für die Bearbeitung eines Laptops 4 min und für die Bearbeitung eines PCs 10 min benötigt.
- Im Kneitinger Werk, in dem die Endmontage erfolgt, sind pro Laptop und PC je 6 min Bearbeitungszeit notwendig.
- Die Kapazität des Reinhausener Werks beträgt für beide Produkte zusammen 360 min pro Woche.

- Die Kapazität des Kneitinger Werks beträgt für beide Produkte zusammen 270 min pro Woche.
- Zudem ist bekannt, dass der Hersteller an einem PC 300 Geldeinheiten (GE) und an einem Laptop 200 GE an Deckungsbeitrag einnimmt.

Wie viele Laptops und PCs sollte das Unternehmen wöchentlich herstellen, um seinen Deckungsbeitrag zu maximieren? Gehen Sie davon aus, dass es keine weiteren Beschränkungen (z. B. bezüglich der Absatzzahlen und der Mengenverhältnisse) gibt. Formulieren Sie zur Lösung das Lineare Programm und bestimmen Sie grafisch die optimale Lösung!

Aufgabe 5 – A3: Anwendung des Simplex-Algorithmus und Endtableau-Interpretation auf dem Christkindlmarkt

Ein Budenbesitzer auf dem Schwandorfer Christkindlmarkt fertigt für die Weihnachtszeit verschiedene Drahtsterne 1–5. Für die Herstellung der Sterne werden drei Typen von Draht A–C verwendet, von denen dem Budenbesitzer jeweils nur ein begrenzter Vorrat zur Verfügung steht. Je nach Stern werden unterschiedliche Mengen Draht (in cm) benötigt. Die planungsrelevanten Daten sind in Tab. 5.1 zusammengestellt.

a) Formulieren Sie das Lineare Programm, dessen Lösung das deckungsbeitragsmaximale Produktionsprogramm pro Weihnachtszeit angibt! Nehmen Sie dabei an, dass die hergestellten Produkte vollständig abgesetzt werde können.
b) Lösen Sie das Lineare Programm mithilfe des Simplex-Algorithmus!
c) Geben Sie eine betriebswirtschaftliche Interpretation des Endtableaus!

Aufgabe 5 – A4: Grafische Lösung eines Linearen Programms bei einem Schnapshersteller

Ein Oberpfälzer Schnapshersteller stellt Erdbeerlimes (x_1) und Haselnussschnaps (x_2) her, die pro Flasche einen Deckungsbeitrag von 6 € und 8 € erzielen. Folgende weitere Informationen sind Ihnen gegeben:

- Zur Abfüllung der beiden Spirituosen sind für die kommende Produktionsperiode 600 min Maschinenzeit verfügbar, wobei zur Abfüllung einer Flasche Erdbeerlimes 1,5 min und zur Abfüllung einer Flasche Haselnussschnaps 1 min benötigt werden.
- Für beide Getränkesorten wird als Basis Wodka verwendet. Von diesem sind aktuell 240 L auf Lager. Für eine Flasche Erdbeerlimes werden 400 Milliliter und für eine Flasche Haselnussschnaps 800 Milliliter des Wodkas benötigt.
- Pro Flasche Erdbeerlimes werden 700 g Erdbeeren verarbeitet. Von den Erdbeeren konnte der Hersteller nur 245 kg auf dem Markt erwerben.
- Außerdem ist die Haselnussernte in diesem Jahr sehr schlecht ausgefallen, sodass der Hersteller dieses Jahr nur 100 kg Haselnüsse einkaufen konnte. Pro Flasche benötigt er 400 g.

Tab. 5.1 Aufgabe 5-A3: Ausgangsdaten

Drahtart	Drahtbedarf pro Stern (in cm)					Vorrat (in cm)
	Stern 1	Stern 2	Stern 3	Stern 4	Stern 5	
A	20	40	20	0	20	2000
B	0	20	20	20	20	1600
C	20	0	20	20	0	1000
DB/Stk in €	8	4	12	4	8	
Mit: DB = Deckungsbeitrag, Stk = Stück						

Formulieren Sie das zugehörige Lineare Programm unter der Annahme, dass der Hersteller seinen Deckungsbeitrag maximieren möchte und alle Produkte absetzen kann. Lösen Sie das Lineare Programm daraufhin grafisch!

Aufgabe 5 – A5: Grafische Lösung eines Minimierungsproblems

Im Kampf um die Eisstockmeisterschaft vertraut der Trainer der „Pfatterer Wildschweine" auf ein geheimes Vitaminpräparat, das er seinen Spielern beim täglichen Wirtshausbesuch verabreicht. Das Präparat soll die Vitamine A, B, C und D beinhalten und wird daher aus den Multivitaminpulvern P1 und P2 zusammengemischt:

- Ein Gramm P1 besteht aus 2 Einheiten Vitamin A, 2 Einheiten Vitamin B, 2 Einheiten Vitamin C und 2 Einheiten Vitamin D.
- Ein Gramm P2 besteht aus einer Einheit Vitamin A, 4 Einheiten Vitamin C und 5 Einheiten Vitamin D.
- Das Vitaminpräparat soll mindestens aus 16 Einheiten Vitamin A, 4 Einheiten Vitamin B, 40 Einheiten Vitamin C und 40 Einheiten Vitamin D bestehen.
- Die Kosten für ein Gramm P1 betragen 8 € und für ein Gramm P2 6,40 €.

Das Vitaminpräparat soll durch Mischen der Multivitaminpulver so hergestellt werden, dass die Gesamtkosten der Herstellung minimiert werden und die Mindestvitaminmengen im Präparat enthalten sind. Formulieren Sie das zugehörige Lineare Programm und lösen Sie dieses grafisch!

Aufgabe 5 – A6: Formulierung eines Linearen Programms bei einer Bäckerei

Eine Nürnberger Bäckerei möchte dieses Jahr vier verschiedene Plätzchen herstellen: Mandelmakronen, Schokotaler, Spitzbuben und Lebkuchen. Zur Herstellung der Plätzchen werden Mehl, Zucker, Butter, Nüsse, Kakao und Eier benötigt. Der Tab. 5.2 können

Tab. 5.2 Aufgabe 5-A6: Ausgangsdaten

	Mehl	Zucker	Butter	Mandeln	Kakao	Eier	Verkaufspreis in €
Mandelmakronen	100	40	40	120	0	0,5	1,00
Schokotaler	140	32	40	0	16	0,5	0,75
Spitzbuben	160	40	60	0	0	0,5	0,60
Lebkuchen	160	60	0	100	10	1,5	3,00
Verfügbare Mengen (in Gramm bzw. Stück)	4000	2000	2400	2000	400	50	

Sie entnehmen, welche Mengen der Zutaten für die jeweiligen Plätzchen benötigt werden, welche Mengen der Zutaten (in Gramm bzw. Stück) jeweils zur Verfügung stehen und welche Preise die Plätzchen erzielen.

Das Ziel der Bäckerei ist es, ihren Umsatz zu maximieren. Formulieren Sie das zugehörige Lineare Programm! Folgende weitere Informationen sind Ihnen gegeben:

- Bei der Herstellung eines Lebkuchens bleibt genau 0,5 Eiweiß übrig, das zusammen mit 20 g Mehl, 12 g Zucker und 10 g Mandeln zu einem Mandelplätzchen verarbeitet werden soll, dessen Erlös 6 Cent beträgt. Anderweitig werden keine Mandelplätzchen hergestellt.
- Es soll genau die doppelte Anzahl an Mandelmakronen wie Spitzbuben hergestellt werden.
- Es soll außerdem die gleiche Anzahl an Schokotalern wie Spitzbuben hergestellt werden.
- Die Anzahl an Schokotalern soll mindestens ein Viertel der gesamten Menge der produzierten Plätzchen betragen.
- Da die Plätzchen am bäckereieigenen Stand auf dem Nürnberger Christkindlmarkt verkauft werden, können Sie davon ausgehen, dass alle hergestellten Plätzchen abgesetzt werden können.

Aufgabe 5 – A7: Anwendung des Simplex-Algorithmus und Endtableau-Interpretation bei einem Waschmittelhersteller

Die SchluppiFIX AG ist ein Handelsmarkenhersteller für Flüssigwaschmittel. Es werden zwei Typen Waschmittel hergestellt: Das Premium-Produkt „Dufti-Plus" (x_1) und das Basic-Produkt „Dufti-Classic" (x_2). Beide Typen unterscheiden sich hinsichtlich der verwendeten Mengen an Chemikalien 1 und 2 (CK1-2) sowie der beigefügten Menge an Duftstoff (D). Für die Herstellung eines Behälters fallen jeweils folgende Mengen an:

- Dufti-Plus: 5 Einheiten CK1, 2 Einheiten CK2 und 5 Einheiten D
- Dufti-Classic: 2 Einheiten CK1, 5 Einheiten CK2 und 1 Einheit D

Der derzeit aufgestellte Dispositionsplan für Rohmaterialien sieht folgende Einkaufsmengen für die kommende Woche vor:

- 175.000 Einheiten an Chemikalie 1 (CK1, Einkaufspreis 0,40 € pro Einheit, maximale am Markt verfügbare Menge)
- 100.000 Einheiten an Chemikalie 2 (CK2, Einkaufspreis 0,20 € pro Einheit)
- 250.000 Einheiten an Duftstoff (D, Einkaufspreis 0,35 € pro Einheit)

Beide Waschmittel werden in einer Abfüllanlage in unterschiedlich große Plastikbehälter gefüllt, wobei aufgrund der unterschiedlichen Viskosität und der unterschiedlich großen Füllmengen das Abfüllen eines Behälters Dufti-Plus 2 sek und das Abfüllen eines Behälters Dufti-Classic 4 sek benötigt. Die Maschine ist drei Tage pro Woche in Betrieb und läuft dabei acht Stunden täglich. Aus der Kostenrechnungsabteilung erfahren Sie, dass die beiden Produkte jeweils einen Deckungsbeitrag pro Stück von 5,00 € für Dufti-Plus und 2,50 € für Dufti-Classic haben.

a) Erstellen Sie mithilfe des Simplex-Algorithmus den deckungsbeitragsmaximierenden Produktionsplan für eine Woche! Wie viele Einheiten Dufti-Plus und Dufti-Classic werden in diesem Produktionsplan hergestellt? Welcher Deckungsbeitrag wird hierbei insgesamt erzielt? Gehen Sie davon aus, dass es keine Beschränkungen bezüglich der Absatzzahlen oder der Programmpolitik (Mengenverhältnis) gibt.

b) Machen Sie anhand des Ergebnisses aus Teilaufgabe a) Verbesserungsvorschläge für die wöchentliche Disposition!

c) Der Fertigungsleiter bietet Ihnen an, die Maschinenlaufzeit zu erhöhen. Er sagt Ihnen, dass bei der Erhöhung der Laufzeit sowohl Energie- als auch Wartungs-, Abschreibungs- und Personalkosten steigen werden. Er möchte von Ihnen wissen, wie hoch sein maximales Budget für eine zusätzliche Stunde Maschinenlaufzeit wäre. Gehen Sie davon aus, dass die Erhöhung der Laufzeit um eine Stunde im erlaubten Bereich der Restriktionsänderung liegt!

d) Erklären Sie in eigenen Worten, wieso der Schattenpreis für y_{CK1} höher als der Schattenpreis für y_D ist! Welche Auswirkungen auf den Produktionsplan hätte die Erhöhung der Menge CK1 voraussichtlich?

Aufgabe 5 – A8: Interpretation eines Antwort-/Sensitivitätsberichts

Ihnen liegt in Abb. 5.2 ein Bericht des Excel-Solvers vor. Hierbei handelt es sich um die Zusammenstellung eines Antwort- und Sensitivitätsberichts zur Erstellung des Produktionsplans dreier Produkte x_{1-3}. Ihre Aufgabe ist es, die vorliegenden Informationen zu interpretieren.

	Objective Cell (Max)			
1	Cell	Name	Original Value	Final Value
2	$F$5	DB gesamt		
3				

	Variable Cells		Final	Reduced	Objective	Allowable	Allowable
4	Variable Cells						
5			Final	Reduced	Objective	Allowable	Allowable
6	Cell	Name	Value	Cost	Coefficient	Increase	Decrease
7	$C$5:$C$7						
8	$C$5	x1 Menge	10000	-13,2	-0,2	13,2	1E+30
9	$C$6	x2 Menge	107777,7778	0	8	3	1,125
10	$C$7	x3 Menge	18888,88889	0	11	1,8	3
11							
12							

	Constraints I		Final	Shadow	Constraint	Allowable	Allowable
13	Constraints I						
14			Final	Shadow	Constraint	Allowable	Allowable
15	Cell	Name	Value	Price	R.H. Side	Increase	Decrease
16	$C$18:$C$23 <= $D$18:$D$23						
17	$C$18	y1 Verbrauchte Menge	362222,2222	0	500000	1E+30	137777,78
18	$C$19	y2 Verbrauchte Menge	303333,3333	0	350000	1E+30	46666,667
19	$C$20	y3 Verbrauchte Menge	720000	1	720000	323333,33	56666,667
20	$C$21	y4 Verbrauchte Menge	774444,4444	0	1000000	1E+30	225555,56
21	$C$22	y5 Verbrauchte Menge	88888,88889	0	650000	1E+30	561111,11
22	$C$23	y6 Verbrauchte Menge	480000	1	480000	34000	121250
23							

	Constraints II		Cell Value	Formula	Status	Slack
24	Constraints II					
25	Cell	Name	Cell Value	Formula	Status	Slack
26	$C$18:$C$23 <= $D$18:$D$23					
27	$C$18	y1 Verbrauchte Menge	362222,2222	$C$18<=$D$18	Not Binding	137777,78
28	$C$19	y2 Verbrauchte Menge	303333,3333	$C$19<=$D$19	Not Binding	46666,667
29	$C$20	y3 Verbrauchte Menge	720000	$C$20<=$D$20	Binding	0
30	$C$21	y4 Verbrauchte Menge	774444,4444	$C$21<=$D$21	Not Binding	225555,56
31	$C$22	y5 Verbrauchte Menge	88888,88889	$C$22<=$D$22	Not Binding	561111,11
32	$C$23	y6 Verbrauchte Menge	480000	$C$23<=$D$23	Binding	0
33						
34	$C$5	x1 Menge	10000,00	$C$5>=10000	Binding	0,00
35	$C$5:$C$7 >= 0					
36	$C$5	x1 Menge	10000,00	$C$5>=0	Binding	0,00
37	$C$6	x2 Menge	107777,78	$C$6>=0	Not Binding	107777,78
38	$C$7	x3 Menge	18888,89	$C$7>=0	Not Binding	18888,89

Abb. 5.2 Aufgabe 5-A8: Ausgangsdaten

a) Wie lautet die Zielfunktion des linearen Programms?

b) Was fällt Ihnen an den Zielkoeffizienten auf? Nennen Sie ein Beispiel für ein Produktbündel, für welches eine derartige Konstellation möglich sein könnte.

c) Berechnen Sie den fehlenden Zielwert des Programms (Zeile 2)!

d) Welche Nebenbedingungen beziehen sich direkt auf die Entscheidungsvariablen? Inwiefern?

e) Bei welchen Inputs bestehen Restkapazitäten? Wie hoch sind diese?

f) Erklären Sie den Inhalt der Zeile 10!

g) Erklären Sie den Inhalt der Zeile 22!

h) Erklären Sie den Inhalt der Zeile 31!

Aufgabe 5 – A9: Preisfindung

Ein Hersteller fertigt die beiden Produkte A und B. Diese bestehen aus zwei unterschiedlichen Rohstoffen R1 und R2. Hinsichtlich des Preises für Produkt A ist sich der Hersteller noch nicht ganz sicher. Bestimmen Sie unter Berücksichtigung der in Tab. 5.3 gegebenen Rahmenbedingungen die optimalen Produktionsmengen und den Preis p_A für Produkt A, um den Gewinn für den kommenden Monat zu maximieren!

Aufgabe 5 – A10: Interpretation eines Simplex-Endtableaus

Ein Smoothiehersteller hat den Simplex-Algorithmus zur Erstellung eines deckungsbeitragsmaximalen Produktionsprogramms für drei Smoothie-Sorten im kommenden Monat angewandt. Die in Tab. 5.4 stehenden Informationen liegen Ihnen vor. x_1, x_2, x_3 seien Entscheidungsvariablen; y_1, y_2, y_3, y_4 seien Schlupfvariablen (GE = Geldeinheiten, ME = Mengeneinheiten, Stk = Stück). Als Ergebnis wurde das in Tab. 5.5 abgebildete Endtableau ausgegeben. Beantworten Sie folgende Fragen:

a) Wie viele Einheiten des Produkts „Frühlingsglück" werden im deckungsbeitragsmaximalen Produktionsprogramm hergestellt?

b) Angenommen, einer der Zulieferer würde eine zusätzliche Einheit Kiwipüree zum gleichen Einstandspreis zur Verfügung stellen: Um wieviel würde der Gesamtdeckungsbeitrag steigen? Gehen Sie davon aus, dass die Erhöhung der Menge um eine Einheit im erlaubten Bereich der Restriktionsänderung liegt!

c) Mit den Restkapazitäten möchte der Hersteller den Prototyp „Wintersamt" herstellen. Eine Einheit „Wintersamt" benötigt 1 Einheit Himbeerpüree und 0,5 Einheiten Bananenpüree. Wie viele Einheiten „Wintersamt" können hergestellt werden?

d) Eine große Supermarktgruppe möchte das Produkt „Frühlingsglück" bestellen. Ab welchem Verkaufspreis ist der Smoothie-Hersteller ceteris paribus bereit, das Produkt herzustellen?

e) Wieviel Prozent trägt das Produkt „Sommerfrische" zum optimierten Gesamtdeckungsbeitrag bei?

Tab. 5.3 Aufgabe 5-A9: Ausgangsdaten

Produkt	A	B
Verbrauch an Rohstoff 1	1 ME	2 ME
Verbrauch an Rohstoff 2	1 ME	6 ME
Variable Kosten	160 €/Stk	220 €/Stk
Produktpreis	p_A (zu bestimmen)	320 €
Verfügbare Rohstoffmengen	R1: 1500 ME, R2: 2000 ME	
Fixe Kosten	25.000 €	
Zusätzliche Anforderung	p_A soll im Intervall [160;225] liegen.	
Mit: ME = Mengeneinheiten, Stk = Stück		

Tab. 5.4 Aufgabe 5-A10: Ausgangsdaten

Variable	Notation	Verkaufspreis (GE pro Stk)	Variable Herstellkosten (GE pro Stk)	Deckungs-beitrag (GE pro Stk)
x_1	Menge Smoothie „Frühlingsglück" (ME)	1	0,5	0,5
x_2	Menge Smoothie „Sommerfrische" (ME)	1,5	0,7	0,8
x_3	Menge Smoothie „Herbsttraum" (ME)	0,8	0,4	0,4
y_1	Menge Himbeerpüree (ME)			
y_2	Menge Bananenpüree (ME)			
y_3	Menge Erdbeerpüree (ME)			
y_4	Menge Kiwipüree (ME)			

Tab. 5.5 Aufgabe 5-A10: Endtableau

	x_1	y_4	y_3	b
y_1	0	−1	−1	1000
y_2	−1	−1	−0,5	250
x_3	1	0	0,5	1250
x_2	0,5	0,5	0	750
F	0,3	0,4	0,2	1100

Aufgabe 5 – A11: Grafische Lösung eines Linearen Programms in einer Uni-Mensa

Die Mensa der Universität Klein Weilersheim muss über die Produktionsmengen für die beiden Produkte „Erdbeer-Joghurt" und „Bio-Erdbeer-Joghurt" entscheiden. Dabei ist ihr Ziel die Maximierung des Umsatzes. Der Unterschied zwischen beiden Produkten ist, dass für „Erdbeer-Joghurt" künstliche Aromen und für „Bio-Erdbeer-Joghurt" natürliche Aromen eingesetzt werden. Folgende Informationen liegen vor:

- Insgesamt stehen 4 Kilogramm (kg) künstliches Erdbeer-Aroma und 3 kg natürliches Erdbeer-Aroma zur Verfügung. Bei der Produktion von „Erdbeer-Joghurt" wird je Glas 1,5 Gramm (g) künstliches Aroma benötigt. Bei der Herstellung von „Bio-Erdbeer-Joghurt" sind es je Glas 3 g natürliches Aroma.
- Für die Herstellung eines Glases „Erdbeer-Joghurt" werden 0,15 l Milch verbraucht. Ein Glas „Bio-Erdbeer-Joghurt" benötigt hingegen 0,25 l Milch. Insgesamt können von den Lieferanten 400 l Milch zur Verfügung gestellt werden.
- Die Produktionskapazität der Uni-Mensa im Planungszeitraum beträgt 3000 Gläser.
- Die Preise der beiden Produkte betragen 0,6 Geldeinheiten (GE) pro Glas „Erdbeer-Joghurt" und 1,2 GE pro Glas „Bio-Erdbeer-Joghurt".

a) Stellen Sie das lineare Optimierungsproblem auf! Erläutern Sie dabei auch die eingeführten Variablen, die Zielfunktion sowie die Nebenbedingungen.
b) Lösen Sie das Optimierungsproblem grafisch! Kennzeichnen Sie den zulässigen Bereich. Geben Sie anschließend die optimalen Produktionsmengen und den Zielfunktionswert an.
c) Ein Mitarbeiter hat das Optimierungsproblem mit dem Excel Solver gelöst. Als Ergebnis legt er Ihnen den Antwortbericht in Abb. 5.3 und den Sensitivitätsbericht in Abb. 5.4 vor. Interpretieren Sie die grau eingefärbten Zellen nach ihrer betriebswirtschaftlichen Bedeutung!

Microsoft Excel 16.0 Antwortbericht

Bericht erstellt: 23.05.2020 17:43:07

Ergebnis: Solver hat eine Lösung gefunden. Alle Nebenbedingungen und Optionen wurden eingehalten.

Solver-Modul

Modul: Simplex-LP

Lösungszeit: 0,047 Sekunden

Iterationen: 2 Teilprobleme: 0

Solver-Optionen

Höchstzeit Unbegrenzt, Iterationen Unbegrenzt, Precision 0,000001, Automatische Skalierung verwenden

Höchstzahl der Teilprobleme Unbegrenzt, Max. Ganzzahllösungen Unbegrenzt, Ganzzahltoleranz 1 %, Nicht-negativ annehmen

Zielzelle (Max.)

Zelle	Name	Ursprünglicher Wert	Lösungswert	
$D$250	Preis LHS	0	1800	1

Variablenzellen

Zelle	Name	Ursprünglicher Wert	Lösungswert		Integer
$B$255	Menge xE	0	1000	2	Fortlaufend
$C$255	Menge xB	0	1000		Fortlaufend

Nebenbedingungen

Zelle	Name	Zellwert	Formel	Status	Puffer	
$D$251	Künstl Aroma LHS	1500	$D$251<=$E$251	Nicht einschränkend	2500	3
$D$252	Natürl Aroma LHS	3000	$D$252<=$E$252	Einschränkend	0	
$D$253	Milch LHS	400	$D$253<=$E$253	Einschränkend	0	4
$D$254	Prod-Kapa LHS	2000	$D$254<=$E$254	Nicht einschränkend	1000	

Abb. 5.3 Aufgabe 5-A11: Antwortbericht

Microsoft Excel 16.0 Sensitivitätsbericht
Bericht erstellt: 23.05.2020 17:43:07

Variablenzellen

Zelle	Name	Endgültig Endwert	Reduziert Kosten	Ziel Koeffizient	Zulässig Erhöhen	Zulässig Verringern
$B$255	Menge xE	1000	0	0,6	0,12	0,6
$C$255	Menge xB	1000	0	1,2	1E+30	0,2

Nebenbedingungen

Zelle	Name	Endgültig Endwert	Schatten Preis	Nebenbedingung Rechte Seite	Zulässig Erhöhen	Zulässig Verringern
$D$251	Künstl Aroma LHS	1500	0	4000	1E+30	2500
$D$252	Natürl Aroma LHS	3000	0,066666667 ⑤	3000	1800	3000
$D$253	Milch LHS	400	4 ⑥	400	150	150
$D$254	ProdKapa LHS	2000	0	3000	1E+30	1000

Abb. 5.4 Aufgabe 5-A11: Sensitivitätsbericht

Aufgabe 5 – A12: Formulierung eines Linearen Programms und Endtableau-Interpretation bei einem Handyhersteller

Der Handyhersteller TopHandy bereitet sich auf das Weihnachtsgeschäft vor und betraut Sie mit der Aufgabe, das deckungsbeitragsmaximale Produktionsprogramm zu ermitteln. Die Rahmenbedingungen sind wie folgt:

- TopHandy vertreibt vier Handy-Modelle A, B, C und D.
- In der Vorweihnachtszeit steht ein Budget von 1.400.000 € zur Produktion zur Verfügung.
- Die Herstellkosten der einzelnen Modelle belaufen sich auf 5 €, 6 €, 8 € und 4 € für die Modelle A, B, C und D.
- In der Produktionsabteilung stehen maximal 1600 Maschinenminuten zur Verfügung, wobei 100 Handys von Typ A (Mittelklasse) 1 min verbrauchen, vom Typ B (Mittelklasse) 2 min, vom Premiumhandy C 3 min und vom Einsteigermodell D 1 min.
- Aufgrund der Liefervereinbarungen müssen mindestens 15.000 Stück von A und 18.000 Stück von Typ B geliefert werden.
- Die Marketingabteilung teilt Ihnen mit, dass ein Exklusivitätseffekt generiert werden soll und deshalb nicht mehr als 45.000 Stück von B produziert werden sollen, nicht mehr als 45.000 von Typ C und dass von A und B zusammen nicht mehr als 80.000 Stück hergestellt werden sollen.
- Weiterhin sollen Sie vom Einsteigermodell D mindestens die doppelte Menge wie vom Premiummodell C fertigen.

Ihr Vorgänger hat den Excel Solver benutzt, um das Ergebnis zu ermitteln. Ihnen liegen der Antwort- und der Sensitivitätsbericht (Abb. 5.5 und 5.6) vor.

a) Formulieren Sie das Lineare Programm! Geben Sie dabei die Indizes, die Entscheidungsvariablen, sowie alle Nebenbedingungen und die Zielfunktion an.
b) Erklären Sie die betriebswirtschaftliche Bedeutung der markierten Zellen des Antwortberichtes und des Sensitivitätsberichtes.

Zielzelle (Max.)

Zelle	Name	Ursprünglicher Wert	Lösungswert
$H$2	Zielfunktion	1.727.000,00	1.727.000,00

Variablenzellen

Zelle	Name	Ursprünglicher Wert	Lösungswert	Integer
$C$4	Entscheidungsvariablen_in_Stueck xA	62.000,00	62.000,00	Fortlaufend
$D$4	Entscheidungsvariablen_in_Stueck xB	18.000,00	18.000,00	Fortlaufend
$E$4	Entscheidungsvariablen_in_Stueck xC	0,00	0,00	Fortlaufend
$F$4	Entscheidungsvariablen_in_Stueck xD	62.000,00	62.000,00	Fortlaufend

Nebenbedingungen

Zelle	Name	Zellwert	Formel	Status	Puffer	
$H$11	Maximalabsatz_B	18.000,00	$H$11<=$J$11	Nicht einschränkend	27000	①
$H$12	Maximalabsatz_C	0,00	$H$12<=$J$12	Nicht einschränkend	45000	
$H$13	Maximalabsatz_A+B	80.000,00	$H$13<=$J$13	Einschränkend	0	
$H$14	Verhaeltnis_C/D	-62.000,00	$H$14<=$J$14	Nicht einschränkend	62000	
$H$7	Budget	666.000,00	$H$7<=$J$7	Nicht einschränkend	734000	②
$H$8	Maschinenminuten	1.600,00	$H$8<=$J$8	Einschränkend	0	
$H$9	Mindestabsatz_A	62.000,00	$H$9>=$J$9	Nicht einschränkend	47.000,00	
$H$10	Mindestabsatz_B	18.000,00	$H$10>=$J$10	Einschränkend	0,00	

Abb. 5.5 Aufgabe 5-A12: Antwortbericht

Variablenzellen

Zelle	Name	Endgültig Endwert	Reduziert Kosten	Ziel Koeffizient	Zulässig Erhöhen	Zulässig Verringern
$C$4	Entscheidungsvariablen_in_Stueck xA	62000	0	13,5	1E+30	3,5
$D$4	Entscheidungsvariablen_in_Stueck xB	18000	0	15	8,5	1E+30
$E$4	Entscheidungsvariablen_in_Stueck xC	0	-10 ③	20	10	1E+30
$F$4	Entscheidungsvariablen_in_Stueck xD	62000	0	10	3,5 ④	3,333333333 ⑤

Nebenbedingungen

Zelle	Name	Endgültig Endwert	Schatten Preis	Nebenbedingung Rechte Seite	Zulässig Erhöhen	Zulässig Verringern
$H$11	Maximalabsatz_B	18000	0	45000	1E+30	27000
$H$12	Maximalabsatz_C	0	0	45000	1E+30	45000
$H$13	Maximalabsatz_A+B	80000	3,5	80000	62000	47000
$H$14	Verhaeltnis_C/D	-62000	0	0	1E+30	62000
$H$7	Budget	666000	0	1400000	1E+30	734000
$H$8	Maschinenminuten	1600	1000 ⑥	1600	1835 ⑦	620 ⑧
$H$9	Mindestabsatz_A	62000	0	15000	47000	1E+30
$H$10	Mindestabsatz_B	18000	-8,5	18000	27000	18000

Abb. 5.6 Aufgabe 5-A12: Sensitivitätsbericht

5.2   Lösungen

Lösung 5 – A1: Formulierung eines Linearen Programms bei einem Elektronikhersteller

▶   Tipp Im Lehrbuch „**Produktionswirtschaft: Planung, Steuerung und In-dustrie 4.0**" finden Sie in Kapitel 3.3.1.4 ausführliche Erklärungen zur Model-lierung und Lösung von Linearen Programmen (grafische Lösung, Simplex-Algorithmus, Solver) sowie zur Interpretation von Excel-Antwortberichten und Simplex-Endtableaus.

Produktionswirtschaft: Planung, Steuerung und Industrie 4.0, Autoren: Florian Kellner, Bernhard Lienland, Maximilian Lukesch (3. Auflage, erschie-nen bei Springer Gabler, 2022; eBook ISBN: 978-3-662-65803-1, Softcover ISBN: 978-3-662-65802-4).

▶ **Definition** Variablenbezeichnungen:
x_1 = Menge herzustellender MyPhones, x_2 = Menge herzustellender MyPods, x_3 = Menge herzustellender MyPads

In Tab. 5.6 wird die Berechnung der zur Verfügung stehenden Arbeitsminuten vor-genommen. Das Lineare Programm lautet:
Maximiere

$$F(x) = 235\,x_1 + 90x_2 + 590x_3 \tag{5.1}$$

Unter den Nebenbedingungen (NB)

$$5x_1 + 2x_2 + 1x_3 \leq 30.000 \,(\text{NB } 1) \tag{5.2}$$

$$3x_1 + 1x_2 + 0,5x_3 \leq 50.000 \,(\text{NB } 2) \tag{5.3}$$

$$7x_1 + 3x_2 + 3x_3 \leq 40.000 \,(\text{NB } 3) \tag{5.4}$$

$$5x_1 + 3,5x_2 + 7x_3 \leq 84.000 \,(\text{NB } 4) \tag{5.5}$$

$$x_3 \leq 10.000 \,(\text{NB } 5) \tag{5.6}$$

$$x_1 - 0,5x_3 \geq 0 \,(\text{NB } 6) \tag{5.7}$$

$$x_1, x_2, x_3 \geq 0 \,(\text{NB } 7) \tag{5.8}$$

Tab. 5.6 Lösung 5-A1: Berechnung der verfügbaren Arbeitszeit

Mitarbeiter pro Schicht	5
Arbeitstage pro Woche	5
Wochen	4
Anzahl Schichten	2
Effektive Arbeitsstunden pro Schicht	$8 - 1 = 7$
Verfügbare Arbeitsstunden	$5 * 5 * 4 * 2 * 7 = 1400$
Verfügbare Arbeitsminuten	$1400 * 60 = 84.000$

Lösung 5 – A2: Grafische Lösung eines Linearen Programms bei einem Computerhersteller

▶ **Tipp** Im Lehrbuch „**Produktionswirtschaft: Planung, Steuerung und Industrie 4.0**" finden Sie in Kapitel 3.3.1.4 ausführliche Erklärungen zur Modellierung und Lösung von Linearen Programmen (grafische Lösung, Simplex-Algorithmus, Solver) sowie zur Interpretation von Excel-Antwortberichten und Simplex-Endtableaus.

Produktionswirtschaft: Planung, Steuerung und Industrie 4.0, Autoren: Florian Kellner, Bernhard Lienland, Maximilian Lukesch (3. Auflage, erschienen bei Springer Gabler, 2022; eBook ISBN: 978-3-662-65803-1, Softcover ISBN: 978-3-662-65802-4).

▶ **Definition** Variablenbezeichnungen:
x_1 = Menge herzustellender PCs, x_2 = Menge herzustellender Laptops

Maximiere

$$F(x) = 300\,x_1 + 200x_2 \tag{5.9}$$

Unter den Nebenbedingungen (NB)

$$10x_1 + 4x_2 \leq 360\,(\text{NB 1}) \tag{5.10}$$

$$6x_1 + 6x_2 \leq 270\,(\text{NB 2}) \tag{5.11}$$

$$x_1, x_2 \geq 0\,(\text{NB 3}) \tag{5.12}$$

Die Ermittlung der grafischen Lösung beginnt mit der Bestimmung des Lösungsraums, d. h. desjenigen Raums im Koordinatensystem, innerhalb dessen alle Produkt-Kombinationen abgebildet sind, die die Restriktionsvorgaben erfüllen. Hierfür werden die Nebenbedingungsgeraden sukzessive in das Koordinatensystem eingezeichnet.

Die Nebenbedingungsgerade für NB 1 kann bestimmt werden, indem für Gl. 5.10 gedanklich das ≤ Zeichen durch ein = Zeichen ersetzt wird und man für die Mengen x_1 und x_2 nacheinander den Wert 0 einsetzt:

- So ergibt sich als Schnittpunkt für NB 1 mit der x-Achse: $10x_1 + 4 * 0 = 360 \rightarrow x_1 = 36$. Der Schnittpunkt von NB 1 mit der x-Achse liegt im Punkt (36;0).
- Der Schnittpunkt von NB 1 mit der y-Achse wird analog bestimmt: $10 * 0 + 4x_2 = 360 \rightarrow x_2 = 90$. Der Schnittpunkt von NB 1 mit der y-Achse liegt im Punkt (0;90).
- Nun werden die beiden Punkte (36;0) und (0;90) miteinander verbunden.
- Die soeben eingezeichnete Gerade markiert den Rand des zulässigen Bereichs hinsichtlich NB 1, da wir 36 Einheiten für x_1 und 90 Einheiten für x_2 maximal produzieren *können*, dies aber nicht *müssen* – die Ausgangsgleichung lautet ja auf $\leq$ anstatt auf =. Demnach können wir Mengen für x_1 „links" von 36 produzieren und Mengen für x_2 „unterhalb" von 90.
- Im Ergebnis erhält man den Lösungsraum links unterhalb der soeben eingezeichneten Geraden.

Die Nebenbedingungsgerade für NB 2 wird auf dieselbe Weise bestimmt: Wir ersetzen gedanklich das Ungleichheitszeichen durch ein Gleichheitszeichen, setzen x_1 und x_2 nacheinander gedanklich auf den Wert 0, lösen die Gleichungen nach x_1 und x_2 auf, zeichnen die Schnittpunkte mit der x- und der y-Achse in das Koordinatensystem ein und verbinden die soeben erhaltenen Punkte. Das heißt im Einzelnen:

- $6x_1 + 6 * 0 = 270 \rightarrow x_1 = 45$. Der Schnittpunkt von NB 2 mit der x-Achse liegt im Punkt (45;0).
- $6 * 0 + 6x_2 = 270 \rightarrow x_2 = 45$. Der Schnittpunkt von NB 2 mit der y-Achse liegt im Punkt (0;45).
- Beide Punkte werden miteinander verbunden und als der zulässige Bereich wird der Raum links unterhalb der Geraden markiert.

Der ingesamt zulässige Bereich, also derjenige, der *beide* Nebenbedingungen berücksichtigt, kann aus der Schnittmenge der beiden einzelnen Lösungsräume abgelesen werden.

Im nächsten Schritt wird das optimale Produktionsprogramm bestimmt. Hierfür setzen wir die Technik der Isoquantenverschiebung ein. Empfehlenswert ist es, für die Zielfunktion eine Zahl zu wählen, die sich „gut" durch die beiden Zielfunktionskoeffizienten teilen lässt. Beispielsweise lässt sich die Zahl 6000 „restfrei" durch 200 und 300 teilen.

Nun zeichnen wir analog zur Vorgehensweise bei den Nebenbedingungen die Isoquante ein. Hierfür setzen wir hinter die Zielfunktion gedanklich den Ausdruck „= 6000" und bestimmen damit die Schnittpunkte der Isoquante mit den Achsen des Koordinatensystems. Das heißt im Einzelnen:

- $300x_1 + 200 * 0 = 6000 \rightarrow x_1 = 20$. Der Schnittpunkt der Isoquante mit der x-Achse liegt im Punkt (20;0).
- $300 * 0 + 200x_2 = 6000 \rightarrow x_2 = 30$. Der Schnittpunkt der Isoquante mit der y-Achse liegt im Punkt (0;30).
- Die beiden Punkte (20;0) und (0;30) werden nun miteinander verbunden.

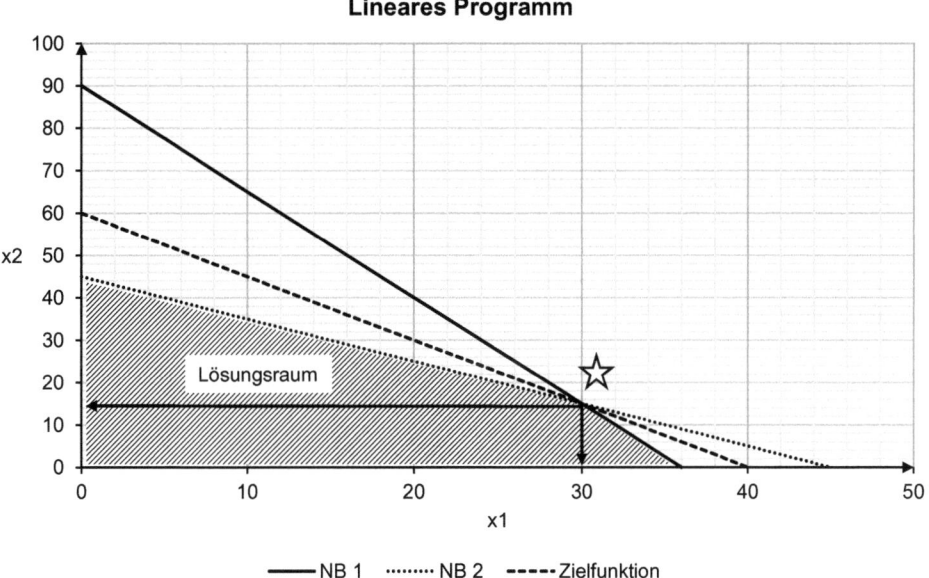

Abb. 5.7 Lösung 5-A2: Grafische Lösung des linearen Programms

Zur Bestimmung des optimalen Produktionsprogramms muss im letzten Schritt die soeben eingezeichnete Gerade parallel (d. h. im Verhältnis der Zielfunktionskoeffizienten) verschoben werden bis zu dem Punkt, der sich gerade noch im zulässigen Bereich befindet. Dies wird logischerweise immer eine Ecke des Lösungsraums sein. Da es sich um ein Maximierungsproblem handelt, suchen wir die Ecke rechts oben im zulässigen Bereich – würde hingegen ein Minimierungsproblem vorliegen, würden wir die Isoquante nach links unten verschieben.

Abb. 5.7 fasst die grafische Lösung des linearen Programms zusammen. Die optimale Lösung lautet $x_1 = 30$, $x_2 = 15$, bei einem Zielwert F von 12.000 GE.

Lösung 5 – A3: Anwendung des Simplex-Algorithmus und Endtableau-Interpretation auf dem Christkindlmarkt

▶ Tipp Im Lehrbuch „**Produktionswirtschaft: Planung, Steuerung und Industrie 4.0**" finden Sie in Kapitel 3.3.1.4 ausführliche Erklärungen zur Modellierung und Lösung von Linearen Programmen (grafische Lösung, Simplex-Algorithmus, Solver) sowie zur Interpretation von Excel-Antwortberichten und Simplex-Endtableaus.

Produktionswirtschaft: Planung, Steuerung und Industrie 4.0, Autoren: Florian Kellner, Bernhard Lienland, Maximilian Lukesch (3. Auflage, erschienen bei Springer Gabler, 2022; eBook ISBN: 978-3-662-65803-1, Softcover ISBN: 978-3-662-65802-4).

▶ **Definition** Variablenbezeichnungen:
Entscheidungsvariablen x_i für die Produktionsmenge (in Stk) an Drahtsternen mit $i = 1, 2, 3, 4, 5$, Schlupfvariablen y_j für die Drahttypen A-C mit $j = A, B, C$

a) Maximiere

$$F(x) = 8x_1 + 4x_2 + 12x_3 + 4x_4 + 8x_5 \tag{5.13}$$

Unter den Nebenbedingungen (NB)

$$20x_1 + 40x_2 + 20x_3 + 20x_5 \leq 2000 \,(\text{NB } 1) \tag{5.14}$$

$$20x_2 + 20x_3 + 20x_4 + 20x_5 \leq 1600 \,(\text{NB } 2) \tag{5.15}$$

$$20x_1 + 20x_3 + 20x_4 \leq 1000 \,(\text{NB } 3) \tag{5.16}$$

$$x_1, x_2, x_3, x_4, x_5 \geq 0 \,(\text{NB } 4) \tag{5.17}$$

b) Die Rechenschritte des Simplex-Algorithmus sind in den Tab. 5.7, 5.8, 5.9 und 5.10 abgebildet. Der Algorithmus endet in Tab. 5.10, da sich in der Zielfunktionszeile keine Werte mehr kleiner als 0 befinden. In Spalte b des Endtableaus können die Lösungsgrößen der Basisvariablen ausgelesen werden. In der rechten unteren Ecke des Endtableaus findet sich der Zielfunktionswert der Lösung. Die optimale Lösung lautet $x_i = (20, 0, 30, 0, 50)$, bei einem Zielwert F von 920 €.
c) Betriebswirtschaftlich relevant sind insbesondere die Randfelder des Endtableaus:
   • Zielfunktionszelle: Im deckungsbeitragsmaximalen Produktionsprogramm werden 920 € erwirtschaftet.

Tab. 5.7 Lösung 5-A3: Starttableau

	x_1	x_2	x_3	x_4	x_5	b
y_A	20	40	20	0	20	2000
y_B	0	20	20	20	20	1600
y_C	20	0	20	20	0	1000
F	−8	−4	−12	−4	−8	0

Das Pivotelement dieses Tableaus ist $(y_C/x_3) = 20$

Tab. 5.8 Lösung 5-A3: 1. Iteration

	x_1	x_2	y_C	x_4	x_5	b
y_A	0	40	-1	-20	20	1000
y_B	-20	20	-1	0	20	600
x_3	1	0	0,05	1	0	50
F	4	-4	0,6	8	-8	600

Das Pivotelement dieses Tableaus ist $(y_B/x_5) = 20$

Tab. 5.9 Lösung 5-A3: 2. Iteration

	x_1	x_2	y_C	x_4	y_B	b
y_A	20	20	0	-20	-1	400
x_5	-1	1	$-0,05$	0	0,05	30
x_3	1	0	0,05	1	0	50
F	-4	4	0,2	8	0,4	840

Das Pivotelement dieses Tableaus ist $(y_A/x_1) = 20$

Tab. 5.10 Lösung 5-A3: Endtableau

	y_A	x_2	y_C	x_4	y_B	b
x_1	0,05	1	0	-1	$-0,05$	20
x_5	0,05	2	$-0,05$	-1	0	50
x_3	$-0,05$	-1	0,05	2	0,05	30
F	0,2	8	0,2	4	0,2	920

- Entscheidungsvariablen in der Basis: Im optimalen Produktionsprogramm werden 20 Stk von Stern 1 produziert, 50 Stk von Stern 5 und 30 Stk von Stern 3.
- Nichtbasisvariablen: Nichtbasisvariablen werden grundsätzlich mit „0" interpretiert. Es ist zu unterscheiden, ob es sich um Entscheidungsvariablen oder Schlupfvariablen handelt.
  - Entscheidungsvariablen: Im deckungsbeitragsmaximalen Produktionsprogramm werden 0 Stk von Stern 2 und Stern 4 produziert. Die Werte 8 und 4 in der F-Zeile spiegeln sogenannte „reduzierte Kosten" wider. Diese geben an, um wie viel Euro die Stückdeckungsbeiträge von Stern 2 bzw. Stern 4 angehoben werden müssten (nämlich 8 € und 4 €), damit wenigstens 1 Stk vom jeweiligen Produkt im deckungsbeitragsoptimalen Produktionsprogramm produziert wird.
  - Schlupfvariablen: Die Ressourcen von Draht A-C werden im deckungsbeitragsoptimalen Produktionsprogramm vollständig aufgebraucht (Puffer = 0). Die jeweiligen Werte in der F-Zeile sind sogenannte „Schattenpreise". Sie sagen aus, um wieviel der Gesamtdeckungsbeitrag ansteigen würde, wenn eine Mengeneinheit des jeweiligen Rohstoffs mehr zur Verfügung stehen würde. Zum Beispiel würde ein Gesamtdeckungsbeitrag von 921 € erwirtschaftet werden, wenn 5 cm von Draht B mehr zur Verfügung stehen würden (0,2 * 5 = 1).

Lösung 5 – A4: Grafische Lösung eines Linearen Programms bei einem Schnapshersteller

▶ **Tipp** Im Lehrbuch „**Produktionswirtschaft: Planung, Steuerung und Industrie 4.0**" finden Sie in Kapitel 3.3.1.4 ausführliche Erklärungen zur Modellierung und Lösung von Linearen Programmen (grafische Lösung, Simplex-Algorithmus, Solver) sowie zur Interpretation von Excel-Antwortberichten und Simplex-Endtableaus.

Produktionswirtschaft: Planung, Steuerung und Industrie 4.0, Autoren: Florian Kellner, Bernhard Lienland, Maximilian Lukesch (3. Auflage, erschienen bei Springer Gabler, 2022; eBook ISBN: 978-3-662-65803-1, Softcover ISBN: 978-3-662-65802-4).

▶ **Definition** Variablenbezeichnungen:
x_1 = Menge herzustellenden Erdbeerlimes in Liter, x_2 = Menge herzustellenden Haselnussschnapses in Liter

Maximiere

$$F(x) = 6x_1 + 8x_2 \tag{5.18}$$

Unter den Nebenbedingungen (NB)

$$1,5x_1 + x_2 \leq 600 \, (\text{NB 1}) \tag{5.19}$$

$$0,4x_1 + 0,8x_2 \leq 240 \, (\text{NB 2}) \tag{5.20}$$

$$0,7x_1 \leq 245 \, (\text{NB 3}) \tag{5.21}$$

$$0,4x_2 \leq 100 \, (\text{NB 4}) \tag{5.22}$$

$$x_1, x_2 \geq 0 \, (\text{NB 5}) \tag{5.23}$$

Die Ermittlung der grafischen Lösung beginnt mit der Bestimmung des Lösungsraums, d. h. desjenigen Raums im Koordinatensystem, innerhalb dessen alle Produkt-Kombinationen abgebildet sind, die die Restriktionsvorgaben erfüllen. Hierfür werden die Nebenbedingungsgeraden sukzessive in das Koordinatensystem eingezeichnet.

Beispielhaft soll dies anhand von NB 1 gezeigt werden. Die Nebenbedingungsgerade für NB 1 kann bestimmt werden, indem für Gl. 5.19 gedanklich das $\leq$ Zeichen durch ein = Zeichen ersetzt wird und man für die Mengen x_1 und x_2 nacheinander den Wert 0 einsetzt:

- So ergibt sich als Schnittpunkt für NB 1 mit der x-Achse: $1{,}5x_1 + 1 * 0 = 600$ → $x_1 = 400$. Der Schnittpunkt von NB 1 mit der x-Achse liegt im Punkt (400;0).
- Der Schnittpunkt von NB 1 mit der y-Achse wird analog bestimmt: $1{,}5 * 0 + x_2 = 600$ → $x_2 = 600$. Der Schnittpunkt von NB 1 mit der y-Achse liegt im Punkt (0;600).
- Nun werden die beiden Punkte (400;0) und (0;600) miteinander verbunden.
- Die soeben eingezeichnete Gerade markiert den Rand des zulässigen Bereichs hinsichtlich NB 1, da wir 400 Einheiten für x_1 und 600 Einheiten für x_2 maximal produzieren *können*, dies aber nicht *müssen* – die Ausgangsgleichung lautet ja auf ≤ anstatt auf =. Demnach können wir Mengen für x_1 „links" von 400 produzieren und Mengen für x_2 „unterhalb" von 600.
- Im Ergebnis erhält man den Lösungsraum links unterhalb der soeben eingezeichneten Geraden.

Die Nebenbedingungsgeraden für NB 2 bis NB 4 werden auf dieselbe Weise bestimmt. Der ingesamt zulässige Bereich, also derjenige, der alle Nebenbedingungen berücksichtigt, kann aus der Schnittmenge der einzelnen Lösungsräume abgelesen werden.

Im nächsten Schritt wird das optimale Produktionsprogramm bestimmt. Hierfür setzen wir die Technik der Isoquantenverschiebung ein. Empfehlenswert ist es, für die Zielfunktion eine Zahl zu wählen, die sich „gut" durch die beiden Zielfunktionskoeffizienten teilen lässt. Beispielsweise lässt sich die Zahl 480 „restfrei" durch 6 und 8 teilen.

Nun zeichnen wir analog zur Vorgehensweise bei den Nebenbedingungen die Isoquante ein. Hierfür setzen wir hinter die Zielfunktion gedanklich den Ausdruck „= 480" und bestimmen damit die Schnittpunkte der Isoquante mit den Achsen des Koordinatensystems. Das heißt im Einzelnen:

- $6x_1 + 8 * 0 = 480$ → $x_1 = 80$. Der Schnittpunkt der Isoquante mit der x-Achse liegt im Punkt (80;0).
- $6 * 0 + 8x_2 = 480$ → $x_2 = 60$. Der Schnittpunkt der Isoquante mit der y-Achse liegt im Punkt (0;60).
- Die beiden Punkte (80;0) und (0;60) werden nun miteinander verbunden.

Zur Bestimmung des optimalen Produktionsprogramms muss im letzten Schritt die soeben eingezeichnete Gerade parallel (d. h. im Verhältnis der Zielfunktionskoeffizienten) nach rechts oben bis zu dem Punkt verschoben werden, der sich gerade noch im zulässigen Bereich befindet. Dies wird logischerweise immer eine Ecke des Lösungsraums sein. Da es sich um ein Maximierungsproblem handelt, suchen wir die Ecke rechts oben im zulässigen Bereich – würde hingegen ein Minimierungsproblem vorliegen, würden wir die Isoquante nach links unten verschieben.

Abb. 5.8 fasst die grafische Lösung des linearen Programms zusammen. Die optimale Lösung lautet $x_1 = 300$; $x_2 = 150$, bei einem Zielwert F von 3000 GE.

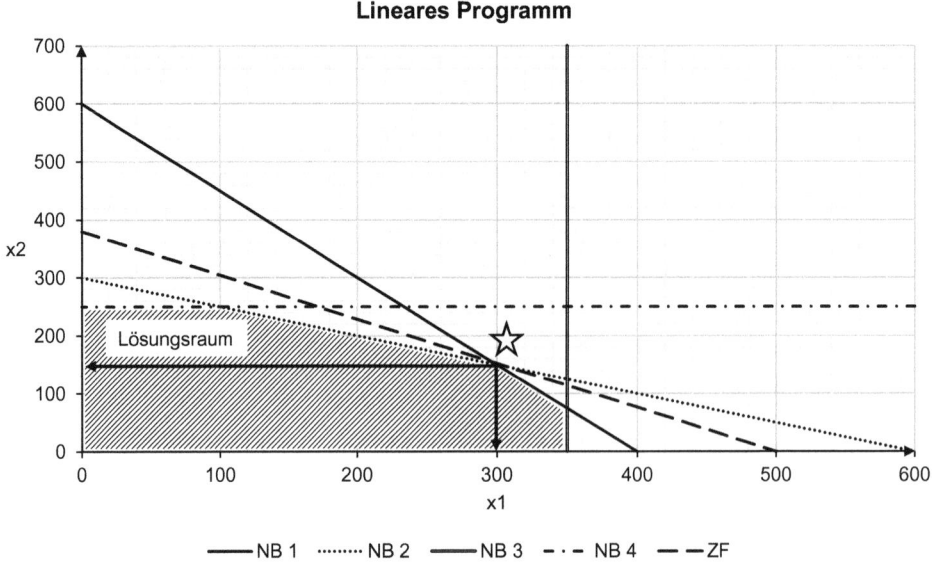

Abb. 5.8 Lösung 5-A4: Grafische Lösung des linearen Programms

Lösung 5 – A5: Grafische Lösung eines Minimierungsproblems

▶ **Tipp** Im Lehrbuch „**Produktionswirtschaft: Planung, Steuerung und Industrie 4.0**" finden Sie in Kapitel 3.3.1.4 ausführliche Erklärungen zur Modellierung und Lösung von Linearen Programmen (grafische Lösung, Simplex-Algorithmus, Solver) sowie zur Interpretation von Excel-Antwortberichten und Simplex-Endtableaus.

Produktionswirtschaft: Planung, Steuerung und Industrie 4.0, Autoren: Florian Kellner, Bernhard Lienland, Maximilian Lukesch (3. Auflage, erschienen bei Springer Gabler, 2022; eBook ISBN: 978-3-662-65803-1, Softcover ISBN: 978-3-662-65802-4).

▶ **Definition** Variablenbezeichnungen:
x_1 = Menge zu verwendender Einheiten Multivitaminpulver P1, x_2 = Menge zu verwendender Einheiten Multivitaminpulver P2

Minimiere

$$F(x) = 8x_1 + 6,4x_2 \tag{5.24}$$

Unter den Nebenbedingungen (NB)

$$2x_1 + x_2 \geq 16 \; (\text{NB 1}) \tag{5.25}$$

$$2x_1 \geq 4 \,(\text{NB 2}) \tag{5.26}$$

$$2x_1 + 4x_2 \geq 40 \,(\text{NB 3}) \tag{5.27}$$

$$2x_1 + 5x_2 \geq 40 \,(\text{NB 4}) \tag{5.28}$$

$$x_1, x_2 \geq 0 \,(\text{NB 5}) \tag{5.29}$$

Die Ermittlung der grafischen Lösung beginnt mit der Bestimmung des Lösungsraums, d. h. desjenigen Raums im Koordinatensystem, innerhalb dessen alle Produkt-Kombinationen abgebildet sind, die die Restriktionsvorgaben erfüllen. Hierfür werden die Nebenbedingungsgeraden sukzessive in das Koordinatensystem eingezeichnet.

Beispielhaft soll dies anhand von NB 1 gezeigt werden. Die Nebenbedingungsgerade für NB 1 kann bestimmt werden, indem für Gl. 5.25 gedanklich das $\geq$ Zeichen durch ein = Zeichen ersetzt wird und man für die Mengen x_1 und x_2 nacheinander den Wert 0 einsetzt:

- So ergibt sich als Schnittpunkt für NB 1 mit der x-Achse: $2x_1 + 1 * 0 = 16 \rightarrow x_1 = 8$. Der Schnittpunkt von NB 1 mit der x-Achse liegt im Punkt (8;0).
- Der Schnittpunkt von NB 1 mit der y-Achse wird analog bestimmt: $2 * 0 + x_2 = 16 \rightarrow x_2 = 16$. Der Schnittpunkt von NB 1 mit der y-Achse liegt im Punkt (0;16).
- Nun werden die beiden Punkte (8;0) und (0;16) miteinander verbunden.
- Die soeben eingezeichnete Gerade markiert den Rand des zulässigen Bereichs hinsichtlich NB 1, da das Vitamipräparat *mindestens* 16 Einheiten von Vitamin A enthalten soll – die Ausgangsgleichung lautet ja auf $\geq$ anstatt auf =. Demnach können wir Mengen für x_1 „rechts" von 8 verwenden und Mengen für x_2 „oberhalb" von 16.
- Im Ergebnis erhält man den Lösungsraum rechts oberhalb der soeben eingezeichneten Geraden.

Die Nebenbedingungsgeraden für NB 2 bis NB 4 werden auf dieselbe Weise bestimmt. Der ingesamt zulässige Bereich, also derjenige, der alle Nebenbedingungen berücksichtigt, kann aus der Schnittmenge der einzelnen Lösungsräume abgelesen werden.

Im nächsten Schritt wird der optimale Punkt bestimmt. Hierfür setzen wir die Technik der Isoquantenverschiebung ein. Empfehlenswert ist es, für die Zielfunktion eine Zahl zu wählen, die sich „gut" durch die beiden Zielfunktionskoeffizienten teilen lässt. Beispielsweise lässt sich die Zahl 160 „gut" durch 8 und 6,4 teilen.

Nun zeichnen wir analog zur Vorgehensweise bei den Nebenbedingungen die Isoquante ein. Hierfür setzen wir hinter die Zielfunktion gedanklich den Ausdruck „= 160" und be-

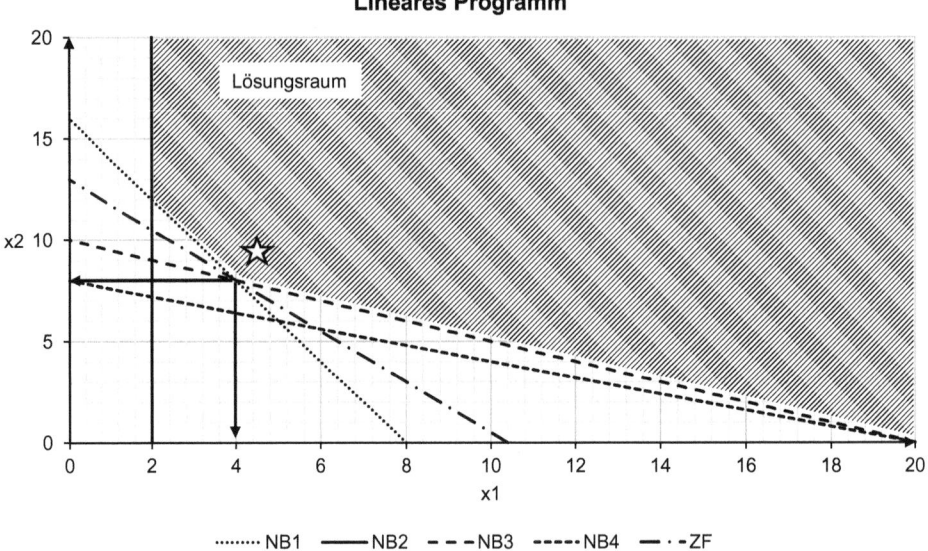

Abb. 5.9 Lösung 5-A5: Grafische Lösung des linearen Programms

stimmen damit die Schnittpunkte der Isoquante mit den Achsen des Koordinatensystems. Das heißt im Einzelnen:

- $8x_1 + 6,4 * 0 = 160$ ➜ $x_1 = 20$. Der Schnittpunkt der Isoquante mit der x-Achse liegt im Punkt (20;0).
- $8 * 0 + 6,4x_2 = 160$ ➜ $x_2 = 25$. Der Schnittpunkt der Isoquante mit der y-Achse liegt im Punkt (0;25).
- Die beiden Punkte (20;0) und (0;25) werden nun miteinander verbunden.

Zur Bestimmung des optimalen Punktes muss im letzten Schritt die soeben eingezeichnete Gerade parallel (d. h. im Verhältnis der Zielfunktionskoeffizienten) nach links unten bis zu dem Punkt verschoben werden, der sich gerade noch im zulässigen Bereich befindet. Dies wird logischerweise immer eine Ecke des Lösungsraums sein. Da es sich um ein Minimierungsproblem handelt, suchen wir die Ecke links unten im zulässigen Bereich – würde hingegen ein Maximierungsproblem vorliegen, würden wir die Isoquante nach rechts oben verschieben.

Abb. 5.9 fasst die grafische Lösung des linearen Programms zusammen. Die optimale Lösung lautet $x_1 = 4$, $x_2 = 8$, bei einem Zielwert F von 83,2 GE.

Lösung 5 – A6: Formulierung eines Linearen Programms bei einer Bäckerei

▶ **Tipp** Im Lehrbuch „**Produktionswirtschaft: Planung, Steuerung und Industrie 4.0**" finden Sie in Kapitel 3.3.1.4 ausführliche Erklärungen zur Modellierung und Lösung von Linearen Programmen (grafische Lösung, Simplex-Algorithmus, Solver) sowie zur Interpretation von Excel-Antwortberichten und Simplex-Endtableaus.

Produktionswirtschaft: Planung, Steuerung und Industrie 4.0, Autoren: Florian Kellner, Bernhard Lienland, Maximilian Lukesch (3. Auflage, erschienen bei Springer Gabler, 2022; eBook ISBN: 978-3-662-65803-1, Softcover ISBN: 978-3-662-65802-4).

▶ **Definition** Variablenbezeichnungen:
Entscheidungsvariablen x_i für die Produktionsmenge (in ME) an Plätzchen mit i = 1 (Mandelmakronen), 2 (Schokotaler), 3 (Spitzbuben), 4 (Lebkuchen), 5 (Mandelplätzchen)

Maximiere

$$F(x) = x_1 + 0,75x_2 + 0,60x_3 + 3x_4 + 0,06x_5 \tag{5.30}$$

Unter den Nebenbedingungen (NB)

$$100x_1 + 140x_2 + 160x_3 + 160x_4 + 20x_5 \le 4000 \,(\text{NB 1, Mehl}) \tag{5.31}$$

$$40x_1 + 32x_2 + 40x_3 + 60x_4 + 12x_5 \le 2000 \,(\text{NB 2, Zucker}) \tag{5.32}$$

$$40x_1 + 40x_2 + 60x_3 \le 2400 \,(\text{NB 3, Butter}) \tag{5.33}$$

$$120x_1 + 100x_4 + 10x_5 \le 2000 \,(\text{NB 4, Mandeln}) \tag{5.34}$$

$$16x_2 + 10x_4 \le 400 \,(\text{NB 5, Kakao}) \tag{5.35}$$

$$0,5x_1 + 0,5x_2 + 0,5x_3 + 1,5x_4 \le 50 \,(\text{NB 6, Eier}) \tag{5.36}$$

$$x_4 = x_5 \,(\text{NB 7, Lebkuchen / Mandelplätzchen}) \tag{5.37}$$

$$x_1 = 2x_3 \,(\text{NB 8, Mandelmakronen / Spitzbuben}) \tag{5.38}$$

$$x_2 = x_3 \,(\text{NB 9, Schokotaler / Spitzbuben}) \tag{5.39}$$

$$x_2 \ge 0,25 * (x_1 + x_2 + x_3 + x_4 + x_5) \,(\text{NB 10, Schokotaler}) \tag{5.40}$$

$$x_1, x_2, x_3, x_4, x_5 \ge 0 \,(\text{NB 11}) \tag{5.41}$$

Lösung 5 – A7: Anwendung des Simplex-Algorithmus und Endtableau-Interpretation bei einem Waschmittelhersteller

▶ **Tipp** Im Lehrbuch „**Produktionswirtschaft: Planung, Steuerung und Industrie 4.0**" finden Sie in Kapitel 3.3.1.4 ausführliche Erklärungen zur Modellierung und Lösung von Linearen Programmen (grafische Lösung, Simplex-Algorithmus, Solver) sowie zur Interpretation von Excel-Antwortberichten und Simplex-Endtableaus.

    Produktionswirtschaft: Planung, Steuerung und Industrie 4.0, Autoren: Florian Kellner, Bernhard Lienland, Maximilian Lukesch (3. Auflage, erschienen bei Springer Gabler, 2022; eBook ISBN: 978-3-662-65803-1, Softcover ISBN: 978-3-662-65802-4).

▶ **Definition** Variablenbezeichnungen:

    CK1 = Chemikalie 1, CK2 = Chemikalie 2, D = Duftstoff, sek = Maschinenkapazität (in Sekunden), x_1 = Menge herzustellender Einheiten des Premium-Waschmittels (Dufti-Plus), x_2 = Menge herzustellender Einheiten des Basic-Waschmittels (Dufti-Classic)

Die für die Woche zur Verfügung stehende Maschinenzeit beträgt (3 * 8 * 60 * 60 =) 86.400 sek. Gemeinsam mit den in der Aufgabenstellung gegebenen Informationen kann das Starttableau (Tab. 5.11) aufgestellt und der Simplex-Algorithmus angewandt werden.

a) Tab. 5.11, 5.12 und 5.13 stellen den Rechenweg und die Lösung des Simplex-Algorithmus dar. Es werden 32.950 Einheiten Dufti-Plus und 5125 Einheiten Dufti-Classic hergestellt und ein Deckungsbeitrag von 177.562,50 € erzielt.

b) Aus dem Endtableau kann ersehen werden, dass für die Rohstoffe CK2 und D Pufferbestände bestehen (s. Spalte b). Die Einkaufsmenge für CK2 kann also um 8475 Einheiten und die Menge für D um 80.125 Einheiten gesenkt werden, ohne dass sich der durch die Produktion erzielte gesamte Deckungsbeitrag ändert. Damit wird eine Kostenreduktion in Höhe von (8475 * 0,20 € + 80.125 * 0,35 € =) 29.738,75 € erzielt.

c) Der Schattenpreis für eine Sekunde Maschinenlaufzeit beträgt 0,16 € (F-Zeile). Dementsprechend beträgt er für eine Minute 9,60 € und für eine Stunde 576,00 €. Der Fertigungsleiter hat somit ein „Budget" von 576,00 € je Stunde.

d) Der höhere Schattenpreis für CK1 sagt aus, dass die Ressource CK1 wertvoller als die Ressource „Maschinenstunden" ist. Der gesamte Deckungsbeitrag würde durch die Erhöhung der Menge CK1 stärker ansteigen als bei einer Erhöhung der Menge von D. Die Vermutung liegt nahe, dass bei der Erhöhung der Menge CK1 ceteris paribus mehr Dufti-Plus und weniger Dufti-Classic hergestellt werden würde. Der Grund hierfür ist der doppelt so hohe Deckungsbeitrag für Dufti-Plus im Vergleich zu Dufti-Classic.

Tab. 5.11 Lösung 5-A7: Starttableau

	x_1	x_2	b
y_{CK1}	5	2	175.000
y_{CK2}	2	5	100.000
y_D	5	1	250.000
y_{sek}	2	4	86.400
F	-5	$-2,5$	0

Das Pivotelement dieses Tableaus ist $(y_{CK1}/x_1) = 5$

Tab. 5.12 Lösung 5-A7: 1. Iteration

	y_{CK1}	x_2	b
x_1	0,2	0,4	35.000
y_{CK2}	$-0,4$	4,2	30.000
y_D	-1	-1	75.000
y_{sek}	$-0,4$	3,2	16.400
F	1	$-0,5$	175.000

Das Pivotelement dieses Tableaus ist $(y_{sek}/x_2) = 3,2$

Tab. 5.13 Lösung 5-A7: Endtableau

	y_{CK1}	y_{sek}	b
x_1	0,25	$-0,13$	32.950
y_{CK2}	0,13	$-1,31$	8475
y_D	$-1,13$	0,31	80.125
x_2	$-0,13$	0,31	5125
F	0,94	0,16	177.562,50

Lösung 5 – A8: Interpretation eines Antwort-/Sensitivitätsberichts

▶ **Tipp** Im Lehrbuch „**Produktionswirtschaft: Planung, Steuerung und Industrie 4.0**" finden Sie in Kapitel 3.3.1.4 ausführliche Erklärungen zur Modellierung und Lösung von Linearen Programmen (grafische Lösung, Simplex-Algorithmus, Solver) sowie zur Interpretation von Excel-Antwortberichten und Simplex-Endtableaus.

Produktionswirtschaft: Planung, Steuerung und Industrie 4.0, Autoren: Florian Kellner, Bernhard Lienland, Maximilian Lukesch (3. Auflage, erschienen bei Springer Gabler, 2022; eBook ISBN: 978-3-662-65803-1, Softcover ISBN: 978-3-662-65802-4).

a) Es werden drei Produkte x_{1-3} (Zeilen 4–10, „Variable Cells") hergestellt, deren „DB gesamt" maximiert werden soll (Zeilen 0–2, „Objective Cell (Max)"). Die Zielfunktions-

koeffizienten finden sich in den Zeilen 8–10 in der Spalte „Objective Coefficient". Die
Zielfunktion lautet dementsprechend:

Maximiere

$$F(x) = -0,2x_1 + 8x_2 + 11x_3 \tag{5.42}$$

b) Auffällig ist, dass der Zielkoeffizient für x_1 negativ ist, während die Koeffizienten für x_2
und x_3 positiv sind. Des Weiteren ist auffällig, dass der Ergebniswert für x_1 (= 10.000,
Zeile 8) trotz seines negativen Koeffizienten größer als 0 ist, obwohl der Deckungsbeitrag maximiert werden soll. Grund hierfür ist die Mengenrestriktion in Zeile 34.

Als mögliche Produktbündel kommen all diejenigen Produkte in Frage, die sich aus einem
Basisprodukt und einem komplementären Verbrauchsprodukt zusammensetzen. Das
Basisprodukt wird zu einem sehr niedrigen Preis angeboten, um bei Kunden einen Lock-
In-Effekt herbeizuführen, innerhalb dessen sie dann die höherpreisigen Verbrauchs-
produkte kaufen müssen („razor and blade business"). Mögliche beispielhafte Produkt-
kombinationen wären Rasierer (x_1) und Rasierklingen (x_2 und x_3), Drucker und Drucker-
patronen, Staubsauger und Staubsaugerbeutel, Kaffeeautomat und Kaffeekapseln et cetera.

c)

$$-0,2*10.000 + 8*107.777,7778 + 11*18.888,8889 = 1.068.000 \tag{5.43}$$

d) Zeile 34 sagt aus, dass x_1 größer/gleich 10.000 Einheiten sein muss. Die Zeilen 36–38
sagen aus, dass alle drei Entscheidungsvariablen x_{1-3} größer/gleich 0 sein müssen.
e) Siehe Zeilen 27–32 („Status" = „Not binding" + „Slack"):
 • y_1 ➔ Restkapazität 137.777,78 Einheiten
 • y_2 ➔ Restkapazität 46.666,67 Einheiten
 • y_4 ➔ Restkapazität 225.555,56 Einheiten
 • y_5 ➔ Restkapazität 561.111,11 Einheiten

Zeile 10:

 • Der optimale Wert für x_3 beträgt 18.888,89, der Zielkoeffizient für x_3 ist 11.
 • Die reduzierten Kosten betragen 0. Das heißt, dass der Zielkoeffizient für x_3 bereits in
   einem Bereich liegt, in dem die Produktionsentscheidung für x_3 größer als 0 ist. Anders
   ausgedrückt: „Damit eine zielwertsteigernde Menge an x_3 produziert wird, muss der
   Zielkoeffizient von x_3 um 0 verändert werden."

- Solange sich ceteris paribus der Zielkoeffizient in einem Bereich von $(11 - 3) = 8$ bis $(11 + 1,8) = 12,8$ befindet, ändert sich das optimale Produktionsprogramm des Linearen Programms nicht.

Zeile 22:

- In der optimalen Lösung werden 480.000 Einheiten y_6 verbraucht. Der Schattenpreis ist größer als 0, d. h. es handelt sich um eine bindende Nebenbedingung („bottle neck", Engpass).
- Zur Erhöhung des Zielwerts würde für eine zusätzliche Einheit y_6 ein Preis von 1 Geldeinheit bezahlt werden.
- Innerhalb des Intervalls $(480.000 - 121.250) = 358.750$ bis $(480.000 + 34.000) = 514.000$ ändert sich die bindende Wirkung der Nebenbedingung nicht (d. h. innerhalb dieses Intervalls ist der Schattenpreis immer 1).

Zeile 31:

- In der optimalen Lösung werden 88.888,89 Einheiten y_5 verbraucht.
- Es handelt sich dabei um keine bindende Restriktion.
- Es besteht ein Puffer von 561.111,11 Einheiten.

Lösung 5 – A9: Preisfindung

▶ **Tipp** Im Lehrbuch „**Produktionswirtschaft: Planung, Steuerung und Industrie 4.0**" finden Sie in Kapitel 3.3.1.4 ausführliche Erklärungen zur Modellierung und Lösung von Linearen Programmen (grafische Lösung, Simplex-Algorithmus, Solver) sowie zur Interpretation von Excel-Antwortberichten und Simplex-Endtableaus.

Produktionswirtschaft: Planung, Steuerung und Industrie 4.0, Autoren: Florian Kellner, Bernhard Lienland, Maximilian Lukesch (3. Auflage, erschienen bei Springer Gabler, 2022; eBook ISBN: 978-3-662-65803-1, Softcover ISBN: 978-3-662-65802-4).

Tab. 5.14 zeigt das Lineare Programm, das die Problemstellung beschreibt. Zur Lösung kann in zwei Schritten vorgegangen werden.

Schritt 1 Zunächst wird der zulässige Bereich des Linearen Programms bestimmt. Dazu werden die beiden Nebenbedingungen, die sich auf R1 und R2 beziehen, in ein Ko-

Tab. 5.14 Lösung 5-A9: Ergebnis

Zielfunktion ZF	max Gewinn =	$(p_A - 160) * x_A$	+	$(320 - 220) * x_B$	-25.000	
u. d. NB	NB1:	x_A	+	$2 * x_B$	$\leq$	1500	R1
	NB2:	x_A	+	$6 * x_B$	$\leq$	2000	R2
				$x_{A,}\ x_B$	$\geq$	0	
				$160 \leq p_A \leq 225$			

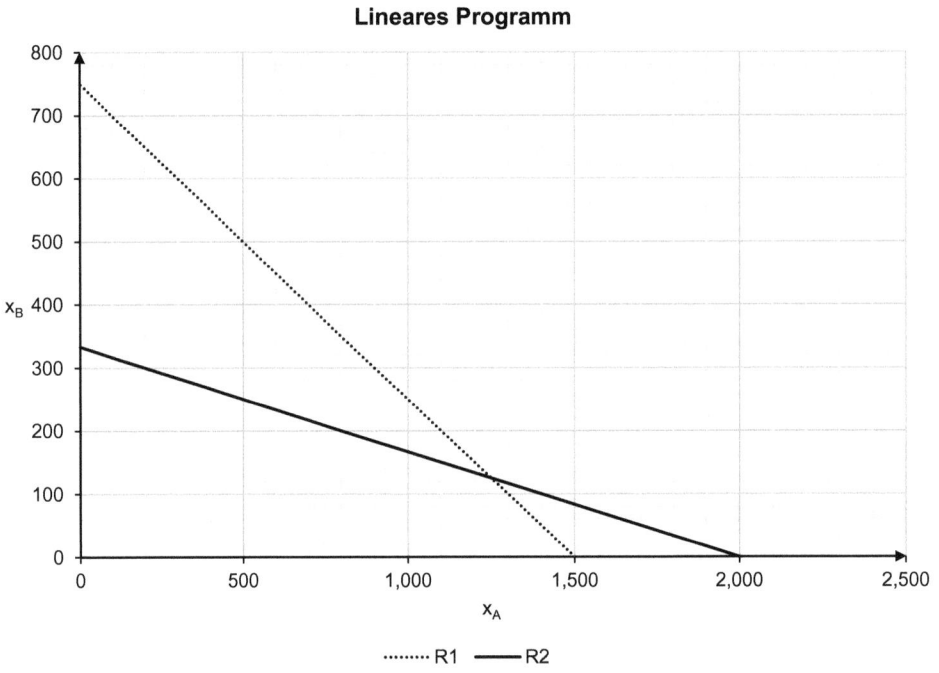

Abb. 5.10 Lösung 5-A9: Zulässiger Bereich des linearen Programms

ordinatensystem eingezeichnet, wobei x_A für die Mengen steht, die von Produkt A produziert werden, und x_B für die Produktionsmengen von Produkt B.

- für R1: $x_A + 2*x_B = 1500$
  - $x_A = 0 \rightarrow x_B = 1500/2 = 750 \rightarrow$ *Punkt* $(0; 750)$
  - $x_B = 0 \rightarrow x_A = 1500 \rightarrow$ *Punkt* $(1.500; 0)$
- für R2: $x_A + 6*x_B = 2000$
  - $x_A = 0 \rightarrow x_B = 2000/6 = 333,33 \rightarrow$ *Punkt* $(0; 333,33)$
  - $x_B = 0 \rightarrow x_A = 2000 \rightarrow$ *Punkt* $(2000; 0)$

Abb. 5.10 zeigt den zulässigen Bereich. Dieser besteht aus den Punkten (0;0), (0;333,33), (1250;125) und (1500;0). Der Punkt (1250;125) kann durch Gleichsetzen der beiden Nebenbedingungsgeraden R1 und R2 berechnet werden. Diese vier Punkte kommen als optimale Lösung in Frage.

Schritt 2 Nun wird die optimale Ecke bestimmt. Da die Zielfunktion zu maximieren ist, wird die Zielfunktionsisoquante – unabhängig von deren Steigung – nach rechts oben verschoben. Da „rechts oben" eine relative Aussage ist, müssen alle Punkte getestet werden, für die „rechts oben" gilt. Der Punkt (0;0) liegt nicht rechts oben, da er links von Punkt (1500;0) liegt und unterhalb von Punkt (0;333,33).

- Punkt (0;333,33): Dieser Punkt wird gewählt, wenn die Steigung der Isoquante zwischen 0 und − 1/6 ist. Wäre die Steigung steiler, dann würde die Isoquantenverschiebung im Punkt (1250;125) oder (1500;0) enden. Die Steigung von − 1/6 wird durch die Steigung der Nebenbedingung R2 definiert, da das Faktoreinsatzverhältnis für die beiden Produkte 1:6 ist.
- Die Steigung der Isoquante liegt zwischen 0 und − 1/6, wenn der Preis für Produkt A (p_A) zwischen 160 und 176,67 beträgt. Bei einem Preis von 176,67 stehen die beiden Zielfunktionskoeffizienten gerade im Verhältnis 1:6 (176,67 − 160 = 16,67:100 = 320 − 220).
- Punkt (1250;125): Dieser Punkt wird gewählt, wenn die Steigung der Isoquante zwischen − 1/6 und − 1/2 beträgt. Wäre die Steigung steiler, dann würde die Isoquantenverschiebung im Punkt (1500;0) enden. Die Steigung von − 1/2 wird durch die Steigung der Nebenbedingung R1 definiert, da das Faktoreinsatzverhältnis für die beiden Produkte 1:2 ist.

  Die Steigung der Isoquante liegt zwischen − 1/6 und − 1/2, wenn der Preis für Produkt A (p_A) zwischen 176,67und 210 beträgt. Bei einem Preis von 210 stehen die beiden Zielfunktionskoeffizienten gerade im Verhältnis 1:2 (210 − 160 = 50:100 = 320 − 220).
- Punkt (1500;0): Dieser Punkt wird gewählt, wenn die Steigung der Isoquante steiler als − 1/2 ist. Da der Preis p_A auf das Intervall [160;225] beschränkt ist, gilt dies für Werte von p_A von 210 bis 225.

Da weiterhin keine Informationen gegeben sind, wird sich das Unternehmen für alle Preisintervalle ([160;176,67], [176,67;210] und [210;225]) jeweils für den höchsten Wert entscheiden, da es seine Zielfunktion maximieren möchte. Durch den Vergleich der Zielfunktionswerte für die drei möglichen Lösungen kann die optimale Parameterkonfiguration bestimmt werden:

- Gewinn Punkt (0;350): (176,67 − 160) ∗ 0 + (320 − 220) ∗ 333,33 − 25.000 = 8333
- Gewinn Punkt (1200;150): (210 − 160) ∗ 1250 + (320 − 220) ∗ 125 − 25.000 = 50.000
- Gewinn Punkt (1500;0): (225 − 160) ∗ 1500 + (320 − 220) ∗ 0 − 25.000 = 72.500

Die gewinnoptimale Konfiguration wird im Punkt (1500;0) erreicht, mit einem Preis p_A von 225.

Lösung 5 – A10: Interpretation eines Simplex-Endtableaus

▶ Tipp Im Lehrbuch „**Produktionswirtschaft: Planung, Steuerung und Industrie 4.0**" finden Sie in Kapitel 3.3.1.4 ausführliche Erklärungen zur Modellierung und Lösung von Linearen Programmen (grafische Lösung, Simplex-Algorithmus, Solver) sowie zur Interpretation von Excel-Antwortberichten und Simplex-Endtableaus.

Produktionswirtschaft: Planung, Steuerung und Industrie 4.0, Autoren: Florian Kellner, Bernhard Lienland, Maximilian Lukesch (3. Auflage, erschienen bei Springer Gabler, 2022; eBook ISBN: 978-3-662-65803-1, Softcover ISBN: 978-3-662-65802-4).

a) Im Endtableau (Tab. 5.5) gehört x_1 nicht zu den Basisvariablen (erste Spalte). Dies bedeutet, dass im Optimum keine Einheit des Produkts „Frühlingsglück" hergestellt wird.

b) Der Gesamtdeckungsbeitrag steigt um die Höhe des zu y_4 gehörigen Schattenpreises (siehe letzte Zeile im Endtableau). Dieser ist im Endtableau mit 0,4 GE angegeben.

c) Vom Himbeerpüree (y_1) sind im Optimum noch 1000 Einheiten und vom Bananenpüree (y_2) noch 250 Einheiten vorhanden (siehe Spalte „b" im Endtableau). Würde lediglich Himbeerpüree benötigt, könnten 1000/1 = 1000 Einheiten hergestellt werden. Würde hingegen lediglich Bananenpüree benötigt, könnten 250/0,5 = 500 Einheiten hergestellt werden. Das Bananenpüree stellt somit den Engpass dar. Es können also lediglich 500 Einheiten „Wintersamt" hergestellt werden.

d) Wie in Teilaufgabe a) gezeigt wurde, wird im Optimum keine Einheit des Produkts „Frühlingsglück" hergestellt. Dies gilt für den in den Ausgangsdaten gegebenen Verkaufspreis von 1 GE/Stück. Im Endtableau können in der letzten Zeile der Spalte „x_1" des Endtableaus die reduzierten Kosten des Produkts abgelesen werden. Diese sind folgendermaßen zu interpretieren: Erst ab einem Verkaufspreis von 1 + 0,3 = 1,3 GE/Stück wäre der Hersteller bereit, das Produkt „Frühlingsglück" herzustellen. Für jeden Verkaufspreis unter 1,3 GE/Stück verbleibt die Produktionsmenge bei 0.

e) Vom Produkt „Sommerfrische" (x_2) werden im Optimum 750 Einheiten hergestellt (siehe Spalte „b" im Endtableau). Der Deckungsbeitrag pro Stück beträgt für dieses Produkt laut Ausgangsdaten 0,8 GE/Stück. Der Gesamtdeckungsbeitrag beträgt im Optimum 1100 GE. Der Anteil des Produkts „Sommerfrische" am Gesamtdeckungsbeitrag beträgt somit (750 * 0,8)/1100 = 0,5455 = 54,55 %.

Lösung 5 – A11: Grafische Lösung eines Linearen Programms in einer Uni-Mensa

▶ Tipp Im Lehrbuch „**Produktionswirtschaft: Planung, Steuerung und Industrie 4.0**" finden Sie in Kapitel 3.3.1.4 ausführliche Erklärungen zur Modellierung und Lösung von Linearen Programmen (grafische Lösung, Simplex-

Algorithmus, Solver) sowie zur Interpretation von Excel-Antwortberichten und Simplex-Endtableaus.

Produktionswirtschaft: Planung, Steuerung und Industrie 4.0, Autoren: Florian Kellner, Bernhard Lienland, Maximilian Lukesch (3. Auflage, erschienen bei Springer Gabler, 2022; eBook ISBN: 978-3-662-65803-1, Softcover ISBN: 978-3-662-65802-4).

▶ **Definition** Variablenbezeichnungen:

x_E = Menge herzustellender Gläser Erdbeer-Joghurt, x_B = Menge herzustellender Gläser Bio-Erdbeer-Joghurt

a) Maximiere

$$F(x) = 0,6x_E + 1,2x_B \tag{5.44}$$

Unter den Nebenbedingungen (NB)

$$1,5x_E \leq 4000 \; (\text{NB 1}) \tag{5.45}$$

$$3x_B \leq 3000 \; (\text{NB 2}) \tag{5.46}$$

$$0,15x_E + 0,25x_B \leq 400 \; (\text{NB 3}) \tag{5.47}$$

$$x_E + x_B \leq 3000 \; (\text{NB 4}) \tag{5.48}$$

$$x_E, x_B \geq 0 \; (\text{NB 5}) \tag{5.49}$$

b) Die Ermittlung der grafischen Lösung beginnt mit der Bestimmung des Lösungsraums, d. h. desjenigen Raums im Koordinatensystem, innerhalb dessen alle Produkt-Kombinationen abgebildet sind, die die Restriktionsvorgaben erfüllen. Hierfür werden die Nebenbedingungsgeraden sukzessive in das Koordinatensystem eingezeichnet.

Beispielhaft soll dies anhand von NB 1 gezeigt werden. Die Nebenbedingungsgerade für NB 1 kann bestimmt werden, indem für Gl. 5.45 gedanklich das ≤ Zeichen durch ein = Zeichen ersetzt wird und man für die Mengen x_E und x_B nacheinander den Wert 0 einsetzt:

- So ergibt sich als Schnittpunkt für NB 1 mit der x-Achse: $1,5x_E = 4000$ ➜ $x_1 = 2667$. Der Schnittpunkt von NB 1 mit der x-Achse liegt im Punkt (2667;0). Da x_B in Gl. 5.45 nicht vorkommt, wird NB 1 die y-Achse gar nicht schneiden, sondern verläuft parallel dazu.

- Die soeben eingezeichnete Gerade markiert den Rand des zulässigen Bereichs hinsicht-lich NB 1, da wir 2667 Einheiten für x_E produzieren *können*, dies aber nicht *müssen* – die Ausgangsgleichung lautet ja auf $\leq$ anstatt auf =. Demnach können wir Mengen für x_E „links" von 2667 produzieren.
- Im Ergebnis erhält man den Lösungsraum links der soeben eingezeichneten Geraden.

Die Nebenbedingungsgeraden für NB 2 bis NB 4 werden auf dieselbe Weise bestimmt. Der ingesamt zulässige Bereich, also derjenige, der alle Nebenbedingungen berück-sichtigt, kann aus der Schnittmenge der einzelnen Lösungsräume abgelesen werden.

Im nächsten Schritt wird das optimale Produktionsprogramm bestimmt. Hierfür setzen wir die Technik der Isoquantenverschiebung ein. Empfehlenswert ist es, für die Zielfunktion eine Zahl zu wählen, die sich „gut" durch die beiden Zielfunktionskoeffizienten teilen lässt. Beispielsweise lässt sich die Zahl 600 „restfrei" durch 0,6 und 1,2 teilen.

Nun zeichnen wir analog zur Vorgehensweise bei den Nebenbedingungen die Isoquante ein. Hierfür setzen wir hinter die Zielfunktion gedanklich den Ausdruck „= 600" und be-stimmen damit die Schnittpunkte der Isoquante mit den Achsen des Koordinatensystems. Das heißt im Einzelnen:

- $0,6x_E + 1,2 * 0 = 600$ ➔ $x_1 = 1000$. Der Schnittpunkt der Isoquante mit der x-Achse liegt im Punkt (1000;0).
- $0,6 * 0 + 1,2x_B = 600$ ➔ $x_B = 500$. DEr Schnittpunkt der Isoquante mit der y-Achse liegt im Punkt (0;500).
- Die beiden Punkte (1000;0) und (0;500) werden nun miteinander verbunden.

Zur Bestimmung des optimalen Produktionsprogramms muss im letzten Schritt die so-eben eingezeichnete Gerade parallel (d. h. im Verhältnis der Zielfunktionskoeffizienten) bis zu dem Punkt nach rechts oben verschoben werden, der sich gerade noch im zulässigen Bereich befindet. Dies wird logischerweise immer eine Ecke des Lösungsraums sein. Da es sich um ein Maximierungsproblem handelt, suchen wir die Ecke rechts oben im zu-lässigen Bereich – würde hingegen ein Minimierungsproblem vorliegen, würden wir die Isoquante nach links unten verschieben.

Abb. 5.11 fasst die grafische Lösung des linearen Programms zusammen. Die optimale Lösung lautet $x_B = 1000$; $x_E = 1000$, bei einem Zielwert F von 1800 GE.

c) Die grau eingefärbten Zellen sind wie folgt zu interpretieren:
- Zelle 1: Im Optimum beträgt der Umsatz 1800 GE.
- Zelle 2: Im umsatzmaximalen Produktionsprogramm werden 1000 Gläser Erdbeer-Joghurt hergestellt.
- Zelle 3: Im umsatzmaximalen Produktionsprogramm besteht eine Restkapazität von 2,5 kg künstlichem Aroma. Oder anders ausgedrückt: Wird das umsatzmaximale Produktionsprogramm durchgeführt, bleiben 2,5 kg des künstlichen Aromas übrig.

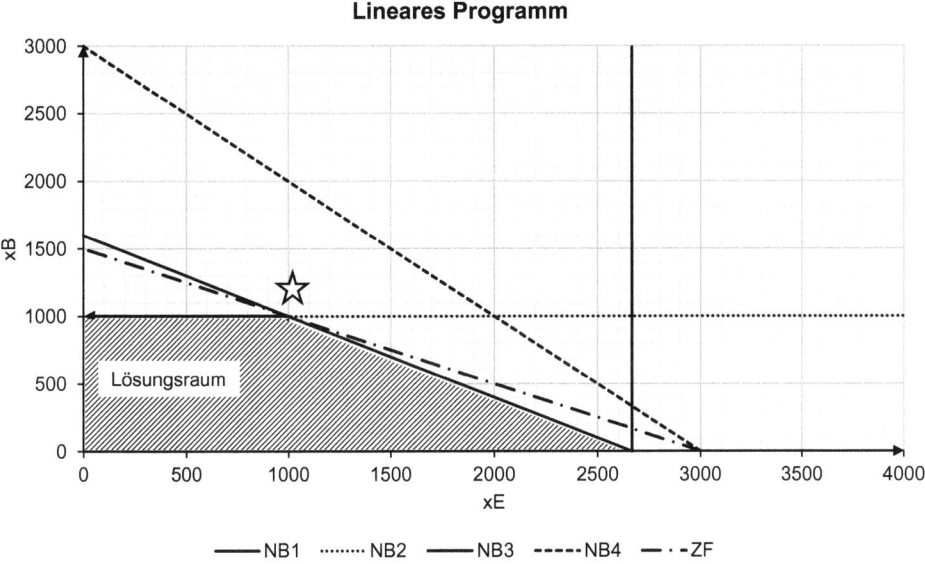

Abb. 5.11 Lösung 5-A11: Grafische Lösung des linearen Programms

- Zelle 4: Im umsatzmaximalen Produktionsprogramm wird die gesamte Menge an vorhandenem natürlichem Aroma verbraucht. Es besteht keine Pufferkapazität.
- Zelle 5: Diese Zelle gibt den Schattenpreis für künstliches Aroma an. Der Schattenpreis gibt an, um wieviel der Umsatz steigen würde, wenn eine Mengeneinheit natürliches Aroma mehr zur Verfügung stehen würde. Denn, wie wir oben gesehen haben, bleibt im umsatzmaximalen Produktionsprogramm kein natürliches Aroma übrig. Würde 1 Mengeneinheit mehr zur Verfügung stehen, dann würde der Gesamtumsatz um 0,0667 GE steigen.
- Zelle 6: Diese Zelle gibt den Schattenpreis für Milch an. Im Antwortbericht können wir sehen, dass auch Milch eine einschränkende Ressource darstellt. Der Schattenpreis sagt folgendes aus: Würde 1 ME Milch mehr zur Verfügung stehen – d. h. also statt 400 l nun 401 l –, dann würde der Gesamtumsatz um 4 GE steigen.

Lösung 5 – A12: Formulierung eines Linearen Programms und Endtableau-Interpretation bei einem Handyhersteller

▶ **Tipp** Im Lehrbuch „**Produktionswirtschaft: Planung, Steuerung und Industrie 4.0**" finden Sie in Kapitel 3.3.1.4 ausführliche Erklärungen zur Modellierung und Lösung von Linearen Programmen (grafische Lösung, Simplex-Algorithmus, Solver) sowie zur Interpretation von Excel-Antwortberichten und Simplex-Endtableaus.

Produktionswirtschaft: Planung, Steuerung und Industrie 4.0, Autoren: Florian Kellner, Bernhard Lienland, Maximilian Lukesch (3. Auflage, erschienen bei Springer Gabler, 2022; eBook ISBN: 978-3-662-65803-1, Softcover ISBN: 978-3-662-65802-4).

▶ **Definition** Variablenbezeichnungen:
Entscheidungsvariablen x_i für die Produktionsmengen (in ME) an Handys mit i = A, B, C, D für die jeweiligen Handy-Modelle

a) Aus der Aufgabenstellung sowie dem Antwort- und Sensitivitätsbericht kann das Lineare Programm erstellt werden. Es lautet:

Maximiere

$$F(x) = 13,5x_A + 15x_B + 20x_C + 10x_D \tag{5.50}$$

Unter den Nebenbedingungen (NB)

$$5x_A + 6x_B + 8x_C + 4x_D \leq 1.400.000 \;(\text{NB } 1) \tag{5.51}$$

$$0,01x_A + 0,02x_B + 0,03x_C + 0,01x_D \leq 1600 \;(\text{NB } 2) \tag{5.52}$$

$$x_A \geq 15.000 \;(\text{NB } 3) \tag{5.53}$$

$$x_B \geq 18.000 \;(\text{NB } 4) \tag{5.54}$$

$$x_B \leq 45.000 \;(\text{NB } 5) \tag{5.55}$$

$$x_C \leq 45.000 \;(\text{NB } 6) \tag{5.56}$$

$$x_A + x_B \leq 80.000 \;(\text{NB } 7) \tag{5.57}$$

$$2x_C - x_D \leq 0 \;(\text{NB } 8) \tag{5.58}$$

$$x_A, x_B, x_C, x_D \geq 0 \;(\text{NB } 9) \tag{5.59}$$

b) Die markierten Zellen können folgendermaßen interpretiert werden:
- *Zelle 1*: Im Optimum beträgt der Absatz von Handy-Modell B 18.000 Stück und liegt damit um 27.000 Stück unterhalb der Nebenbedingung 5 (siehe Teilaufgabe a)), die den Maximalabsatz auf 45.000 Stück beschränkt.
- Zelle 2: Im Optimum werden sämtliche Maschinenminuten verbraucht.

- Zelle 3: Im Optimum beträgt die Produktionsmenge des Handy-Modells C 0. Läge der Deckungsbeitrag des Handy-Modells C um 10 € höher, so würde der Hersteller mit der Produktion beginnen.
- Zellen 4 und 5: Das gegebene Produktionsprogramm ist optimal, solange der Deckungsbeitrag des Handy-Modells D nicht außerhalb des Intervalls von (10 − 3,33 =) 6,66 € bis (10 + 3,5 =) 13,5 € liegt.
- Zellen 6–8: Würde der Hersteller um eine Maschinenminute mehr verfügen, so würde sein Gesamtdeckungsbeitrag um 1000 € steigen. Dies gilt jedoch nur für das Intervall von (1600 − 620 =) 980 min bis (1600 + 1835 =) 3435 min.

Produktionsplanung: Bedarfsrechnung

6

Zusammenfassung

Die Bedarfsrechnung ermittelt anhand historischer und aktueller Informationen, wie viel Stück von welchem Endprodukt in welcher Periode benötigt werden. Hierfür werden unterschiedliche Prognoseverfahren eingesetzt. Grundsätzlich werden diese in qualitative (z. B. Kundenbefragung, Delphi-Methode, Schätzung durch Mitarbeiter oder Experten) und quantitative (z. B. Kausal- und Zeitreihenprognosen) Prognoseverfahren eingeteilt. Dieses Kapitel fokussiert auf quantitative Prognoseverfahren. Hier werden zwei Typen quantitativer Prognoseverfahren vorgestellt:

- Kausalprognosen unterstellen einen kausalen Zusammenhang zwischen einer oder mehreren relevanten Variablen und der zu prognostizierende Variable (z. B. der Zusammenhang der Verkaufsmengen von Rasierern und Rasierklingen).
- Zeitreihenprognosen stellen eine Verbindung zwischen dem zeitlichen Ablauf und der zu prognostizierenden Variable her. Je nach historischem Bedarfsverlauf (konstanter, trendförmiger und/oder saisonaler Verlauf) muss – zur Sicherstellung einer hohen Prognosequalität – das passende Prognoseverfahren gewählt werden.

Hierfür werden die Verfahren der linearen Regression, des gleitenden Durchschnitts, der exponentiellen Glättung (erster, zweiter und dritter Ordnung) und der Durchschnittsprozentmethode thematisiert. Die Passung eines Prognoseverfahrens lässt sich anschließend anhand verschiedener Kennzahlen (MSE, MAD, MAPE, Tracking Signal) bewerten.

Nach Abschluss dieses Kapitels können Sie …

1) … die Passung eines Prognoseverfahrens für einen gegebenen historischen Bedarfsverlauf beurteilen.

© Springer-Verlag GmbH Deutschland, ein Teil von Springer Nature 2024
M. Lukesch, F. Kellner, *Übungsbuch Produktionswirtschaft*,
https://doi.org/10.1007/978-3-662-68672-0_6

2) … verschiedene Prognoseverfahren (gleitender Durchschnitt, lineare Regression, exponentielle Glättung, Durchschnittsprozentmethode) durchführen.

3) … die Qualität einer Prognose mithilfe verschiedener Kennzahlen (MSE, MAD, MAPE, Tracking Signal) beurteilen.

Das Lehrbuch „Produktionswirtschaft: Planung, Steuerung und Industrie 4.0" (Florian Kellner, Bernhard Lienland, Maximilian Lukesch, 3. Auflage, Springer Gabler, 2022) vermittelt die für die Bearbeitung dieser Aufgaben nötigen theoretischen Grundlagen in Kapitel 3.3.4 „Bedarfsrechnung".

6.1   Aufgaben

Aufgabe 6 – A1: Prognose für einen Müslihersteller

Das zu Beginn des Jahres 2018 gegründete Unternehmen DeiMüsli verkauft verschiedene Müsli-Sorten in ganz Ostbayern. Der Geschäftsführer möchte eine Absatzprognose für das Fitnessmüsli „Oats'n'Squats" für Dezember 2020 vornehmen und dafür verschiedene Prognoseverfahren testen. In Tab. 6.1 finden Sie die historischen Verkaufszahlen ($y(t)$, in Packungen) des Müslis von Januar 2020 bis November 2020. Welche prognostizierte Verkaufsmenge $\hat{y}(t)$ ergibt sich für Dezember 2020, wenn der Geschäftsführer die folgenden Prognoseverfahren anwendet:

a) Gleitender Durchschnitt ($n = 5$)

b) Einfache exponentielle Glättung ($\alpha = 0{,}2$; Initialisierungswert $\hat{y}(1)$ sei der Mittelwert der ersten drei Bedarfsperioden)

c) Doppelte exponentielle Glättung ($\alpha = 0{,}2$; $\beta = 0{,}1$; Initialisierungswert $a(1)$ sei $y(1)$; Initialisierungswert $b(1)$ sei $y(2)-y(1)$)

Tab. 6.1 Aufgabe 6-A1: Ausgangsdaten

Monat (t)	y(t)
1	552
2	567
3	580
4	480
5	459
6	512
7	448
8	576
9	541
10	448
11	595
12	

Berechnen Sie jeweils auch die Werte für MSE und MAD für die Prognosewerte t_{6-11} (Juni-November). Welches Verfahren würden Sie dem Geschäftsführer empfehlen? Sie können die Vorlagen in Tab. 6.2, 6.3 und 6.4 verwenden.

Tab. 6.2 Aufgabe 6-A1: Vorlage für den gleitenden Durchschnitt

n = 5				
Monat (t)	y(t)	ŷ(t)	SE	AD
1	552			
2	567			
3	580			
4	480			
5	459			
6	512			
7	448			
8	576			
9	541			
10	448			
11	595			
12				
			MSE	MAD

Mit: AD: Absolute Deviation,
MSE = Mean Squared Error,
MAD = Mean Absolute Deviation,
SE = Squared Error

Tab. 6.3 Aufgabe 6-A1: Vorlage für die einfache exponentielle Glättung

α = 0,2				
Monat (t)	y(t)	ŷ(t)	SE	AD
1	552			
2	567			
3	580			
4	480			
5	459			
6	512			
7	448			
8	576			
9	541			
10	448			
11	595			
12				
			MSE	MAD

Mit: AD: Absolute Deviation,
MSE = Mean Squared Error,
MAD = Mean Absolute Deviation,
SE = Squared Error

Tab. 6.4 Aufgabe 6-A1: Vorlage für die doppelte exponentielle Glättung

$\alpha = 0,2; \beta = 0,1$						
Monat (t)	y(t)	a(t)	b(t)	ŷ(t−1,t)	SE	AD
1	552					
2	567					
3	580					
4	480					
5	459					
6	512					
7	448					
8	576					
9	541					
10	448					
11	595					
12						
					MSE	MAD

Mit: AD: Absolute Deviation, MSE = Mean Squared Error,
MAD = Mean Absolute Deviation, SE = Squared Error

Tab. 6.5 Aufgabe 6-A2: Ausgangsdaten

Jahre (t)	y(t)
0	
1	102
2	98
3	113
4	118
5	125
6	
7	
8	

Aufgabe 6 – A2: Lineare Regression und Tracking Signal

Ihnen ist in Tab. 6.5 eine fiktive Bedarfstabelle gegeben. t-Werte stehen für Jahre, y-Werte für abgesetzte Mengen in Stück.

a) Berechnen Sie die lineare Regressionskurve zur Prognose der zukünftigen Nachfrage und geben Sie ihre Funktion an.
b) Welche ŷ-Werte ergeben sich gemäß dieser Kurve für t_{1-8}?
c) Ermitteln Sie auf Basis der Prognoseergebnisse aus Teilaufgabe b) das Tracking Signal für t_1 bis t_8! Die realen y-Werte für t_{6-8} seien y(6) = 138; y(7) = 129; y(8) = 150. Der Φ-Wert sei 0,1. Die Initialisierungswerte für SE(0) und SAE(0) seien 0.
d) Skizzieren Sie die Tracking-Signal-Werte für t_2 bis t_8!

Aufgabe 6 – A3: Prognose für ein Restaurant

Der Geschäftsführer des Restaurants „Sepp im Glück" bittet Sie, die Gästeanzahl $\hat{y}(t)$ für das erste Quartal des Jahrs 2020 zu prognostizieren. Er konnte in den vergangenen Jahren einen positiven Trend erkennen (Tab. 6.6, y(t)).

a) Berechnen Sie die prognostizierte Gästezahl für die Perioden t_{6-13}. Verwenden Sie dazu das Verfahren der doppelten exponentiellen Glättung. Die Glättungsfaktoren seien $\alpha = \beta = 0,1$. Initialisieren Sie a (bei t = 5) mit dem im ersten Quartal des Jahres 2018 beobachteten Umsatz. Initialisieren Sie b (bei t = 5) mit der mittleren Steigung des Jahres 2017.

b) Stellen Sie die Gästezahlen grafisch dar. Was vermuten Sie: Ist das in Teilaufgabe a) verwendete Prognoseverfahren geeignet? Wenn nicht, unterbreiten Sie dem Geschäftsinhaber einen Verbesserungsvorschlag.

Aufgabe 6 – A4: Prognose für einen Sonnencremehersteller

Gemeinsam mit einem Kollegen prüfen Sie die Qualität des in Ihrem Unternehmen angewandten Prognoseverfahrens. Da es sich bei Ihrem Unternehmen um einen Großhersteller für Sonnencreme handelt und die vergangenen Jahre von konstantem Umsatzwachstum geprägt waren, hat man das Verfahren der dreifachen exponentiellen Glättung gewählt, um sowohl Trend als auch Saisonalität der Produktnachfrage abzubilden. Ihnen liegen in Tab. 6.7 die historischen Verkaufszahlen y(t) vor.

Tab. 6.6 Aufgabe 6-A3: Ausgangsdaten

Jahr	t	y(t)
	0	
2017	1	30
2017	2	40
2017	3	36
2017	4	47
2018	5	33
2018	6	49
2018	7	37
2018	8	58
2019	9	37
2019	10	54
2019	11	40
2019	12	64

Tab. 6.7 Aufgabe 6-A4: Ausgangsdaten

$\alpha = 0{,}2; \beta = 0{,}2; \gamma = 0{,}3$

Jahr	Jahreszeit	t	y(t)	c(t)
		0		
2016	Frühling	1	50	
2016	Sommer	2	86	
2016	Herbst	3	30	
2016	Winter	4	40	
2017	Frühling	5	62	1,06
2017	Sommer	6	103	1,71
2017	Herbst	7	34	0,56
2017	Winter	8	39	0,67
2018	Frühling	9	58	
2018	Sommer	10	109	
2018	Herbst	11	40	
2018	Winter	12	52	

Tab. 6.8 Aufgabe 6-A4: Vorlage für die dreifache exponentielle Glättung

$\alpha = 0{,}2; \beta = 0{,}2; \gamma = 0{,}3$

Jahr	Jahreszeit	t	y(t)	c(t)	a(t)	b(t)	$\hat{y}(t)$	APE
		0						
2016	Frühling	1	50					
2016	Sommer	2	86					
2016	Herbst	3	30					
2016	Winter	4	40					
2017	Frühling	5	62	1,06				
2017	Sommer	6	103	1,71				
2017	Herbst	7	34	0,56				
2017	Winter	8	39	0,67				
2018	Frühling	9	58					
2018	Sommer	10	109					
2018	Herbst	11	40					
2018	Winter	12	52					
MAPE								

Mit: APE = Absolute Percentage Error, MAPE = Mean Absolute Percentage Error

Sie möchten die Prognosequalität anhand des MAPE für die Perioden t_{9-12} beurteilen, doch zunächst müssen Sie das Prognoseverfahren anwenden. Ihr Kollege hat bereits Vorarbeit geleistet und geschätzte Saisonfaktoren c(t) sowie eine Initialisierungsregressionskurve vorgelegt.

a) Berechnen Sie die prognostizierten Verkaufszahlen für die Perioden t_{9-12}, indem Sie das Verfahren der dreifachen exponentiellen Glättung anwenden. In Tab. 6.8 ist Ihnen eine Vorlage gegeben. Berechnen Sie zudem die Saisonfaktoren c(t) der Perioden t_{9-12}! Die

Glättungsfaktoren seien $\alpha = \beta = 0{,}2$; $\gamma = 0{,}3$. Errechnen Sie die Initialisierungswerte für die Parameter a(t) und b(t) für die Periode t_8 anhand folgender Prognosefunktion: $\hat{y}_{init}(0) = 46{,}5 + t*2$. Die Initialisierungswerte für den Parameter c(t) sind in Tab. 6.7 gegeben.

b) Berechnen Sie den MAPE für die Perioden t_{9-12}. Was sagt der MAPE aus?

Aufgabe 6 – A5: Untersuchung eines Bedarfsverlaufs

Ihnen sind in Tab. 6.9 Daten zur Nachfrage y(t) eines Produkts gegeben.

a) Verschaffen Sie sich einen Überblick über die Daten. Was fällt Ihnen am Verlauf auf? Wie würden Sie den Bedarfsverlauf beschreiben?
b) Nennen Sie Beispiele für Unternehmen, die sich typischerweise einem derartigen Bedarfsverlauf gegenübersehen.
c) Wählen Sie ein geeignetes Prognoseverfahren und prognostizieren Sie die Bedarfe für y(15) und y(16)!

Aufgabe 6 – A6: Prognose für einen Sportartikelhersteller

Als Mitglied der Marketingabteilung des Sportartikelherstellers Gepard AG sind Sie damit beauftragt, Vorschläge zur besseren Absatzprognose für einen Sportschuh zu machen. Da Ihre Firma über die vergangenen Jahre konstantes Umsatzwachstum sowie quartals-

Tab. 6.9 Aufgabe 6-A5: Ausgangsdaten

Jahr	t	y(t) bzw. ŷ(t)
2013	1	11.159
2013	2	26.530
2014	3	12.962
2014	4	25.199
2015	5	10.422
2015	6	28.726
2016	7	11.915
2016	8	27.285
2017	9	13.905
2017	10	26.504
2018	11	12.302
2018	12	28.843
2019	13	12.532
2019	14	28.432
2020	15	
2020	16	

Tab. 6.10 Aufgabe 6-A6: Ausgangsdaten und Vorlage

| α = 0,3; β = 0,15; γ = 0,1 | | | | | | | |
Jahr	Quartal	t	y(t)	c(t)	a(t)	b(t)	ŷ(t)
2017	Q1	5	22	0,71	31,08		
2017	Q2	6	35	1,12	31,71		
2017	Q3	7	26	0,83	32,34		
2017	Q4	8	45	1,34	32,97	0,63	
2018	Q1	9	26	0,71	34,51	0,77	23,86
2018	Q2	10	38	1,12	34,87	0,71	39,51
2018	Q3	11	25	0,82	33,94	0,46	29,53
2018	Q4	12	43	1,33	33,71	0,36	46,1
2019	Q1	13	27				
2019	Q2	14	41				
2019	Q3	15	26				
2019	Q4	16					

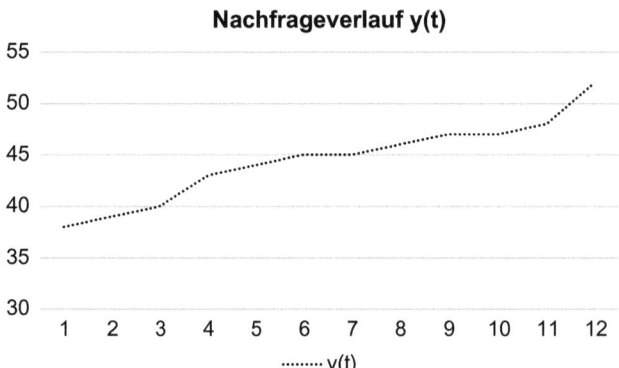

Abb. 6.1 Aufgabe 6-A7: Grafische Abbildung des Nachfrageverlaufs

abhängige Nachfragespitzen erlebt hat, entscheiden Sie sich, ein Excel-Spreadsheet zur Absatzprognose mittels der dreifachen exponentiellen Glättung aufzubauen. Sie verwenden folgende Glättungsparameter: α = 0,3; β = 0,15; γ = 0,1. Als Vorlage haben Sie Tab. 6.10 erstellt und erste Werte eingetragen. Berechnen Sie die fehlenden Prognosewerte y(13–16)!

Aufgabe 6 – A7: Prognose für einen Gewürzhersteller

Der Gewürzhersteller Pfefferling verwendet zur Prognose der Kundennachfrage für schwarzen Pfeffer das Verfahren der einfachen exponentiellen Glättung. Das in Abb. 6.1 abgebildete Diagramm zeigt Ihnen grafisch den Nachfrageverlauf y(t) der Perioden 1–12 (in Mengeneinheiten). Tab. 6.11 gibt Ihnen die dazugehörigen Zahlenwerte.

a) Prognostizieren Sie den Absatz $\hat{y}(t)$ für t = 11 und t = 12 anhand des Verfahrens der einfachen exponentiellen Glättung. Verwenden Sie als Glättungsfaktor α = 0,2.
b) Wie sollte Pfefferling den Glättungsfaktor α anpassen, damit seine Prognose schneller auf Niveauverschiebungen reagiert (ohne Rechnung)?
c) Ist das von Pfefferling angewandte Verfahren für das Produkt und dessen Nachfrageverlauf angemessen? Geben Sie eine kurze begründete Antwort und machen Sie gegebenenfalls eine Empfehlung (ohne Rechnung).

Aufgabe 6 – A8: Vergleich mehrerer Prognoseverfahren

Ein ostbayerischer Großmolkereibetrieb vertreibt seit zehn Verkaufsperioden ein neues Milchshakeprodukt, das vom Markt gut aufgenommen wurde. Die Bedarfsrechnung erfolgte bisher auf Basis der Schätzung mehrerer Vertriebsmitarbeiter. Da nun eine ausreichende Ausgangsdatenbasis vorhanden ist, soll auf eine quantitative Methode umgestiegen werden. Dafür sollen verschiedene Methoden auf ihre Passung geprüft werden. Tab. 6.12 beinhaltet die Verkaufswerte y(t) für die Perioden 1–10.

Tab. 6.11 Aufgabe 6-A7: Ausgangsdaten

α = 0,2		
t	y(t)	$\hat{y}$(t)
1	38	40
2	39	39,6
3	40	39,48
4	43	39,58
5	44	40,26
6	45	41,01
7	45	41,81
8	46	42,45
9	47	43,16
10	47	43,93
11	48	
12	52	

Tab. 6.12 Aufgabe 6-A8: Ausgangsdaten

t	y(t)
1	122
2	187
3	107
4	148
5	143
6	188
7	212
8	165
9	300
10	267

Erstellen Sie eine Prognose nach den folgenden Prognoseverfahren und berechnen Sie MAD, MSE und MAPE: Einfache exponentielle Glättung, doppelte exponentielle Glättung, lineare Regression und dreifache exponentielle Glättung.

Gehen Sie für die Durchführung der Prognose von folgenden Annahmen und Parametern aus:

- Einfache exponentielle Glättung: $\alpha = 0{,}2$; $\hat{y}(1) = y(1)$
- Doppelte exponentielle Glättung: $\alpha = 0{,}2$; $\beta = 0{,}1$; $a(0) = 100$; $b(0) = 10$
- Dreifache exponentielle Glättung: $\alpha = 0{,}3$; $\beta = 0{,}2$; $\gamma = 0{,}1$; $a(0) = 140$; $b(0) = 10$; zwei Saisons mit $c(-1) = 0{,}8$ und $c(0) = 1{,}25$.

Aufgabe 6 – A9: Gartenmöbel

Sie arbeiten für einen Hersteller von Gartenmöbeln und sollen bei der Absatzprognose für das Jahr 2021 helfen. In Tab. 6.13 sind Ihnen die historischen Absatzzahlen (in Mengeneinheiten = ME) für ein Gartenmöbelset gegeben. Auffällig sind die saisonal bedingten Schwankungen. Prognostizieren Sie die Nachfragewerte für das Jahr 2021, unter der Annahme, dass sich die in Tab. 6.13 dargestellte Bedarfsverlaufsstruktur fortsetzt. Nutzen Sie hierfür das Verfahren nach der Durchschnittsprozentmethode.

Aufgabe 6 – A10: Vanille-Eis

Diesen Sommer beschäftigt sich Eisdielenbesitzer Mario mit der Prognose der vorzuhaltenden Menge an Eis: Im vergangenen Jahr hätte er an manchen Tagen mehr Eis verkaufen können und an manchen Tagen sind ihm einige Liter Eis übriggeblieben. Mario ist

Tab. 6.13 Aufgabe 6-A9: Ausgangsdaten

Jahr	t	Absatzmenge (ME)
2018	1	232
2018	2	640
2018	3	588
2018	4	433
2019	5	197
2019	6	710
2019	7	623
2019	8	325
2020	9	210
2020	10	761
2020	11	700
2020	12	569
Mit: ME = Mengeneinheiten		

Tab. 6.14 Aufgabe 6-A10:
Ausgangsdaten

Temperatur in Grad Celsius	Abverkaufte Menge Vanille-Eis in Liter
40	113
16	38
25	69
19	60
30	100
21	56
32	111
28	78
6	31
16	45
9	38
20	64

SUMMARY OUTPUT

Regression Statistics	
Multiple R	0,951432925
R Square	0,90522461
Adjusted R Square	0,895747071
Standard Error	9,187798972
Observations	12

ANOVA

	df	SS	MS	F	Significance F
Regression	1	8062,760167	8062,760167	95,51262321	1,961E-06
Residual	10	844,1564995	84,41564995		
Total	11	8906,916667			

	Coefficients	Standard Error	t Stat	P-value	Lower 95%	Upper 95%	Lower 95,0%	Upper 95,0%
Intercept	6,231715107	6,752144911	0,92292378	0,377777561	-8,813001303	21,27643152	-8,813001303	21,27643152
°C	2,77946343	0,284400646	9,773055981	1,961E-06	2,145779302	3,413147558	2,145779302	3,413147558

Abb. 6.2 Aufgabe 6-A10: Regressionsbericht

fest davon überzeugt, dass die Tageshöchsttemperatur einen großen Einfluss auf die verkaufte Menge hat. Mario hat im letzten Sommer an zwölf Tagen die Tageshöchsttemperatur sowie die verkauften Liter Vanille-Eis aufgezeichnet. Tab. 6.14 zeigt diese Daten.

Mithilfe der MS Excel Funktion „Datenanalyse – Regression" hat sein Sohn, der kürzlich einen Statistik-Kurs belegt hat, einen Bericht erzeugt (Abb. 6.2):

a) Geben Sie die Geradengleichung für das Lineare Regressionsmodell an!
b) Interpretieren Sie die grau hinterlegten Felder!
c) Wie viele Liter Eis wird Mario gemäß Modell voraussichtlich verkaufen, wenn die Außentemperatur 23 Grad Celsius beträgt?
d) Welchen Wert hat der Mean Squared Error (MSE) auf Basis der zwölf Beobachtungen vom letzten Jahr?
e) Zeichnen Sie die Datenpunkte sowie die Regressionsgerade in ein x-y-Koordinatensystem ein.

Aufgabe 6 – A11: Eis-Prognose

Marios Bruder, Luigi, besitzt ebenfalls eine Eisdiele. Auch er ist davon überzeugt, dass sich mithilfe der vorhergesagten Tageshöchsttemperatur die Verkaufsmenge an Eis prognostizieren lässt. Allerdings glaubt er, dass sich eine bessere Prognose erzielen lässt, wenn ein nicht-lineares Modell zum Einsatz kommt. Luigi hat in der letzten Saison an 30 Tagen die Höchsttemperatur und die verkauften Liter Vanille-Eis aufgezeichnet (siehe Tab. 6.15 und Abb. 6.3).

Nutzen Sie die MS Excel Funktion „Datenanalyse – Regression", um eine nicht-lineare Regression durchzuführen. Konkret soll der Zusammenhang gemäß der Potenzfunktion $(y = a*x^b)$ unterstellt werden.

Tab. 6.15 Aufgabe 6-A12: Ausgangsdaten

Grad Celsius	Abverkaufte Menge Vanille-Eis in Liter
20,3	33
21,6	42
30,9	47
18	28
3,9	23
23,6	36
35,4	47
11,6	32
1	11
17,3	30
25,6	32
30,2	46
29,5	33
28,8	31
5,8	19
22,6	30
35,8	46
9,2	16
9,1	32
29,7	38
15,7	30
0,6	7
37,7	44
22,2	30
5,1	23
23	31
39,4	50
14,5	23
27,7	32
13,8	21

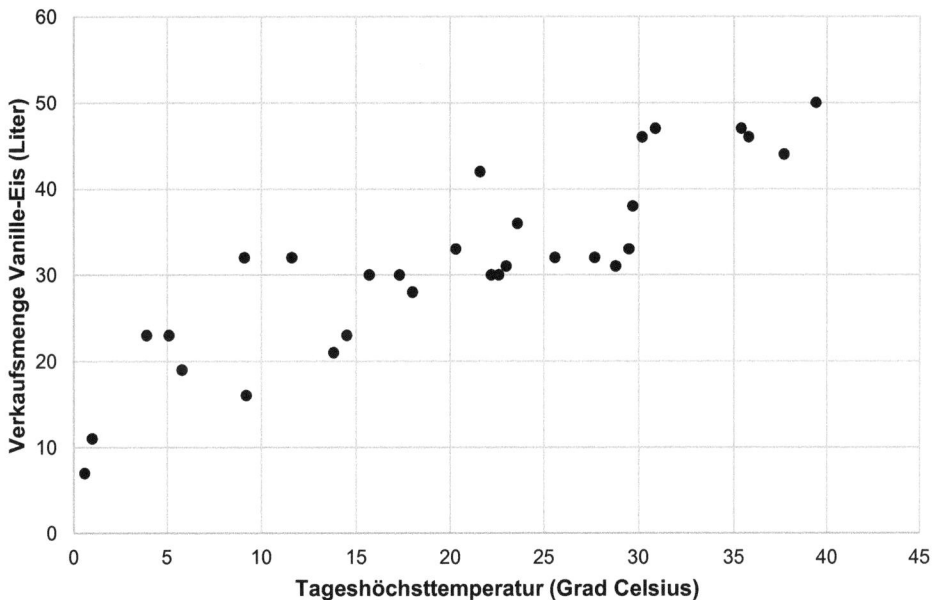

Abb. 6.3 Aufgabe 6-A11: Ausgangsdaten

a) Geben Sie die Gleichung mit den konkreten Parameterwerten für a und b für das Regressionsmodell an!

b) Wie viele Liter Eis wird Luigi gemäß Modell voraussichtlich verkaufen, wenn die Außentemperatur 23 Grad Celsius beträgt?

c) Welchen Wert hat der Mean Squared Error (MSE) auf Basis der 30 Beobachtungswerte?

Aufgabe 6 – A12: Energieversorger

Eine wichtige Planungsaufgabe des Energieversorgers Super-Strom ist die Schätzung des künftigen Energieverbrauchs EV (in Megawattstunden = MWh) der zu versorgenden Region. Eine naheliegende Annahme besteht darin, den Energieverbrauch von der Bevölkerungszahl abzuleiten. Super-Strom hat für die von ihm im letzten Jahr versorgten 20 Städte den Energieverbrauch und die Bevölkerungszahl aufgezeichnet (siehe Tab. 6.16 und Abb. 6.4).

Nutzen Sie die MS Excel Funktion „Datenanalyse – Regression" um zu bestimmen, welche der folgenden Modelle den geringsten MSE, basierend auf den 20 Beobachtungswerten hat:

- Lineares Regressionsmodell: $y = a + b*x$
- Potenzfunktion: $y = a*x^b$
- Exponentialfunktion: $y = a*e^{bx}$
- Logarithmus-Funktion: $y = a + b*ln(x)$

Tab. 6.16 Aufgabe 6-A12:
Ausgangsdaten

Stadt	Bevölkerungszahl (in Tausend)	EV (MWh)
1	87,1	479,28
2	193,4	1226,12
3	142,4	826,32
4	198,4	1249,12
5	147,2	1060,96
6	51,8	440,24
7	70,2	351,36
8	187,2	1221,96
9	148,4	875,12
10	61	372,8
11	127,6	982,68
12	124,7	971,96
13	69,8	607,64
14	101,5	729,2
15	34,5	89,6
16	161,9	1222,92
17	50,7	376,76
18	79,8	537,64
19	89,7	614,96
20	58,8	318,84

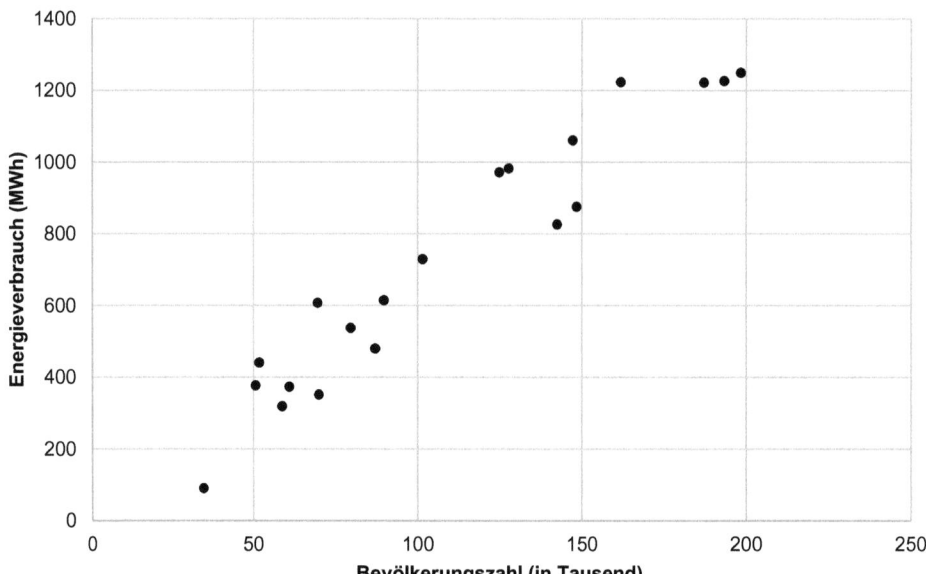

Abb. 6.4 Aufgabe 6-A12: Ausgangsdaten

6.2 Lösungen

Lösung 6 – A1: Prognose für einen Müslihersteller

▶ **Tipp** Im Lehrbuch „**Produktionswirtschaft: Planung, Steuerung und Industrie 4.0**" finden Sie in Kapitel 3.3.4 ausführliche Erklärungen zur Logik und Vorgehensweise aller in diesem Übungsbuch angewandten Prognoseverfahren sowie zur Interpretation verschiedener Prognosequalitätskennzahlen.

Produktionswirtschaft: Planung, Steuerung und Industrie 4.0, Autoren: Florian Kellner, Bernhard Lienland, Maximilian Lukesch (3. Auflage, erschienen bei Springer Gabler, 2022; eBook ISBN: 978-3-662-65803-1, Softcover ISBN: 978-3-662-65802-4).

a) Die Ermittlung des **gleitenden Durchschnitts** erfolgt anhand der folgenden Formel:

$$\hat{y}_{t+1} = \frac{1}{T}\sum_{\tau=t-T+1}^{t} y_\tau \tag{6.1}$$

Zum besseren Verständnis seien einige Beispielrechnungen zu Tab. 6.17 gegeben:

$\hat{y}(6)$	$= 1/5 * (552 + 567 + 580 + 480 + 459)$	$= 527,6$
SE(6)	$= (527,6 - 512)2$	$= 243,36$
AD(6)	$= |527,6 - 512|$	$= 15,6$

Tab. 6.17 Lösung 6-A1: Gleitender Durchschnitt

n = 5				
Monat (t)	y(t)	$\hat{y}$(t)	SE	AD
1	552			
2	567			
3	580			
4	480			
5	459			
6	512	527,6	243,36	15,6
7	448	519,6	5126,56	71,6
8	576	495,8	6432,04	80,2
9	541	495,0	2116	46
10	448	507,2	3504,64	59,2
11	595	505,0	8100	90
12		521,6		
			4253,77	60,43
			MSE	MAD

Mit: AD: Absolute Deviation, MSE = Mean Squared Error, MAD = Mean Absolute Deviation, SE = Squared Error

Die Anwendung des Verfahrens des gleitenden Durchschnitts ergibt eine prognostizierte Verkaufsmenge von 521,6 Einheiten in t_{12} bei einem MSE von 4253,77 und einem MAD von 60,43.

b) Die Anwendung des Verfahrens der **einfachen exponentiellen Glättung** erfolgt anhand der folgenden Formel:

$$\hat{y}_{t,t+1} = \alpha y_t + (1-\alpha)\hat{y}_{t-1,t} \tag{6.2}$$

Zum besseren Verständnis seien einige Beispielrechnungen zu Tab. 6.18 gegeben:

$\hat{y}(1)$ ergibt sich gemäß Aufgabenstellung als der Mittelwert von y(1), y(2) und y(3).		
$\hat{y}(2)$	$= 0{,}2 * 552 + (1 - 0{,}2) * 566{,}33$	$= 563{,}47$
$\hat{y}(3)$	$= 0{,}2 * 567 + (1 - 0{,}2) * 563{,}47$	$= 563{,}47$
SE(6)	$= (531{,}7 - 512)^2$	$= 387{,}96$
AD(6)	$= |531{,}7 - 512|$	$= 19{,}7$

Die Anwendung des Verfahrens der einfachen exponentiellen Glättung ergibt eine prognostizierte Verkaufsmenge von 528,55 Einheiten in t_{12} bei einem MSE von 4070,72 und einem MAD von 57,16.

c) Die Anwendung des Verfahrens der **doppelten exponentiellen Glättung** erfolgt anhand der folgenden Formeln:

$$\hat{y}_{t,t+1} = a_t + b_t \tag{6.3}$$

Tab. 6.18 Lösung 6-A1: Einfache exponentielle Glättung

$\alpha = 0{,}2$				
Monat (t)	y(t)	$\hat{y}(t)$	SE	AD
1	552	566,33		
2	567	563,47		
3	580	564,17		
4	480	567,34		
5	459	549,87		
6	512	531,70	387,96	19,70
7	448	527,76	6361,24	79,76
8	576	511,81	4120,88	64,19
9	541	524,64	267,49	16,36
10	448	527,92	6386,53	79,92
11	595	511,93	6900,19	83,07
12		528,55		
			4070,72	57,16
			MSE	MAD

Mit: AD: Absolute Deviation, MSE = Mean Squared Error, MAD = Mean Absolute Deviation, SE = Squared Error

Tab. 6.19 Lösung 6-A1: Doppelte exponentielle Glättung

$\alpha = 0{,}2;\ \beta = 0{,}1$						
Monat (t)	y(t)	a(t)	b(t)	ŷ(t−1,t)	SE	AD
1	552	552,00	15,00			
2	567	567,00	15,00	567,00		
3	580	581,60	14,96	582,00		
4	480	573,25	12,63	596,56		
5	459	560,50	10,09	585,88		
6	512	558,87	8,92	570,59	3433,10	58,59
7	448	543,83	6,52	567,79	14.350,50	119,79
8	576	555,49	7,04	550,36	657,49	25,64
9	541	558,22	6,61	562,52	463,24	21,52
10	448	541,46	4,27	564,82	13.647,94	116,82
11	595	555,58	5,25	545,73	2427,64	49,27
12				560,82		
					5829,99	65,27
					MSE	MAD

Mit: AD: Absolute Deviation, MSE = Mean Squared Error, MAD = Mean Absolute Deviation, SE = Squared Error

$$a_t = \alpha y_t + \left(1-\alpha\right)\hat{y}_{t-1,t} \tag{6.4}$$

$$b_t = \beta\left(a_t - a_{t-1}\right) + \left(1-\beta\right)b_{t-1} \tag{6.5}$$

Zum besseren Verständnis seien einige Beispielrechnungen zu Tab. 6.19 gegeben:

a(1) wird gemäß Aufgabenstellung mit dem Wert von y(1) initialisiert. b(1) wird gemäß Aufgabenstellung mit (y(2) − y(1) =) 15 initialisiert		
ŷ(2)	= 552 + 15	= 567
- a (2)	= 0,2 ∗ 567 + (1 − 0,2) ∗ 567	= 567
- b (2)	= 0,1 ∗ (567 − 552) + (1 − 0,1) ∗ 15	= 15
ŷ(3)	= 567 + 15	= 582
- a (3)	= 0,2 ∗ 580 + (1 − 0,2) ∗ 582	= 582
- b (3)	= 0,1 ∗ (582 − 567) + (1 − 0,1) ∗ 15	= 14,96
ŷ(4)	= 581,6 + 14,96	= 596,56
- a (4)	= 0,2 ∗ 480 + (1 − 0,2) ∗ 596,56	= 573,25
- b (4)	= 0,1 ∗ (573,25 − 582) + (1 − 0,1) ∗ 14,96	= 12,63
SE(6)	= (570,59 − 512)²	= 3433,10
AD(6)	= ǀ570,59 − 512ǀ	= 58,59

Die Anwendung des Verfahrens der doppelten exponentiellen Glättung ergibt eine prognostizierte Verkaufsmenge von 560,82 Einheiten in t_{12} bei einem MSE von 5829,99 und einem MAD von 65,27.

Der Geschäftsführer sollte das Verfahren der einfachen exponentiellen Glättung wählen, da es den niedrigsten Prognosefehler (MSE und MAD) aufweist.

Lösung 6 – A2: Lineare Regression und Tracking Signal

▶   **Tipp** Im Lehrbuch „**Produktionswirtschaft: Planung, Steuerung und Industrie 4.0**" finden Sie in Kapitel 3.3.4 ausführliche Erklärungen zur Logik und Vorgehensweise aller in diesem Übungsbuch angewandten Prognoseverfahren
sowie zur Interpretation verschiedener Prognosequalitätskennzahlen.
    Produktionswirtschaft: Planung, Steuerung und Industrie 4.0, Autoren:
Florian Kellner, Bernhard Lienland, Maximilian Lukesch (3. Auflage, erschienen
bei Springer Gabler, 2022; eBook ISBN: 978-3-662-65803-1, Softcover ISBN: 978-
3-662-65802-4).

Zur Durchführung einer linearen Regression der Form $y_i = a + b * x_i$ sind folgende
Parameter zu berechnen:

$$a = \overline{y} - b * \overline{x} \tag{6.6}$$

$$b = \frac{\sum_{i=1}^{N}\left(\left(x_i - \overline{x}\right) * \left(y_i - \overline{y}\right)\right)}{\sum_{i=1}^{N}\left(x_i - \overline{x}\right)^2} \tag{6.7}$$

In der vorliegenden Aufgabe ist dabei die Variable x mit t gleichzusetzen. Werden die
entsprechenden Zahlen eingesetzt, so ergibt sich folgende Regressionsfunktion:

$$\hat{y}(t) = 91,4 + 6,6 * t \tag{6.8}$$

Die Anwendung der linearen Regression ergibt für $\hat{y}(6–8)$ die Werte {131,0; 137,6;
144,2} (Tab. 6.20). In Tab. 6.21 und Abb. 6.5 sind die Ergebnisse der Tracking-Signal-
Berechnung gegeben.

Tab. 6.20 Lösung 6-A2:
Lineare Regression

Jahre (t)	y(t)	ŷ(t)
0		
1	102	98,00
2	98	104,60
3	113	111,20
4	118	117,80
5	125	124,40
6		131,00
7		137,60
8		144,20

Tab. 6.21 Lösung 6-A2: Tracking Signal

| y(t) | Φ = 0,1 | | |
	SE	SAE	TS(t)
	0	0	
102	−0,40	0,40	−1,00
98	0,30	1,02	0,29
113	0,09	1,10	0,08
118	0,06	1,01	0,06
125	−0,01	0,97	−0,01
138	−0,71	1,57	−0,45
129	0,22	2,27	0,10
150	−0,38	2,62	−0,15

Mit: TS = Tracking Signal, SAE = Smoothed Absolute Error, SE = Smoothed Error

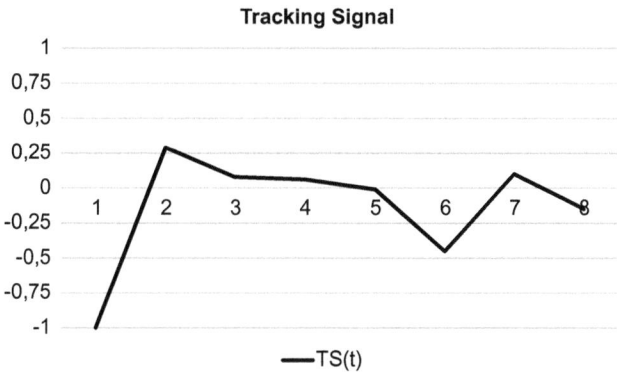

Abb. 6.5 Lösung 6-A2: Grafische Darstellung des Tracking Signals

Lösung 6 – A3: Prognose für ein Restaurant

▶   **Tipp** Im Lehrbuch „**Produktionswirtschaft: Planung, Steuerung und Industrie 4.0**" finden Sie in Kapitel 3.3.4 ausführliche Erklärungen zur Logik und Vorgehensweise aller in diesem Übungsbuch angewandten Prognoseverfahren
sowie zur Interpretation verschiedener Prognosequalitätskennzahlen.
      Produktionswirtschaft: Planung, Steuerung und Industrie 4.0, Autoren:
Florian Kellner, Bernhard Lienland, Maximilian Lukesch (3. Auflage, erschienen
bei Springer Gabler, 2022; eBook ISBN: 978-3-662-65803-1, Softcover ISBN: 978-
3-662-65802-4).

a) Die Anwendung des Verfahrens der doppelten exponentiellen Glättung erfolgt anhand der folgenden Formeln:

$$\hat{y}_{t,t+1} = a_t + b_t \tag{6.9}$$

$$a_t = \alpha y_t + (1 - \alpha)\,\hat{y}_{t-1,t} \tag{6.10}$$

$$b_t = \beta\,(a_t - a_{t-1}) + (1 - \beta)\,b_{t-1} \tag{6.11}$$

Zum besseren Verständnis seien einige Beispielrechnungen zu Tab. 6.22 gegeben:

a(5) wird gemäß Aufgabenstellung mit dem Wert von y(5) initialisiert.

b(5) ergibt sich aus $\dfrac{47 - 30}{3} = 5{,}67$

$\hat{y}(6)$	$= 35 + 5{,}67$	$= 38{,}67$
- a (6)	$= 0{,}1 * 49 + (1 - 0{,}1) * 38{,}67$	$= 39{,}70$
- b (6)	$= 0{,}1 * (39{,}70 - 33) + (1 - 0{,}1) * 5{,}67$	$= 5{,}77$
$\hat{y}(7)$	$= 39{,}70 + 5{,}77$	$= 45{,}47$
- a (7)	$= 0{,}1 * 37 + (1 - 0{,}1) * 45{,}47$	$= 44{,}62$
- b (7)	$= 0{,}1 * (44{,}62 - 39{,}70) + (1 - 0{,}1) * 5{,}77$	$= 5{,}69$

Die Anwendung des Verfahrens der doppelten exponentiellen Glättung ergibt eine prognostizierte Gästezahl von 72,80 in t_{13}.

Tab. 6.22 Lösung 6-A3: Doppelte exponentielle Glättung

$\alpha = 0{,}1$; $\beta = 0{,}1$			Initialisierung: a(5) = 33; b(5) = (47 − 30)/3		
Jahr	t	y(t)	a(t)	b(t)	$\hat{y}(t-1, t)$
	0				
2015	1	30			
2015	2	40			
2015	3	36			
2015	4	47			
2016	5	33	33	5,67	
2016	6	49	39,70	5,77	38,67
2016	7	37	44,62	5,69	45,47
2016	8	58	51,08	5,76	50,31
2017	9	37	54,86	5,56	56,84
2017	10	54	59,78	5,50	60,42
2017	11	40	62,75	5,25	65,28
2017	12	64	67,60	5,21	68,00
2018	13				72,80

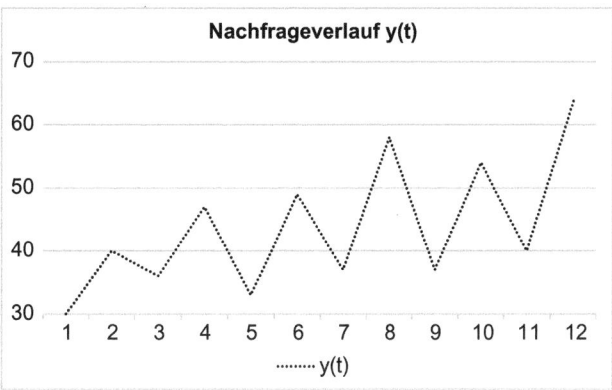

Abb. 6.6 Lösung 6-A3: Graphische Darstellung der Gästezahlen

b) Die Visualisierung des Verlaufs der Gästezahlen (Abb. 6.6) lässt vermuten, dass nicht nur ein positiver Trend, sondern auch ein saisonaler Faktor vorliegt. Dieser sollte mitberücksichtigt werden. Ein hierfür geeignetes Prognoseverfahren ist die dreifache exponentielle Glättung, die sowohl Trends als auch Saisonalität eines Bedarfsverlaufs berücksichtigt.

Lösung 6 – A4: Prognose für einen Sonnencremehersteller

▶ **Tipp** Im Lehrbuch „**Produktionswirtschaft: Planung, Steuerung und Industrie 4.0**" finden Sie in Kapitel 3.3.4 ausführliche Erklärungen zur Logik und Vorgehensweise aller in diesem Übungsbuch angewandten Prognoseverfahren sowie zur Interpretation verschiedener Prognosequalitätskennzahlen.
Produktionswirtschaft: Planung, Steuerung und Industrie 4.0, Autoren: Florian Kellner, Bernhard Lienland, Maximilian Lukesch (3. Auflage, erschienen bei Springer Gabler, 2022; eBook ISBN: 978-3-662-65803-1, Softcover ISBN: 978-3-662-65802-4).

Die Anwendung des Verfahrens der dreifachen exponentiellen Glättung erfolgt anhand der folgenden Formeln:

$$\hat{y}_{t,t+\tau} = (a_t + b_t\tau)\,c_{t+\tau-P} \tag{6.12}$$

$$a_t = \alpha\,\frac{y_t}{c_{t-P}} + (1-\alpha) * (a_{t-1} + b_{t-1}) \tag{6.13}$$

$$b_t = \beta\left(a_t - a_{t-1}\right) + (1-\beta)\,b_{t-1} \tag{6.14}$$

$$c_t = \gamma\,\frac{y_t}{a_t} + (1-\gamma)\,c_{t-P} \tag{6.15}$$

Tab. 6.23 Lösung 6-A4: Dreifache exponentielle Glättung

$\alpha = 0{,}2; \beta = 0{,}2; \gamma = 0{,}3$

Jahr	Jahreszeit	t	y(t)	c(t)	a(t)	b(t)	ŷ(t)	APE
		0						
2016	Frühling	1	50					
2016	Sommer	2	86					
2016	Herbst	3	30					
2016	Winter	4	40					
2017	Frühling	5	62	1,06				
2017	Sommer	6	103	1,71				
2017	Herbst	7	34	0,56				
2017	Winter	8	39	0,67	62,5	2		
2018	Frühling	9	58	1,02	62,54	1,61	68,37	0,1788
2018	Sommer	10	109	1,71	64,07	1,59	109,7	0,0064
2018	Herbst	11	40	0,57	66,81	1,82	36,77	0,0807
2018	Winter	12	52	0,69	70,43	2,18	45,98	0,1156
MAPE								9,54 %

Mit: APE = Absolute Percentage Error, MAPE = Mean Absolute Percentage Error

Zum besseren Verständnis seien einige Beispielrechnungen zu Tab. 6.23 gegeben:

a(8) berechnet sich mithilfe der Initialisierungsfunktion ŷ$_{init}$: 46,5 + 8*2 = 62,5		
b(8) ist mit der Initialisierungsfunktion ŷ$_{init}$ mit dem Faktor 2 gegeben		
ŷ(9)	$= (62{,}5 + 2) * 1{,}06$	$= 68{,}37$
- a (9)	$= 0{,}2 * \dfrac{58}{1{,}06} + \left(1 - 0{,}2\right) * \left(62{,}5 + 2\right)$	$= 62{,}54$
- b (9)	$= 0{,}2 * (62{,}54 - 62{,}5) + (1 - 0{,}2) * 2$	$= 1{,}61$
- c (9)	$= 0{,}3 * \dfrac{58}{62{,}54} + \left(1 - 0{,}3\right) * 1{,}06$	$= 1{,}02$
ŷ(10)	$= (62{,}54 + 1{,}61) * 1{,}71$	$= 109{,}7$
- a (10)	$= 0{,}2 * \dfrac{109}{1{,}71} + \left(1 - 0{,}2\right) * \left(62{,}54 + 1{,}61\right)$	$= 64{,}07$
- b (10)	$= 0{,}2 * (64{,}07 - 62{,}54) + (1 - 0{,}2) * 1{,}61$	$= 1{,}59$
- c (10)	$= 0{,}3 * \dfrac{109}{64{,}07} + \left(1 - 0{,}3\right) * 1{,}71$	$= 1{,}71$

Der MAPE für die Perioden t$_{9-12}$ beträgt 9,54 %. Der MAPE sagt aus, um wieviel Prozent die Prognose im Durchschnitt von der tatsächlichen Verkaufsmenge abweicht.

Lösung 6 – A5: Untersuchung eines Bedarfsverlaufs

▶ **Tipp** Im Lehrbuch „**Produktionswirtschaft: Planung, Steuerung und Industrie 4.0**" finden Sie in Kapitel 3.3.4 ausführliche Erklärungen zur Logik und Vorgehensweise aller in diesem Übungsbuch angewandten Prognoseverfahren
sowie zur Interpretation verschiedener Prognosequalitätskennzahlen.
   Produktionswirtschaft: Planung, Steuerung und Industrie 4.0, Autoren:
Florian Kellner, Bernhard Lienland, Maximilian Lukesch (3. Auflage, erschienen
bei Springer Gabler, 2022; eBook ISBN: 978-3-662-65803-1, Softcover ISBN: 978-
3-662-65802-4).

a) Der Bedarfsverlauf zeichnet sich durch eine saisonale Komponente aus, die sich immer
   in der zweiten Jahreshälfte stark positiv auswirkt. Abgesehen von der saisonalen
   Komponente scheint kein positiver Trend, sondern ein insgesamt relativ konstanter
   Verbrauch vorzuliegen.

b) Als mögliche Beispiele können alle Branchen gelten, in denen eine Haupt- und Nebensaison vorliegt. Dies könnte bspw. die Hotellerie, Reiseanbieter oder Fluggesell-
   schaften betreffen, aber auch Hersteller saisonal konsumierter Güter wie bspw. Glüh-
   weinhersteller, Lebkuchenproduzenten etc.

c) Es sollte ein Prognoseverfahren gewählt werden, das für einen konstanten Bedarfsverlauf mit saisonalem Einfluss geeignet ist. Die Anwendung von Saisonindizes, die nach
   der Durchschnittsprozentmethode berechnet werden, ist hierfür angemessen. Die Anwendung dieses Verfahrens erfolgt anhand der folgenden Formeln:

$$\hat{y}_s = \overline{y} * c_s \ \text{mit} \ \hat{y}_s = \text{Prognose für Saison s}, \overline{y} = \text{Gesamtmittelwert}, c_s = \textit{Saisonfaktor} \quad (6.16)$$

$$c_s = \frac{\overline{y}_s}{\overline{y}} \text{mit} \ \overline{y}_s = \text{Mittelwert von Saison s} \quad (6.17)$$

Zum besseren Verständnis seien die Rechnungen in Tab. 6.24 im Folgenden ausformuliert:

- Die Prognosewerte für t(15) und t(16) werden berechnet, indem der Nachfragemittelwert über alle Perioden (hier: 19.765) mit dem durchschnittlichen saisonalen Faktor
  multipliziert wird.
- Der durchschnittliche saisonale Faktor ergibt sich folgendermaßen: Zunächst wird ermittelt, um wieviel die Nachfrage der beiden Saisons „Nebensaison" und „Haupt-
  saison" im Mittel vom Nachfragemittelwert über alle Perioden abweicht:
  - $c_{\text{Nebensaison}} = (11.159/19.765 + 12.962/19.765 + 10.422/19.765 + \cdots) * 1/7 = 0{,}6158$
  - $c_{\text{Hauptsaison}} = (26.530/19.765 + 25.199/19.765 + 28.726/19.765 + \cdots) * 1/7 = 1{,}3842$
- Die ermittelten Werte werden daraufhin für die Prognose angewandt:
  - $\hat{y}(15) = 0{,}6158 * 19.765 = 12.171$
  - $\hat{y}(16) = 1{,}3842 * 19.765 = 27.360$

Tab. 6.24 Lösung 6-A5: Saisonindizes nach der Durchschnittsprozentmethode

Mittelwert y(t)	19.765	
Saison c(t)	c(Nebensaison) = 0,6158; c(Hauptsaison) = 1,3842	
Jahr	t	y(t) bzw. ŷ(t)
2013	1	11.159
2013	2	26.530
2014	3	12.962
2014	4	25.199
2015	5	10.422
2015	6	28.726
2016	7	11.915
2016	8	27.285
2017	9	13.905
2017	10	26.504
2018	11	12.302
2018	12	28.843
2019	13	12.532
2019	14	28.432
2020	15	12.171
2020	16	27.360

Lösung 6 – A6: Prognose für einen Sportartikelhersteller

▶ **Tipp** Im Lehrbuch „**Produktionswirtschaft: Planung, Steuerung und Indus-trie 4.0**" finden Sie in Kapitel 3.3.4 ausführliche Erklärungen zur Logik und Vor-gehensweise aller in diesem Übungsbuch angewandten Prognoseverfahren sowie zur Interpretation verschiedener Prognosequalitätskennzahlen.

Produktionswirtschaft: Planung, Steuerung und Industrie 4.0, Autoren: Florian Kellner, Bernhard Lienland, Maximilian Lukesch (3. Auflage, erschienen bei Springer Gabler, 2022; eBook ISBN: 978-3-662-65803-1, Softcover ISBN: 978-3-662-65802-4).

Die Anwendung des Verfahrens der dreifachen exponentiellen Glättung erfolgt anhand der folgenden Formeln:

$$\hat{y}_{t,t+\tau} = \left(a_t + b_t \tau\right) c_{t+\tau-P} \tag{6.18}$$

$$a_t = \alpha \frac{y_t}{c_{t-P}} + \left(1-\alpha\right) * \left(a_{t-1} + b_{t-1}\right) \tag{6.19}$$

$$b_t = \beta \left(a_t - a_{t-1}\right) + \left(1-\beta\right) b_{t-1} \tag{6.20}$$

$$c_t = \gamma \frac{y_t}{a_t} + \left(1-\gamma\right) c_{t-P} \tag{6.21}$$

Tab. 6.25 Lösung 6-A6: Dreifache exponentielle Glättung

Jahr	Quartal	t	y(t)	c(t)	a(t)	b(t)	ŷ(t)
α = 0,3; β = 0,15; γ = 0,1							
2013	Q1	5	22	0,71	31,08		
2013	Q2	6	35	1,12	31,71		
2013	Q3	7	26	0,83	32,34		
2013	Q4	8	45	1,34	32,97	0,63	
2014	Q1	9	26	0,71	34,51	0,77	23,86
2014	Q2	10	38	1,12	34,87	0,71	39,51
2014	Q3	11	25	0,82	33,94	0,46	29,53
2014	Q4	12	43	1,33	33,71	0,36	46,1
2015	Q1	13	27	0,72	35,26	0,54	24,19
2015	Q2	14	41	1,12	36,04	0,58	40,10
2015	Q3	15	26	0,81	35,14	0,35	30,02
2015	Q4	16		1,20	24,85	− 1,24	47,21

Zum besseren Verständnis seien einige Beispielrechnungen zu Tab. 6.25 gegeben:

ŷ(13)	$= (33,71 + 0,36) * 0,71$	$= 24,19$
- a (13)	$= 0,3 * \dfrac{27}{0,71} + (1 - 0,3) * (33,71 + 0,36)$	$= 35,26$
- b (13)	$= 0,15 * (35,26 - 33,71) + (1 - 0,15) * 0,36$	$= 0,54$
- c (13)	$= 0,1 * \dfrac{27}{35,26} + (1 - 0,1) * 0,71$	$= 0,72$
ŷ(14)	$= (35,26 + 0,54) * 1,12$	$= 40,10$
- a (14)	$= 0,3 * \dfrac{41}{1,12} + (1 - 0,3) * (35,26 + 0,54)$	$= 36,04$
- b (14)	$= 0,15 * (36,04 - 35,26) + (1 - 0,15) * 0,54$	$= 0,58$
- c (14)	$= 0,1 * \dfrac{41}{36,04} + (1 - 0,1) * 1,12$	$= 1,12$

Lösung 6 – A7: Prognose für einen Gewürzhersteller

▶ **Tipp** Im Lehrbuch „**Produktionswirtschaft: Planung, Steuerung und Industrie 4.0**" finden Sie in Kapitel 3.3.4 ausführliche Erklärungen zur Logik und Vorgehensweise aller in diesem Übungsbuch angewandten Prognoseverfahren sowie zur Interpretation verschiedener Prognosequalitätskennzahlen.

Produktionswirtschaft: Planung, Steuerung und Industrie 4.0, Autoren: Florian Kellner, Bernhard Lienland, Maximilian Lukesch (3. Auflage, erschienen bei Springer Gabler, 2022; eBook ISBN: 978-3-662-65803-1, Softcover ISBN: 978-3-662-65802-4).

a) Die Anwendung des Verfahrens der einfachen exponentiellen Glättung erfolgt anhand folgender Formel:

$$\hat{y}_{t,t+1} = \alpha y_t + (1-\alpha)\hat{y}_{t-1,t} \tag{6.22}$$

Es werden die entsprechenden Werte für y und ŷ eingesetzt:

$$\hat{y}(11) = 0,2 * 47 + (1-0,2) * 43,93 = 44,54 \tag{6.23}$$

$$\hat{y}(12) = 0,2 * 48 + (1-0,2) * 44,54 = 45,24 \tag{6.24}$$

b) Pfefferling müsste α erhöhen, da sich hierdurch die Reagibilität des Verfahrens erhöht.

c) Die einfache exponentielle Glättung ist ein Verfahren, das sich für konstante, nicht von Saisonfaktoren beeinflusste Nachfrageverläufe eignet. Hier liegt jedoch offensichtlich ein positiver Trend (siehe Abb. 6.1 und Tab. 6.11) ohne saisonale Einflüsse vor, da Pfeffer ein klassisches Alltagsprodukt ist, das ungeachtet einer Saison konsumiert wird. Die einfache exponentielle Glättung ist somit nicht geeignet. Besser geeignet wären die doppelte exponentielle Glättung oder die lineare Regression.

Lösung 6 – A8: Vergleich mehrerer Prognoseverfahren

▶   **Tipp** Im Lehrbuch „**Produktionswirtschaft: Planung, Steuerung und Industrie 4.0**" finden Sie in Kapitel 3.3.4 ausführliche Erklärungen zur Logik und Vorgehensweise aller in diesem Übungsbuch angewandten Prognoseverfahren sowie zur Interpretation verschiedener Prognosequalitätskennzahlen.

Produktionswirtschaft: Planung, Steuerung und Industrie 4.0, Autoren: Florian Kellner, Bernhard Lienland, Maximilian Lukesch (3. Auflage, erschienen bei Springer Gabler, 2022; eBook ISBN: 978-3-662-65803-1, Softcover ISBN: 978-3-662-65802-4).

Die Anwendung des Verfahrens der **einfachen exponentiellen Glättung** erfolgt anhand der folgenden Formel:

$$\hat{y}_{t,t+1} = \alpha y_t + (1-\alpha)\hat{y}_{t-1,t} \tag{6.25}$$

Zum besseren Verständnis seien einige Beispielrechnungen zu Tab. 6.26 gegeben:

ŷ(1) entspricht gemäß Aufgabenstellung dem Wert von y(1)		
ŷ(2)	= 0,2 * 122 + (1 − 0,2) * 122	= 122,00
ŷ(3)	= 0,2 * 187 + (1 − 0,2) * 122	= 135,00
AD(2)	= |187 − 122|	= 65,00
SE(2)	= (187 − 122)²	= 4225,00
APE(2)	= |187 − 122| /187	= 0,35

Tab. 6.26 Lösung 6-A8: Einfache exponentielle Glättung

$\alpha = 0{,}2$					
t	y(t)	ŷ(t)	AD	SE	APE
1	122	122,00	0	0	0
2	187	122,00	65,00	4225,00	0,35
3	107	135,00	28,00	784,00	0,26
4	148	129,40	18,60	345,96	0,13
5	143	133,12	9,88	97,61	0,07
6	188	135,10	52,90	2798,83	0,28
7	212	145,68	66,32	4398,77	0,31
8	165	158,94	6,06	36,71	0,04
9	300	160,15	139,85	19.557,14	0,47
10	267	188,12	78,88	6221,66	0,30
		Summe	465,49	38.465,68	219,66 %
		Durchschnitt	46,55	3846,57	21,97 %
		Fehlermaße	MAD	MSE	MAPE

Mit: AD = Absolute Deviation, APE = Absolute Percentage Error, MAD = Mean Absolute Deviation, MAPE = Mean Absolute Percentage Error, MSE = Mean Squared Error, SE = Squared Error

Die Anwendung des Verfahrens der einfachen exponentiellen Glättung führt zu einem MAD von 46,55, einem MSE von 3846,57 und einem MAPE von 21,97 %.

Die Anwendung des Verfahrens der **doppelten exponentiellen Glättung** erfolgt anhand der folgenden Formeln:

$$\hat{y}_{t,t+1} = a_t + b_t \tag{6.26}$$

$$a_t = \alpha y_t + (1-\alpha)\hat{y}_{t-1,t} \tag{6.27}$$

$$b_t = \beta(a_t - a_{t-1}) + (1-\beta)b_{t-1} \tag{6.28}$$

Zum besseren Verständnis seien einige Beispielrechnungen zu Tab. 6.27 gegeben:

a(0) wird gemäß Aufgabenstellung mit dem Wert 100, b(0) mit dem Wert 10 initialisiert		
ŷ(1)	= 100 + 10	= 110
- a (1)	= 0,2 * 122 + (1 − 0,2) * 110	= 112,40
- b (1)	= 0,1 * (112,40 − 100) + (1 − 0,1) * 10	= 10,24
ŷ(2)	= 112,40 + 10,24	= 122,64
- a (2)	= 0,2 * 187 + (1 − 0,2) * 122,64	= 135,51
- b (2)	= 0,1 * (135,51 − 112,40) + (1 − 0,1) * 10,24	= 11,53
AD(2)	= |187 − 122,64|	= 64,36
SE(2)	= (187 − 122,64)²	= 4142,21
APE(2)	$= \dfrac{\|187 - 122{,}64\|}{187}$	= 0,34

Tab. 6.27 Lösung 6-A8: Doppelte exponentielle Glättung

$\alpha = 0,2$; $\beta = 0,1$							
t	y(t)	a(t)	b(t)	$\hat{y}(t)$	AD	SE	APE
0		100	10				
1	122	112,40	10,24	110,00	12,00	144,00	0,10
2	187	135,51	11,53	122,64	64,36	4142,21	0,34
3	107	139,03	10,73	147,04	40,04	1603,14	0,37
4	148	149,41	10,69	149,76	1,76	3,09	0,01
5	143	156,68	10,35	160,10	17,10	292,32	0,12
6	188	171,22	10,77	167,03	20,97	439,85	0,11
7	212	187,99	11,37	181,99	30,01	900,56	0,14
8	165	192,49	10,68	199,36	34,36	1180,71	0,21
9	300	222,54	12,62	203,17	96,83	9375,88	0,32
10	267	241,52	13,26	235,16	31,85	1014,10	0,12
				Summe	349,27	19.095,87	185,16 %
				Durchschnitt	34,93	1909,59	18,52 %
				Fehlermaße	MAD	MSE	MAPE

Mit: AD = Absolute Deviation, APE = Absolute Percentage Error, MAD = Mean Absolute Deviation, MAPE = Mean Absolute Percentage Error, MSE = Mean Squared Error, SE = Squared Error

Die Anwendung des Verfahrens der doppelten exponentiellen Glättung führt zu einem MAD von 34,93, einem MSE von 1909,59 und einem MAPE von 18,52 %.

Zur Durchführung einer **linearen Regression** der Form $y_i = a + b * x_i$ sind folgende Parameter zu berechnen:

$$a = \overline{y} - b * \overline{x} \tag{6.29}$$

$$b = \frac{\sum_{i=1}^{N}\left((x_i - \overline{x}) * (y_i - \overline{y})\right)}{\sum_{i=1}^{N}(x_i - \overline{x})^2} \tag{6.30}$$

In der vorliegenden Aufgabe ist die Variable x mit t gleichzusetzen. Es ergibt sich die folgende Regressionsfunktion:

$$\hat{y}(t) = 96,4667 + 15,8970 * t \tag{6.31}$$

Zum besseren Verständnis seien einige Beispielrechnungen zu Tab. 6.28 gegeben:

$\hat{y}(1)$	$= 94,4667 + 15,8970 * 1$	$= 112,36$
$\hat{y}(2)$	$= 94,4667 + 15,8970 * 2$	$= 128,26$
AD(1)	$= |122 - 112,36|$	$= 9,64$
SE(1)	$= (122 - 112,36)^2$	$= 92,86$
APE(1)	$= |122 - 112,36| / 122$	$= 0,08$

Die Anwendung des Verfahrens der linearen Regression führt zu einem MAD von 28,93, einem MSE von 1341,60 und einem MAPE von 16,93 %.

Tab. 6.28 Lösung 6-A8: Lineare Regression

t	y(t)	ŷ(t)	AD	SE	APE
b = 15,8970; a = 96,4667					
1	122	112,36	9,64	92,86	0,08
2	187	128,26	58,74	3450,32	0,31
3	107	144,16	37,16	1380,69	0,35
4	148	160,05	12,05	145,31	0,08
5	143	175,95	32,95	1085,80	0,23
6	188	191,85	3,85	14,81	0,02
7	212	207,75	4,25	18,10	0,02
8	165	223,64	58,64	3438,93	0,36
9	300	239,54	60,46	3655,48	0,20
10	267	255,44	11,56	133,72	0,04
		Summe	289,31	13.416,02	169,30 %
		Durchschnitt	28,93	1341,60	16,93 %
		Fehlermaße	MAD	MSE	MAPE

Mit: AD = Absolute Deviation, APE = Absolute Percentage Error, MAD = Mean Absolute Deviation, MAPE = Mean Absolute Percentage Error, MSE = Mean Squared Error, SE = Squared Error

Die Anwendung des Verfahrens der **dreifachen exponentiellen Glättung** erfolgt anhand der folgenden Formeln:

$$\hat{y}_{t,t+\tau} = \left(a_t + b_t \tau\right) c_{t+\tau-P} \tag{6.32}$$

$$a_t = \alpha \frac{y_t}{c_{t-P}} + \left(1-\alpha\right) * \left(a_{t-1} + b_{t-1}\right) \tag{6.33}$$

$$b_t = \beta\left(a_t - a_{t-1}\right) + \left(1-\beta\right) b_{t-1} \tag{6.34}$$

$$c_t = \gamma \frac{y_t}{a_t} + \left(1-\gamma\right) c_{t-P} \tag{6.35}$$

Zum besseren Verständnis seien einige Beispielrechnungen zu Tab. 6.29 gegeben:

Gemäß Aufgabenstellung sind zwei Saisons zu beachten, deren Initialisierungswerte mit c(−1) = 0,8 und c(0) = 1,25 vorgegeben sind. Des Weiteren ist vorgegeben, dass a(0) mit dem Wert 140 und b(0) mit dem Wert 10 initialisiert werden sollen.		
ŷ(1)	= (140 + 10) * 0,8	= 120,00
-a (1)	= 0,3 * 122/0,8 + (1 − 0,3) * (140 + 10)	= 150,75
-b (1)	= 0,2 * (150,75 − 140) + (1 − 0,2) * 10	=10,15
-c (1)	= 0,1 * 122/150,75 + (1 − 0,1) * 0,8	= 0,80
ŷ(2)	= (150,75 + 10,15) * 1,25	= 201,13
-a (2)	= 0,3 * 187/1,25 + (1 − 0,3) * (150,75 + 10,15)	= 157,51
-b (2)	= 0,2 * (157,51 − 150,75) + (1 − 0,2) * 10,15	= 9,47
-c (2)	= 0,1 * 187/157,51 + (1 − 0,1) * 1,25	= 1,24

Tab. 6.29 Lösung 6-A8: Dreifache exponentielle Glättung

α = 0,3; β = 0,2; γ = 0,1; zwei Saisons mit c(−1) = 0,8 und c(0) = 1,25							
t	y(t)	a(t)	b(t)	c(t)	ŷ(t)	AD	SE	APE
−1				0,8				
0		140	10	1,25				
1	122	150,75	10,15	0,80	120,00	2,00	4,00	1,64 %
2	187	157,51	9,47	1,24	201,13	14,13	199,51	7,55 %
3	107	156,97	7,47	0,79	133,74	26,74	715,06	24,99 %
4	148	150,80	4,74	1,22	204,51	56,51	3193,50	38,18 %
5	143	163,25	6,28	0,80	122,73	20,27	411,02	14,18 %
6	188	165,00	5,38	1,21	206,41	18,41	339,01	9,79 %
7	212	198,99	11,10	0,82	135,91	76,09	5789,59	35,89 %
8	165	187,99	6,68	1,18	254,15	89,15	7947,29	54,03 %
9	300	245,43	16,83	0,86	160,49	139,51	19.462,02	46,50 %
10	267	251,67	14,71	1,16	308,54	41,54	1725,79	15,56 %
					Summe	484,35	39.786,82	248,32 %
					Durchschnitt	48,43	3978,68	24,83 %
					Fehlermaße	MAD	MSE	MAPE

Mit: AD = Absolute Deviation, APE = Absolute Percentage Error, MAD = Mean Absolute Deviation, MAPE = Mean Absolute Percentage Error, MSE = Mean Squared Error, SE = Squared Error

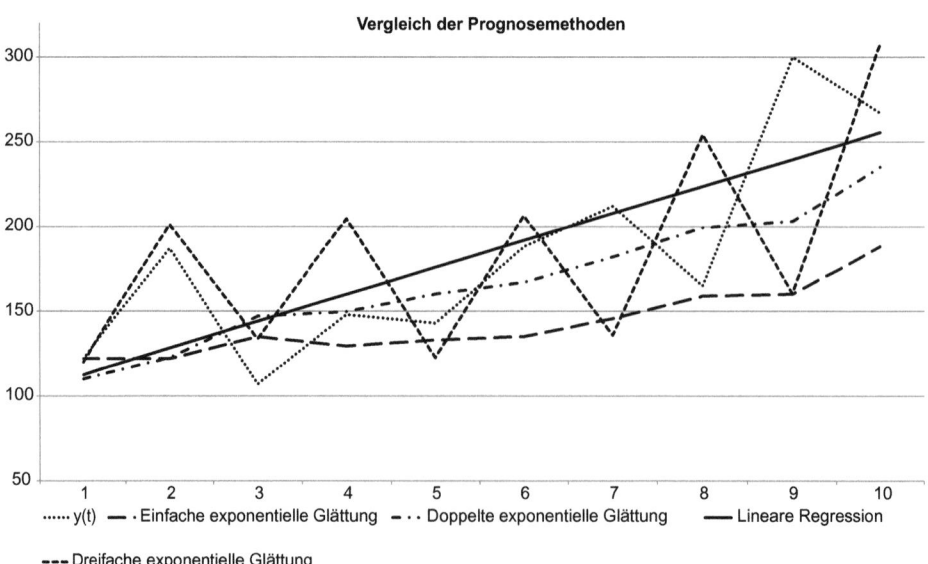

Abb. 6.7 Lösung 6-A8: Vergleich der Prognosemethoden

Die Anwendung des Verfahrens der dreifachen exponentiellen Glättung führt zu einem MAD von 48,43, einem MSE von 3978,68 und einem MAPE von 24,83 %.

Abb. 6.7 fasst die Ergebnisse aller Prognoserechnungen zusammen. Werden die Fehlermaße aller Prognosemethoden verglichen, ergibt sich der in Tab. 6.30 abgebildete Überblick.

Tab. 6.30 Lösung 6-A8: Übersicht über die Fehlermaße

	Einfache exponentielle Glättung	Doppelte exponentielle Glättung	Lineare Regression	Dreifache exponentielle Glättung
MAD	46,55	34,93	28,93	48,43
MSE	3846,57	1909,59	1341,60	3978,68
MAPE	21,97 %	18,52 %	16,93 %	24,83 %

Mit: MAD = Mean Absolute Deviation, MAPE = Mean Absolute Percentage Error, MSE = Mean Squared Error

Lösung 6 – A9: Gartenmöbel

▶ **Tipp** Im Lehrbuch „**Produktionswirtschaft: Planung, Steuerung und Industrie 4.0**" finden Sie in Kapitel 3.3.4 ausführliche Erklärungen zur Logik und Vorgehensweise aller in diesem Übungsbuch angewandten Prognoseverfahren sowie zur Interpretation verschiedener Prognosequalitätskennzahlen.

Produktionswirtschaft: Planung, Steuerung und Industrie 4.0, Autoren: Florian Kellner, Bernhard Lienland, Maximilian Lukesch (3. Auflage, erschienen bei Springer Gabler, 2022; eBook ISBN: 978-3-662-65803-1, Softcover ISBN: 978-3-662-65802-4).

Das Verfahren der Durchschnittsprozentmethode ermittelt die durchschnittlichen Bedarfsabweichungen jeder Saison vom globalen Absatzdurchschnitt. Diese Bedarfsabweichungen werden daraufhin für die zu prognostizierenden Saisons angenommen. Im vorliegenden Bedarfsverlauf lassen sich je Jahr vier Saisons ermitteln (1. bis 4. Quartal). Die Anwendung der Durchschnittsprozentmethode erfolgt anhand der folgenden Formeln:

$$\hat{y}_s = \overline{y} * c_s \text{ mit } \hat{y}_s = \text{Prognose für Saison s}, \overline{y} = \text{Gesamtmittelwert}, c_s = \text{Saisonfaktor} \quad (6.36)$$

$$c_s = \frac{\overline{y}_s}{\overline{y}} \text{ mit } \overline{y}_s = \text{Mittelwert von Saison s} \quad (6.37)$$

In Tab. 6.31 sind die Ergebnisse dargestellt. Hierzu seien noch folgende Erklärungen gegeben:

- Die Prognosewerte für t(13–16) werden berechnet, indem der Nachfragemittelwert über alle Perioden (hier: 499) mit dem jeweiligen durchschnittlichen saisonalen Faktor c multipliziert wird.
- Der durchschnittliche saisonale Faktor ergibt sich folgendermaßen: Zunächst wird ermittelt, um wieviel die Nachfrage der jeweiligen Saison im Mittel vom Nachfragemittelwert über alle Perioden abweicht. Für c(Q1) wäre dies:
  - $c_{Q1} = (232/499 + 197/499 + 210/499) * 1/3 = 0,4269$
- Die ermittelten Werte werden daraufhin für die Prognose angewandt. Eine Normierung der Durchschnittswerte ist hier nicht nötig, da die Summe der Saisonindizes bereits 4 ergibt. Der Rechenweg zur Ermittlung der Prognosewerte ist in Tab. 6.31 angegeben.

Tab. 6.31 Lösung 6-A9: Saisonindizes nach der Durchschnittsprozentmethode

Mittelwert $\bar{y}$	499	
Saison c_s	$c_{Q1} = 0{,}4269$	
	$c_{Q2} = 1{,}4102$	
	$c_{Q3} = 1{,}2766$	
	$c_{Q4} = 0{,}8864$	
Jahr	t	$\hat{y}(t)$ (ME)
2021	13	499 * 0,4269 = 213,00
2021	14	499 * 1,4102 = 703,67
2021	15	499 * 1,2766 = 637,00
2021	16	499 * 0,8864 = 442,33
Mit: ME = Mengeneinheiten		

Lösung 6 – A10: Vanille-Eis

a) Die Geradengleichung für das Lineare Regressionsmodell lautet: y = 6,2317 + 2,7795 * (Grad Celsius).

b) Der Wert 6,2317 ist der Achsenabschnitt. Dieser Wert zeigt an, bei welchem Wert die y-Achse geschnitten wird, wenn der x-Wert 0 ist. Für das Aufgabenbeispiel bedeutet dies, dass 6,2317 l Eis verkauft werden, wenn die Tageshöchsttemperatur 0 Grad Celsius beträgt. Der Wert 2,7795 gibt die Steigung der Regressionsgeraden an. Im konkreten Fall bedeutet dies, dass mit jedem zusätzlichen Grad Celsius die erwartete verkaufte Menge an Eis um 2,7795 l zunimmt.

c) Mario wird gemäß Modell die folgende Menge an Eis verkaufen: 6,2317 + 2,7795 * 23 Grad Celsius = 70,1594 l

d) Der MSE beträgt 70,3464.

e) Abb. 6.8 zeigt die Lösung.

Lösung 6 – A11: Eis-Prognose

a) Die Potenzfunktion lautet y = a * x^b. Um das lineare Regressionsmodell anzuwenden, müssen die folgenden Schritte umgesetzt werden:

1. Transformation der Potenzfunktion (hier: x und y logarithmieren):

$$\ln\left(\hat{y}(x)\right) = \ln\left(a * x^b\right) = \ln(a) + \ln\left(x^b\right) = \ln(a) + b * \ln(x)$$

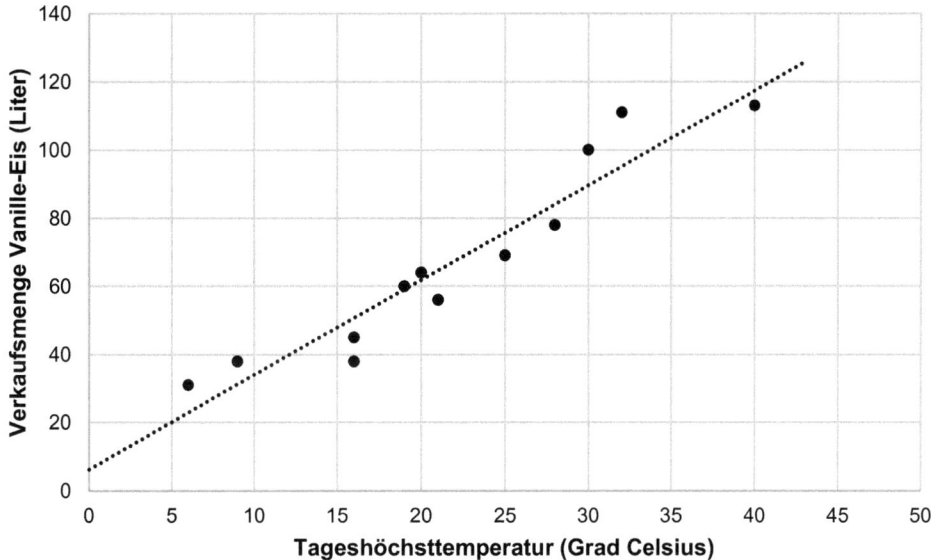

Abb. 6.8 Lösung 6-A10: Prognose

2. Durchführung der linearen Regression mit logarithmierten x und y Werten:

$$(\textit{mit } \tilde{y} = \ln(\hat{y}), \tilde{a} = \ln(a), \tilde{x} = \ln(x))$$

$$\tilde{y}(\tilde{x}) = \tilde{a} + b * \tilde{x}$$

$$b = 0{,}3931$$

$$\tilde{a} = 2{,}3049$$

$$\tilde{y}(\tilde{x}) = \tilde{a} + b * \tilde{x} = 2{,}3049 + 0{,}3931 * \tilde{x}$$

3. Rücktransformation/Aufbau der Prognosefunktion (= entlogarithmieren):

$$\tilde{a} = \ln(a) = 2{,}3049 \rightarrow a = e^{2{,}3049} = 10{,}0233$$

$$\text{Prognosefunktion}: \hat{y}(x) = a * x^b = 10{,}0233 * x^{0{,}3931}$$

b) Luigi wird gemäß Modell voraussichtlich die folgende Menge an Eis verkaufen:

$$10{,}0233 * 23^{0{,}3931} = 34{,}3836 \text{ l}.$$

c) Der MSE beträgt 26,3780.

Lösung 6 – A12: Energieversorger

Beim **Linearen Regressionsmodell** können die Koeffizienten a und b der Regressionsgleichung direkt aus dem MS-Excel-Report abgelesen werden.

- Das Modell lautet: EV (MWh) = − 3,3076 + 6,6885 * [Bevölkerungszahl (in Tausend)].
- Bei Anwendung dieses Modells auf den gegebenen Datensatz ergibt sich ein MSE von 174.919.

Die **Potenzfunktion** muss zunächst transformiert werden und in eine lineare Form gebracht werden, bevor die MS-Excel-Regressionsfunktion angewendet werden kann. Die Transformation lautet: $\ln(y) = \ln(a) + b*\ln(x)$. Das heißt, die MS-Excel-Regressionsfunktion wird auf die logarithmierten x- und y-Werte angewendet. Es ergibt sich: $\ln(a) = 1,0169$ ➔ a = 2,7645, b = 1,1828.

- Das Modell lautet: EV (MWh) = 2,7645 * [Bevölkerungszahl (in Tausend)]^{1,1828}.
- Bei Anwendung dieses Modells auf den gegebenen Datensatz ergibt sich ein MSE von 214.522.

Auch die **Exponentialfunktion** muss zunächst transformiert werden und in eine lineare Form gebracht werden, bevor die MS-Excel-Regressionsfunktion angewendet werden kann. Die Transformation lautet: $\ln(y) = \ln(a) + b*x$. Das heißt, die MS-Excel-Regressionsfunktion wird auf die logarithmierten y-Werte angewendet. Es ergibt sich: $\ln(a) = 5,2421$ ➔ a = 189,0686, b = 0,0109.

- Das Modell lautet: EV (MWh) = 189,0686 * $e^{0,0109*[\text{Bevölkerungszahl (in Tausend)}]}$.
- Bei Anwendung dieses Modells auf den gegebenen Datensatz ergibt sich ein MSE von 234.884.

Und auch die **Logarithmus-Funktion** muss zunächst transformiert werden und in eine lineare Form gebracht werden, bevor die MS-Excel-Regressionsfunktion angewendet werden kann. Die Transformation lautet: $y = a + b*\ln(x)$. Das heißt, die MS-Excel-Regressionsfunktion wird auf die logarithmierten x-Werte angewendet. Es ergibt sich: a = − 2363,3286, b = 675,2174.

- Das Modell lautet: EV (MWh) = −2363,3286 + 675,2174*ln([Bevölkerungszahl (in Tausend)]).
- Bei Anwendung dieses Modells auf den gegebenen Datensatz ergibt sich ein MSE von 174.422.

Den geringsten MSE weist in diesem Beispiel die Logarithmus-Funktion auf.

Produktionsplanung: Materialbedarfsplanung

7

Zusammenfassung

Die Materialbedarfsplanung dient der Ermittlung der für die Durchführung des Produktionshauptprogramms notwendigen Mengen an Rohstoffen und Vorprodukten. In den Aufgaben dieses Kapitels sollen die einzelnen Schritte der Materialbedarfsplanung geübt werden. Dafür werden zunächst aus gegebenen Bruttobedarfen, Lagerbeständen und Lieferzeiten die vorlaufverschobenen Nettobedarfe eines Materials berechnet. Für die anschließende Losgrößenplanung werden statische (Economic Order Quantity) und dynamische Losgrößenmodelle (Silver-Meal-, Least-Unit-Cost-, Part-Period-Balancing-Verfahren und Wagner-Within-Algorithmus) besprochen.

7.1 Aufgaben

Aufgabe 7 – A1: Vorlaufverschobene Nettobedarfsplanung bei einem Spielzeughersteller

Das Unternehmen We'R'Toys produziert eine Serie hochwertiger Spielzeugautos und möchte diese über eine Sammlerzeitschrift vertreiben. Ein Modell der Serie ist der Mini-Pickup „Canyonero" mit aufsteckbaren Scheinwerfern. In Tab. 7.1 sind die für die Kalenderwochen 6–14 geplanten Auslieferungsmengen verzeichnet. Folgende Informationen sind Ihnen zur Nettobedarfsplanung gegeben:

- Die Auslieferung eines Loses an Autos erfolgt sofort nach der Fertigstellung eines Montageloses d. h. noch in derselben Woche.
- Die Montage eines Loses dauert eine Woche.

© Springer-Verlag GmbH Deutschland, ein Teil von Springer Nature 2024
M. Lukesch, F. Kellner, *Übungsbuch Produktionswirtschaft*,
https://doi.org/10.1007/978-3-662-68672-0_7

Tab. 7.1 Aufgabe 7-A1: Ausgangsdaten

Woche	6	7	8	9	10	11	12	13	14
Auslieferungsmengen Mini-Pickup (Stück)	1300	950	1200	1000	400	1100	600	800	600

	Vorlauf / Woche	1	2	3	4	5	6	7	8	9	10	11	12	13	14
Auslieferung **Mini-Pickup**	0 Wochen	0	0	0	0	0	1300	950	1200	1000	400	1100	600	800	600
Montage **Mini-Pickup** (= Montageauftrag)	1 Woche														
Bruttobedarf **Chassis**	2 Wochen														
Lagerbestand **Chassis**	--	500													
Nettobedarf **Chassis** (= Fertigungsauftrag)	2 Wochen														
Nettobedarf **Querstreben** (= Fertigungsauftrag)	1 Woche														
Nettobedarf **Karosserieteile** (= Bestellung)	3 Wochen														
Nettobedarf **Räder** (= Bestellung)	1 Woche														

Abb. 7.1 Aufgabe 7-A1: Lösungsvorlage

- Für ein Auto werden fünf Räder (vier plus Ersatzrad) und vier Karosserieteile benötigt, die von Zulieferern beschafft werden. Der Zulieferer für die Räder benötigt eine Woche Lieferzeit, der Lieferant für die Karosserieteile drei Wochen.
- Das Chassis des Fahrzeugs wird von We'R'Toys hergestellt. Zur Planung des Nettobedarfs muss bei diesem berücksichtigt werden, dass die Herstellung eines typischen Chassis-Fertigungsloses zwei Wochen dauert. Aktuell liegen 500 Chassis auf Lager.
- Zur Herstellung des Chassis werden vier Querstreben benötigt, die ebenfalls von We'R'Toys gefertigt werden. Für sie wird eine Woche Fertigungsvorlaufzeit eingeplant.
- Abgesehen vom Lagerbestand für die Chassis bestehen keine Lagerbestände.

a) Stellen Sie den Gozinto-Graphen für den Mini-Pickup auf. Vermerken Sie die jeweiligen Vorlaufverschiebungen in diesem Gozinto-Graphen!
b) Berechnen Sie die vorlaufverschobenen Nettobedarfe des Mini-Pickups, der Chassis, der Türen, der Räder und der Querstreben. Sie können die Vorlage in Abb. 7.1 benutzen.

Aufgabe 7 – A2: Gestufte Bedarfsermittlung bei einem Elektrohersteller
Sie sind in der Produktionsabteilung der Feintechnik AG, einem mittelständischen Hersteller von Elektromodulen, für die Materialbedarfsrechnung der Produkte L und I zuständig. Beide Produkte bestehen aus einer Kombination der Baugruppen B1 und B2 sowie den Rohstoffen R1 und R2. Abb. 7.2 zeigt den Gozinto-Graphen der beiden Pro-

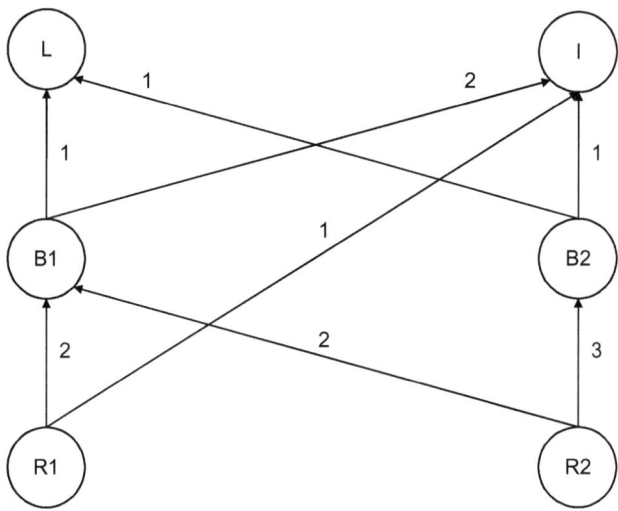

Abb. 7.2 Aufgabe 7-A2: Gozinto-Graph

Tab. 7.2 Aufgabe 7-A2: Ausgangsdaten

Material	Anfangsbestand KW 1 (Stk)	Bestellregel	Bruttobedarf (Stk)			
			KW1	KW2	KW3	KW4
Produkt L	20	Lot-for-Lot	20	15	20	30
Produkt I	10	Lot-for-Lot	0	20	30	40
Baugruppe B1	40	Mindestbestellmenge 40 Stk				
Baugruppe B2	50	Lot-for-Lot				
Rohstoff R1	250	Volle Lose à 30 Stk				
Rohstoff R2	230	Mindestbestellmenge 100 Stk				
Mit: Stk = Stück						

dukte. Des Weiteren sind Ihnen in Tab. 7.2 Informationen zu den Bedarfen (in Stück = Stk) in den Kalenderwochen (KW) 1–4, den Anfangsbeständen (in Stk) und die verschiedenen fest gesetzten Bestellregeln der verschiedenen Teile gegeben.

Für die kommenden vier Kalenderwochen möchten Sie die Materialbedarfsrechnung der beiden Endprodukte vornehmen. Folgende weitere Hinweise sind dabei zu beachten:

- Bedarfe und potenzielle Lagerzugänge vor KW 1 sind unberücksichtigt zu lassen.
- Ferner sind Primärbedarfe, die nach KW 4 anfallen, sowie die entsprechenden Sekundärbedarfe nicht zu berücksichtigen, d. h. mit Null gleich zu setzen (=0).
- Die Fertigungsvorlaufzeit beträgt für alle Teile 1 Woche.

Bestimmen Sie die terminierten Nettobedarfe sowie die Fertigungsaufträge für alle sechs Materialien! Sie können hierfür die Vorlage in Abb. 7.3 nutzen!

		KW1	KW2	KW3	KW4
Produkt L	Bruttobedarf	20	15	20	30
	Anfangsbestand	20			
Lot-for-Lot	Nettobedarf				
	Fertigungsauftrag (FA)				
	Vorterminierter FA				
Produkt I	Bruttobedarf	0	20	30	40
	Anfangsbestand	10			
Lot-for-Lot	Nettobedarf				
	Fertigungsauftrag (FA)				
	Vorterminierter FA				
B1	Bruttobedarf				
	Anfangsbestand	40			
Mindestmenge 40 Stück	Nettobedarf				
	Fertigungsauftrag (FA)				
	Vorterminierter FA				
B2	Bruttobedarf				
	Anfangsbestand	50			
Lot-for-Lot	Nettobedarf				
	Fertigungsauftrag (FA)				
	Vorterminierter FA				
R1	Bruttobedarf				
	Anfangsbestand	250			
Lose à 30 Stück	Nettobedarf				
	Fertigungsauftrag (FA)				
	Vorterminierter FA				
R2	Bruttobedarf				
	Anfangsbestand	230			
Mindestmenge 100 Stück	Nettobedarf				
	Fertigungsauftrag (FA)				
	Vorterminierter FA				

Abb. 7.3 Aufgabe 7-A2: Lösungsvorlage

Aufgabe 7 – A3: Gestufte Bedarfsermittlung mit variierenden Vorlaufzeiten

Ihre Vorgesetzte möchte, dass Sie die Sekundärbedarfsplanung für die Produkte A und Q durchführen. Diese Produkte bestehen aus einer Kombination der Baugruppen B1 und B2 sowie den Rohstoffen R1 und R2. Der Gozinto-Graph der beiden Produkte ist in Abb. 7.4

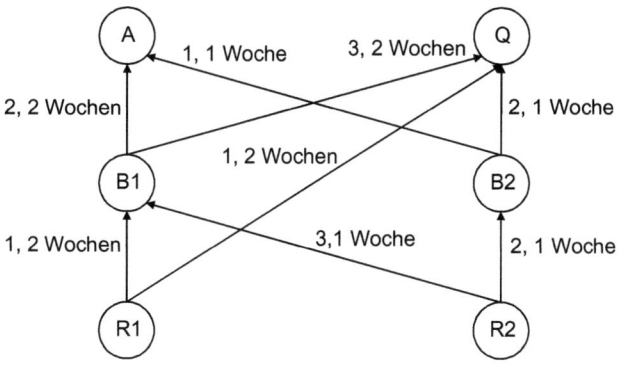

Abb. 7.4 Aufgabe 7-A3: Gozinto-Graph

Tab. 7.3 Aufgabe 7-A3: Ausgangsdaten

Material	Anfangs- bestand KW 1 (Stk)	Bestellregel	Bruttobedarf (Stk)					
			KW 1	KW 2	KW 3	KW 4	KW 5	KW 6
Produkt A	10	Lot-for-Lot	0	30	20	30	10	15
Produkt Q	15	Lot-for-Lot	10	10	30	40	20	20
Baugruppe B1	340	Mindestbestellmenge 40 Stück						
Baugruppe B2	50	Lot-for-Lot						
Rohstoff R1	120	Volle Lose à 30 Stück						
Rohstoff R2	230	Mindestbestellmenge 100 Stück						

dargestellt. Des Weiteren sind Ihnen in Tab. 7.3 Informationen zu den Bedarfen (in Stück = Stk) der Kalenderwochen (KW) 1–6, zu den Anfangsbeständen (in Stk) und zu den fest gesetzten Bestellregeln der verschiedenen Teile gegeben.

Ihre Vorgesetzte teilt Ihnen zudem mit, dass die Vorlaufzeit für die Baugruppe B1 zwei Wochen beträgt. Außerdem dauere die Lieferung des Rohstoffs R1 ebenfalls zwei Wochen. Für die restlichen Teile wird von einer Vorlaufzeit von einer Woche ausgegangen. Für die kommenden sechs Kalenderwochen sollen Sie die Materialbedarfsrechnung der beiden Endprodukte vornehmen. Folgende weitere Hinweise sind zu beachten:

- Bedarfe und potenzielle Lagerzugänge vor KW 1 sind unberücksichtigt zu lassen.
- Primärbedarfe, die nach KW 4 anfallen, sowie die entsprechenden Sekundärbedarfe sind nicht zu berücksichtigen, d. h. mit Null gleichzusetzen (= 0).

Bestimmen Sie die terminierten Nettobedarfe für alle sechs Materialien sowie die Fertigungsaufträge für alle sechs Materialien! Nutzen Sie hierzu die Vorlage in Abb. 7.5!

		KW1	KW2	KW3	KW4	KW 5	KW6
Produkt A	Bruttobedarf	0	30	20	30	10	15
Lot-for-Lot	Anfangsbestand						
(Vorlauf: 1 Woche)	Nettobedarf						
	Fertigungsauftrag (FA)						
	Vorterminierter FA						
Produkt Q	Bruttobedarf	10	10	30	40	20	20
Lot-for-Lot	Anfangsbestand	15					
(Vorlauf: 1 Woche)	Nettobedarf						
	Fertigungsauftrag (FA)						
	Vorterminierter FA						
B1	Bruttobedarf						
Mindestmenge 40 Stück	Anfangsbestand	340					
	Nettobedarf						
(Vorlauf: 2 Wochen)	Fertigungsauftrag (FA)						
	Vorterminierter FA						
B2	Bruttobedarf						
Lot-for-Lot	Anfangsbestand	50					
(Vorlauf: 1 Woche)	Nettobedarf						
	Fertigungsauftrag (FA)						
	Vorterminierter FA						
R1	Bruttobedarf						
Lose à 30 Stück	Anfangsbestand	120					
(Vorlauf: 2 Wochen)	Nettobedarf						
	Fertigungsauftrag (FA)						
	Vorterminierter FA						
R2	Bruttobedarf						
Mindestmenge 100 Stück	Anfangsbestand	230					
	Nettobedarf						
(Vorlauf: 1 Woche)	Fertigungsauftrag (FA)						
	Vorterminierter FA						

Abb. 7.5 Aufgabe 7-A3: Lösungsvorlage

Aufgabe 7 – A4: Losgrößenplanung bei einem Großmarkt

Sie sind für die Bestellmengenplanung verschiedener Produkte bei einem Großmarkt zuständig. Ihnen liegen in Tab. 7.4 die notwendigen Daten zur Planung vor. Ihr Kollege weist Sie darauf hin, dass die Wochenbedarfe konstant sind und die Auffüllzeit vernachlässigt werden kann.

a) Berechnen Sie die optimalen Losgrößen für die einzelnen Produkte, indem Sie die EOQ-Formel anwenden!

b) Erklären Sie – ohne weitere Rechnung – anhand Ihrer Ergebnisse aus Teilaufgabe a), welchen Einfluss Bedarf, Bestellkosten und Lagerkosten auf die EOQ-Losgrößenentscheidung haben!

Tab. 7.4 Aufgabe 7-A4: Ausgangsdaten

Produkt	Wochenbedarf (Kisten)	Fixe Bestellkosten (GE)	Stücklagerkosten (Kiste/Woche, GE)
Haferflocken (grob)	10	10	0,25
Haferflocken (fein)	10	17	0,25
Erdnussbutter (creamy)	5	15	0,35
Erdnussbutter (chunky)	5	15	0,55
Griechischer Joghurt	8	20	1
Bulgarischer Joghurt	3	20	1
Mit: GE = Geldeinheiten			

Aufgabe 7 – A5: Losgrößenplanung mit dem EOQ-Modell

In der Feintechnik AG müssen Metallteile an einer Stanzmaschine bearbeitet werden, bevor sie in größeren Anlagen verbaut werden können. Um die Anzahl der Rüstvorgänge an der Stanzmaschine zu reduzieren, lässt der Werkstattleiter immer größere Lose bearbeiten. Aktuell beträgt die Reichweite eines solchen Loses drei Monate. Des Weiteren sind Ihnen folgende Parameter bekannt:

- Der Jahresbedarf der Teile beträgt 4000 Stück.
- Die Rüstkosten belaufen sich pro Vorgang auf 5 Geldeinheiten (GE).
- Die Herstellkosten der Metallteile belaufen sich auf 4 GE je 100 Stück.
- Der Lagerhaltungszinssatz beträgt 25 % p. a.

a) Wie groß ist die bisherige Herstellmenge je Los? Wie groß ist die optimale Bestellmenge gemäß dem EOQ-Modell?

b) Wie hoch ist die Lagerreichweite der in Teilaufgabe a) ermittelten EOQ-Menge?

c) Vergleichen Sie die Gesamtkosten der Losgröße aus der Angabe mit den Gesamtkosten, die sich beim Einsatz der EOQ-Formel ergeben (Teilaufgabe a)). Ab welchem Wert der Rüstkosten würden Sie sich – aus Kostengesichtspunkten – für die Ausgangslosgröße entscheiden, ab welchem Wert für die EOQ-Losgröße aus Teilaufgabe a)?

d) Durch prozessoptimierende Maßnahmen konnten die Herstellkosten auf 3,5 GE je 100 Stück gesenkt werden. Ermitteln Sie die neue EOQ-Losgröße und -Bestellfrequenz!

e) Wie viel Prozent müsste der Lagerhaltungszinssatz ceteris paribus betragen, um die in Teilaufgabe d) errechnete Losgröße im EOQ-Modell nochmals um die gleiche Differenz zur Losgröße aus Teilaufgabe a) zu steigern? Die Herstellkosten betragen weiterhin 3,5 € je 100 Stk.

Aufgabe 7 – A6: Losgrößenplanung bei einem Kaffeeröster

Der Besitzer der Kaffeerösterei „Feine Bohne" am Münchner Marienplatz stellt Überlegungen zur Verbesserung der Losgrößen beim Röstvorgang an. Er schätzt, dass er in einem durchschnittlichen Monat mit 5 Öffnungstagen je Woche 2000 Kunden bedient, die im Schnitt 0,5 kg seiner nach einem speziellen Verfahren gerösteten Arabica-Bohnen kaufen. Folgende weitere Informationen hat er auf seinem Notizzettel vermerkt:

- Der Einkaufspreis von 50 kg ungerösteter Arabica-Bohnen liegt aktuell bei 30 Geldeinheiten (GE).
- Laut Kostenkalkulation dauert die Vorbereitung des Röstvorgangs mit seiner traditionellen Rösttrommel 20 min. Pro Stunde Vorbereitung werden 10 GE veranschlagt.
- Da er nur über einen sehr kleinen Lagerraum verfügt, hat der Besitzer beschlossen, die Lagerhaltungskosten der Arabica-Bohnen auf 3 GE pro Kilogramm pro Monat anzusetzen.

a) Wie hoch ist die monatliche EOQ-Losgröße für den Röstvorgang? Muss der Besitzer jeden Tag einen Röstvorgang durchführen?
b) Bisher hat der Besitzer in Losen von 30 kg geröstet. Um wieviel ist diese Losgröße teurer als die EOQ-Losgröße? Weisen Sie dabei Rüst- und Bestandskosten aus!
c) Über einen Kontakt in Südamerika kann der Besitzer 100 kg besonders seltener Excelsa-Bohnen für 500 GE erstehen. Die Lagerhaltungskosten für die Aufbewahrung eines Kilogramms je Monat schätzt er auf 150 % des Einkaufspreises je Kilogramm. Der Besitzer geht davon aus, dass er diese 100 kg vollständig absetzen kann. Da er den Röstprozess dieser teuren Bohnen persönlich begleiten muss, überlegt er, ob er diesen in Losen zu 25 kg oder in Losen zu 50 kg durchführen soll. Dabei entstehen je Vorbereitungsprozess des Röstvorgangs 5 GE an Kosten. Welche Losgröße ist aus Kostensicht günstiger? Weisen Sie dabei erneut Rüst- und Bestandskosten aus.

Aufgabe 7 – A7: Losgrößenbildung bei einem Sägewerk

In der Regensburger Sägewerke GmbH wird die Lospolitik für Spezialschrauben im kommenden Jahr festgelegt. Nach der Durchführung der Primärbedarfsplanung, der Stücklistenauflösung und der Verrechnung mit vorhandenen Lagerbeständen wissen Sie, in welcher Periode t wie viele Schrauben netto benötigt werden (Tab. 7.5). Die fixen Bestell-

Tab. 7.5 Aufgabe 7-A7: Ausgangsdaten

Periode t	Nettobedarf (Stück)
1	7500
2	8000
3	5600
4	8000
5	20,000
6	9500
7	5700
8	2300
9	4000
10	3000
11	5300
12	2000
13	3500

kosten betragen 20 Geldeinheiten (GE) pro Bestellung. Der Stücklagerkostensatz betrage aufgrund des geringen Lageraufwands für Schrauben nur 0,00075 GE pro Stück pro Monat.

Berechnen Sie die kostenoptimale Lospolitik und die daraus entstehenden Gesamtkosten gemäß …

a) … dem Silver-Meal-Verfahren.
b) … dem Stückkostenverfahren (auch: Least-Unit-Cost-Verfahren).
c) … dem Kostenausgleichsverfahren (auch: Part-Period-Balancing-Verfahren).

Aufgabe 7 – A8: Anwendung des Wagner-Whitin-Algorithmus bei einem Maschinenbauzulieferer

Der Maschinenbauzulieferer Bolts'n'Screws stellt verschiedene Kleinteile für den industriellen Bedarf her. Ihr Vorgesetzter hat für die kommenden vier Monate die eingegangenen Bestellungen der Firmenverkaufsschlager zusammengefasst, welche Sie in Tab. 7.6 sehen können. In dieser Tabelle finden Sie darüber hinaus den Ausschnitt aus der Mengenstückliste der einzelnen Produkte, der angibt, wie viele Mengeneinheiten der Metalllegierung XY im Produktionsverfahren der jeweiligen Produkte eingesetzt werden müssen.

Diese Metalllegierung wird von einem externen Lieferanten bezogen. Aufgrund des hohen Werts der Metalllegierung ist Ihnen ein Lagerkostenzinssatz von 1,5 % pro Monat vorgegeben. Aus der Lieferantendatei entnehmen Sie die Information, dass bei jeder Bestellung von XY fixe Bestellkosten von 50 Geldeinheiten (GE) anfallen. Eine einzelne Mengeneinheit XY kostet 2 GE im Einkauf.

Bestimmen Sie die optimale Bestellgrößenpolitik für die Beschaffung der Metalllegierung XY, indem Sie den Wagner-Within-Algorithmus anwenden! Berechnen Sie die dabei anfallenden Kosten!

Aufgabe 7 – A9: Befüllen eines Wagner-Whitin-Tableaus

Ihnen sind die Periodenbedarfe {100; 150; 120; 170; 50; 145} (in Mengeneinheiten = ME) eines Produkts gegeben. Wie lautet die kostenoptimale Losgrößenpolitik bei Rüstkosten von 100 GE und periodenbezogenen Lagerkosten von 0,50 GE je ME? Wenden Sie den Wagner-Whitin-Algorithmus an! Markieren Sie zudem die Bereiche des Tableaus, die aufgrund der Festlegung von Entscheidungshorizonten nicht berechnet werden müssen!

Tab. 7.6 Aufgabe 7-A8: Ausgangsdaten

Produkte	Monatsbedarfe (in Stück)				Ausschnitt aus der Mengenstückliste
	1	2	3	4	Benötigte Menge Metalllegierung XY pro Stk (in ME)
Drehscheibe „Galileo"	710	730	180	730	0,2
Flügelschraube „Zirbeldoppler"	860	750	370	180	0,5
Sechskantmutter „Sweet Mama"	70	200	420	570	0,4
Gewindebolzen „Drehfuchs"	180	890	710	560	0,8
Federring „Bouncy Ringo"	50	320	670	650	0,1
Mit: ME = Mengeneinheiten					

Aufgabe 7 – A10: Losbildung bei einem Maschinenbauer

Die Maschinenfabrik Regensburg möchte die Lospolitik für die Fertigung eines Spezialteils für den Bau von Kleintransformatoren für die kommenden vier Monate bestimmen. Die Monatsbedarfe (in Mengeneinheiten = ME) betragen {20; 30; 60; 50}. Für jeden Herstellprozess des Teils fallen 50 Geldeinheiten (GE) an Rüstkosten an, der monatliche Lagerkostenzinssatz beträgt 10,00 %. Jede Einheit des Teils kostet 5 GE in der Herstellung.

a) Bestimmen Sie die Lospolitik gemäß dem Kostenausgleichsverfahren! Welche Kosten fallen an?
b) Wenden Sie nun den Wagner-Whitin-Algorithmus an! Geben Sie die optimale Lospolitik und die dabei anfallenden Kosten an!

Aufgabe 7 – A11: Lospolitik bei einem Elektronikproduzenten

Bei der Feintechnik AG muss in den kommenden vier Planperioden eine spezielle Chemikalie zur Beschichtung von Metallteilen zusammengemischt werden. Die Periodenbedarfe der Chemikalie belaufen sich auf {200; 250; 100; 120} (in Mengeneinheiten = ME). Als Lagerkosten pro ME pro Periode fallen 0,4 Geldeinheiten (GE) an, die Rüstkosten der Mischmaschine betragen 180 GE.

a) Vervollständigen Sie das Wagner-Whitin-Tableau in Tab. 7.7, indem Sie die drei dick umrandeten Zellen berechnen!
b) Welche Lospolitik wird gemäß dem Tableau aus Teilaufgabe a) verfolgt? Welche Kosten fallen dabei an?
c) Welche Lospolitik würde das Silver-Meal-Verfahren für die gegebenen Zahlen ausgeben? Welche Kosten fallen dabei an?

Aufgabe 7 – A12: Losbildung bei einem Fleischereibetrieb

Trotz oder gerade wegen Ihrer Einstellung zum Konsum von Fleisch haben Sie eine Anstellung beim international tätigen Großfleischereibetrieb Fleischhauer AG in Regens-

Tab. 7.7 Aufgabe 7-A11: Wagner-Whitin-Tableau

Bedarf (ME)	200	250	100	120
Produktionsperiode / Verbrauchsperiode	1	2	3	4
1	180		360	504
2		360	400	
3			460	508
4				
Mit: ME = Mengeneinheiten				

burg aufgenommen. Ein Kollege zeigt Ihnen ein Excel-Sheet, mithilfe dessen er optimale Losgrößen in der Herstellung von Gewürzzubereitungen nach der EOQ-Formel berechnet (Tab. 7.8).

a) Nennen Sie das generische Ziel der Losgrößenplanung!
b) Erklären Sie anhand der Tabelle den Trade-Off zwischen Bestell- und Lagerkosten bei der Losgrößenentscheidung.

Aufgabe 7 – A13: Chiphersteller
Ein Chiphersteller benötigt für die Produktion in den kommenden Monaten die in Tab. 7.9 abgetragenen Mengen an Silizium (in Mengeneinheiten = ME). Sie stehen vor der Aufgabe, eine möglichst günstige Lospolitik zu ermitteln. Die fixen Kosten je Bestellvorgang betragen 500 Geldeinheiten (= GE). Der Lagerkostensatz je ME und Periode beläuft sich auf 12 GE. Zur Vereinfachung sei angenommen, dass die Lieferzeit 0 Perioden betrage. Ermitteln Sie eine günstige Lospolitik, indem Sie die untenstehenden Heuristiken anwenden. Weisen Sie dabei jeweils auch die Lospolitik sowie die entstehenden Kosten (Gesamtkosten, Lagerkosten, Bestellkosten) aus!

a) Silver-Meal-Verfahren
b) Kostenausgleichsverfahren (auch: Part-Period-Balancing-Verfahren)
c) Stückkostenverfahren (auch: Least-Unit-Cost-Verfahren)

Tab. 7.8 Aufgabe 7-A12: Ausgangsdaten

Produkt	Monatsbedarf (ME)	Rüstkosten (GE)	Stücklagerkosten (GE/Monat)	EOQ-Losgröße (in ME)
Gewürzmischung „Jockl"	500	30	50	24,49
Gewürzmischung „Hackl"	500	40	50	28,28
Gewürzmischung „Joseph"	200	30	50	15,49
Gewürzmischung „Franz"	200	30	80	12,25
Mit: GE = Geldeinheiten, ME = Mengeneinheiten				

Tab. 7.9 Aufgabe 7-A13: Ausgangsdaten

t	Monat	Bedarf (in ME)
1	Januar	50
2	Februar	44
3	März	23
4	April	70
5	Mai	85
Mit: ME = Mengeneinheiten		

7.2   Lösungen

Lösung 7 – A1: Vorlaufverschobene Nettobedarfsplanung bei einem Spielzeughersteller

▶ **Tipp** Im Lehrbuch „**Produktionswirtschaft: Planung, Steuerung und Industrie 4.0"** finden Sie in den Kapiteln 3.3.5.1 und 3.3.5.2 ausführliche Erklärungen
zur Ermittlung von terminierten Netto-Sekundärbedarfen.

Produktionswirtschaft: Planung, Steuerung und Industrie 4.0, Autoren:
Florian Kellner, Bernhard Lienland, Maximilian Lukesch (3. Auflage, erschienen
bei Springer Gabler, 2022; eBook ISBN: 978-3-662-65803-1, Softcover ISBN: 978-
3-662-65802-4).

a) Die Lösung können Sie Abb. 7.6 entnehmen.
b) Lösungen und Rechenwege können Sie Abb. 7.7 und 7.8 entnehmen. Zu Abb. 7.8 seien
    folgende Hinweise gegeben:
    • Grau markierte Zellen sind in der Aufgabenstellung vorgegeben.
    • Die jeweilige Vorlaufzeit eines Teils bestimmt, um wie viele Wochen der Montage-/
       Fertigungsauftrag vorverschoben werden muss, damit der Auftrag rechtzeitig zur
       Deckung des Brutto- bzw. Nettobedarfs des jeweiligen Teils fertiggestellt ist.
    • Die Bruttobedarfe der einzelnen Teile ergeben sich gemäß den Mengenangaben im
       Gozinto-Graph (Abb. 7.6).
    • Der Nettobedarf der Chassis ergibt sich, indem der Bruttobedarf um den vor-
       handenen Lagerbestand reduziert wird.

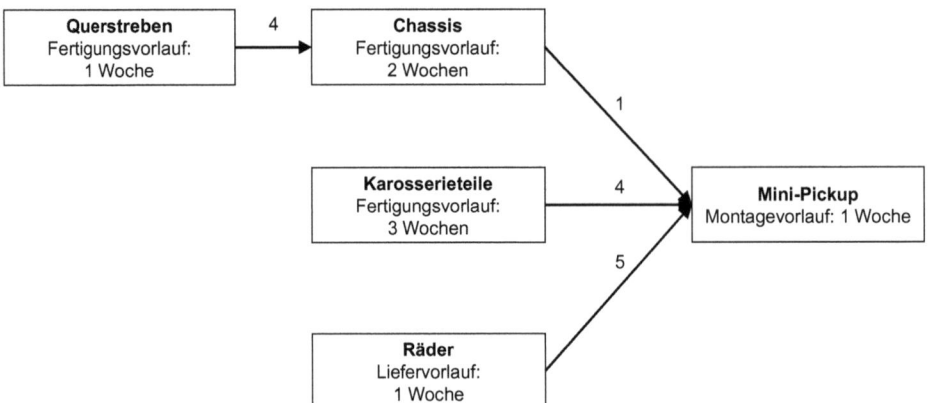

Abb. 7.6 Lösung 7-A1: Gozinto-Graph

	Vorlauf / Woche	1	2	3	4	5	6	7	8	9	10	11	12	13	14
Auslieferung **Mini-Pickup**	0 Wochen	0	0	0	0	0	1300	950	1200	1000	400	1100	600	800	600
Montage **Mini-Pickup** (= Montageauftrag)	1 Woche	0	0	0	0	1300	950	1200	1000	400	1100	600	800	600	0
Bruttobedarf **Chassis**	2 Wochen	0	0	1300	950	1200	1000	400	1100	600	800	600	0	0	0
Lagerbestand **Chassis**	--	500	500	500	0	0	0	0	0	0	0	0	0	0	0
Nettobedarf **Chassis** (= Fertigungsauftrag)	2 Wochen	0	0	800	950	1200	1000	400	1100	600	800	600	0	0	0
Nettobedarf **Querstreben** (= Fertigungsauftrag)	1 Woche	0	3200	3800	4800	4000	1600	4400	2400	3200	2400	0	0	0	0
Nettobedarf **Karosserieteile** (= Bestellung)	3 Wochen	0	5200	3800	4800	4000	1600	4400	2400	3200	2400	0	0	0	0
Nettobedarf **Räder** (= Bestellung)	1 Woche	0	0	0	6500	4750	6000	5000	2000	5500	3000	4000	3000	0	0

Abb. 7.7 Lösung 7-A1: Vorlaufverschobene Nettobedarfsplanung

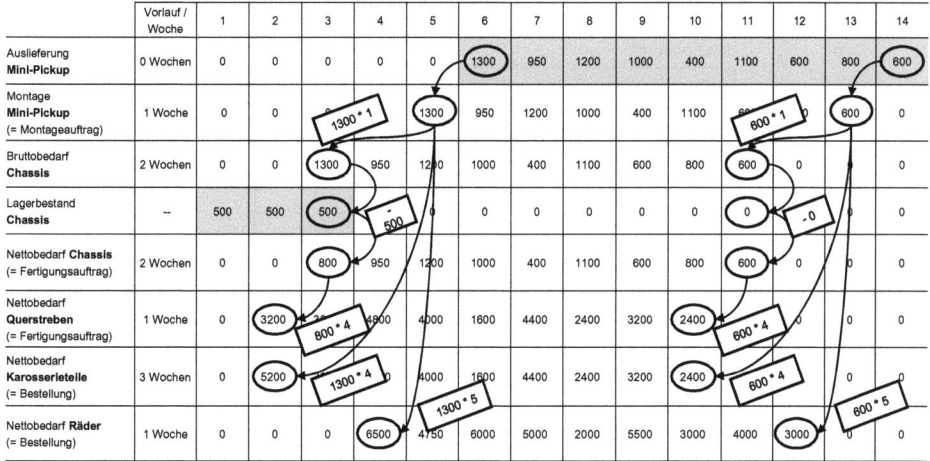

Abb. 7.8 Lösung 7-A1: Exemplarische Rechenwege zur vorlaufverschobenen Nettobedarfsplanung

Lösung 7 – A2: Gestufte Bedarfsermittlung bei einem Elektrohersteller

▶ **Tipp** Im Lehrbuch „**Produktionswirtschaft: Planung, Steuerung und Industrie 4.0**" finden Sie in den Kapiteln 3.3.5.1 und 3.3.5.2 ausführliche Erklärungen zur Ermittlung von terminierten Netto-Sekundärbedarfen.

Produktionswirtschaft: Planung, Steuerung und Industrie 4.0, Autoren: Florian Kellner, Bernhard Lienland, Maximilian Lukesch (3. Auflage, erschienen bei Springer Gabler, 2022; eBook ISBN: 978-3-662-65803-1, Softcover ISBN: 978-3-662-65802-4).

		KW1	KW2	KW3	KW4
Produkt L	Bruttobedarf	20	15	20	30
	Anfangsbestand	20	0	0	0
	Nettobedarf	0	15	20	30
Lot-for-Lot	Fertigungsauftrag (FA)	0	15	20	30
	Vorterminierter FA	15	20	30	0
Produkt I	Bruttobedarf	0	20	30	40
	Anfangsbestand	10	10	0	0
	Nettobedarf	0	10	30	40
Lot-for-Lot	Fertigungsauftrag (FA)	0	10	30	40
	Vorterminierter FA	10	30	40	0
B1	Bruttobedarf	35	80	110	0
	Anfangsbestand	40	5	0	0
Mindestmenge	Nettobedarf	0	75	110	0
40 Stück	Fertigungsauftrag (FA)	0	75	110	0
	Vorterminierter FA	75	110	0	0
B2	Bruttobedarf	25	50	70	0
	Anfangsbestand	50	25	0	0
	Nettobedarf	0	25	70	0
Lot-for-Lot	Fertigungsauftrag (FA)	0	25	70	0
	Vorterminierter FA	25	70	0	0
R1	Bruttobedarf	160	250	40	0
	Anfangsbestand	250	90	20	10
Lose à 30 Stück	Nettobedarf	0	160	20	0
	Fertigungsauftrag (FA)	0	180	30	0
	Vorterminierter FA	180	30	0	0
R2	Bruttobedarf	225	430	0	0
	Anfangsbestand	230	5	0	0
Mindestmenge	Nettobedarf	0	425	0	0
100 Stück	Fertigungsauftrag (FA)	0	425	0	0
	Vorterminierter FA	425	0	0	0

Abb. 7.9 Lösung 7-A2: Nettobedarfsplanung

Lösungen und Rechenwege können Sie den Abb. 7.9 und 7.10 entnehmen. Zu Abb. 7.10 seien folgende Hinweise gegeben:

- Grau markierte Zellen sind in der Aufgabenstellung vorgegeben.
- Die jeweilige Vorlaufzeit eines Teils bestimmt, um wie viele Wochen der Montage-/ Fertigungsauftrag vorverschoben werden muss, damit der Auftrag rechtzeitig zur Deckung des Brutto- bzw. Nettobedarfs des jeweiligen Teils fertiggestellt ist.

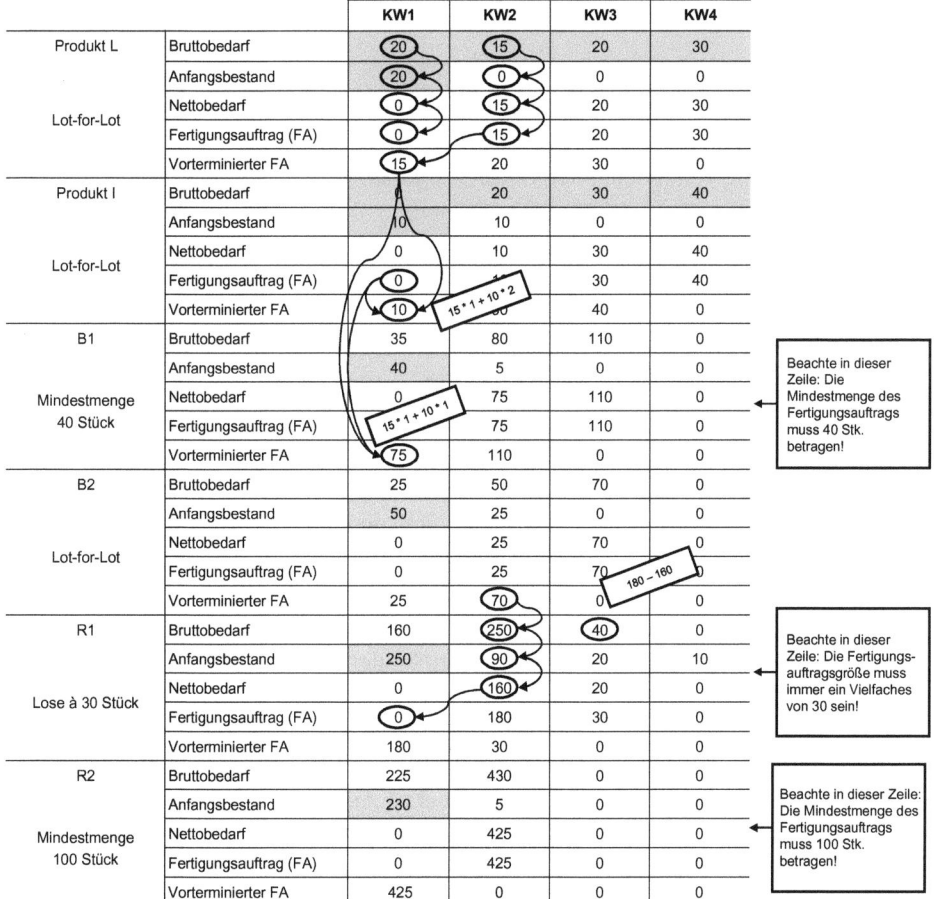

Abb. 7.10 Lösung 7-A2: Exemplarische Rechenwege zur Nettobedarfsplanung

- Nettobedarfe sind die um Anfangsbestände reduzierten Bruttobedarfe. Ist der Bruttobedarf kleiner als der Anfangsbestand, so beträgt der Nettobedarf 0.
- Ein Nettobedarf größer 0 erzeugt – gemäß angegebener Vorlaufzeit – einen vorterminierten Fertigungsauftrag in einer der vorangehenden Perioden (Vorlaufzeit von einer Woche → Verschiebung um eine Spalte nach links, Vorlaufzeit von zwei Wochen → Verschiebung um zwei Spalten nach links etc.). Aufgrund von Losgrößenregelungen (Tab. 7.2) können Fertigungsaufträge manchmal größer als der eigentliche Nettobedarf sein.
- Der vorterminierte Fertigungsauftrag läuft in der Periode des Nettobedarfes „im Lager ein" und kann verbraucht werden.
- Der Anfangsbestand einer Periode bemisst sich daran, ob vom Anfangsbestand der Vorperiode etwas übriggeblieben ist und ob der in der Vorperiode eingegangene Fertigungsauftrag größer als der Nettobedarf der Vorperiode war.
- Die Bruttobedarfe der Baugruppen und Rohstoffe ergeben sich gemäß den Mengenangaben im Gozinto-Graph (Abb. 7.2).

Lösung 7 – A3: Gestufte Bedarfsermittlung mit variierenden Vorlaufzeiten

▶ **Tipp** Im Lehrbuch „**Produktionswirtschaft: Planung, Steuerung und Industrie 4.0"** finden Sie in den Kapiteln 3.3.5.1 und 3.3.5.2 ausführliche Erklärungen
zur Ermittlung von terminierten Netto-Sekundärbedarfen.

   Produktionswirtschaft: Planung, Steuerung und Industrie 4.0, Autoren:
Florian Kellner, Bernhard Lienland, Maximilian Lukesch (3. Auflage, erschienen
bei Springer Gabler, 2022; eBook ISBN: 978-3-662-65803-1, Softcover ISBN: 978-
3-662-65802-4).

Lösungen und Rechenwege können Sie Abb. 7.11 und 7.12 entnehmen. Zu Abb. 7.12 seien
folgende Hinweise gegeben:

- Grau markierte Zellen sind in der Aufgabenstellung vorgegeben.
- Die jeweilige Vorlaufzeit eines Teils bestimmt, um wieviel Wochen der Montage-/
  Fertigungsauftrag vorverschoben werden muss, damit der Auftrag rechtzeitig zur De-
  ckung des Brutto- bzw. Nettobedarfs des jeweiligen Teils fertiggestellt ist.
- Nettobedarfe sind die um Anfangsbestände reduzierten Bruttobedarfe. Ist der Brutto-
  bedarf kleiner als der Anfangsbestand, so beträgt der Nettobedarf 0.
- Ein Nettobedarf größer 0 erzeugt – gemäß angegebener Vorlaufzeit – einen vor-
  terminierten Fertigungsauftrag in einer der vorangehenden Perioden (Vorlaufzeit von
  einer Woche ➔ Verschiebung um eine Spalte nach links, Vorlaufzeit von zwei Wochen
  ➔ Verschiebung um zwei Spalten nach links etc.). Aufgrund von Losgrößenregelungen
  (Tab. 7.3) können Fertigungsaufträge manchmal größer als der eigentliche Netto-
  bedarf sein.
- Der vorterminierte Fertigungsauftrag läuft in der Periode des Nettobedarfes „im Lager
  ein" und kann verbraucht werden.
- Der Anfangsbestand einer Periode bemisst sich dann daran, ob vom Anfangsbestand
  der Vorperiode etwas übriggeblieben ist und ob der in der Vorperiode eingegangene
  Fertigungsauftrag größer als der Nettobedarf der Vorperiode war.
- Die Bruttobedarfe der Baugruppen und Rohstoffe ergeben sich gemäß den Mengenangaben im Gozinto-Graph (Abb. 7.4).
- Besonders zu berücksichtigen sind in dieser Aufgabenstellung die variierenden Vor-
  laufzeiten.

Lösung 7 – A4: Klassisches Losgrößenmodell bei einem Großmarkt

▶ **Tipp** Im Lehrbuch „**Produktionswirtschaft: Planung, Steuerung und Industrie 4.0"** finden Sie im Kapitel 3.3.5.3 ausführliche Erklärungen zu verschiedenen
Methoden der Losgrößenplanung, darunter sowohl statische wie auch dynamische Verfahren.

		KW1	KW2	KW3	KW4	KW 5	KW6
Produkt A	Bruttobedarf	0	30	20	30	10	15
Lot-for-Lot	Anfangsbestand	10	10	0	0	0	0
(Vorlauf: 1 Woche)	Nettobedarf	0	20	20	30	10	15
	Fertigungsauftrag (FA)	0	20	20	30	10	15
	Vorterminierter FA	20	20	30	10	15	0
Produkt Q	Bruttobedarf	10	10	30	40	20	20
Lot-for-Lot	Anfangsbestand	15	5	0	0	0	0
(Vorlauf: 1 Woche)	Nettobedarf	0	5	30	40	20	20
	Fertigungsauftrag (FA)	0	5	30	40	20	20
	Vorterminierter FA	5	30	40	20	20	0
B1	Bruttobedarf	55	130	180	80	90	0
Mindestmenge	Anfangsbestand	340	285	155	15	0	0
40 Stück	Nettobedarf	0	0	25	65	90	0
(Vorlauf: 2 Wochen)	Fertigungsauftrag (FA)	0	0	40	65	90	0
	Vorterminierter FA	40	65	90	0	0	0
B2	Bruttobedarf	30	80	110	50	55	0
Lot-for-Lot	Anfangsbestand	50	20	0	0	0	0
(Vorlauf: 1 Woche)	Nettobedarf	0	60	110	50	55	0
	Fertigungsauftrag (FA)	0	60	110	50	55	0
	Vorterminierter FA	60	110	50	55	0	0
R1	Bruttobedarf	45	95	130	20	20	0
Lose à 30 Stück	Anfangsbestand	120	75	10	0	10	20
(Vorlauf: 2 Wochen)	Nettobedarf	0	20	120	20	10	0
	Fertigungsauftrag (FA)	0	30	120	30	30	0
	Vorterminierter FA	120	30	30	0	0	0
R2	Bruttobedarf	240	415	370	110	0	0
Mindestmenge	Anfangsbestand	230	90	0	0	0	0
100 Stück	Nettobedarf	10	325	370	110	0	0
(Vorlauf: 1 Woche)	Fertigungsauftrag (FA)	100	325	370	110	0	0
	Vorterminierter FA	325	370	110	0	0	0

Abb. 7.11 Lösung 7-A3: Nettobedarfsplanung

Produktionswirtschaft: Planung, Steuerung und Industrie 4.0, Autoren: Florian Kellner, Bernhard Lienland, Maximilian Lukesch (3. Auflage, erschienen bei Springer Gabler, 2022; eBook ISBN: 978-3-662-65803-1, Softcover ISBN: 978-3-662-65802-4).

a) Die Lösung können Sie Tab. 7.10 entnehmen.

b) Im Folgenden werden die einzelnen, in Tab. 7.10 markierten Produktpaare miteinander verglichen, um den Einfluss von Bedarf, Bestellkosten und Lagerkosten auf die EOQ-Losgrößenentscheidung zu zeigen:

– Produktpaar I+II: Der Bedarf und die Stücklagerkosten sind identisch, Nr. II hat jedoch höhere fixe Bestellkosten. Die optimale Losgröße ist größer als bei Nr. I. Da es im Vergleich teurer ist, eine Bestellung für Nr. II durchzuführen, empfiehlt die EOQ-Formel, zur Kostenminimierung eine größere Bestellung abzugeben (d. h. seltener zu bestellen) und die Ware zu lagern.

		KW1	KW2	KW3	KW4	KW5	KW6
Produkt A	Bruttobedarf	0	30	20	30	10	15
Lot-for-Lot	Anfangsbestand	10	10	0	0	0	0
(Vorlauf: 1 Woche)	Nettobedarf	0	20	20	30	10	15
	Fertigungsauftrag (FA)	0	20	20	30	10	15
	Vorterminierter FA	20	20	30	10	15	0
Produkt Q	Bruttobedarf	10	10	30	40	20	20
Lot-for-Lot	Anfangsbestand	15	5	0	0	0	0
(Vorlauf: 1 Woche)	Nettobedarf	0	5	30	40	20	20
	Fertigungsauftrag (FA)	0	5	30	40	20	20
	Vorterminierter FA	5	5	40	20	20	0
B1	Bruttobedarf	55	130	180	80	90	0
Mindestmenge 40 Stück	Anfangsbestand	340	285	155	15	0	0
	Nettobedarf	0	0	25	65	90	0
(Vorlauf: 2 Wochen)	Fertigungsauftrag (FA)	0	0	40	65	90	0
	Vorterminierter FA	40	65	90	0	0	0
B2	Bruttobedarf	30	80	110	50	55	0
Lot-for-Lot	Anfangsbestand	50	20	0	0	0	0
(Vorlauf: 1 Woche)	Nettobedarf	0	60	110	50	55	0
	Fertigungsauftrag (FA)	0	60	110	50	55	0
	Vorterminierter FA	60	110	50	55	0	0
R1	Bruttobedarf	45	95	130	20	20	0
Lose à 30 Stück	Anfangsbestand	120	75	10	0	0	0
(Vorlauf: 2 Wochen)	Nettobedarf	0	20	120	20	10	0
	Fertigungsauftrag (FA)	0	30	120	30	30	0
	Vorterminierter FA	120	30	30	0	0	0
R2	Bruttobedarf	240	416		110	0	0
Mindestmenge 100 Stück	Anfangsbestand	230		0	0	0	0
	Nettobedarf	10	325	370	110	0	0
(Vorlauf: 1 Woche)	Fertigungsauftrag (FA)	100	325	370	110	0	0
	Vorterminierter FA	325	370	110	0	0	0

Rechenwege / Annotationen: Produkt Q Vorterminierter FA KW2: 20*2+5*3. B1: „Beachte in dieser Zeile: Die Mindestmenge des Fertigungsauftrags muss 40 Stk. betragen!" B2: „Beachte in dieser Zeile: Die Fertigungsauftragsgröße muss immer ein Vielfaches von 30 sein!" (20-10). R1: 85*3+110*2; „Aufrunden auf 30 Stk." R2: „416 Wird auf 100 Stk. aufgerundet." „Beachte in dieser Zeile: Die Mindestmenge des Fertigungsauftrags muss 100 Stk. betragen!"

Abb. 7.12 Lösung 7-A3: Exemplarische Rechenwege zur Nettobedarfsplanung

Tab. 7.10 Lösung 7-A4: Optimale Losgrößen nach der EOQ-Formel

Produkt	Wochenbedarf (Kisten)	Fixe Bestellkosten (GE)	Stücklagerkosten (je Kiste/Woche in GE)	EOQ-Losgröße (Kisten)	Für Aufgabe b)
Haferflocken (grob)	10	10	0,25	28,28	I
Haferflocken (fein)	10	17	0,25	36,88	II
Erdnussbutter (creamy)	5	15	0,35	20,70	III
Erdnussbutter (chunky)	5	15	0,55	16,51	IV
Griechischer Joghurt	8	20	1	17,89	V
Bulgarischer Joghurt	3	20	1	10,95	VI

– Produktpaar III+IV: Der Bedarf und die fixen Bestellkosten sind identisch, Nr. IV hat jedoch höhere Stücklagerkosten. Die optimale Losgröße ist kleiner als bei Nr. III. Da es im Vergleich teurer ist, Nr. IV einzulagern, empfiehlt die EOQ-Formel zur Kostenminimierung die häufigere Bestellung kleinerer Mengen, um die Ware nicht lange lagern zu müssen.

– Produktpaar V+VI: Die fixen Bestell- und Stücklagerkosten sind identisch, Nr. V hat jedoch einen höheren wöchentlichen Bedarf. Die optimale Losgröße ist größer als bei Nr. VI. Hier bestehen keine kostenbezogenen Trade-Offs. Die höhere Losgröße für Nr. V ist lediglich auf den im Vergleich höheren Bedarf zurückzuführen.

Lösung 7 – A5: Losgrößenplanung mit dem EOQ-Modell

▶ **Tipp** Im Lehrbuch „**Produktionswirtschaft: Planung, Steuerung und Industrie 4.0"** finden Sie im Kapitel 3.3.5.3 ausführliche Erklärungen zu verschiedenen Methoden der Losgrößenplanung, darunter sowohl statische wie auch dynamische Verfahren.

Produktionswirtschaft: Planung, Steuerung und Industrie 4.0, Autoren: Florian Kellner, Bernhard Lienland, Maximilian Lukesch (3. Auflage, erschienen bei Springer Gabler, 2022; eBook ISBN: 978-3-662-65803-1, Softcover ISBN: 978-3-662-65802-4).

a) Die bisherige Herstellmenge je Los ergibt sich, indem die Reichweite mit dem Jahresbedarf verrechnet wird:

$$\frac{4000\,Stk}{12\,Monate} * 3\,Monate = 1000\,Stk \tag{7.1}$$

Für die Anwendung der EOQ-Formel muss zunächst der Herstellpreis pro Stück berechnet werden. Dieser beträgt (4 *GE*)/(100 *Stk*) = 0,04 GE/Stück. Die EOQ-Menge x* berechnet sich dann anhand der folgenden Formel:

$$x^* = \sqrt{\frac{2 * 4000\,Stk * 5\,GE}{\dfrac{0,25}{Jahr} * 0,04\,\dfrac{GE}{Stk}}} = 2000\,Stk \tag{7.2}$$

b) Die Reichweite der EOQ-Menge beträgt (2000 *Stk*)/(4000 *Stk/Jahr*) = 0,5 Jahre.

c) Zur Berechnung des Schwellenwerts müssen die jeweils anfallenden Gesamtkosten beider Losgrößen miteinander gleichgesetzt werden. Als Unbekannte x wird der Rüstkostenwert gesetzt:

$$\frac{4000\,\dfrac{Stk}{Jahr}}{1000\,Stk} * x\,GE + \frac{1000\,Stk}{2} * \frac{0,25}{Jahr} * 0,04\,\frac{GE}{Stk} = \frac{4000\,\dfrac{Stk}{Jahr}}{2000\,Stk} * x\,GE$$

$$+ \frac{2000\,Stk}{2} * \frac{0,25}{Jahr} * 0,04\,\frac{GE}{Stk} \tag{7.3}$$

Der jeweils erste Summand beider Seiten steht stellvertretend für die anfallenden Rüst-kosten pro Jahr. Wird bspw. die Losgröße 1000 gesetzt, so muss insgesamt viermal pro Jahr gerüstet werden. Der jeweils zweite Summand beider Seiten steht für die anfallenden Bestandskosten der jeweiligen Losgrößen. Im klassischen Losgrößenplanungsmodell liegt im Schnitt die Hälfte der Losgröße auf Lager. Sie wird mit dem Lagerhaltungszinssatz pro Jahr und den anfallenden Herstellkosten multipliziert.

Als Schwellenwert ergibt sich nach Auflösen der Gl. 7.3 der folgende Wert:

$$x = 2,5\,GE \tag{7.4}$$

Unterhalb eines Werts von 2,5 GE je Rüstvorgang wäre die Losgröße 1000 Stück vor-teilhafter, oberhalb davon die EOQ-Losgröße von 2000 Stück.

d) Ein Absinken der Herstellkosten steht gleichbedeutend für ein Kleinerwerden des Nen-ners der EOQ-Formel. Die Losgröße x* wird daher steigen:

$$x^* = \sqrt{\frac{2*4000*5}{0,25*0,035}} = 2138,09\,Stk \tag{7.5}$$

Die Bestellfrequenz n* ergibt sich durch Verrechnung der neuen Losgröße mit dem Jahresverbrauch:

$$n^* = \frac{4000\,\dfrac{Stk}{Jahr}}{2138,09\,Stk} = 1,8708\,Bestellungen\,pro\,Jahr \tag{7.6}$$

e) Die Differenz beträgt (2138,09 − 2000 =) 138,09 Stück. Die neue Losgröße betrüge damit (2138,09 + 138,09 =) 2276,18 Stück. Dieser Wert wird in die EOQ-Formel ein-gesetzt und der Lagerhaltungszinssatz als Unbekannte x gesetzt:

$$2276,18 = \sqrt{\frac{2*4000\,Stk*5\,GE}{\dfrac{x}{Jahr}*0,035\,\dfrac{GE}{Stk}}} \tag{7.7}$$

$$x = 0,2206 = 22,06\,\% \tag{7.8}$$

Damit das EOQ-Modell eine Losgröße von 2276,18 Stück ausgibt, müsste der Lager-haltungszinssatz p. a. 22,06 % betragen.

Lösung 7 – A6: Losgrößenplanung bei einem Kaffeeröster

▶ **Tipp** Im Lehrbuch „**Produktionswirtschaft: Planung, Steuerung und Indus-trie 4.0"** finden Sie im Kapitel 3.3.5.3 ausführliche Erklärungen zu verschiedenen Methoden der Losgrößenplanung, darunter sowohl statische wie auch dynami-sche Verfahren.

Produktionswirtschaft: Planung, Steuerung und Industrie 4.0, Autoren: Florian Kellner, Bernhard Lienland, Maximilian Lukesch (3. Auflage, erschienen bei Springer Gabler, 2022; eBook ISBN: 978-3-662-65803-1, Softcover ISBN: 978-3-662-65802-4).

a) Für die Berechnung der EOQ-Losgröße müssen zunächst die nötigen Parameter aus der Aufgabenstellung erhoben werden. Pro Monat wird eine Kaffeemenge von (2000 * 0,5 =) 1000 kg abgesetzt. An Rüstkosten fallen 20/60 * 10 = 3,33 GE je Vorgang an. Der Lagerhaltungskostensatz ist mit 3 GE/Kilogramm pro Monat vorgegeben. Der Einkaufspreis je Kilogramm ist für die Berechnung der EOQ-Losgröße somit keine notwendige Angabe. Die EOQ-Losgröße x* ergibt sich nun folgendermaßen:

$$x^* = \sqrt{\frac{2 * 1000\,kg * 3{,}33\,GE}{3\dfrac{GE}{\dfrac{kg}{Monat}}}} = 47{,}14 \tag{7.9}$$

Die Frequenz der Röstvorgänge n* – und damit auch die Anzahl der notwendigen Vorbereitungsvorgänge – ergibt sich über Verrechnung mit dem Monatsbedarf:

$$n^* = \frac{1000\dfrac{kg}{Monat}}{47{,}14\,kg} = 21{,}21\,R\ddot{o}stvorg\ddot{a}nge\,pro\,Monat \tag{7.10}$$

Ein durchschnittlicher Monat umfasst (52 *Wochen*)/(12 *Monate*) = 4,33 Wochen. Das bedeutet, dass die Kaffeerösterei durchschnittlich an (4,33 * 5 =) 21,67 Tagen pro Monat geöffnet hat. Der Röstereibesitzer muss somit knapp jeden Tag rösten.

b) Die Kosten der EOQ-Losgröße betragen:

$$\frac{1000\dfrac{kg}{Monat}}{47{,}14\,kg} * 3{,}33\,GE + \frac{47{,}14\,kg}{2} * 3\dfrac{GE}{\dfrac{kg}{Monat}} = 70{,}71\dfrac{GE}{Monat}$$

$$+70{,}71\dfrac{GE}{Monat} = 141{,}42\dfrac{GE}{Monat} \tag{7.11}$$

Die Kosten der Losgröße 30 betragen:

$$\frac{1000\dfrac{kg}{Monat}}{30\,kg} * 3{,}33\,GE + \frac{30\,kg}{2} * 3\dfrac{GE}{\dfrac{kg}{Monat}} = 111{,}11\dfrac{GE}{Monat}$$

$$+45\dfrac{GE}{Monat} = 156{,}11\dfrac{GE}{Monat} \tag{7.12}$$

Dabei steht jeweils der erste Summand stellvertretend für die anfallenden Rüstkosten pro Monat (EOQ: 70,71 GE; Losgröße 30: 111,11 GE). Der jeweils zweite Summand steht für die anfallenden Bestandskosten der jeweiligen Losgrößen (EOQ: 70,71 GE; Losgröße 30: 45 GE). Die Losgröße 30 ist somit um 14,69 GE pro Monat teurer als die EOQ-Losgröße.

c) Der in dieser Teilaufgabe anzusetzende Bedarf beträgt 100 kg pro Monat. Die Rüstkosten sind mit 5 GE je Röstvorgang vorgegeben. Die Lagerhaltungskosten pro Kilogramm und Monat betragen $(1,5 * (500\ GE)/(100\ kg))/Monat = 7,5$ GE.

Die Kosten der Losgröße 25 betragen:

$$\frac{100\frac{kg}{Monat}}{25\,kg} * 5\,GE + \frac{25\,kg}{2} * 7,5\frac{GE}{kg}\frac{GE}{Monat} = 20\frac{GE}{Monat} + 93,75\frac{GE}{Monat} = 113,75\frac{GE}{Monat} \quad (7.13)$$

Die Kosten der Losgröße 50 betragen:

$$\frac{100\frac{kg}{Monat}}{50\,kg} * 5\,GE + \frac{50\,kg}{2} * 7,5\frac{GE}{kg}\frac{GE}{Monat} = 10\frac{GE}{Monat} + 187,5\frac{GE}{Monat} = 197,5\frac{GE}{Monat} \quad (7.14)$$

Dabei repräsentiert der jeweils erste Summand die anfallenden Rüstkosten pro Monat (Losgröße 25: 20 GE; Losgröße 50: 10 GE). Der jeweils zweite Summand steht für die anfallenden Bestandskosten der jeweiligen Losgrößen (Losgröße 25: 93,75 GE; Losgröße 50: 187,5 GE). Somit wäre die Losgröße 25 für den Röstereibesitzer vorteilhafter.

Lösung 7 – A7: Losgrößenbildung bei einem Sägewerk

▶   **Tipp** Im Lehrbuch „**Produktionswirtschaft: Planung, Steuerung und Industrie 4.0**" finden Sie im Kapitel 3.3.5.3 ausführliche Erklärungen zu verschiedenen Methoden der Losgrößenplanung, darunter sowohl statische wie auch dynamische Verfahren.
    Produktionswirtschaft: Planung, Steuerung und Industrie 4.0, Autoren: Florian Kellner, Bernhard Lienland, Maximilian Lukesch (3. Auflage, erschienen bei Springer Gabler, 2022; eBook ISBN: 978-3-662-65803-1, Softcover ISBN: 978-3-662-65802-4).

a) Gemäß dem Silver-Meal-Verfahren ist die optimale Losgröße dann erreicht, sobald ein Minimum der Periodenkosten erreicht wurde. Hier werden die Bedarfe so lange zusammengefasst, bis die Periodenkosten erstmals ansteigen. Anschließend wird eine neue Iteration in der Abbruchperiode begonnen. Tab. 7.11 zeigt dieses Vorgehen.

Exemplarisch sei die Lesart der ersten Zeilen von Tab. 7.11 ausformuliert:

1. Es soll ein neues Los gebildet werden. Das Verfahren befindet sich aktuell in Periode p=1. Es wird geprüft, ob der in Periode t=1 anfallende Nettobedarf an Schrauben (7500 Stk) in das neue Los mit aufgenommen werden soll. Um dies zu prüfen, werden die an-

Tab. 7.11 Lösung 7-A7: Silver-Meal-Verfahren

p	t*	x (p,t*) (Stk)	k (p,t*) (GE)	k (p,t*)/(t*-p+1) (GE/Periode)	Stop?	Losgröße (Stk)
1	1	7500	20,00	20,00		
1	2	8000	26,00	13,00		
1	3	5600	34,40	11,47		21.100
1	4	8000	52,40	13,10	STOP	
4	4	8000	20,00	20,00		
4	5	20000	35,00	17,50		
4	6	9500	49,25	16,42		
4	7	5700	62,08	15,52		
4	8	2300	68,98	13,80		45.500
4	9	4000	83,98	14,00	STOP	
9	9	4000	20,00	20,00		
9	10	3000	22,25	11,13		
9	11	5300	30,20	10,07		
9	12	2000	34,70	8,68		14.300
9	13	3500	45,20	9,04	STOP	
13	13	3500	20,00	20,00		3500

Mit: GE = Geldeinheiten, Stk = Stück

fallenden Kosten berechnet: Würde das Los den Bedarf aus t=1 einschließen, so würden 20 GE Bestellkosten anfallen, jedoch keine Lagerkosten – dies liegt daran, dass der Nettobedarf von 7500 Stück in derselben Periode anfällt, in der das Los eintrifft. Das Los wird quasi sofort aufgebraucht und muss nicht gelagert werden. Die durchschnittlichen Periodenkosten betragen somit $(20\ GE)/(1 - 1 + 1) = 20$ GE. Da gegen keine Vorperiode geprüft werden kann, wird der Bedarf von 7500 Stück in das Los aufgenommen.

2. Nun wird geprüft, ob der in Periode t=2 anfallende Nettobedarf (8000 Stk) in das bis eben gebildete Los mit aufgenommen werden soll. Es werden erneut die in diesem Fall anfallenden Kosten berechnet: Aus dem vorigen Prüfschritt werden 20 GE „mitgenommen". Werden die 8000 Stück, die in Periode 2 gebraucht werden, bereits in Periode 1 auf Lager genommen, so fallen $(0,00075 * 8000 * 1 =)$ 6 GE an Lagerkosten an. Die Gesamtkosten betragen 26 GE. Die durchschnittlichen Periodenkosten betragen $(26\ GE)/(2 - 1 + 1) = 13$ GE. Da im Vergleich zur Vorperiode die durchschnittlichen Periodenkosten gesunken sind, wird der Bedarf von 8000 Stück in das Los aufgenommen. In Worte gefasst bedeutet dies: „Der Bedarf von Periode 2 wird in Periode 1 gemeinsam mit dem in Periode 1 anfallenden Bedarf mitbestellt".

3. Das bis hierher gebildete Los umfasst (7500 + 8000 =) 15.500 Stück. Nun wird geprüft, ob der in Periode t=3 anfallende Nettobedarf (5600 Stk) in das Los mitaufgenommen wird. Aus dem vorigen Prüfschritt werden Kosten von 26 GE mitgenommen – diese beinhalten bis hierher die einmal angefallenen Bestellkosten sowie die im vorigen Schritt

entstandenen Lagerkosten von 6 GE. Werden nun die in Periode t=3 benötigten 5600 Stück mit in das Los aufgenommen, so müssen diese insgesamt zwei Perioden lang auf Lager gelegt werden. Dies führt zu Lagerkosten von (0,00075 * 5600 * 2 =) 8,4 GE. Die Gesamtkosten betragen 34,40 GE. Die durchschnittlichen Periodenkosten betragen $(34,40\ GE)/(3-1+1) = 11,47$ GE. Da im Vergleich zur Vorperiode die durchschnittlichen Periodenkosten erneut gesunken sind, wird der Bedarf von 5600 Stück in das Los mitaufgenommen. In Worte gefasst bedeutet dies: „Der Bedarf von Periode 3 wird in Periode 1 gemeinsam mit dem in Periode 1 und dem in Periode 2 anfallenden Bedarf mitbestellt".

4. Das Los umfasst mittlerweile (7500 + 8000 + 5600 =) 21.100 Stück. Es wird nun geprüft, ob der in Periode t=4 anfallende Bedarf (8000 Stk) ebenfalls noch in das Los mitaufgenommen werden soll. Würde dieser in das in Periode 1 aufgesetzte Los aufgenommen werden, so müsste er insgesamt 3 Perioden lang auf Lager gelegt werden. Dies führt zu Lagerkosten von (0,00075 * 8000 * 3 =) 18 GE. Die Gesamtkosten betrügen (34,40 + 18 =) 52,40 GE. Die durchschnittlichen Periodenkosten lägen damit bei $(52,40\ GE)/(4-1+1) = 13,10$ GE. Im Vergleich zur Vorperiode sind die durchschnittlichen Periodenkosten somit angestiegen. Der eben geprüfte Bedarf wird also nicht mehr in das Los aufgenommen.

   Das bis hierher gebildete Los umfasst (7500 + 8000 + 5600 =) 21.100 Stück. In Worten bedeutet dies: „In Periode 1 wird ein Los gebildet, das die Bedarfe der Perioden 1–3 abdeckt". Der in Periode t=4 anfallende Bedarf wird in ein neues Los, das in Periode p=4 begonnen wird, aufgenommen. Das Prüfverfahren startet neu in Periode p=4 mit dem in t=4 anfallenden Bedarf von 8000 Stück.

5. Alle weiteren Prüfschritte folgen demselben Vorgehen wie zuvor beschrieben.

Mit Abschluss des Silver-Meal-Verfahrens ergibt sich folgende Lospolitik:

- Los 1 in Periode 1 in Höhe von 21.100 Stück. Dieses Los kostet 34,40 GE an Bestell- und Lagerkosten.
- Los 2 in Periode 4 in Höhe von 45.500 Stück. Dieses Los kostet 68,98 GE.
- Los 3 in Periode 9 in Höhe von 14.300 Stück. Dieses Los kostet 34,70 GE.
- Los 4 in Periode 13 in Höhe von 3500 Stück. Dieses Los kostet 20 GE.

Die Lospolitik lautet in formaler Form {21.100; 0; 0; 45.500; 0; 0; 0; 0; 14.300; 0; 0; 0; 3500}. Mit dieser Lospolitik fallen insgesamt 158,08 GE an Kosten an.

b) Das Stückkostenverfahren basiert auf dem klassischen Modell der Losgrößenplanung, wonach die optimale Losgröße durch das Minimum der Stückkosten charakterisiert ist. Das Verfahren schließt so lange aufeinanderfolgende Bedarfe in ein Los ein, wie dies zu einem Absinken der Stückkosten führt. Sobald die Stückkosten ansteigen, wird die aktuelle Losgröße fixiert und eine neue Iteration in der Abbruchperiode begonnen. Tab. 7.12 zeigt dieses Vorgehen.

Tab. 7.12 Lösung 7-A7: Stückkostenverfahren

p	t*	(kum.) x(p,t*) (Stk)	k (p,t*) (GE)	k(p,t*)/(kum.) x(p,t*) (GE/Stk)	Stop?	Losgröße (Stk)
Bestellkosten = 20,00 GE; Stücklagerkostensatz pro Monat = 0,00075 GE						
1	1	7500	20,00	0,0027		
1	2	15.500	26,00	0,0017		
1	3	21.100	34,40	0,0016		21.100
1	4	29.100	52,40	0,0018	STOP	
4	4	8000	20,00	0,0025		
4	5	28.000	35,00	0,0013		28.000
4	6	37.500	49,25	0,0013	STOP	
6	6	9500	20,00	0,0021		
6	7	15.200	24,28	0,0016		
6	8	17.500	27,73	0,0016		17.500
6	9	21.500	36,73	0,0017	STOP	
9	9	4000	20,00	0,0050		
9	10	7000	22,25	0,0032		
9	11	12.300	30,20	0,0025		
9	12	14.300	34,70	0,0024		14.300
9	13	17.800	45,20	0,0025	STOP	
13	13	3500	20,00	0,0057		3500
Mit: GE = Geldeinheiten, Stk = Stück						

Grundsätzlich folgt die Struktur von Tab. 7.12 derselben Vorgehensweise wie in Tab. 7.11 – lediglich das Prüfkriterium ist ein anderes. Wo beim Silver-Meal-Verfahren geprüft wurde, ob die durchschnittlichen Periodenkosten bei Erweiterung des Loses steigen, werden beim Stückkostenverfahren die durchschnittlich anfallenden Stückkosten geprüft. Exemplarisch sei erneut die Lesart der ersten Zeilen von Tab. 7.12 ausformuliert:

1. Es soll ein neues Los gebildet werden. Das Verfahren befindet sich aktuell in Periode p=1. Es wird geprüft, ob der in Periode t=1 anfallende Nettobedarf an Schrauben (7500 Stk) in das neue Los mitaufgenommen werden soll. Um dies zu prüfen, werden die anfallenden Kosten berechnet: Würde das Los den Bedarf aus t=1 einschließen, so würden 20 GE an Bestellkosten anfallen, jedoch keine Lagerkosten. Dies liegt daran, dass der Nettobedarf von 7500 Stück in derselben Periode anfällt, in der das Los eintrifft. Die durchschnittlichen Stückkosten des Loses betragen somit (20 GE)/(7500 Stk) = 0,0027 GE. Da gegen keine Vorperiode geprüft werden kann, wird der Bedarf von 7500 Stück in das Los aufgenommen.
2. Nun wird geprüft, ob der in Periode t=2 anfallende Nettobedarf (8000 Stk) in das bis eben gebildete Los mitaufgenommen werden soll. Es werden erneut die in diesem Falle anfallenden Kosten berechnet: Aus dem vorigen Prüfschritt werden 20 GE „mitgenommen". Werden die 8000 Stück, die in Periode 2 gebraucht werden, bereits in Periode 1 auf Lager genommen, so fallen (0,00075 * 8000 * 1 =) 6 GE an Lagerkosten an.

Die Gesamtkosten betragen 26 GE. Die durchschnittlichen Stückkosten ergeben sich nun, indem die Gesamtkosten durch die bis zu diesem Zeitpunkt kumulierten Bedarfe geteilt werden. Sie betragen (26 GE)/(7500 + 8000 Stk) = 0,0017 GE. Da im Vergleich zur Vorperiode die durchschnittlichen Stückkosten gesunken sind, wird der Bedarf von 8000 Stück in das Los aufgenommen.

3. Das bis hierher gebildete Los umfasst (7500 + 8000 =) 15.500 Stück. Nun wird geprüft, ob der in Periode t=3 anfallende Nettobedarf (5600 Stk) in das Los aufgenommen wird. Aus dem vorigen Prüfschritt werden Kosten von 26 GE mitgenommen. Werden nun die in Periode t=3 benötigten 5600 Stück mit in das Los aufgenommen, so müssen diese insgesamt zwei Perioden lang auf Lager gelegt werden. Dies führt zu Lagerkosten von (0,00075 * 5600 * 2 =) 8,4 GE. Die Gesamtkosten betragen mittlerweile 34,40 GE. Die durchschnittlichen Stückkosten betragen (34,40 GE)/(15.000 + 5600 Stk) = 0,0016 GE. Da im Vergleich zur Vorperiode die durchschnittlichen Stückkosten erneut gesunken sind, wird der Bedarf von 5600 Stück in das Los aufgenommen. In Worte gefasst bedeutet dies: „Der Bedarf von Periode 3 wird in Periode 1 gemeinsam mit dem in Periode 1 und dem in Periode 2 anfallenden Bedarf mitbestellt".

4. Das Los umfasst mittlerweile (7500 + 8000 + 5600 =) 21.100 Stück. Es wird nun geprüft, ob der in Periode t=4 anfallende Bedarf (8000 Stk) ebenfalls noch in das Los aufgenommen werden soll. Würde der in Periode t=4 anfallende Bedarf in das in Periode 1 aufgesetzte Los aufgenommen werden, so müsste er insgesamt 3 Perioden lang auf Lager gelegt werden. Dies führt zu Lagerkosten von (0,00075 * 8000 * 3 =) 18 GE. Die Gesamtkosten betrügen (34,40 + 18 =) 52,40 GE. Die durchschnittlichen Stückkosten lägen bei (52,40 GE)/(21.100 + 8000 Stk) = 0,0018 GE. Im Vergleich zur Vorperiode sind die durchschnittlichen Stückkosten also angestiegen. Der eben geprüfte Bedarf wird daher nicht mehr in das Los mitaufgenommen. Das bis hierher gebildete Los umfasst (7500 + 8000 + 5600 =) 21.100 Stück.

In Worten bedeutet dies: „In Periode 1 wird ein Los gebildet, das die Bedarfe der Perioden 1–3 abdeckt". Der in Periode t=4 anfallende Bedarf wird in ein neues Los, das in Periode p=4 begonnen wird, aufgenommen. Das Prüfverfahren startet neu in Periode p=4 mit dem in t=4 anfallenden Bedarf von 8000 Stück.

5. Alle weiteren Prüfschritte folgen demselben Vorgehen wie zuvor beschrieben.

Mit Abschluss des Stückkostenverfahrens ergibt sich folgende Lospolitik:

- Los 1 in Periode 1 in Höhe von 21.100 Stück. Dieses Los kostet 34,40 GE an Bestell- und Lagerkosten.
- Los 2 in Periode 4 in Höhe von 28.000 Stück. Dieses Los kostet 35 GE.
- Los 3 in Periode 6 in Höhe von 17.500 Stück. Dieses Los kostet 27,73 GE.
- Los 4 in Periode 9 in Höhe von 14.300 Stück. Dieses Los kostet 34,70 GE.
- Los 5 in Periode 13 in Höhe von 3500 Stück. Dieses Los kostet 20 GE.

Die Lospolitik lautet in formaler Form {21.100; 0; 0; 28.000; 0; 17.500; 0; 0; 14.300; 0; 0; 0; 3500}. Mit dieser Lospolitik fallen insgesamt 151,83 GE an Kosten an.

c) Auch das Kostenausgleichsverfahren greift auf das klassische Modell der Losgrößenplanung zurück. Hier wird davon ausgegangen, dass das Minimum der Gesamtkosten
dann erreicht wird, sobald Lagerhaltungs- und Rüstkosten dieselbe Höhe aufweisen.
Dieser Logik entsprechend fasst das Kostenausgleichsverfahren so lange Periodenbedarfe zusammen, bis die Lagerhaltungskosten die Rüstkosten übersteigen. Übersteigen die Lagerhaltungskosten die Rüstkosten, wird die aktuelle Losgröße fixiert und
eine neue Iteration in der Abbruchperiode begonnen Tab. 7.13 zeigt dieses Vorgehen.

Exemplarisch sei die Lesart der ersten Zeilen von Tab. 7.13 ausformuliert:

1. Es soll ein neues Los gebildet werden. Das Verfahren befindet sich aktuell in Periode
   p=1. Würde das erste Los den Bedarf aus t=1 einschließen, so würden 20 GE Bestellkosten anfallen, jedoch keine Lagerkosten. Dies liegt daran, dass der Nettobedarf von
   7500 Stück in derselben Periode anfällt, in der das Los eintrifft. Da gegen keine Vorperiode geprüft werden kann, wird der Bedarf von 7500 Stück in das Los aufgenommen.
2. Nun wird geprüft, ob der in Periode t=2 anfallende Nettobedarf (8000 Stk) in das bis
   eben gebildete Los mit aufgenommen werden soll. Werden die 8000 Stück, die in Periode 2 gebraucht werden, bereits in Periode 1 auf Lager genommen, so fallen (0,00075
   * 8000 * 1 =) 6 GE an Lagerkosten an. Die Gesamtkosten betragen (20 + 6 =) 26
   GE. Werden von diesen Gesamtkosten die Bestellkosten von 20 GE abgezogen, so ergibt sich ein Wert von 6 GE. D. h., dass die in dem bis hierher gebildeten Los entstandenen Kosten noch unter den Bestellkosten liegen – das Minimum der Gesamt-

Tab. 7.13 Lösung 7-A7: Kostenausgleichsverfahren

Bestellkosten = 20,00 GE; Stücklagerkostensatz pro Monat = 0,00075 GE						
p	t*	x(p,t*) (Stk)	k(p,t*) (GE)	k(p,t*) – Bestellkosten (GE)	Stop?	Losgröße (Stk)
1	1	7500	20,00	0,00		
1	2	8000	26,00	6,00		
1	3	5600	34,40	14,40		21.100
1	4	8000	52,40	32,40	STOP	
4	4	8000	20,00	0,00		
4	5	20.000	35,00	15,00		28.000
4	6	9500	49,25	29,25	STOP	
6	6	9500	20,00	0,00		
6	7	5700	24,28	4,28		
6	8	2300	27,73	7,73		
6	9	4000	36,73	16,73		21.500
6	10	3000	45,73	25,73	STOP	
10	10	3000	20,00	0,00		
10	11	5300	23,98	3,98		
10	12	2000	26,98	6,98		
10	13	3500	34,85	14,85		13.800
Mit: GE = Geldeinheiten, Stk = Stück						

kosten gemäß klassischem Losgrößenplanungsmodell wurde noch nicht erreicht. Der Bedarf von 8000 Stück wird somit in das Los aufgenommen.

3. Das bis hierher gebildete Los umfasst (7500 + 8000 =) 15.500 Stück. Nun wird geprüft, ob der in Periode t=3 anfallende Nettobedarf (5600 Stück) in das Los aufgenommen wird. Aus dem vorigen Prüfschritt werden Kosten von 26 GE mitgenommen. Werden nun die in Periode t=3 benötigten 5600 Stück mit in das Los aufgenommen, so müssen diese insgesamt zwei Perioden lang auf Lager gelegt werden. Dies führt zu Lagerkosten von (0,00075 * 5600 * 2 =) 8,4 GE. Die Gesamtkosten betragen daher 34,40 GE. Werden von diesen Gesamtkosten die Bestellkosten von 20 GE abgezogen, so ergibt sich erneut ein Wert unterhalb der Bestellkosten. Das Minimum der Gesamtkosten wurde immer noch nicht erreicht. Der Bedarf von 5600 Stück wird in das Los mit aufgenommen.

4. Das Los umfasst mittlerweile (7500 + 8000 + 5600 =) 21.100 Stück. Es wird nun geprüft, ob der in Periode t=4 anfallende Bedarf (8000) ebenfalls noch in das Los aufgenommen werden soll. Würde dieser in das in Periode 1 aufgelegte Los aufgenommen werden, so müsste er insgesamt 3 Perioden lang auf Lager genommen werden. Dies führt zu Lagerkosten von (0,00075 * 8000 * 3 =) 18 GE. Die Gesamtkosten betrügen (34,40 + 18 =) 52,40 GE. Abzüglich der Bestellkosten ergibt sich ein Wert von 32,40 GE. Da dieser Wert die Bestellkosten überschreitet, wird der Bedarf von Periode t=4 nicht mehr in das Los aufgenommen. Das bis hierher gebildete Los umfasst somit (7500 + 8000 + 5600 =) 21.100 Stück.

   In Worten bedeutet dies: „In Periode 1 wird ein Los gebildet, das die Bedarfe der Perioden 1–3 abdeckt." Der in Periode t=4 anfallende Bedarf wird in ein neues Los, das in Periode p=4 begonnen wird, aufgenommen. Das Prüfverfahren startet neu in Periode p=4 mit dem in t=4 anfallenden Bedarf von 8000 Stück.

5. Alle weiteren Prüfschritte folgen demselben Vorgehen wie zuvor beschrieben.

Mit Abschluss des Kostenausgleichsverfahrens ergibt sich folgende Lospolitik:

- Los 1 in Periode 1 in Höhe von 21.100 Stück. Dieses Los kostet 34,40 GE an Bestell- und Lagerkosten.
- Los 2 in Periode 4 in Höhe von 28.000 Stück. Dieses Los kostet 35 GE.
- Los 3 in Periode 6 in Höhe von 21.500 Stück. Dieses Los kostet 36,73 GE.
- Los 4 in Periode 10 in Höhe von 13.800 Stück. Dieses Los kostet 34,85 GE.

Die Lospolitik lautet in formaler Form {21.100; 0; 0; 28.000; 0; 21.500; 0; 0; 0; 13.800; 0; 0; 0}. Mit dieser Lospolitik fallen insgesamt Kosten in Höhe von 140,98 GE an.

Lösung 7 – A8: Anwendung des Wagner-Whitin-Algorithmus bei einem Maschinenbauzulieferer

▶ **Tipp** Im Lehrbuch „**Produktionswirtschaft: Planung, Steuerung und Industrie 4.0**" finden Sie im Kapitel 3.3.5.3 ausführliche Erklärungen zu verschiedenen Methoden der Losgrößenplanung, darunter sowohl statische wie auch dynamische Verfahren.

Produktionswirtschaft: Planung, Steuerung und Industrie 4.0, Autoren: Florian Kellner, Bernhard Lienland, Maximilian Lukesch (3. Auflage, erschienen bei Springer Gabler, 2022; eBook ISBN: 978-3-662-65803-1, Softcover ISBN: 978-3-662-65802-4).

Zunächst müssen die benötigten Gesamtmengen der Metalllegierung pro Monat berechnet werden. Pro Produkt werden die einzelnen Monatsbedarfe mit der benötigten Menge an Metalllegierung pro Stück multipliziert. Daraufhin werden die Ergebnisse nach Monat summiert. Somit ergeben sich beispielhaft für Monat 1: $0{,}2 * 710 + 0{,}5 * 860 + 0{,}4 * 70 + 0{,}8 * 180 + 0{,}1 * 50 = 749$ ME. Für die anderen Monate lauten die Gesamtmengen folgendermaßen:

- Monat 1: 749 ME
- Monat 2: 1345 ME
- Monat 3: 1024 ME
- Monat 4: 977 ME

Im nächsten Schritt werden die Lagerhaltungskosten der Metalllegierung pro ME pro Monat berechnet. Sie ergeben sich, indem der Lagerkostenzinssatz mit dem Einkaufspreis multipliziert wird. Sie betragen $(0{,}015 * 2 =)$ 0,03 GE pro ME pro Monat. Mit diesen Informationen kann das Wagner-Whitin-Tableau aufgestellt werden (Tab. 7.14). Die Zellen des Wagner-Whitin-Tableaus repräsentieren die für die gewählte Lospolitik anfallenden Kosten. Das Tableau berechnet sich spalten- und zeilenweise von links oben nach rechts unten:

1. Wird in Periode 1 ein Los aufgesetzt, das nur den Bedarf von Periode 1 umfasst (749 ME), so fallen lediglich die fixen Bestellkosten von 50 GE an.
2. Wird in Periode 1 ein Los aufgelegt, das auch den Bedarf von Periode 2 umspannt (1345 ME), so umfassen die Kosten die fixen Bestellkosten und die Lagerhaltungskosten für den Bedarf von Periode 2, da dieser eine Periode lang auf Lager genommen werden muss. Der Zelleninhalt berechnet sich folgendermaßen: 50 GE + 1345 ME * 0,03 GE/ME/Monat * 1 Monat = 90,35 GE.
3. Anstatt den Bedarf von Periode 2 auf Lager zu legen, könnte auch ein neues Los aufgelegt werden, das den Bedarf von Periode 2 „für sich" umspannt. Die Gesamtkosten belaufen sich dann auf zweimal die fixen Bestellkosten, d. h. 50 GE + 50 GE = 100 GE.

Tab. 7.14 Lösung 7-A8: Wagner-Whitin-Tableau

Bedarf (ME)	749	1345	1024	977
Produktionsperiode/Verbrauchsperiode	1	2	3	4
1	50	90,35	151,79	(*)
2		100	130,72	189,34
3			140,35	169,66
4				180,72
Spaltenminimum	50	90,35	130,72	169,66

Mit: ME = Mengeneinheiten

(*) = Diese Zelle muss aufgrund der Entstehung eines fixen Entscheidungshorizonts nicht berechnet werden

4. Wird in Periode 1 ein Los aufgesetzt, das den Bedarf der Perioden 1–3 umspannt (749, 1345 und 1024), so kostet dies die fixen Bestellkosten und die Lagerhaltungskosten für die Bedarfe von Periode 2 und 3. Die Gesamtkosten belaufen sich dann auf 50 GE + 1345 ME * 0,03 GE/ME/Monat * 1 Monat + 1024 ME * 0,03 GE/ME/Monat * 2 Monate = 151,79 GE.

5. Wurde hingegen bisher ein Los für den Bedarf von Periode 1 und ein Los für den Bedarf von Periode 2 aufgesetzt (s. Punkt 3), so könnte darüber nachgedacht werden, auch den Bedarf von Periode 3 in das zweite Los aufzunehmen. Die Kosten umfassen dann zweimal die fixen Bestellkosten sowie einmal die Lagerhaltungskosten für 1024 ME für einen Monat. Sie beliefen sich dann insgesamt auf 50 GE + 50 GE + 1024 ME * 0,03 GE/ME/Monat * 1 Monat = 130,72 GE.

6. Der bisherigen Logik folgend wäre es möglich, für jeden einzelnen Periodenbedarf ein eigenes Los aufzusetzen. In der Berechnung von Spalte 2 hat sich jedoch gezeigt, dass die Lospolitik „Los 1 in Periode 1, das die Bedarfe der Perioden 1 und 2 umspannt" die bis hierher kostenminimale Alternative darstellt. Es ist daher aus Kostensicht sinnvoll, diese Lospolitik zu fixieren und ihr ein neues Los für den Bedarf der Periode 3 aufzusetzen. Der Zelleninhalt ergibt sich als 90,35 GE + 50 GE = 140,35 GE. Würde hingegen erneut ein „einzelnes" Los (zu Kosten von 3 * 50 GE = 150 GE) aufgesetzt werden, so würde dies eine zwangsläufig schlechtere Lösung erzeugen (150 > 140,35).

7. Die erste Zelle von Spalte 4 muss nicht berechnet werden, da sich das Spaltenminimum der vorangegangenen Spalte „links unten" davon befindet – aufgrund des entstandenen fixen Entscheidungshorizonts wäre die Lösung in dieser Zelle immer schlechter als alle darunter stehenden Zellen. Vereinfacht kann als Regel gesagt werden, dass – sobald ein Minimum in einer Spalte identifiziert wurde – alle Zellen rechts oberhalb des Spaltenminimums nicht berücksichtigt werden müssen.

8. Die zweite Zeile von Spalte 4 steht für eine Lospolitik, in der ein Los in Periode 1 für den Bedarf von Periode 1 aufgesetzt wird und ein Los in Periode 2 für den Bedarf der Perioden 2–4. Es fallen somit zweimal die fixen Bestellkosten sowie die Lagerhaltungskosten für die Bedarfe der Perioden 3 und 4 an. Der Zelleninhalt ergibt sich als 130,72 GE + 977 ME * 0,03 GE/ME/Monat * 2 Monate = 189,34 GE.

9. Die nächste Zeile steht für eine Lospolitik, in der ein Los in Periode 1 für den Bedarf von Periode 1–2 und ein Los in Periode 3 für den Bedarf der Perioden 3–4 aufgesetzt wird. Es fallen zweimal die fixen Bestellkosten sowie die Lagerhaltungskosten für die Bedarfe der Perioden 2 und 4 an. Der Zelleninhalt ergibt sich als 140,35 GE + 977 ME * 0,03 GE/ME/Monat * 1 Monate = 169,66 GE.

10. Die letzte Zeile basiert erneut auf der Logik, dass die zum Spaltenminimum der vorangehenden Spalte führende Lospolitik um ein weiteres Los ausgebaut wird, das den Bedarf der aktuellen Periode „für sich" umfasst. Der Zelleninhalt ergibt sich als 130,72 GE + 50 GE = 180,72 GE.

Aus dem ausgefüllten Wagner-Whitin-Tableau (Tab. 7.15) kann nun rekursiv die optimale Lospolitik ausgelesen werden:

- Im ersten Schritt wird das Spaltenminimum der letzten Spalte gesucht – im vorliegenden Fall wären dies 169,66 GE. Dies sind die nach der optimalen Lospolitik anfallenden Gesamtkosten. Die Lospolitik wird daraufhin ausgelesen, indem der Zeile des Spaltenminimums nach links gefolgt wird, bis das „Ende" der Zeile erreicht wird. Dieses Ende markiert den Beginn eines Loses – im vorliegenden Tableau bedeutet das, dass ein Los in Periode 3 für die Bedarfe von Periode 3 und 4 aufgelegt wird.
- Daraufhin wird eine Spalte weiter nach links gesprungen und erneut das Spaltenminimum gesucht – hier 90,35 GE. Auch von diesem Spaltenminimum ausgehend wird nun nach links gefolgt, bis ein „Ende" erreicht wird. Dieses Ende markiert den Beginn eines weiteren Loses. Im vorliegenden Fall handelt es sich um ein Los, das in Periode 1 für die Bedarfe der Perioden 1 und 2 aufgelegt wird.

Tab. 7.15 Lösung 7-A8: Auslesen der Lospolitik

Bedarf (ME)	749	1.345	1.024	977
Produktionsperiode / Verbrauchsperiode	1	2	3	4
1	50	90,35	151,79	(*)
2		100	130,72	189,34
3			140,35	169,66
4				180,72
Spaltenminimum	50	90,35	130,72	169,66

Mit: ME = Mengeneinheiten

(*) = Diese Zelle muss aufgrund der Entstehung eines fixen Entscheidungshorizonts nicht berechnet werden.

Die Lospolitik lautet:

- Los 1 in Periode 1 in Höhe von 2094 ME.
- Los 2 in Periode 3 in Höhe von 2001 ME.

In formaler Form lautet die Lospolitik {2094; 0; 2001; 0}. Die Gesamtkosten setzen sich aus 100 GE fixe Bestellkosten sowie Lagerkosten in Höhe von 69,66 GE zusammen.

Lösung 7 – A9: Befüllen eines Wagner-Whitin-Tableaus

▶ **Tipp** Im Lehrbuch „**Produktionswirtschaft: Planung, Steuerung und Industrie 4.0"** finden Sie im Kapitel 3.3.5.3 ausführliche Erklärungen zu verschiedenen Methoden der Losgrößenplanung, darunter sowohl statische wie auch dynamische Verfahren.
Produktionswirtschaft: Planung, Steuerung und Industrie 4.0, Autoren: Florian Kellner, Bernhard Lienland, Maximilian Lukesch (3. Auflage, erschienen bei Springer Gabler, 2022; eBook ISBN: 978-3-662-65803-1, Softcover ISBN: 978-3-662-65802-4).

Mithilfe der gegebenen Ausgangsdaten zu Bedarfen, Rüstkosten und periodenbezogenen Stücklagerkosten kann das Wagner-Whitin-Tableau ausgefüllt werden (Tab. 7.16).
Die Berechnung der einzelnen Zellen folgt derselben Logik, wie sie in der Lösung 7-A8 dargestellt wurde. Die Berechnung erfolgt schrittweise nach Spalten und Zeilen von links oben nach rechts unten. Beispielhaft sei der Rechenweg einiger Zellen dargestellt:

- Produktionsperiode 1/Verbrauchsperiode 2 (175 GE): Es wird ein Los aufgesetzt. Dieses Los umspannt die Bedarfe der Perioden 1–2. Die hierbei anfallenden Kosten berechnen sich folgendermaßen: 100 GE + 150 ME * 0,50 GE/ME/Periode * 1 Periode = 175 GE.

Tab. 7.16 Lösung 7-A9: Wagner-Whitin-Tableau

Bedarf (ME)	100	150	120	170	50	145
Produktionsperiode/Verbrauchsperiode	1	2	3	4	5	6
1	100	175	295	(*)	(*)	(*)
2		200	260	430	(*)	(*)
3			275	360	(*)	(*)
4				360	385	530
5					460	532,5
6						485
Spaltenminimum	100	175	260	360	385	485

Mit: ME = Mengeneinheiten, (*) = Diese Zellen müssen aufgrund der Entstehung eines fixen Entscheidungshorizonts nicht berechnet werden

- Produktionsperiode 2/Verbrauchsperiode 4 (430 GE): Es werden zwei Lose aufgesetzt. Los 1 wird in Periode 1 aufgesetzt und umspannt den Bedarf von Periode 1. Los 2 wird in Periode 2 aufgesetzt und umspannt den Bedarf der Perioden 2–4. Die hierbei anfallenden Kosten berechnen sich folgendermaßen: 100 GE + 100 GE + 120 ME * 0,50 GE/ME/Periode * 1 Periode + 170 ME * 0,50 GE/ME/Periode * 2 Perioden = 430 GE.
- Produktionsperiode 3/Verbrauchsperiode 3 (275 GE): Es werden zwei Lose aufgesetzt. Los 1 wird in Periode 1 aufgesetzt und umspannt den Bedarf der Perioden 1–2. Los 2 wird in Periode 2 aufgesetzt und umspannt den Bedarf von Periode 2. Diese Lospolitik ergibt sich, da das Spaltenminimum in der vorangegangenen Spalte bei 175 GE liegt – das Aufsetzen eines neuen Loses erfolgt immer „on top" des Spaltenminimums der vorangegangenen Spalte. Die hierbei anfallenden Kosten berechnen sich folgendermaßen: 100 GE + 150 ME * 0,50 GE/ME/Periode * 1 Periode + 100 GE = 275 GE.
- Die im Tableau mit Sternen markierten Zellen stellen erneut Lospolitiken dar, die aufgrund der Entstehung eines fixen Entscheidungshorizonts nicht berechnet werden müssen.

Aus dem ausgefüllten Wagner-Whitin-Tableau (Tab. 7.17) kann nun rekursiv die optimale Lospolitik ausgelesen werden:

- Im ersten Schritt wird das Spaltenminimum der letzten Spalte gesucht – im vorliegenden Fall wären dies 485 GE. Dies sind die nach der optimalen Lospolitik anfallenden Gesamtkosten. Die optimale Lospolitik wird daraufhin ausgelesen, indem der Zeile des Spaltenminimums nach links gefolgt wird, bis das „Ende" der Zeile erreicht wird. Dieses Ende markiert den Beginn eines Loses – im vorliegenden Tableau bedeutet das, dass ein Los in Periode 6 für den Bedarf von Periode 6 aufgelegt wird.

Tab. 7.17 Lösung 7-A9: Auslesen der Lospolitik

Bedarf (ME)	100	150	120	170	50	145
Produktionsperiode / Verbrauchsperiode	1	2	3	4	5	6
1	100	175	295	(*)	(*)	(*)
2		200	260	430	(*)	(*)
3			275	360	(*)	(*)
4				360	385	530
5					460	532,5
6						485
Spaltenminimum	100	175	260	360	385	485
Mit: ME = Mengeneinheiten, (*) = Diese Zellen müssen aufgrund der Entstehung eines fixen Entscheidungshorizonts nicht berechnet werden.						

- Daraufhin wird eine Spalte weiter nach links gesprungen und erneut das Spaltenminimum gesucht – hier 385 GE. Auch von diesem Spaltenminimum ausgehend wird
  der Zeile nach links gefolgt, bis ein „Ende" erreicht wird. Dieses Ende markiert den
  Beginn eines weiteren Loses. Im vorliegenden Fall handelt es sich um ein Los, das in
  Periode 4 für die Bedarfe der Perioden 4–5 aufgelegt wird.
- Das nächste linksliegende Spaltenminimum ist 260 GE. Wird der Zeile nach links gefolgt, bis das „Ende" erreicht ist, ermittelt man den Beginn eines weiteren Loses. Dieses Los wird in Periode 2 für die Bedarfe der Perioden 2–3 aufgelegt.
- Schließlich verbleibt noch ein letztes Los, das in Periode 1 für den Bedarf von Periode
  1 aufgelegt wird.

Die Lospolitik lautet:

- Los 1 in Periode 1 in Höhe von 100 ME.
- Los 2 in Periode 2 in Höhe von 270 ME.
- Los 3 in Periode 4 in Höhe von 220 ME.
- Los 4 in Periode 6 in Höhe von 145 ME.

In formaler Form lautet die Lospolitik {100; 270; 0; 220; 0; 145}. Die Gesamtkosten
setzen sich aus 400 GE fixe Bestellkosten sowie Lagerkosten in Höhe von 85 GE
zusammen.

Lösung 7 – A10: Losbildung bei einem Maschinenbauer

▶   **Tipp**   Im Lehrbuch „**Produktionswirtschaft: Planung, Steuerung und Industrie 4.0"** finden Sie im Kapitel 3.3.5.3 ausführliche Erklärungen zu verschiedenen
Methoden der Losgrößenplanung, darunter sowohl statische wie auch dynamische Verfahren.
    Produktionswirtschaft: Planung, Steuerung und Industrie 4.0, Autoren:
Florian Kellner, Bernhard Lienland, Maximilian Lukesch (3. Auflage, erschienen
bei Springer Gabler, 2022; eBook ISBN: 978-3-662-65803-1, Softcover ISBN: 978-
3-662-65802-4).

a) Das Kostenausgleichsverfahren fasst so lange Periodenbedarfe zusammen, bis die
Lagerhaltungskosten die Rüstkosten übersteigen. Übersteigen die Lagerhaltungskosten
die Rüstkosten, wird die aktuelle Losgröße fixiert und eine neue Iteration in der Abbruchperiode begonnen. Tab. 7.18 zeigt dieses Vorgehen. Exemplarisch sei die Lesart
der ersten Zeilen von Tab. 7.18 ausformuliert:
1. Es soll ein neues Los gebildet werden. Das Verfahren befindet sich aktuell in Periode p=1. Würde das erste Los den Bedarf aus t=1 einschließen, so würden 50 GE
   Rüstkosten anfallen, jedoch keine Lagerkosten – dies liegt daran, dass der Bedarf

Tab. 7.18 Lösung 7-A10: Kostenausgleichsverfahren

p	t*	x(p,t*) (ME)	k(p,t*) (GE)	k(p,t*) – Rüstkosten (GE)	Stop?	Losgröße (ME)
1	1	20	50	0		
1	2	30	65	15		50
1	3	60	125	75	STOP	
3	3	60	50	0		
3	4	50	75	25		110
					STOP	

Mit: GE = Geldeinheiten, ME = Mengeneinheiten

von 20 ME in derselben Periode anfällt, in der das Los eintrifft. Da gegen keine Vorperiode geprüft werden kann, wird der Bedarf von 20 ME in das Los aufgenommen.

2. Nun wird geprüft, ob der in Periode t=2 anfallende Nettobedarf (30) in das bis eben gebildete Los mit aufgenommen werden soll. Werden die 30 Stück, die in Periode 2 gebraucht werden, bereits in Periode 1 auf Lager genommen, so fallen (30 * 0,1 * 5 * 1 =) 15 GE an Lagerkosten an. Die Gesamtkosten betragen (50 + 15 =) 65 GE. Werden von diesen Gesamtkosten die Rüstkosten von 50 GE abgezogen, so ergibt sich ein Wert unter 50 GE. Das heißt, dass die in dem bis hierher gebildeten Los entstandenen Kosten noch unter den Rüstkosten liegen – das Minimum der Gesamtkosten gemäß klassischem Losgrößenplanungsmodell wurde noch nicht erreicht. Der Bedarf von 30 wird somit in das Los aufgenommen.

3. Nun wird geprüft, ob der in Periode t=3 anfallende Nettobedarf (60) in das Los mitaufgenommen wird. Aus dem vorigen Prüfschritt werden Kosten von 65 GE mitgenommen. Werden nun die in Periode t=3 benötigten 60 Stück mit in das Los aufgenommen, so müssen diese zwei Perioden lang auf Lager gelegt werden. Dies führt zu Lagerkosten in Höhe von (60 * 0,1 * 5 * 2 =) 60 GE. Die Gesamtkosten betragen 125 GE. Werden von diesen Gesamtkosten die Rüstkosten von 50 GE abgezogen, so ergibt sich ein Wert, der 50 GE übersteigt. Da dieser Wert die Bestellkosten überschreitet, wird der Bedarf von Periode t=3 nicht mehr in das Los aufgenommen. Das bis hierher gebildete Los umfasst (20 + 30 =) 50 ME.

   In Worten bedeutet dies: „In Periode 1 wird ein Los gebildet, das die Bedarfe der Perioden 1–2 abdeckt." Der in Periode t=3 anfallende Bedarf wird in ein neues Los, das in Periode p=3 begonnen wird, aufgenommen. Das Prüfverfahren startet neu in Periode p=3 mit dem in t=3 anfallenden Bedarf von 60.

4. Alle weiteren Prüfschritte folgen demselben Vorgehen wie zuvor beschrieben.

Mit Abschluss des Kostenausgleichsverfahrens ergibt sich folgende Lospolitik:

- Los 1 in Periode 1 in Höhe von 50 ME. Dieses Los kostet 65 GE an Bestell- und Lagerkosten.
- Los 2 in Periode 3 in Höhe von 110 ME. Dieses Los kostet 75 GE.

In formaler Schreibweise lautet die Lospolitik {50; 0; 110; 0}. Es fallen insgesamt Kosten in Höhe von 140 GE an.

b) Mithilfe der gegebenen Ausgangsdaten zu Bedarfen, Rüstkosten und periodenbezogenen Stücklagerkosten kann das Wagner-Whitin-Tableau ausgefüllt werden (Tab. 7.19). Die Berechnung der einzelnen Zellen folgt derselben Logik, wie sie in der Lösung 7-A8 dargestellt wurde. Die Berechnung erfolgt schrittweise nach Spalten und Zeilen von links oben nach rechts unten. Beispielhaft sei der Rechenweg einiger Zellen dargestellt:
  • Produktionsperiode 1/Verbrauchsperiode 3 (125 GE): Es wird ein Los aufgesetzt. Dieses Los umspannt die Bedarfe der Perioden 1–3. Die hierbei anfallenden Kosten berechnen sich folgendermaßen: 50 GE + 30 ME * 0,1 * 5 GE/ME/Periode * 1 Periode + 60 ME * 0,1 * 5 GE/ME/Periode * 2 Perioden = 125 GE.
  • Produktionsperiode 2/Verbrauchsperiode 3 (130 GE): Es werden zwei Lose aufgesetzt. Los 1 wird in Periode 1 aufgesetzt und umspannt den Bedarf von Periode 1. Los 2 wird in Periode 2 aufgesetzt und umspannt den Bedarf der Perioden 2–3. Die hierbei anfallenden Kosten berechnen sich folgendermaßen: 50 GE + 50 GE + 60 ME * 0,1 * 5 GE/ME/Periode * 1 Periode = 130 GE.
  • Die im Tableau mit Sternen markierten Zellen stellen Lospolitiken dar, die aufgrund der Entstehung eines fixen Entscheidungshorizonts nicht berechnet werden müssen.

Aus dem ausgefüllten Wagner-Whitin-Tableau (Tab. 7.20) kann rekursiv die optimale Lospolitik ausgelesen werden. Hierfür wird im ersten Schritt das Spaltenminimum der letzten Spalte gesucht – im vorliegenden Fall wären dies 140 GE. Daraufhin wird – der Logik der Lösung aus 7-A8 folgend – zeilen- und spaltenweise die Lospolitik bestimmt. Die Lospolitik lautet:

  • Los 1 in Periode 1 in Höhe von 50 ME.
  • Los 2 in Periode 3 in Höhe von 110 ME.

In formaler Form lautet die Lospolitik {50; 0; 110; 0}. Die Gesamtkosten setzen sich aus 100 GE Rüstkosten und 40 GE Lagerkosten zusammen.

Tab. 7.19 Lösung 7-A10: Wagner-Whitin-Tableau

Bedarf (ME)				20	30	60	50
Produktionsperiode/Verbrauchsperiode				1	2	3	4
1				50	65	125	(*)
2					100	130	(*)
3						115	140
4							165
Spaltenminimum				50	65	115	140

Mit: ME = Mengeneinheit
(*) = Diese Zellen müssen aufgrund der Entstehung eines fixen Entscheidungshorizonts nicht berechnet werden

Tab. 7.20 Lösung 7-A10: Auslesen der Lospolitik

Bedarf (ME)	20	30	60	50
Produktionsperiode / Verbrauchsperiode	1	2	3	4
1	50	65	125	(*)
2		100	130	(*)
3			115	140
4				165
Spaltenminimum	50	65	115	140

Mit: ME = Mengeneinheit

(*) = Diese Zellen müssen aufgrund der Entstehung eines fixen Entscheidungshorizonts nicht berechnet werden.

Lösung 7 – A11: Lospolitik bei einem Elektronikproduzenten

▶ **Tipp** Im Lehrbuch „**Produktionswirtschaft: Planung, Steuerung und Industrie 4.0"** finden Sie im Kapitel 3.3.5.3 ausführliche Erklärungen zu verschiedenen Methoden der Losgrößenplanung, darunter sowohl statische wie auch dynamische Verfahren.

Produktionswirtschaft: Planung, Steuerung und Industrie 4.0, Autoren: Florian Kellner, Bernhard Lienland, Maximilian Lukesch (3. Auflage, erschienen bei Springer Gabler, 2022; eBook ISBN: 978-3-662-65803-1, Softcover ISBN: 978-3-662-65802-4).

a) Mithilfe der gegebenen Ausgangsdaten zu Bedarfen, Rüstkosten und periodenbezogenen Stücklagerkosten kann das Wagner-Whitin-Tableau vervollständigt werden (Tab. 7.21). Die Berechnung der Zellen erfolgt schrittweise nach Spalten und Zeilen von links oben nach rechts unten:

- Produktionsperiode 1/Verbrauchsperiode 2 (280 GE): Es wird ein Los aufgesetzt. Dieses Los umspannt die Bedarfe der Perioden 1–2. Die hierbei anfallenden Kosten berechnen sich folgendermaßen: 180 GE + 250 ME * 0,4 GE/ME/Periode * 1 Periode = 280 GE.
- Produktionsperiode 2/Verbrauchsperiode 4 (496 GE): Es werden zwei Lose aufgesetzt. Los 1 umspannt den Bedarf der Periode 1. Los 2 umspannt die Bedarfe der Perioden 2–4. Die hierbei anfallenden Kosten berechnen sich folgendermaßen: 180 GE + 180 GE + 100 ME * 0,4 GE/ME/Periode * 1 Periode + 120 ME * 0,4 GE/ME/Periode * 2 Perioden = 496 GE.

Tab. 7.21 Lösung 7-A11: Wagner-Whitin-Tableau

Bedarf (ME)	200	250	100	120
Produktionsperiode / Verbrauchsperiode	1	2	3	4
1	180	280	360	504
2		360	400	496
3			460	508
4				540
Mit: ME = Mengeneinheit				

Tab. 7.22 Lösung 7-A11: Auslesen der Lospolitik

Bedarf (ME)	200	250	100	120
Produktionsperiode / Verbrauchsperiode	1	2	3	4
1	180	280	360	504
2		360	400	496
3			460	508
4				540
Mit: ME = Mengeneinheit				

- Produktionsperiode 4/Verbrauchsperiode 4 (540 GE): Es werden zwei Lose aufgesetzt. Los 1 umspannt die Bedarfe der Perioden 1–3. Los 2 umspannt den Bedarf der Periode 4. Die hierbei anfallenden Kosten berechnen sich folgendermaßen: 180 GE + 250 ME * 0,4 GE/ME/Periode * 1 Periode + 100 ME * 0,4 GE/ME/Periode * 2 Perioden + 180 GE = 540 GE.

b) Aus dem ausgefüllten Wagner-Whitin-Tableau (Tab. 7.22) kann rekursiv die optimale Lospolitik ausgelesen werden:

- Im ersten Schritt wird das Spaltenminimum der letzten Spalte gesucht – im vorliegenden Fall wären dies 496 GE. Wird der Zeile des Spaltenminimums nach links bis zu deren „Ende" gefolgt, so findet man die Periode, in der dieses Los aufgesetzt wird – hier Periode 2.
- Daraufhin wird eine Spalte nach links gesprungen und erneut das Spaltenminimum ermittelt. In Periode 1 wird ein Los aufgesetzt, das den Bedarf von Periode 1 umfasst.

Tab. 7.23 Lösung 7-A11: Silver-Meal-Verfahren

p	t*	x(p,t*) (ME)	k(p,t*) (GE)	k(p,t*)/(t*-p+1) (GE/Periode)	Stop?	Losgröße (ME)
1	1	200	180	180		
1	2	250	280	140		
1	3	100	360	120		550
1	4	120	504	126	STOP	
4	1	120	180	180		120

Mit: GE = Geldeinheit, ME = Mengeneinheit

Die Lospolitik lautet:

- Los 1 in Periode 1 in Höhe von 200 ME.
- Los 2 in Periode 2 in Höhe von 470 ME.

In formaler Form lautet die Lospolitik {200; 470; 0; 0}. Die Gesamtkosten betragen 496 GE und setzen sich aus 360 GE Rüstkosten und 136 GE Lagerkosten zusammen.

c) Gemäß Silver-Meal-Verfahren ist die optimale Losgröße dann erreicht, sobald ein Minimum der Periodenkosten erreicht wurde. Hier werden die Bedarfe so lange zusammengefasst, bis die Periodenkosten erstmals ansteigen. Anschließend wird eine neue Iteration in der Abbruchperiode begonnen. Tab. 7.23 zeigt dieses Vorgehen.

Die Berechnung der Zeilen folgt der Systematik, die in Lösung 7-A7 a) erläutert wurde:

- Die durchschnittlichen Periodenkosten (d. h. die summierten Rüst- und Lagerkosten geteilt durch die Periodenzahl) für Los 1 sinken bis zu dem Zeitpunkt, in dem der Bedarf von Periode 4 ebenfalls mit in das Los aufgenommen wird.
- Dies führt dazu, dass zwei Lose gebildet werden:
  - Los 1 in Periode 1 in Höhe von 550 Stück. Dieses Los kostet 360 GE.
  - Los 2 in Periode 4 in Höhe von 120 Stück. Dieses Los kostet 180 GE.

Die Lospolitik lautet in formaler Form {550; 0; 0; 120}. Dabei fallen Rüstkosten in Höhe von 360 GE und Lagerkosten in Höhe von 180 GE an. Die Gesamtkosten betragen 540 GE.

Lösung 7 – A12: Losbildung bei einem Fleischereibetrieb

▶ **Tipp** Im Lehrbuch „**Produktionswirtschaft: Planung, Steuerung und Industrie 4.0"** finden Sie im Kapitel 3.3.5.3 ausführliche Erklärungen zu verschiedenen Methoden der Losgrößenplanung, darunter sowohl statische wie auch dynamische Verfahren.

Produktionswirtschaft: Planung, Steuerung und Industrie 4.0, Autoren: Florian Kellner, Bernhard Lienland, Maximilian Lukesch (3. Auflage, erschienen bei Springer Gabler, 2022; eBook ISBN: 978-3-662-65803-1, Softcover ISBN: 978-3-662-65802-4).

a) Die Aufgabe der Losgrößenplanung ist es, vorterminierte Bedarfe zu gebündelten Mengen (= Lose) zusammenzufassen. Das Ziel besteht darin, die Summe aus Rüst-/Bestell- und Lagerhaltungskosten zu minimieren.

b) Am Produktpaar „Jockl" und „Hackl" ist erkennbar, dass eine Steigerung der fixen Bestellkosten zu einem Anstieg der Losgröße führen. Der dahinterliegende Gedanke besteht darin, dass es insgesamt gesehen günstiger ist, seltener zu bestellen und dafür die größere Bestellmenge auf Lager zu legen. Am Produktpaar „Joseph" und „Franz" kann indes vice versa gesehen werden, was bei einer Steigerung der Stücklagerkosten passiert: Die Losgröße sinkt. Der dahinterliegende Gedanke ist, dass es bei einem Anstieg der Lagerhaltungskosten insgesamt günstiger ist, häufiger zu bestellen – also häufiger die fixen Bestellkosten in Kauf zu nehmen – und dafür weniger Ware auf Lager zu nehmen.

Lösung 7 – A13: Chiphersteller

▶   **Tipp** Im Lehrbuch „**Produktionswirtschaft: Planung, Steuerung und Industrie 4.0**" finden Sie im Kapitel 3.3.5.3 ausführliche Erklärungen zu verschiedenen Methoden der Losgrößenplanung, darunter sowohl statische wie auch dynamische Verfahren.

Produktionswirtschaft: Planung, Steuerung und Industrie 4.0, Autoren: Florian Kellner, Bernhard Lienland, Maximilian Lukesch (3. Auflage, erschienen bei Springer Gabler, 2022; eBook ISBN: 978-3-662-65803-1, Softcover ISBN: 978-3-662-65802-4).

a) Gemäß Silver-Meal-Verfahren ist die optimale Losgröße dann erreicht, sobald ein Minimum der Periodenkosten erreicht wurde. Hier werden die Bedarfe so lange zusammengefasst, bis die Periodenkosten erstmals ansteigen. Anschließend wird eine neue Iteration in der Abbruchperiode begonnen. Tab. 7.24 zeigt dieses Vorgehen.

Die Berechnung der Zeilen folgt der Systematik, die in Lösung 7-A7 a) erläutert wurde. Es werden vier Lose gebildet:

- Los 1 in Periode 1 in Höhe von 50 Stück. Dieses Los kostet 500 GE.
- Los 2 in Periode 2 in Höhe von 67 Stück. Dieses Los kostet 776 GE.
- Los 3 in Periode 4 in Höhe von 70 Stück. Dieses Los kostet 500 GE.
- Los 4 in Periode 5 in Höhe von 85 Stück. Dieses Los kostet 500 GE.

Tab. 7.24 Lösung 7-A13 a): Silver-Meal-Verfahren

		x (p,t*) (ME)	k (p,t*) (GE)	k (p,t*)/(t-p+1) (GE/Periode)	Stop?	Losgröße (ME)
p	t*					
1	1	50	500,00	500,00		50
1	2	94	1028,00	514,00	STOP	
2	2	44	500,00	500,00		
2	3	67	776,00	388,00		67
2	4	137	2456,00	818,67	STOP	
4	4	70	500,00	500,00		70
4	5	155	1520,00	760,00	STOP	
5	5	85	500,00	500,00		85

Bestellkosten = 500 GE; Lagerkostensatz je ME und Periode = 12 GE

Mit: GE = Geldeinheit, ME = Mengeneinheit

Tab. 7.25 Lösung 7-A13 b): Kostenausgleichsverfahren

		x(p,t*) (ME)	k(p,t*) (GE)	k(p,t*)−BK (GE)	Stop?	Losgröße (ME)
p	t*					
1	1	50	500,00	0,00		50
1	2	94	1028,00	528,00	STOP	
2	2	44	500,00	0,00		
2	3	67	776,00	276,00		67
2	4	137	2456,00	1956,00	STOP	
4	4	70	500,00	0,00		70
4	5	155	1520,00	1020,00	STOP	
5	5	85	500,00	0,00		85

Bestellkosten = 500 GE; Lagerkostensatz je ME und Periode = 12 GE

Mit: BK = Bestellkosten, GE = Geldeinheit, ME = Mengeneinheit

Die Lospolitik lautet in formaler Form {50; 67; 0; 70; 85}. Dabei fallen Bestellkosten in Höhe von 2000 GE und Lagerkosten in Höhe von 276 GE an. Die Gesamtkosten betragen 2276 GE.

b) Das Kostenausgleichsverfahren (auch: Part-Period-Balancing-Verfahren) greift auf das klassische Modell der Losgrößenplanung zurück. Hier wird davon ausgegangen, dass das Minimum der Gesamtkosten dann erreicht wird, sobald Lagerhaltungs- und Bestellkosten (BK) dieselbe Höhe aufweisen. Dieser Logik entsprechend fasst das Kostenausgleichsverfahren so lange Periodenbedarfe zusammen, bis die Lagerhaltungskosten die Bestellkosten übersteigen. Übersteigen die Lagerhaltungskosten die Bestellkosten, wird die aktuelle Losgröße fixiert und eine neue Iteration in der Abbruchperiode begonnen. Tab. 7.25 zeigt dieses Vorgehen.

Die Berechnung der Zeilen folgt der Systematik, die in Lösung 7-A7 a) erläutert wurde. Es werden vier Lose gebildet:

- Los 1 in Periode 1 in Höhe von 50 Stück. Dieses Los kostet 500 GE.
- Los 2 in Periode 2 in Höhe von 67 Stück. Dieses Los kostet 776 GE.
- Los 3 in Periode 4 in Höhe von 70 Stück. Dieses Los kostet 500 GE.
- Los 4 in Periode 5 in Höhe von 85 Stück. Dieses Los kostet 500 GE.

Das Kostenausgleichsverfahren kommt zum selben Ergebnis wie das Silver-Meal-Verfahren. Die Lospolitik lautet in formaler Form {50; 67; 0; 70; 85}. Dabei fallen Bestellkosten in Höhe von 2000 GE und Lagerkosten in Höhe von 276 GE an. Die Gesamtkosten betragen 2276 GE.

c) Das Stückkostenverfahren (auch: Least-Unit-Cost-Verfahren) basiert auf dem klassischen Modell der Losgrößenplanung, wonach die optimale Losgröße durch das Minimum der Stückkosten charakterisiert ist. Das Verfahren schließt so lange aufeinanderfolgende Bedarfe in ein Los ein, wie dies zu einem Absinken der Stückkosten führt. Sobald die Stückkosten ansteigen, wird die aktuelle Losgröße fixiert und eine neue Iteration in der Abbruchperiode begonnen. Tab. 7.26 zeigt dieses Vorgehen.

Die Berechnung der Zeilen folgt der Systematik, die in Lösung 7-A7 a) erläutert wurde. Es werden vier Lose gebildet:

- Los 1 in Periode 1 in Höhe von 50 Stück. Dieses Los kostet 500 GE.
- Los 2 in Periode 2 in Höhe von 44 Stück. Dieses Los kostet 500 GE.
- Los 3 in Periode 3 in Höhe von 93 Stück. Dieses Los kostet 1340 GE.
- Los 4 in Periode 5 in Höhe von 85 Stück. Dieses Los kostet 500 GE.

Die Lospolitik lautet in formaler Form {50; 44; 93; 0; 85}. Dabei fallen Bestellkosten in Höhe von 2000 GE und Lagerkosten in Höhe von 840 GE an. Die Gesamtkosten betragen 2840 GE.

Tab. 7.26 Lösung 7-A13 c): Stückkostenverfahren

		Bestellkosten = 500 GE; Lagerkostensatz je ME und Periode = 12 GE				
p	t*	(kum.) x(p,t*) (ME)	k(p,t*) (GE)	k(p,t*)/(kum.) x(p,t*) (GE)	Stop?	Losgröße (ME)
1	1	50	500,00	10,00		50
1	2	94	1028,00	10,94	STOP	
2	2	44	500,00	11,36		44
2	3	67	776,00	11,58	STOP	
3	3	23	500,00	21,74		
3	4	93	1340,00	14,41		93
3	5	178	3380,00	18,99	STOP	
5	5	85	500,00	5,88		85
Mit: GE = Geldeinheit, ME = Mengeneinheit						

Produktionssteuerung: Reihenfolgeplanung

8

Zusammenfassung

Mithilfe der Reihenfolgeplanung wird die zielspezifische optimale Zuordnung von N Aufträgen auf M Maschinen unter Beachtung verschiedener Restriktionen gewährleistet. Je nach Ausprägung der Elemente N (Anzahl der Aufträge), M (Anzahl der Maschinen), O (Organisationstyp der Fertigung) und Z (Zielfunktion) bieten sich für die Reihenfolgeplanung verschiedene Lösungsverfahren an, darunter zum Beispiel die (begrenzte) Enumeration, verschiedene Prioritätsregelverfahren oder der Johnson- und Jackson-Algorithmus. In den Aufgaben dieses Kapitels soll die Zuordnung verschiedener Aufträge auf Maschinen unter Berücksichtigung gegebener Ziele bestimmt werden. Dabei sollen die verschiedenen Lösungsansätze in Gantt-Diagrammen visualisiert und miteinander verglichen werden.

8.1 Aufgaben

Aufgabe 8 – A1: Reihenfolgeplanung bei einem Leuchtmittelhersteller

Die Regensburger ROMAS GmbH stellt verschiedene Leuchtmittel und Glühbirnen her. Die heute zu bearbeitenden Aufträge I-VI werden an drei Maschinen 1–3 in der jeweils gleichen Reihenfolge M1–3 bearbeitet. In Tab. 8.1 sind die vorliegenden Aufträge mit den jeweiligen Bearbeitungszeiten (in Zeiteinheiten = ZE) der Maschinen sowie deren spätester Endtermin (in ZE) abgebildet.

Bestimmen Sie den Maschinenbelegungsplan nach der Prioritätsregel der „Längsten Operationszeit" (LOZ-Regel, ohne Überholen) und stellen Sie diesen in Form eines Gantt-Diagramms dar! Bestimmen Sie zusätzlich die Stillstandszeiten der einzelnen Maschinen nach der von Ihnen ermittelten Auftragsreihenfolge.

© Springer-Verlag GmbH Deutschland, ein Teil von Springer Nature 2024
M. Lukesch, F. Kellner, *Übungsbuch Produktionswirtschaft*,
https://doi.org/10.1007/978-3-662-68672-0_8

Tab. 8.1 Aufgabe 8-A1: Ausgangsdaten

Auftrag	Bearbeitungszeiten (ZE)			Spätester Endtermin (ZE)
	Maschine 1	Maschine 2	Maschine 3	
I	3	5	2	45
II	6	2	7	40
III	4	3	9	35
IV	2	8	4	35
V	5	8	4	25
VI	7	6	7	30

Tab. 8.2 Aufgabe 8-A2: Ausgangsdaten

Auftrag	Belegungsdauer (Minuten)	
	Drehbank	Fräse
A	3	5
B	5	8
C	2	4
D	8	2
E	4	3

Aufgabe 8 – A2: Vergleich der „First-Come, First-Serve"-Regel mit dem Johnson-Algorithmus

Zur Fertigung verschiedener Bauteile verfügt die Feintechnik AG über eine Drehbank und eine Fräse. Alle Produkte werden zunächst an der Drehbank bearbeitet und danach an der Fräse. Die beiden Maschinen werden rund um die Uhr genutzt. Der zuständige Meister bittet Sie um Hilfe: Es sollen fünf Aufträge koordiniert und die optimale Belegungsreihenfolge ermittelt werden.

Die fünf Aufträge sollen aktuell gemäß First-Come-First-Serve-Regel (FCFS-Regel) in folgender Reihenfolge an die Drehbank kommen: A-B-C-D-E. Das Ziel ist die Minimierung der Zykluszeit (in Minuten). Da die Rüstkosten bereits in den Belegungszeiten enthalten sind, werden sie nicht berücksichtigt. Tab. 8.2 fasst die relevanten Informationen zusammen. Es wird ein Vergleich zwischen der FCFS-Regel und dem Johnson-Algorithmus gewünscht.

a) Bestimmen Sie anhand des Johnson-Algorithmus die Reihenfolge mit der minimalen Zykluszeit.

b) Zeichnen Sie ein Gantt-Diagramm mit der optimalen Reihenfolge nach dem Johnson-Algorithmus. Berechnen Sie die Zykluszeit.

c) Zeichnen Sie ein Gantt-Diagramm mit der Reihenfolge nach der FCFS-Regel. Berechnen Sie die Zykluszeit.

d) Vergleichen Sie die Durchlaufzeiten von Auftrag A für beide Verfahren.

Aufgabe 8 – A3: Bestimmung der Bearbeitungsreihenfolge

Werkstattleiter Herr Müller hat sich im vorweihnachtlichen Chaos zu spät mit der Fertigstellung verschiedener Aufträge beschäftigt. Am 12.12. soll die Bearbeitungsreihenfolge von sieben verschiedenen Aufträgen (Tab. 8.3) bestimmt werden. Diese Aufträge werden an einer Maschine bearbeitet. Es wird 24 h an sieben Tagen in der Woche gearbeitet. Helfen Sie Herrn Müller, indem Sie die Bearbeitungsreihenfolge ermitteln, die …

a) … die maximale Verspätung minimiert (ohne Überholen, „Frühester Liefertermin"-Regel, engl. Earliest Due Date = EDD).
b) … die Anzahl der verspäteten Aufträge minimiert (ohne Überholen, Moore's Algorithmus).

Vergleichen Sie die Verfahren jeweils mit der First-Come-First-Serve-Regel (FCFS-Regel, d. h. A, B, C, …), indem sie die maximale Verspätung aller Aufträge und die Anzahl der verspäteten Aufträge ermitteln. Gemäß FCFS-Regel treffen die Aufträge in der folgenden Reihenfolge an der Maschine ein: A-B-C-D-E-F-G.

Aufgabe 8 – A4: Anwendung verschiedener Prioritätsregelverfahren bei der Reihenfolgeplanung

Seitdem Sie die Klausur im Fach „Produktionswirtschaft" in Ihrem Bachelor-Studium bestanden haben, wünschen Sie sich, in der Abteilung „Produktionssteuerung" in einem industriellen Unternehmen zu arbeiten. Nun ist es soweit und Sie wurden für die Reihenfolgeplanung in der Eins-nach-dem-anderen GmbH eingestellt. An Ihrem ersten Arbeitstag, dem 01. Januar 2018, erhalten Sie Ihre ersten Aufgaben:

a) Bestimmen Sie mithilfe der Schlupfzeit-Regel die Reihenfolge, in der die fünf in Tab. 8.4 gelisteten Aufträge zu bearbeiten sind.
b) Ermitteln Sie die Auftragsreihenfolge, die sich aus der Prioritätsregel „Frühester Liefertermin" (ohne Überholen, engl. Earliest Due Date = EDD) ergibt.
c) Ermitteln Sie die Auftragsreihenfolge, die aus der Prioritätsregel „Größte Restbearbeitungszeit" (ohne Überholen, engl. Longest Remaining Processing Time = LRPT) resultiert.

Tab. 8.3 Aufgabe 8-A3: Ausgangsdaten

Auftrag	Bearbeitungszeit (Tage)	Liefertermin
A	2	16.12.
B	5	22.12.
C	3	18.12.
D	8	30.12.
E	4	31.12.
F	6	04.01.
G	1	01.01.

Tab. 8.4 Aufgabe 8-A4: Ausgangsdaten

Auftrag	A	B	C	D	E
Verbleibende Durchlaufzeit	5 Tage	3 Tage	8 Tage	11 Tage	10 Tage
Liefertermin	20.01.2018	07.01.2018	15.01.2018	19.01.2018	12.01.2018

Tab. 8.5 Aufgabe 8-A5: Ausgangsdaten

Auftrag	Bearbeitungszeit auf Maschine 1 (ZE)	Bearbeitungszeit auf Maschine 2 (ZE)	Technische Bearbeitungsreihenfolge
A	1	3	Maschine 1 ➜ Maschine 2
B	2	1	Maschine 1 ➜ Maschine 2
C	-	1	Maschine 2
D	3	1	Maschine 2 ➜ Maschine 1
E	2	2	Maschine 1 ➜ Maschine 2
F	4	2	Maschine 2 ➜ Maschine 1
G	2	-	Maschine 1
H	1	3	Maschine 2 ➜ Maschine 1

Aufgabe 8 – A5: Jackson-Algorithmus
Sie arbeiten als Praktikant in der Eins-nach-dem-anderen GmbH. Ihr Vorgesetzter, der sich um die Produktionssteuerung kümmert, bittet Sie, die in Tab. 8.5 gegebenen acht Aufträge A-H auf die zwei zur Verfügung stehenden Maschinen einzuplanen. Dabei sollen Sie den Jackson-Algorithmus anwenden, da die Abteilung, in der Sie arbeiten, nach dem Prinzip der Werkstattfertigung arbeitet.

Tab. 8.5 enthält die Bearbeitungszeiten (in Zeiteinheiten = ZE) der acht Aufträge an den beiden Maschinen. Weiterhin zeigt die Tabelle die Reihenfolge, in der die Aufträge die Maschinen laut Arbeitsplan passieren müssen.

Aufgabe 8 – A6: Automobilwerk
Im Presswerk eines Automobilherstellers werden im ersten Bearbeitungsschritt aus einem aufgewickeltem Metallband, dem sogenannten Coil, kleinere Blechteile zugeschnitten. Eine zweite Maschine presst anschließend diese Blechteile. Für die Frühschicht liegen acht Aufträge mit unterschiedlicher Größe, Form und Materialstärke der Blechteile vor. Die Bearbeitungszeiten p der Aufträge auf der Bandzerteilanlage (Maschine A) und der Presse (Maschine B) gehen aus Tabelle Tab. 8.6 hervor, die Ihnen der Vorarbeiter in die Hand drückt. Aufgrund eines Übertragungsfehlers zwischen dem ERP- und dem Fertigungssystem sind die Daten etwas durcheinandergekommen.

a) Sie sollen eine Reihenfolge ermitteln, in der die Durchlaufzeit minimiert wird. Welches Verfahren würden Sie anwenden? Warum?
b) Wenden Sie das in a) gewählte Verfahren an! Wann ist der letzte Auftrag fertiggestellt?

Aufgabe 8 – A7: Zahnradproduktion
In einer Zahnradfabrik am Bodensee muss die Reihenfolge der Aufträge A1-A6 geplant werden. Im Herstellungsprozess eines Zahnrads müssen zwei maßgebliche Schritte durchgeführt werden: Die Planflächen müssen hartgedreht (Maschine A) und die Bohrung ge-

Tab. 8.6 Aufgabe 8-A6: Ausgangsdaten

Auftrag	Bearbeitungszeit auf Maschine A	Zeiteinheit	Bearbeitungszeit auf Maschine B	Zeiteinheit
7	14	min	20	min
2	23	min	17	min
6	22	min	23	min
3	0,5	h	25	min
1	0,25	h	20	min
5	10	min	0,2	h
4	16	min	0,2	h
8	20	min	0,45	h
7	14	min	20	min

Mit: h = Stunde, min = Minute

Tab. 8.7 Aufgabe 8-A7: Ausgangsdaten

Auftrag	Bearbeitungszeit auf Maschine (in ZE)		Fertigstellungstermin (in ZE)
	Maschine A: Hartdrehen	Maschine B: Honen	
A1	4	5	34
A2	9	3	24
A3	1	5	20
A4	6	8	30
A5	9	7	28
A6	8	2	30

Mit: ZE = Zeiteinheiten

hont (Maschine B) werden. Aufgrund der Beschaffenheit der bestellten Zahnräder hat der Produktionsleiter vorgegeben, dass Auftrag 2, 3 und 6 zuerst hartgedreht und anschließend gehont werden. Bei den restlichen Aufträgen verhält es sich genau anders herum. Alle Bearbeitungszeiten (in Zeiteinheiten = ZE) sowie die geforderten Fertigstellungstermine je Auftrag können Sie der Tab. 8.7 entnehmen.

a) Wie würden Sie vorgehen, um die maximale Durchlaufzeit aller Aufträge zu minimieren?
b) Wenden Sie nun das in a) gewählte Verfahren an!
c) Zeichnen Sie das Auftragsfolge-Gantt-Diagramm zu Ihrer Lösung aus b)!
d) Wie hoch ist die gesamte Terminüberschreitungszeit?

Aufgabe 8 – A8: Getriebehersteller
Bei einem in Regensburg ansässigen Getriebehersteller werden Getriebegehäuse zunächst gefräst (Maschine A), dann gebohrt (Maschine B) und schließlich geschliffen (Maschine C). Die Aufträge 1–6 sind im Zeitpunkt t=0 gleichzeitig vor Maschine A angekommen. Weitere Angaben zu den Bearbeitungszeiten und den geforderten Fertigstellungsterminen sind Tab. 8.8 zu entnehmen.

Tab. 8.8 Aufgabe 8-A8: Ausgangsdaten

Auftrag	Bearbeitungszeiten (in ZE)			Spätester Fertigstellungstermin (in ZE)
	Maschine A	Maschine B	Maschine C	
1	10	4	3	52
2	2	5	2	20
3	6	8	11	39
4	8	7	3	29
5	3	3	5	20
6	5	7	7	25

Mit: ZE = Zeiteinheiten

Tab. 8.9 Aufgabe 8-A9: Ausgangsdaten

Auftrag	A1	A2	A3	A4	A5	A6	A7	A8
Bearbeitungszeit Maschine A (ZE)	5,5	7	3	4	4,5	6,5	5	4,5
Bearbeitungszeit Maschine B (ZE)	5	6	7	4,5	4	3,5	5,5	6,5

Mit: ZE = Zeiteinheiten

a) Bestimmen Sie den Maschinenbelegungsplan nach der KOZ-Regel (= kürzeste Operationszeit)! Die Bearbeitungszeiten auf Maschine A sollen dabei als Bezugspunkt dienen. Stellen Sie Ihre Ergebnisse in Form eines Gantt-Diagramms dar! Wie hoch ist die Zykluszeit? Wie hoch ist die Stillstandszeit?

b) Bestimmen Sie einen weiteren Maschinenbelegungsplan nach der KOZ-Regel (= kürzeste Operationszeit), diesmal jedoch mit Maschine B als Bezugspunkt! Erstellen Sie erneut ein Gantt-Diagramm und geben Sie die Zykluszeit sowie die Stillstandszeit an!

c) Bestimmen Sie einen weiteren Maschinenbelegungsplan nach der KOZ-Regel (= kürzeste Operationszeit), diesmal jedoch mit Maschine C als Bezugspunkt! Erstellen Sie erneut ein Gantt-Diagramm und geben Sie die Zykluszeit sowie die Stillstandszeit an!

d) Wie definiert sich die sogenannte „Schlupfzeit"? Bestimmen Sie den Maschinenbelegungsplan nach der Schlupfzeitregel (SZ) und stellen Sie diesen in Form eines Gantt-Diagramms dar! Wie hoch ist nun die Zykluszeit? Wie hoch ist die Stillstandszeit?

e) Nehmen Sie einen Vergleich der Pläne aus Aufgabe a) bis d) hinsichtlich der Kriterien Zykluszeit, ablaufbedingte Stillstandszeiten der Maschinen sowie Termintreue vor! Welches Ergebnis würden Sie wählen?

Ausgabe 8 – A9: Möbelfabrik

In einem Zuliefererbetrieb für ein schwedisches Möbelhaus müssen Holzteile zunächst auf Maschine A geschliffen und dann auf der Maschine B lackiert werden. Am heutigen Tag sind acht Aufträge A1–8 abzuarbeiten. Die Bearbeitungszeiten der Aufträge (in Zeiteinheiten = ZE) auf den Maschinen A und B gehen aus Tab. 8.9 hervor.

Bestimmen Sie eine Reihenfolge, mit der Sie die maximale Durchlaufzeit minimieren!
Nach welchem Verfahren gehen Sie vor? Zeichnen Sie auch das zu Ihrem Ergebnis gehörige
Auftragsfolge-Gantt-Diagramm!

Aufgabe 8-A10: Klausuren

Am Lehrstuhl für Produktionswirtschaft an der Universität Klein Weilersheim wurde eine
Klausur im Vertiefungsmodul des Master-Programms mit 10 Teilnehmern geschrieben.
Um die Klausuren möglichst effizient zu korrigieren, haben die beiden Lehrstuhlmit-
arbeiter eine Arbeitsteilung vereinbart. Mitarbeiter T ist der Experte für Theoriefragen,
Mitarbeiter R der Experte für Rechenfragen. Eine studentische Hilfskraft hat die Klausu-
ren I bis X nach nach der voraussichtlicher Korrekturdauer jedes Aufgabenbereichs (in
Zeiteinheiten = ZE) geschätzt (siehe Tab. 8.10). Teilweise haben Klausurteilnehmer keine
Antworten gegeben, was zu einer Aufgaben-Korrekturzeit von 0 ZE führt.

Wenden Sie den Jackson-Algorithmus an, um die durchlaufzeitminimierende Reihenfolge der Klausurkorrektur zu ermitteln! Ermitteln Sie jeweils die maximale Durchlaufzeit! Beachten Sie dabei folgende zusätzlichen Anweisungen:

- Da es bei den Klausuren, in denen die Kandidaten sowohl Rechen- als auch Theoriefragen beantwortet haben, unerheblich ist, ob zuerst die Rechen- oder die Theorieaufgaben beantwortet werden, sollen Sie untersuchen, ob es einen Unterschied macht, die
  Auftragsmenge xRT bzw. xTR zu bilden.
- Auftragsmengen, die nur über einen der Mitarbeiter bearbeitet werden müssen, sollen
  nach der Regel der kürzesten Operationszeit sortiert werden (KOZ).

Tab. 8.10 Aufgabe 8-A10: Ausgangsdaten

Klausur	Korrekturzeit (in ZE)	
	Rechenfragen / Mitarbeiter R	Theoriefragen / Mitarbeiter T
I	5	8
II	9	0
III	4	9
IV	0	3
V	7	0
VI	5	0
VII	6	7
VIII	8	8
IX	0	10
X	3	0

8.2 Lösungen

Lösung 8 – A1: Reihenfolgeplanung bei einem Leuchtmittelhersteller

▶ **Tipp** Im Lehrbuch „**Produktionswirtschaft: Planung, Steuerung und Industrie 4.0**" finden Sie im Kapitel 3.3.8.2 ausführliche Erklärungen zur Systematik verschiedener optimierender Algorithmen und Prioritätsregelverfahren im Themenbereich der Reihenfolgeplanung.

Produktionswirtschaft: Planung, Steuerung und Industrie 4.0, Autoren: Florian Kellner, Bernhard Lienland, Maximilian Lukesch (3. Auflage, erschienen bei Springer Gabler, 2022; eBook ISBN: 978-3-662-65803-1, Softcover ISBN: 978-3-662-65802-4).

Bei der vorliegenden Aufgabe handelt es sich gemäß dem allgemeinen Klassifikationsschema für Reihenfolgeprobleme (N/M/O/Z) um ein $6/3/R/D_{max}$-Problem. Zur Ermittlung der Reihenfolge nach der LOZ-Regel werden zunächst die Summen der Bearbeitungszeiten auf jeder Maschine ermittelt und daraufhin absteigend rangiert (Tab. 8.11).

Die sich aus der LOZ-Rangfolge ergebende Reihenfolge der Aufträge ist {VI, V, III, II, IV, I}. Diese Reihenfolge wird in die Kopfzeile des Lösungsschemas zur Ermittlung der Stillstandszeiten eingetragen (Tab. 8.12).

Tab. 8.11 Lösung 8-A1: Ermittlung der Reihenfolge nach der LOZ-Regel

Auftrag	Bearbeitungszeiten (ZE)			Summe der Bearbeitungszeiten (ZE)	Rang
	Maschine 1	Maschine 2	Maschine 3		
I	3	5	2	3+5+2 = 10	6
II	6	2	7	6+2+7 = 15	4
III	4	3	9	4+3+9 = 16	3
IV	2	8	4	2+8+4 = 14	5
V	5	8	4	5+8+4 = 17	2
VI	7	6	7	7+6+7 = 20	1
Mit: ZE = Zeiteinheiten					

Tab. 8.12 Lösung 8-A1: Ermittlung der Stillstandszeiten (LOZ-Regel)

	Auftragsreihenfolge sowie Start- und Endzeitpunkte (ZE)																			
	St	VI	E	St	V	E	St	III	E	St	II	E	St	IV	E	St	I	E	Stillstandszeit (ZE)
M1	0	7	7	7	5	12	12	4	16	16	6	22	22	2	24	24	3	27	0
M2	7	6	13	13	8	21	21	3	24	24	2	26	26	8	34	34	5	39	7
M3	13	7	20	21	4	25	25	9	34	34	7	41	41	4	45	45	2	47	14
Mit: E = Endzeitpunkt, M1–3 = Maschine 1–3, St = Startzeitpunkt																			

Tab. 8.12 lässt sich zeilenweise je Maschine und spaltenweise je Auftrag ausfüllen und lesen. Dies sei beispielhaft für die Zeile M1 und die Spalte des Auftrags VI getan:

- Zeile M1: In Zeile M1 wird die zeitliche Verteilung der Bearbeitung aller Aufträge auf Maschine 1 abgebildet. Im Zeitpunkt 0 gelangt Auftrag VI an Maschine 1 und wird dort 7 ZE lang bearbeitet. In Zeitpunkt 7 ist die Maschine wieder frei – der nächste Auftrag, hier Auftrag V, kann auf Maschine 1 starten. Er benötigt 5 ZE – Auftrag III startet somit in Zeitpunkt (7 + 5 =) 12. Alle weiteren Aufträge werden gemäß derselben Logik eingelastet.
- Spalte des Auftrags VI: Auftrag VI ist der erste Auftrag, der eingelastet wird. Er startet auf Maschine 1 im Zeitpunkt 0. Auf Maschine 1 benötigt er 7 ZE, daher ist er im Zeitpunkt 7 abgeschlossen. Daraufhin startet er im Zeitpunkt 7 auf Maschine 2, wo er 6 ZE benötigt. Die Bearbeitung auf Maschine 2 ist im Zeitpunkt 13 abgeschlossen – er wechselt auf Maschine 3. Hier benötigt er 7 ZE und ist demzufolge im Zeitpunkt 20 abgeschlossen. Alle Aufträge, die nach Auftrag VI eingelastet werden, müssen sich an den Endzeitpunkten der Bearbeitung an einer beliebigen Maschine ihrer Vorgängeraufträge orientieren: So kann bspw. Auftrag V erst dann auf Maschine 1 starten, sobald Auftrag VI abgearbeitet wurde – nämlich im Zeitpunkt 7.

Die Stillstandszeiten in Tab. 8.12 ergeben sich, indem die Start- und Endzeitpunkte der einzelnen Maschinen voneinander abgezogen werden:

- Maschine 1 weist keine Stillstandszeiten auf, da – von Zeitpunkt 0 an – jeder Auftrag sofort nach Abschluss des vorangegangenen Auftrags auf Maschine 1 starten kann.
- Maschine 2 startet erst im Zeitpunkt 7 mit dem ersten Auftrag. Während dieser 7 Zeiteinheiten steht die Maschine still. Ansonsten ist die Maschine immer mit einem Auftrag belegt.
- Maschine 3 startet erst im Zeitpunkt 13 mit dem ersten Auftrag. Während dieser 13 ZE steht die Maschine still. Hinzu kommt eine Stillstandszeit von (21 − 20 =) 1 ZE zwischen Auftrag VI und Auftrag V.

Mithilfe der in Tab. 8.12 abgetragenen Start- und Endzeiten der einzelnen Aufträge auf jeder Maschine kann das Gantt-Diagramm gezeichnet werden (Abb. 8.1).

Lösung 8 – A2: Vergleich der „First-Come, First-Serve"-Regel mit dem Johnson-Algorithmus

▶ **Tipp** Im Lehrbuch **„Produktionswirtschaft: Planung, Steuerung und Industrie 4.0"** finden Sie im Kapitel 3.3.8.2 ausführliche Erklärungen zur Systematik verschiedener optimierender Algorithmen und Prioritätsregelverfahren im Themenbereich der Reihenfolgeplanung.

Produktionswirtschaft: Planung, Steuerung und Industrie 4.0, Autoren: Florian Kellner, Bernhard Lienland, Maximilian Lukesch (3. Auflage, erschienen bei Springer Gabler, 2022; eBook ISBN: 978-3-662-65803-1, Softcover ISBN: 978-3-662-65802-4).

Gantt-Diagramm

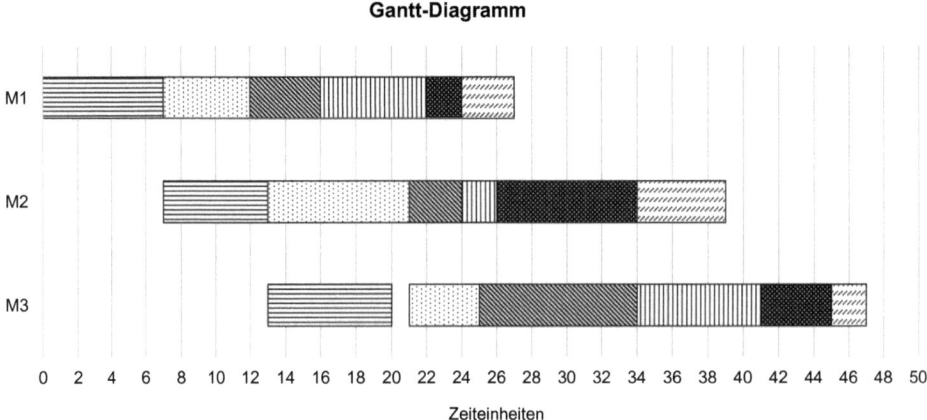

Abb. 8.1   Lösung 8-A1: Gantt-Diagramm (LOZ-Regel)

a) Die Durchführung des Johnson-Algorithmus folgt einer vorgegebenen Struktur:
   1. Die Aufträge werden in zwei Mengen J_1 und J_2 unterteilt. Hierfür wird schrittweise – von Auftrag A nach Auftrag E – zunächst der Auftrag mit der kürzesten Bearbeitungszeit auf irgendeiner Maschine gesucht. Befindet sich diese Bearbeitungszeit auf der Drehbank, so wird er der Menge J_1 zugeordnet, ansonsten der Menge J_2. Daraufhin wird der Auftrag aus der vorhandenen Auftragsmenge gestrichen und der Vorgang so lange wiederholt, bis alle Aufträge einer Menge zugeordnet sind. Dies ergibt die Mengen $J_1 = \{A, B, C\}$ und $J_2 = \{D, E\}$.
   2. Daraufhin werden die Aufträge innerhalb der Mengen gemäß ihrer Bearbeitungszeit auf der Drehbank bzw. auf der Fräse sortiert. Die Logik ist hierbei, dass in J_1 derjenige Auftrag an die erste Stelle kommt, der die *kürzeste* Bearbeitungszeit auf der Drehbank aufweist, und in J_2 derjenige Auftrag an die erste Stelle kommt, der die *längste* Bearbeitungszeit auf der Fräse aufweist. Dies führt zu den sortierten Mengen $J_1 = \{C, A, B\}$ und $J_2 = \{E, D\}$.
   3. Daraufhin werden beide Mengen verkettet. Dies ergibt die Reihenfolge $\{C, A, B, E, D\}$.
b) Mithilfe der in Teilaufgabe a) ermittelten Reihenfolge kann das Gantt-Diagramm gezeichnet werden (Abb. 8.2). Die Zykluszeit, d. h. die Zeit, die vom Start des ersten Auftrags bis zur Fertigstellung aller Aufträge vergeht, beträgt 24 min.
c) Die FCFS-Regel sortiert die Aufträge gemäß der in Tab. 8.2 vorgegebenen Reihenfolge $\{A, B, C, D, E\}$. Die sich daraus ergebende Zykluszeit beträgt 25 min.
d) Die Durchlaufzeit von Auftrag A beträgt bei Anwendung der FCFS-Regel 8 min. Bei Anwendung des Johnson-Algorithmus erhöht sie sich auf 11 min und wird somit schlechter. Über aller Aufträge hinweg wird die Bearbeitungszeit mit dem Johnson-Algorithmus aber minimiert (Abb. 8.3).

Gantt-Diagramm

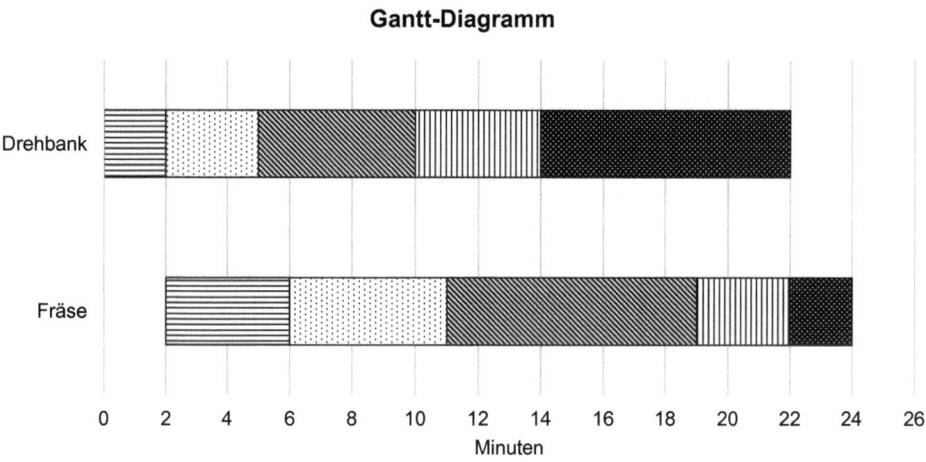

Abb. 8.2 Lösung 8-A2: Gantt-Diagramm (Johnson-Algorithmus)

Gantt-Diagramm

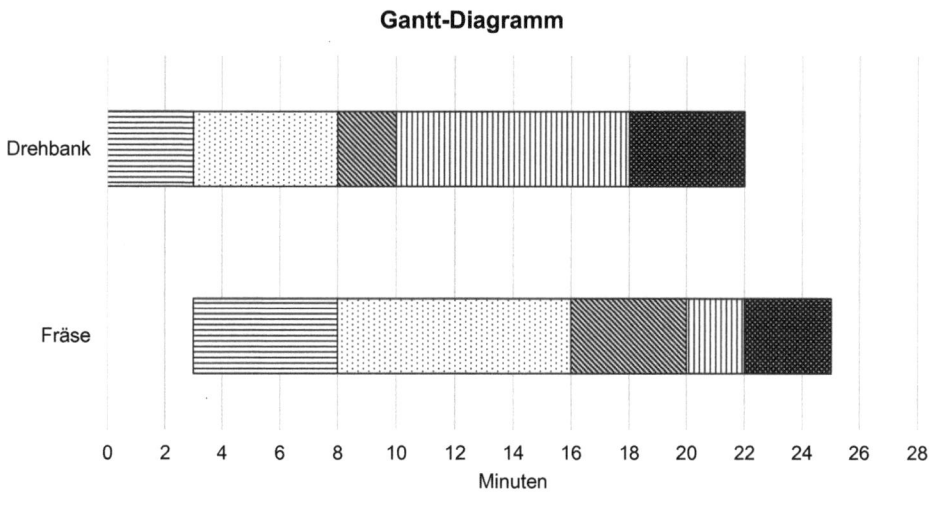

Abb. 8.3 Lösung 8-A2: Gantt-Diagramm (FCFS-Regel)

Lösung 8 – A3: Bestimmung der Bearbeitungsreihenfolge

▶ **Tipp** Im Lehrbuch „**Produktionswirtschaft: Planung, Steuerung und Industrie 4.0"** finden Sie im Kapitel 3.3.8.2 ausführliche Erklärungen zur Systematik verschiedener optimierender Algorithmen und Prioritätsregelverfahren im Themenbereich der Reihenfolgeplanung.

Produktionswirtschaft: Planung, Steuerung und Industrie 4.0, Autoren: Florian Kellner, Bernhard Lienland, Maximilian Lukesch (3. Auflage, erschienen bei Springer Gabler, 2022; eBook ISBN: 978-3-662-65803-1, Softcover ISBN: 978-3-662-65802-4).

a) Die „Frühester Liefertermin"-Regel minimiert die maximale Verspätung. Ihr zufolge werden die Aufträge mit den frühesten Fälligkeitsterminen zuerst bearbeitet:

- Die Fälligkeit ergibt sich, indem das in der Aufgabenstellung angegebene Datum (12.12.) vom Liefertermin abgezogen wird. Es ergibt sich nach der „Frühester Liefertermin"-Regel die Auftragsreihenfolge {A, C, B, D, E, G, F}. In Tab. 8.13 wurden die Aufträge bereits gemäß ihrer Fälligkeit sortiert.
- Im nächsten Schritt werden die Fertigstellungstermine der Aufträge gemäß der ermittelten Reihenfolge berechnet: So wird bspw. die Bearbeitung von Auftrag A bereits am 12.12. begonnen und ist am 14.12. abgeschlossen. Es folgt Auftrag C mit einer Bearbeitungszeit von 3 Tagen – der Fertigstellungstermin ist somit der 17.12. Die Fertigstellungstermine der restlichen Aufträge werden gemäß derselben Logik berechnet.
- Abschließend kann durch Vergleich des Liefertermins und des Fertigstellungstermins die Verspätung ermittelt werden. Für die ersten vier Aufträge beträgt die Verspätung 0 Tage (alle Aufträge sind vor ihrem Liefertermin fertiggestellt), für Auftrag E 3 Tage (Fertigstellung am 03.01., Liefertermin wäre aber der 31.12.), für Auftrag G 3 Tage (Fertigstellung am 04.01., Liefertermin wäre aber der 01.01.) und für Auftrag F 6 Tage (Fertigstellung am 10.01., Liefertermin wäre aber der 04.12.).

Nach der „Frühester Liefertermin"-Regel beträgt die maximale Auftragsverspätung 6 Tage (Auftrag F). Insgesamt treten bei drei Aufträgen Verspätungen auf (Aufträge E, G, F). Würde hingegen die FCFS-Regel angewandt, so ergäbe sich die in Tab. 8.14 angegebene Bearbeitungsreihenfolge {A, B, C, D, E, F, G}. Die Fertigstellungstermine sowie die daraus resultierende Verspätung ergeben sich gemäß derselben Logik wie für die „Frühester Liefertermin"-Regel.

Nach der FCFS-Regel beträgt die maximale Auftragsverspätung 9 Tage (Auftrag G). Insgesamt treten bei vier Aufträgen Verspätungen auf (Aufträge C, E, F, G).

Tab. 8.13 Lösung 8-A3: Bearbeitungsreihenfolge nach der „Frühester Liefertermin"-Regel

Auftragsreihenfolge	Fälligkeit (Tage)	Bearbeitungszeit (Tage)	Fertigstellungstermin	Verspätung (Tage)
A	4 (16.12.)	2	14.12.	0
C	6 (18.12.)	3	17.12.	0
B	10 (22.12.)	5	22.12.	0
D	18 (30.12.)	8	30.12.	0
E	19 (31.12.)	4	03.01.	3
G	20 (01.01.)	1	04.01.	3
F	23 (04.01.)	6	10.01.	6

Tab. 8.14 Lösung 8-A3: Bearbeitungsreihenfolge nach der FCFS-Regel

Auftragsreihenfolge	Fälligkeit (Tage)	Bearbeitungszeit (Tage)	Fertigstellungstermin	Verspätung (Tage)
A	4 (16.12.)	2	14.12.	0
B	10 (22.12.)	5	19.12.	0
C	6 (18.12.)	3	22.12.	4
D	18 (30.12.)	8	30.12.	0
E	19 (31.12.)	4	03.01.	3
F	23 (04.01.)	6	09.01.	5
G	20 (01.01.)	1	10.01.	9

b) Die Anwendung von Moore's Algorithmus minimiert die Anzahl der verspäteten Aufträge. Die Durchführung dieses Algorithmus erfolgt folgendermaßen:

Schritt 1
- Zunächst wird die Auftragsfolge nach der „Frühester Liefertermin"-Regel bestimmt. Das Ergebnis kann in Tab. 8.13 abgelesen werden.
- Dann wird – der Auftragsreihenfolge folgend – der erste Auftrag gesucht, bei dem eine Verspätung auftritt. Aus Tab. 8.13 kann ersehen werden, dass es sich hierbei um Auftrag E handelt.
- Innerhalb der Auftragsreihenfolge bis zum Auftrag mit der ersten Verspätung wird nun der Auftrag mit der längsten Bearbeitungszeit bestimmt. Es handelt sich hierbei um Auftrag D (8 Tage).
- Dieser Auftrag wird aus der vollständigen Auftragsreihenfolge entfernt und vorerst zurückgestellt. Das Ergebnis ist in Tab. 8.15 abgebildet.

Schritt 2
- In Tab. 8.15 treten aufgrund der Zurückstellung von Auftrag D keine weiteren Verspätungen auf. Im nächsten Schritt werden die zurückgestellten Aufträge (hier nur Auftrag D) in beliebiger Reihenfolge an das Ende der Auftragsreihenfolge gestellt. Würden hingegen weiterhin, also auch nach Schritt 1, Verspätungen auftreten, dann würde Schritt 1 wiederholt werden.
- Das Ergebnis von Schritt 2 kann in Tab. 8.16 abgelesen werden.

Nach Moore's Algorithmus beträgt die maximale Auftragsverspätung 11 Tage (Auftrag D). Insgesamt tritt bei einem Auftrag eine Verspätung auf (Auftrag D). Für einen Vergleich mit der FCFS-Regel sei auf Tab. 8.14 verwiesen: Nach der FCFS-Regel beträgt die maximale Auftragsverspätung 9 Tage (Auftrag G). Insgesamt treten bei vier Aufträgen Verspätungen auf (Aufträge C, E, F, G).

Tab. 8.15 Lösung 8-A3: Bearbeitungsreihenfolge nach Moore's Algorithmus (Schritt 1)

Auftragsreihenfolge	Fälligkeit (Tage)	Bearbeitungszeit (Tage)	Fertigstellungstermin	Verspätung (Tage)
A	4 (16.12.)	2	14.12.	0
C	6 (18.12.)	3	17.12.	0
B	10 (22.12.)	5	22.12.	0
E	19 (31.12.)	4	26.12.	0
G	20 (01.01.)	1	27.12.	0
F	23 (04.01.)	6	02.01.	0

Tab. 8.16 Lösung 8-A3: Bearbeitungsreihenfolge nach Moore's Algorithmus (Schritt 2)

Auftragsreihenfolge	Fälligkeit (Tage)	Bearbeitungszeit (Tage)	Fertigstellungstermin	Verspätung (Tage)
A	4 (16.12.)	2	14.12.	0
C	6 (18.12.)	3	17.12.	0
B	10 (22.12.)	5	22.12.	0
E	19 (31.12.)	4	26.12.	0
G	20 (01.01.)	1	27.12.	0
F	23 (04.01.)	6	02.01.	0
D	18 (30.12.)	8	10.01.	11

Lösung 8 – A4: Anwendung verschiedener Prioritätsregelverfahren bei der Reihenfolgeplanung

▶ **Tipp** Im Lehrbuch „**Produktionswirtschaft: Planung, Steuerung und Industrie 4.0**" finden Sie im Kapitel 3.3.8.2 ausführliche Erklärungen zur Systematik verschiedener optimierender Algorithmen und Prioritätsregelverfahren im Themenbereich der Reihenfolgeplanung.

Produktionswirtschaft: Planung, Steuerung und Industrie 4.0, Autoren: Florian Kellner, Bernhard Lienland, Maximilian Lukesch (3. Auflage, erschienen bei Springer Gabler, 2022; eBook ISBN: 978-3-662-65803-1, Softcover ISBN: 978-3-662-65802-4).

Die Auftragsreihenfolgen der verschiedenen Prioritätsregeln (zusammengefasst in Tab. 8.17) ergeben sich folgendermaßen:

- Gemäß der Schlupfzeit-Regel wird derjenige Auftrag als erstes bearbeitet, der die geringste Differenz zwischen Liefertermin, Termin die Prioritätsfestlegung und verbleibender Bearbeitungszeit aufweist. Zum 01.01. hat Auftrag A bspw. eine Schlupfzeit von $(20 - 5 - 1 =)$ 14 Tagen. Auftrag B weist eine Schlupfzeit von $(7 - 3 - 1 =)$ 3 Tagen auf usw. Es ergibt sich die Reihenfolge {E, B, C, D, A}.

Tab. 8.17 Lösung 8-A4: Bearbeitungsreihenfolgen

Zeitpunkt der Aufgabenstellung		01.01.2018				
Auftrag		A	B	C	D	E
Verbleibende Durchlaufzeit		5 Tage	3 Tage	8 Tage	11 Tage	10 Tage
Liefertermin		20.01.2018	07.01.2018	15.01.2018	19.01.2018	12.01.2018
Schlupfzeit		14	3	6	7	1
Reihenfolge	Schlupfzeit-Regel	5.	2.	3.	4.	1.
	„Frühester Liefertermin"-Regel	5.	1.	3.	4.	2.
	„Größte Restbearbeitungs-zeit"-Regel	4.	5.	3.	1.	2.

- Gemäß der „Frühester Liefertermin"-Regel werden die Aufträge mit den frühesten Fälligkeitsterminen zuerst bearbeitet. Es ergibt sich die Reihenfolge {B, E, C, D, A}.
- Gemäß der „Größte Restbearbeitungszeit"-Regel werden diejenigen Aufträge als erstes bearbeitet, die die größte verbleibende Bearbeitungszeit aufweisen. Es ergibt sich die Reihenfolge {D, E, C, A, B}.

Lösung 8 – A5: Jackson-Algorithmus

▶ **Tipp** Im Lehrbuch „**Produktionswirtschaft: Planung, Steuerung und Industrie 4.0"** finden Sie im Kapitel 3.3.8.2 ausführliche Erklärungen zur Systematik verschiedener optimierender Algorithmen und Prioritätsregelverfahren im Themenbereich der Reihenfolgeplanung.

Produktionswirtschaft: Planung, Steuerung und Industrie 4.0, Autoren: Florian Kellner, Bernhard Lienland, Maximilian Lukesch (3. Auflage, erschienen bei Springer Gabler, 2022; eBook ISBN: 978-3-662-65803-1, Softcover ISBN: 978-3-662-65802-4).

Die Durchführung des Jackson-Algorithmus folgt einer vorgegebenen Struktur:

- Alle Aufträge, die zuerst auf Maschine 1 zu bearbeiten sind, werden der Gruppe X_{12} zugeordnet. Alle Aufträge, die zuerst auf Maschine 2 zu bearbeiten sind, werden der Gruppe X_{21} zugeordnet. Die Aufträge, die nur auf einer Maschine zu bearbeiten sind, werden den Gruppen X_1 bzw. X_2 zugeordnet. Dies führt zu folgenden Mengen:
  - $X_1 = \{G\}$
  - $X_2 = \{C\}$
  - $X_{12} = \{A, B, E\}$
  - $X_{21} = \{D, F, H\}$

- Die Aufträge in der Gruppe X_{12} werden gemäß dem Johnson-Algorithmus (vgl. Lösung 8-A2) angeordnet und die Aufträge in der Gruppe X_{21} werden in der rückwärtigen Johnson-Reihenfolge sortiert. Zur Erinnerung: Der Johnson-Algorithmus läuft in drei Schritten ab.
  1. Aufträge, bei denen die Bearbeitungszeit auf Maschine 1 kleiner oder gleich der Bearbeitungszeit auf Maschine 2 ist, werden der Gruppe J_1 zugeordnet. Aufträge, bei denen die Bearbeitungszeit auf Maschine 1 größer als auf Maschine 2 ist, werden der Gruppe J_2 zugeordnet.
  2. Die Aufträge der Menge J_1 werden nach aufsteigender Bearbeitungszeit auf Maschine 1 sortiert, die Aufträge der Menge J_2 nach absteigender Bearbeitungszeit auf Maschine 2.
  3. Die beiden Reihenfolgen werden abschließend miteinander verkettet.
- Dies führt zu folgenden Mengen:
  - Für $X_{12} = \{A, B, E\}$: A ➜ E ➜ B
  - Für $X_{21} = \{D, F, H\}$: D ➜ F ➜ H
- Im letzten Schritt wird auf Maschine 1 die Auftragsfolge X_{12} ➜ X_1 ➜ X_{21} und auf Maschine 2 die Auftragsfolge X_{21} ➜ X_2 ➜ X_{12} gebildet. Dies führt zur folgenden Reihenfolge:
  - Maschine 1: A ➜ E ➜ B ➜ G ➜ D ➜ F ➜ H
  - Maschine 2: D ➜ F ➜ H ➜ C ➜ A ➜ E ➜ B

Lösung 8 – A6: Automobilwerk

▶ **Tipp** Im Lehrbuch „**Produktionswirtschaft: Planung, Steuerung und Industrie 4.0**" finden Sie im Kapitel 3.3.8.2 ausführliche Erklärungen zur Systematik verschiedener optimierender Algorithmen und Prioritätsregelverfahren im Themenbereich der Reihenfolgeplanung.

Produktionswirtschaft: Planung, Steuerung und Industrie 4.0, Autoren: Florian Kellner, Bernhard Lienland, Maximilian Lukesch (3. Auflage, erschienen bei Springer Gabler, 2022; eBook ISBN: 978-3-662-65803-1, Softcover ISBN: 978-3-662-65802-4).

a) und b) Beim vorliegenden Problem handelt es sich um ein Problem der Klasse $N/2/R/D_{max}$. Um eine durchlaufzeitminimale Lösung zu ermitteln, wird der Johnson-Algorithmus angewandt. Bevor der Johnson-Algorithmus angewandt wird, ist es sinnvoll, die in Stunden angegebenen Bearbeitungszeiten in Minuten umzurechnen. Ist dies erfolgt, kann der Johnson-Algorithmus nach folgendem Schema angewandt werden:
  1. Die Aufträge werden in die zwei Mengen J_1 und J_2 unterteilt. Hierfür wird schrittweise – von Auftrag 1 nach Auftrag 8 – zunächst der Auftrag mit der kürzesten Bearbeitungszeit auf irgendeiner Maschine gesucht. Befindet sich diese Bearbeitungszeit auf Maschine A, so wird er der Menge J_1 zugeordnet, ansonsten der Menge J_2.

Daraufhin wird der Auftrag aus der vorhandenen Auftragsmenge gestrichen und der Vorgang so lange wiederholt, bis alle Aufträge einer Menge zugeordnet sind. Dies ergibt die Mengen $J_1 = \{7, 6, 1, 5, 8\}$ und $J_2 = \{2, 3, 4\}$.

2. Daraufhin werden die Aufträge innerhalb der Mengen gemäß ihrer Bearbeitungszeit auf der Maschine A bzw. auf der Maschine B sortiert. Die Logik ist hierbei, dass in J_1 derjenige Auftrag an die erste Stelle kommt, der die *kürzeste* Bearbeitungszeit auf der Maschine A aufweist, und in J_2 derjenige Auftrag an die erste Stelle kommt, der die *längste* Bearbeitungszeit auf der Maschine B aufweist. Dies führt zu den sortierten Mengen $J_1 = \{5, 7, 1, 8, 6\}$ und $J_2 = \{3, 2, 4\}$.

3. Daraufhin werden beide Mengen verkettet. Dies ergibt die Reihenfolge $\{5, 7, 1, 8, 6, 3, 2, 4\}$.

Mithilfe der ermittelten Reihenfolge kann das Gantt-Diagramm gezeichnet werden (Abb. 8.4). Die Zykluszeit, d. h. die Zeit, die vom Start des ersten Auftrags bis zur Fertigstellung aller Aufträge vergeht, beträgt 166 min.

Lösung 8 – A7: Zahnradproduktion

▶ **Tipp** Im Lehrbuch „**Produktionswirtschaft: Planung, Steuerung und Industrie 4.0**" finden Sie im Kapitel 3.3.8.2 ausführliche Erklärungen zur Systematik verschiedener optimierender Algorithmen und Prioritätsregelverfahren im Themenbereich der Reihenfolgeplanung.

Produktionswirtschaft: Planung, Steuerung und Industrie 4.0, Autoren: Florian Kellner, Bernhard Lienland, Maximilian Lukesch (3. Auflage, erschienen bei Springer Gabler, 2022; eBook ISBN: 978-3-662-65803-1, Softcover ISBN: 978-3-662-65802-4).

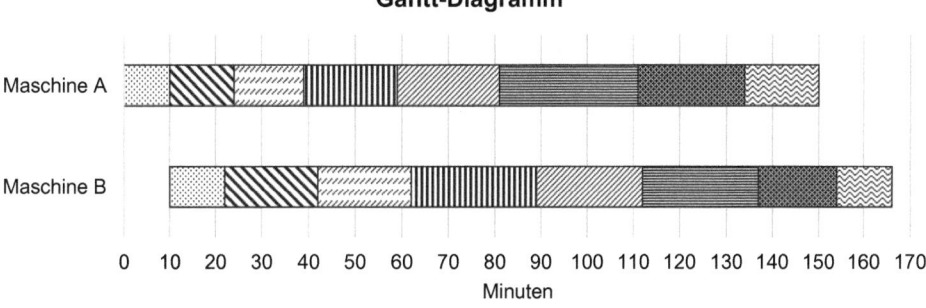

Abb. 8.4 Lösung 8-A6: Gantt-Diagramm (Johnson-Algorithmus)

a) Es liegt ein $N/2/W/D_{max}$-Problem vor. Die geeignete Lösungsmethode ist der Jackson-Algorithmus. Hier wird versucht, das vorliegende Werkstätten-Problem auf ein Reihenfertigungsproblem zu reduzieren. Durch eine geschickte Anordnung der Aufträge gelingt es daraufhin, die maximale Durchlaufzeit aller Aufträge zu minimieren.

b) Es wird gemäß folgendem Lösungsweg vorgegangen:

1. Zunächst werden die Aufträge gemäß Ihrer Bearbeitungsreihenfolge auf den beiden Maschinen A und B gruppiert. Im Einzelnen werden die Gruppen J_{AB}, J_{BA}, J_A, J_B gebildet. Da im vorliegenden Fall keine Aufträge vorliegen, die lediglich auf Maschine A oder auf Maschine B bearbeitet werden, können im Folgenden die Mengen J_A und J_B vernachlässigt werden. Es verbleiben die Teilmengen $J_{AB} = \{A2, A3, A6\}$ und $J_{BA} = \{A1, A4, A5\}$.

2. Nun werden die Auftragsmengen innerhalb der Gruppen J_{AB} und J_{BA} gemäß dem Johnson-Algorithmus sortiert:

   1. Hierfür wird (in beiden Gruppen) schrittweise – von Auftrag A1 nach Auftrag A6 – zunächst der Auftrag mit der kürzesten Bearbeitungszeit auf irgendeiner Maschine gesucht. Befindet sich diese Bearbeitungszeit auf Maschine A, so wird er der Menge J_1 zugeordnet, ansonsten der Menge J_2. Daraufhin wird der Auftrag aus der vorhandenen Auftragsmenge gestrichen und der Vorgang so lange wiederholt, bis alle Aufträge einer Menge zugeordnet sind.

   2. Daraufhin werden die Aufträge innerhalb der Mengen gemäß ihrer Bearbeitungszeit auf der Maschine A bzw. auf der Maschine B sortiert. Die Logik ist hierbei, dass in J_1 derjenige Auftrag an die erste Stelle kommt, der die *kürzeste* Bearbeitungszeit auf der Maschine A aufweist, und in J_2 derjenige Auftrag an die erste Stelle kommt, der die *längste* Bearbeitungszeit auf der Maschine B aufweist.

   3. Daraufhin werden in beiden Gruppen die Mengen J_1 und J_2 verkettet. Dies ergibt für Gruppe J_{AB} die Reihenfolge $\{A3, A2, A6\}$ und für Gruppe J_{BA} die Reihenfolge $\{A1, A4, A5\}$.

3. Nach der Durchführung des Johnson-Algorithmus wird die Reihenfolge der Gruppe J_{BA} umgedreht: $\{A5, A4, A1\}$. Dieser Schritt wird durchgeführt, damit sich die Bearbeitungszeiten der Aufträge nach ihrer Verkettung auf beiden Maschinen möglichst wenig überschneiden.

4. Nun werden die Auftragsreihenfolgen auf beiden Maschinen ermittelt, indem die Mengen J_{AB} und J_{BA} jeweils verkettet werden:

   1. Auf Maschine A werden J_{AB} und J_{BA} folgendermaßen verkettet: Zuerst J_{AB}, dann J_{BA}. Dies ergibt folgende Auftragsreihenfolge auf Maschine A: $\{A3, A2, A6, A5, A4, A1\}$.

   2. Auf Maschine B werden J_{AB} und J_{BA} folgendermaßen verkettet: Zuerst J_{BA}, dann J_{AB}. Dies ergibt folgende Auftragsreihenfolge auf Maschine B: $\{A5, A4, A1, A3, A2, A6\}$.

5. Mit Schritt 4 ist der Jackson-Algorithmus abgeschlossen. Der Vollständigkeit halber sei angemerkt, dass – hätte es auch Aufträge gegeben, die lediglich auf Maschine A (= J_A) oder B (= J_B) bearbeitet worden wären – die folgenden Reihenfolgen in Schritt 4 hätten gebildet werden müssen:
   1. Auf Maschine A: Zuerst J_{AB}, dann J_A, dann J_{BA}.
   2. Auf Maschine B: Zuerst J_{BA}, dann J_B, dann J_{AB}.

c) Mithilfe der in Teilaufgabe b) ermittelten Reihenfolgen kann das Gantt-Diagramm gezeichnet werden (Abb. 8.5). Die Zykluszeit, d. h. die Zeit, die vom Start des ersten Auftrags bis zur Fertigstellung aller Aufträge vergeht, beträgt 37 ZE.

d) Die gesamte Terminüberschreitungszeit ergibt sich, indem gemäß der ermittelten Auftragsreihenfolgen zunächst die tatsächlichen Fertigstellungstermine jedes Auftrags berechnet werden (Tab. 8.18).

Mithilfe der tatsächlichen Fertigstellungstermine kann nun ein Abgleich zu den geforderten Fertigstellungsterminen erfolgen. Liegt ein tatsächlicher Fertigstellungstermin hinter einem geforderten Fertigstellungstermin, so stellt die Differenz der beiden Termine die Terminüberschreitungszeit dar (Tab. 8.19). Die gesamte Terminüberschreitungszeit beträgt 15 ZE. Am stärksten verspätet sich Auftrag A3 mit insgesamt 5 ZE Verzug.

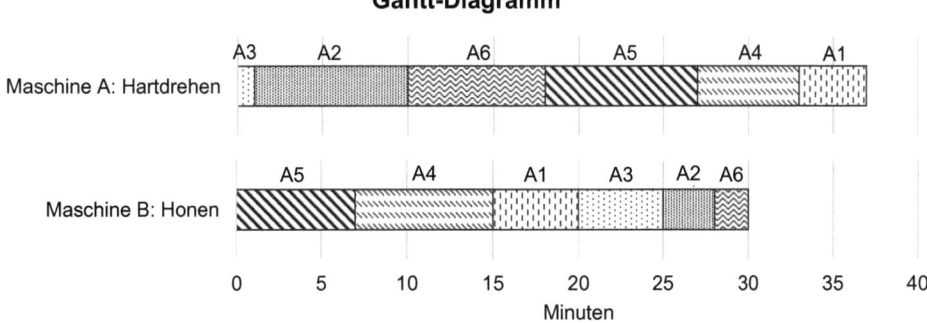

Abb. 8.5 Lösung 8-A7: Gantt-Diagramm (Jackson-Algorithmus)

Tab. 8.18 Lösung 8-A7: Ermittlung der Fertigstellungszeiten (Jackson-Algorithmus)

Auftragsreihenfolge auf Maschine A	Bearbeitungszeit auf Maschine A: Hartdrehen	Fertigstellungszeitpunkt auf A (ZE)	Auftragsreihenfolge auf Maschine B	Bearbeitungszeit auf Maschine B: Honen	Fertigstellungszeitpunkt auf B (ZE)
A3	1	1	A5	7	7
A2	9	10	A4	8	15
A6	8	18	A1	5	20
A5	9	27	A3	5	25
A4	6	33	A2	3	28
A1	4	37	A6	2	30
Mit: ZE = Zeiteinheiten					

Tab. 8.19 Lösung 8-A7: Ermittlung der Terminüberschreitungszeiten (Jackson-Algorithmus)

Auftrag	Fertigstellungszeitpunkt auf Maschine A (ZE)	Fertigstellungszeitpunkt auf Maschine B (ZE)	Maximum (Fertigstellung A/B) (ZE)	Termin (ZE)	Verzug (ZE)
A1	37	20	37	34 (< 37!)	3
A2	10	28	28	24 (< 28!)	4
A3	1	25	25	20 (< 25!)	5
A4	33	15	33	30 (< 33!)	3
A5	27	7	27	28 (> 27)	0
A6	18	30	30	30 (= 30)	0
				Summe	15

Mit: ZE = Zeiteinheiten

Lösung 8 – A8: Getriebehersteller

▶ **Tipp** Im Lehrbuch „**Produktionswirtschaft: Planung, Steuerung und Industrie 4.0**" finden Sie im Kapitel 3.3.8.2 ausführliche Erklärungen zur Systematik verschiedener optimierender Algorithmen und Prioritätsregelverfahren im Themenbereich der Reihenfolgeplanung.

Produktionswirtschaft: Planung, Steuerung und Industrie 4.0, Autoren: Florian Kellner, Bernhard Lienland, Maximilian Lukesch (3. Auflage, erschienen bei Springer Gabler, 2022; eBook ISBN: 978-3-662-65803-1, Softcover ISBN: 978-3-662-65802-4).

a) Zur Ermittlung der Reihenfolge nach der KOZ-Regel werden die Bearbeitungszeiten auf einer gewählten Maschine – hier Maschine A – als Maßstab herangezogen. Derjenige Auftrag mit der kürzesten Bearbeitungszeit erhält den höchsten Rang (Tab. 8.20). Die sich aus der Rangfolge ergebende Reihenfolge der Aufträge ist {2,5,6,3,4,1}. Diese Reihenfolge kann nun in die Kopfzeile eines Tableaus zur Ermittlung des Maschinenplans eingetragen werden (Tab. 8.21).

Tab. 8.20 Lösung 8-A8 a): Rangfolge nach KOZ-Regel mit Maschine A

Auftrag	Bearbeitungszeiten (in ZE)			Rang nach KOZ-Regel (Maschine A)
	Maschine A	Maschine B	Maschine C	
1	10	4	3	6
2	2	5	2	1
3	6	8	11	4
4	8	7	3	5
5	3	3	5	2
6	5	7	7	3

Mit: ZE = Zeiteinheiten

Tab. 8.21 Lösung 8-A8 a): Maschinenbelegungsplan nach KOZ-Regel mit Maschine A

		Auftragsreihenfolge sowie Start- und Endzeitpunkte (ZE)															
	St	**2**	E	St	**5**	E	St	**6**	E	St	**3**	E	St	**4**	E	St	**1**	E	Stillstandszeit (ZE)
MA	0	2	2	2	3	5	5	5	10	10	6	16	16	8	24	24	10	34	0
MB	2	5	7	7	3	10	10	7	17	17	8	25	25	7	32	34	4	38	4
MC	7	2	9	10	5	15	17	7	24	25	11	36	36	3	39	39	3	42	11

Mit: E = Endzeitpunkt, MA-C = Maschine A-C, St = Startzeitpunkt

Tab. 8.21 lässt sich zeilenweise je Maschine und spaltenweise je Auftrag ausfüllen und lesen. Dies sei beispielhaft für die Zeile MA und die Spalte des Auftrags 5 getan:

- Zeile MA: In Zeile MA wird die zeitliche Verteilung der Bearbeitung aller Aufträge auf Maschine A abgebildet. Im Zeitpunkt 0 gelangt Auftrag 2 an Maschine A und wird dort 2 ZE lang bearbeitet. In Zeitpunkt 2 ist die Maschine wieder frei – der nächste Auftrag, hier Auftrag 5, kann auf Maschine A starten. Er benötigt 3 ZE – Auftrag 6 startet somit in Zeitpunkt (2 + 3 =) 5. Alle weiteren Aufträge werden gemäß derselben Logik eingelastet.
- Spalte des Auftrags 5: Auftrag 5 ist der zweite Auftrag in der vorgegebenen Reihenfolge. Er startet auf Maschine A im Zeitpunkt 2 (siehe oben). Auf Maschine A benötigt er 3 ZE, daher ist er im Zeitpunkt 5 abgeschlossen. Daraufhin startet er im Zeitpunkt 7 auf Maschine B. Grundsätzlich wäre er schon im Zeitpunkt 5 fertig und könnte auf Maschine B wechseln – da aber Auftrag 2 auf Maschine B erst im Zeitpunkt 7 abgeschlossen ist, muss er 2 ZE warten. Die Bearbeitung auf Maschine B startet für Auftrag 5 somit in Zeitpunkt 7 und ist im Zeitpunkt (7 + 3 =) 10 abgeschlossen – er wechselt auf Maschine C. Hier benötigt er 5 ZE und ist demzufolge im Zeitpunkt 15 abgeschlossen. Grundsätzlich wäre Maschine C bereits im Zeitpunkt 9 frei gewesen. Da aber Auftrag 5 erst im Zeitpunkt 10 abgeschlossen ist, muss Maschine C 1 ZE stillstehen. Nach diesem Schema müssen sich alle Aufträge an den Endzeitpunkten der Bearbeitung an einer beliebigen Maschine ihrer Vorgängeraufträge orientieren.

Die Stillstandszeiten in Tab. 8.12 ergeben sich, indem die Start- und Endzeitpunkte der einzelnen Maschinen voneinander abgezogen werden:

- Maschine A weist keine Stillstandszeiten auf, da – von Zeitpunkt 0 an – jeder Auftrag sofort nach Abschluss des vorangegangenen Auftrags auf Maschine 1 starten kann.
- Maschine B startet erst im Zeitpunkt 2 mit dem ersten Auftrag, nämlich Auftrag 2. Während dieser 2 ZE steht die Maschine still. Auch beim Übergang von Auftrag 4 auf Auftrag 1 muss die Maschine 2 ZE stillstehen (Endzeitpunkt von Auftrag 4 ist 32, Startzeitpunkt von Auftrag 1 ist 34).
- Maschine C startet erst im Zeitpunkt 7 mit dem ersten Auftrag. Während dieser 7 ZE steht die Maschine still. Hinzu kommen Stillstandszeiten zwischen Auftrag 2 und 5 (10 − 9 = 1 ZE), zwischen Auftrag 5 und 6 (17 − 15 = 2 ZE) und zwischen Auftrag 6 und 3 (25 − 24 = 1 ZE).

Die Maschinenbelegungspläne in den folgenden Teilaufgaben b) bis d) sowie die Ermittlung der Stillstandszeiten je Maschine wurden nach derselben Logik erstellt. Mithilfe des Maschinenbelegungsplans kann das Gantt-Diagramm gezeichnet werden (Abb. 8.6). Die Zykluszeit, d. h. die Zeit, die vom Start des ersten Auftrags bis zur Fertigstellung aller Aufträge vergeht, beträgt 42 ZE. Die gesamte Stillstandszeit beträgt 15 ZE.

b) Zur Ermittlung der Reihenfolge nach der KOZ-Regel werden die Bearbeitungszeiten auf einer gewählten Maschine – hier Maschine B – als Maßstab herangezogen. Derjenige Auftrag mit der kürzesten Bearbeitungszeit erhält den höchsten Rang (Tab. 8.22).

Die sich aus der Rangfolge ergebende Reihenfolge der Aufträge ist {5,1,2,4,6,3} (beachte: Bei Aufträgen, die aufgrund derselben Bearbeitungszeit denselben Rang aufweisen würden, wird für gewöhnlich derjenige Auftrag mit dem niedrigeren Index vorgezogen – in diesem Falle also Auftrag 4 vor Auftrag 6!). Diese Reihenfolge kann nun in die Kopfzeile eines Tableaus zur Ermittlung des Maschinenplans eingetragen werden (Tab. 8.23). Das Erzeugen des Maschinenplans folgt dabei demselben Schema, wie es in Teilaufgabe a) erklärt wurde. Auch die Ermittlung der Stillstandszeiten folgt derselben Logik wie in Teilaufgabe a).

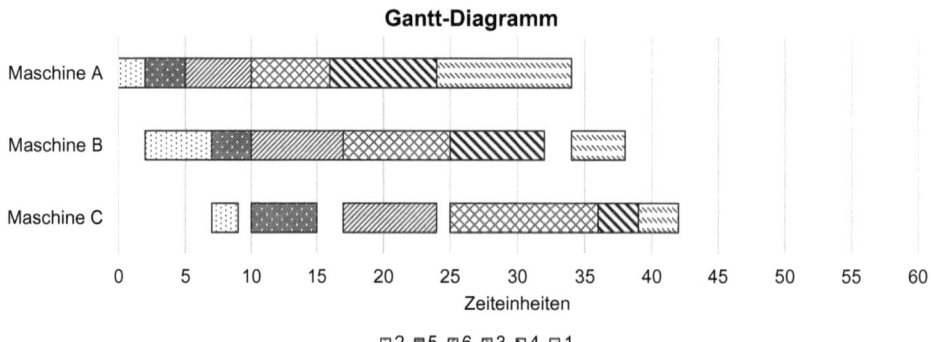

Abb. 8.6 Lösung 8-A8 a): Gantt-Diagramm für KOZ-Regel mit Maschine A

Tab. 8.22 Lösung 8-A8 a): Rangfolge nach KOZ-Regel mit Maschine B

Auftrag	Bearbeitungszeiten (in ZE)			Rang nach KOZ-Regel (Maschine B)
	Maschine A	Maschine B	Maschine C	
1	10	4	3	2
2	2	5	2	3
3	6	8	11	6
4	8	7	3	4
5	3	3	5	1
6	5	7	7	5
Mit: ZE = Zeiteinheiten				

Tab. 8.23 Lösung 8-A8 b): Maschinenbelegungsplan nach KOZ-Regel mit Maschine B

	Auftragsreihenfolge sowie Start- und Endzeitpunkte (ZE)																				
	St	**5**	E	St	**1**	E	St	**2**	E	St	**4**	E	St	**6**	E	St	**3**	E	Stillstandszeit (ZE)
MA	0	3	3	3	10	13	13	2	15	15	8	23	23	5	28	28	6	34	0
MB	3	3	6	13	4	17	17	5	22	23	7	30	30	7	37	37	8	45	11
MC	6	5	11	17	3	20	22	2	24	30	3	33	37	7	44	45	11	56	25

Mit: E = Endzeitpunkt, MA-C = Maschine A-C, St = Startzeitpunkt

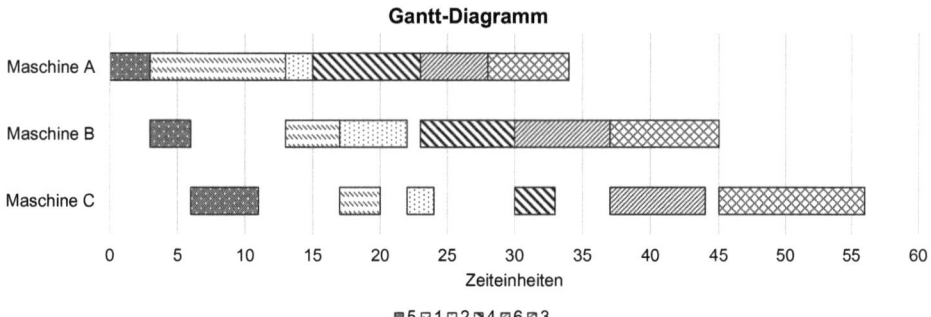

Abb. 8.7 Lösung 8-A8 b): Gantt-Diagramm für KOZ-Regel mit Maschine B

Tab. 8.24 Lösung 8-A8 a): Rangfolge nach KOZ-Regel mit Maschine C

Auftrag	Bearbeitungszeiten (in ZE)			Rang nach KOZ-Regel (Maschine C)
	Maschine A	Maschine B	Maschine C	
1	10	4	3	2
2	2	5	2	1
3	6	8	11	6
4	8	7	3	3
5	3	3	5	4
6	5	7	7	5

Mit: ZE = Zeiteinheiten

Mithilfe des Maschinenbelegungsplans kann das Gantt-Diagramm gezeichnet werden (Abb. 8.7). Die Zykluszeit, d. h. die Zeit, die vom Start des ersten Auftrags bis zur Fertigstellung aller Aufträge vergeht, beträgt 56 ZE. Die gesamte Stillstandszeit beträgt 36 ZE.

c) Zur Ermittlung der Reihenfolge nach der KOZ-Regel werden die Bearbeitungszeiten auf einer gewählten Maschine – hier Maschine C – als Maßstab herangezogen. Derjenige Auftrag mit der kürzesten Bearbeitungszeit erhält den höchsten Rang (Tab. 8.24).

Die sich aus der Rangfolge ergebende Reihenfolge der Aufträge ist {2,1,4,5,6,3} (beachte: Bei Aufträgen, die aufgrund derselben Bearbeitungszeit denselben Rang aufweisen würden, wird für gewöhnlich derjenige Auftrag mit dem niedrigeren Index vorgezogen – in diesem

Falle also Auftrag 1 vor Auftrag 4!). Diese Reihenfolge kann nun in die Kopfzeile eines Tableaus zur Ermittlung des Maschinenplans eingetragen werden (Tab. 8.25). Das Erzeugen des Maschinenplans folgt dabei demselben Schema, wie es in Teilaufgabe a) erklärt wurde. Auch die Ermittlung der Stillstandszeiten folgt derselben Logik wie in Teilaufgabe a).

Mithilfe des Maschinenbelegungsplans kann das Gantt-Diagramm gezeichnet werden (Abb. 8.8). Die Zykluszeit, d. h. die Zeit, die vom Start des ersten Auftrags bis zur Fertigstellung aller Aufträge vergeht, beträgt 56 ZE. Die gesamte Stillstandszeit beträgt 36 ZE.

d) Die Schlupfzeit (= SZ) bezeichnet die verbleibende Restbearbeitungszeit eines Auftrags. Sie berechnet sich, indem vom Endtermin des betrachteten Auftrags der Zeitpunkt der Terminierung und die Bearbeitungszeit des Auftrags auf den verbleibenden Fertigungsstufen abgezogen wird. Diese Logik wird auf den vorhandenen Fall angewandt. Derjenige Auftrag mit der geringsten Schlupfzeit erhält den höchsten Rang (Tab. 8.26).

Tab. 8.25 Lösung 8-A8 c): Maschinenbelegungsplan nach KOZ-Regel mit Maschine C

	Auftragsreihenfolge sowie Start- und Endzeitpunkte (ZE)																					
---	St	2	E	St	1	E	St	4	E	St	5	E	St	6	E	St	3	E	Stillstandszeit (ZE)
MA	0	2	2	2	10	12	12	8	20	20	3	23	23	5	28	28	6	34	0
MB	2	5	7	12	4	16	20	7	27	27	3	30	30	7	37	37	8	45	11
MC	7	2	9	16	3	19	27	3	30	30	5	35	37	7	44	45	11	56	25

Mit: E = Endzeitpunkt, MA-C = Maschine A-C, St = Startzeitpunkt

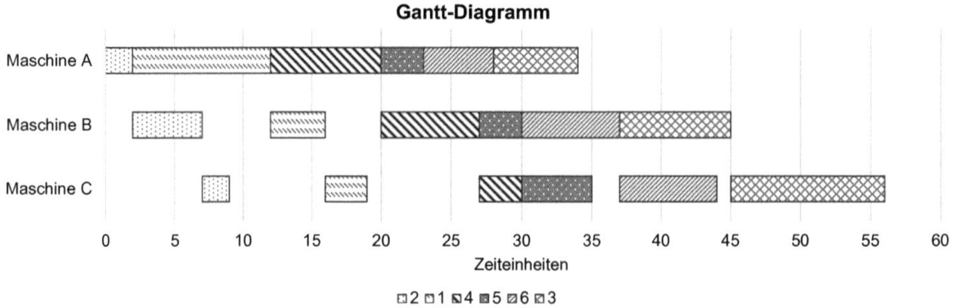

Abb. 8.8 Lösung 8-A8 c): Gantt-Diagramm für KOZ-Regel mit Maschine C

Tab. 8.26 Lösung 8-A8 a): Rangfolge nach der SZ-Regel

	Bearbeitungszeiten (in ZE)			Spätester		
-------	Maschine A	Maschine B	Maschine C	Endtermin (ZE)	Schlupfzeit (ZE)	Rang nach SZ-Regel
Auftrag						
1	10	4	3	52	$52 - 10 - 4 - 3 - 0 = 35$	6
2	2	5	2	20	$20 - 2 - 5 - 2 - 0 = 11$	3
3	6	8	11	39	$39 - 6 - 8 - 11 - 0 = 14$	5
4	8	7	3	29	11	4
5	3	3	5	20	9	2
6	5	7	7	25	6	1

Mit: ZE = Zeiteinheiten

Die sich aus der Rangfolge ergebende Reihenfolge der Aufträge ist {6,5,2,4,3,1} (beachte: Bei Aufträgen, die aufgrund derselben Bearbeitungszeit denselben Rang aufweisen würden, wird für gewöhnlich derjenige Auftrag mit dem niedrigeren Index vorgezogen – in diesem Falle also Auftrag 2 vor Auftrag 4!). Diese Reihenfolge kann nun in die Kopfzeile eines Tableaus zur Ermittlung des Maschinenplans eingetragen werden (Tab. 8.27). Das Erzeugen des Maschinenplans folgt dabei demselben Schema, wie es in Teilaufgabe a) erklärt wurde. Auch die Ermittlung der Stillstandszeiten folgt derselben Logik wie in Teilaufgabe a).

Mithilfe des Maschinenbelegungsplans kann das Gantt-Diagramm gezeichnet werden (Abb. 8.9). Die Zykluszeit, d. h. die Zeit, die vom Start des ersten Auftrags bis zur Fertigstellung aller Aufträge vergeht, beträgt 49 ZE. Die gesamte Stillstandszeit beträgt 23 ZE.

e) Die verschiedenen Ergebnisse der vorangegangenen Teilaufgaben wurden in Tab. 8.28 zusammengeführt. Das Ergebnis der KOZ-Regel mit Maschinenbezugspunkt A ist hinsichtlich aller drei Entscheidungskriterien das beste Ergebnis – sie liefert die Reihenfolge mit der geringsten Zykluszeit, der geringsten Stillstandszeit und der geringsten Terminüberschreitungszeit.

Tab. 8.27 Lösung 8-A8 d): Maschinenbelegungsplan nach der SZ-Regel

	Auftragsreihenfolge sowie Start- und Endzeitpunkte (ZE)																Stillstandszeit (ZE)
	St	**6**	E	St	**5**	E	St	**2**	E	St	**4**	E	St	**3**	E	St	**1**	E	
MA	0	5	5	5	3	8	8	2	10	10	8	18	18	6	24	24	10	34	0
MB	5	7	12	12	3	15	15	5	20	20	7	27	27	8	35	35	4	39	5
MC	12	7	19	19	5	24	24	2	26	27	3	30	35	11	46	46	3	49	18
Mit: E = Endzeitpunkt, MA-C = Maschine A-C, St = Startzeitpunkt																		

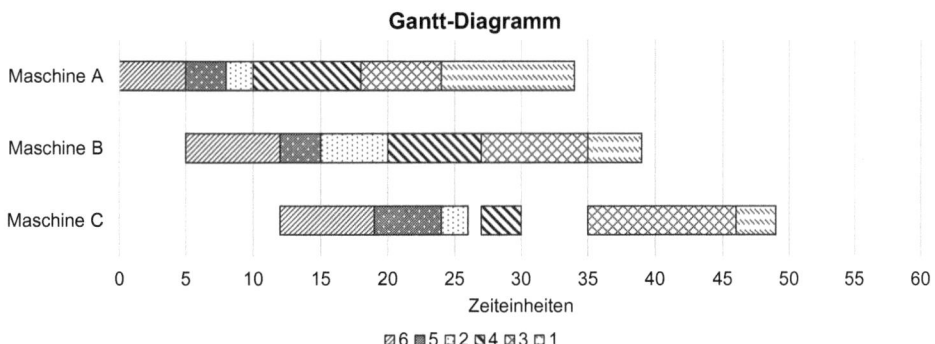

Gantt-Diagramm

Abb. 8.9 Lösung 8-A8 d): Gantt-Diagramm für SZ-Regel

Tab. 8.28 Lösung 8-A8 e): Vergleich der Ergebnisse

Regel	Auftrag	1	2	3	4	5	6	∑ Terminüberschreitungszeit (ZE)	Zykluszeit (ZE)	∑ Stillstandszeiten (ZE)
	Geforderter Termin	52	20	39	29	20	25			
KOZ A	Fertigstellungszeitpunkt	42	9	36	39	15	24	0+0+0+ … = 10	42	15
	Terminüberschreitung	0	0	0	10	0	0			
KOZ B	Fertigstellungszeitpunkt	20	24	56	33	11	44	0+4+17+ … = 44	56	36
	Terminüberschreitung	0	4	17	4	0	19			
KOZ C	Fertigstellungszeitpunkt	19	9	56	30	35	44	0+0+17+ … = 52	56	36
	Terminüberschreitung	0	0	17	1	15	19			
SZ	Fertigstellungszeitpunkt	49	26	46	30	24	19	0+6+7+ … = 18	49	23
	Terminüberschreitung	0	6	7	1	4	0			

Lösung 8 – A9: Möbelfabrik

▶ **Tipp** Im Lehrbuch „**Produktionswirtschaft: Planung, Steuerung und Industrie 4.0**" finden Sie im Kapitel 3.3.8.2 ausführliche Erklärungen zur Systematik verschiedener optimierender Algorithmen und Prioritätsregelverfahren im Themenbereich der Reihenfolgeplanung.

Produktionswirtschaft: Planung, Steuerung und Industrie 4.0, Autoren: Florian Kellner, Bernhard Lienland, Maximilian Lukesch (3. Auflage, erschienen bei Springer Gabler, 2022; eBook ISBN: 978-3-662-65803-1, Softcover ISBN: 978-3-662-65802-4).

Beim vorliegenden Fall handelt es sich um ein Problem der Klasse $N/2/R/D_{max}$. Das zu wählende Verfahren ist der Johnson-Algorithmus. Die Durchführung des Johnson-Algorithmus folgt einer vorgegebenen Struktur:

1. Die Aufträge werden in zwei Mengen J_1 und J_2 unterteilt. Hierfür wird schrittweise – von Auftrag A1 nach Auftrag A8 – zunächst der Auftrag mit der kürzesten Bearbeitungszeit auf irgendeiner Maschine gesucht. Befindet sich diese Bearbeitungszeit auf Maschine A, so wird er der Menge J_1 zugeordnet, ansonsten der Menge J_2. Daraufhin wird der Auftrag aus der vorhandenen Auftragsmenge gestrichen und der Vorgang so lange wiederholt, bis alle Aufträge einer Menge zugeordnet sind. Dies ergibt die Mengen $J_1 = \{A3, A4, A7, A8\}$ und $J_2 = \{A1, A2, A5, A6\}$.
2. Daraufhin werden die Aufträge innerhalb der Mengen gemäß ihrer Bearbeitungszeit auf der Drehbank bzw. auf der Fräse sortiert. Die Logik ist hierbei, dass in J_1 derjenige Auftrag an die erste Stelle kommt, der die *kürzeste* Bearbeitungszeit auf Maschine A aufweist, und in J_2 derjenige Auftrag an die erste Stelle kommt, der die *längste* Bearbeitungszeit auf Maschine B aufweist. Dies führt zu den sortierten Mengen $J_1 = \{A3, A4, A8, A7\}$ und $J_2 = \{A2, A1, A5, A6\}$.
3. Daraufhin werden beide Mengen verkettet. Dies ergibt die Reihenfolge $\{A3, A4, A8, A7, A2, A1, A5, A6\}$.

Mithilfe der ermittelten Reihenfolge kann das Gantt-Diagramm gezeichnet werden (Abb. 8.10). Die Zykluszeit, d. h. die Zeit, die vom Start des ersten Auftrags bis zur Fertigstellung aller Aufträge vergeht, beträgt 45 ZE.

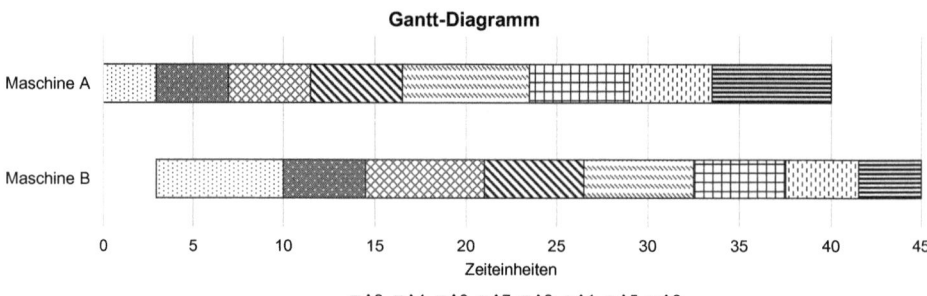

Abb. 8.10 Lösung 8-A9: Gantt-Diagramm (Johnson-Algorithmus)

Lösung 8 – A10: Klausuren

In der **ersten Variante** werden drei Mengen gebildet, die es zu sortieren und anzuordnen gilt:

- $x_{RT} = \{I; III; VII; VIII\}$
- $x_R\ \ = \{II; V; VI; X\}$
- $x_T\ \ = \{IV; IX\}$

Es wird nach folgendem Lösungsweg vorgegangen:

- Im ersten Schritt werden die Klausuren aus der Menge x_{RT} nach dem Johnson-Algorithmus sortiert. Daraus ergibt sich die Reihenfolge $x_{RT} = \{III; I; VII; VIII\}$.
- Nun werden die Klausuren aus den Mengen x_R und x_T nach der KOZ-Regel sortiert. Daraus ergeben sich folgende Reihenfolgen: $x_R = \{X; VI; V; II\}$ und $x_T = \{IV; IX\}$.
- Nun werden die Auftragsreihenfolgen miteinander verknüpft. Das zugrundeliegende Schema lautet:
  - Mitarbeiter R bearbeitet zuerst x_{RT}, dann x_R: $\{III; I; VII; VIII; X; VI; V; II\}$
  - Mitarbeiter T bearbeitet zuerst x_T, dann x_{RT}: $\{IV; IX; III; I; VII; VIII\}$
  - *Hinweis*: Gäbe es auch die Menge x_{TR}, so würde diese jeweils an das Ende bzw. den Beginn der Auftragsreihenfolgen je Mitarbeiter gesetzt werden. In der Aufgabenstellung wird jedoch explizit darauf hingewiesen, dass die Klausuren, in denen sowohl Rechen- als auch Theorieaufgaben bearbeitet werden müssen, *entweder* in der Reihenfolge x_{RT} (erste Variante) *oder* in der Reihenfolge x_{TR} (zweite Variante) korrigiert werden sollen.
- Nun kann die Durchlaufzeit berechnet werden (siehe Tab. 8.29). Es ergibt sich eine maximale Durchlaufzeit von 47 ZE.

Tab. 8.29 Lösung 8-A10: Durchlaufzeitberechnung x_{RT}

Mitarbeiter R		Mitarbeiter T	
Klausur	Fertigstellungszeitpunkt (ZE)	Klausur	Fertigstellungszeitpunkt (ZE)
III	4	IV	3
I	9	IX	13
VII	15	III	22
VIII	23	I	30
X	26	VII	37
VI	31	VIII	45
V	38		
II	47		
Mit: ZE = Zeiteinheiten			

In der **zweiten Variante** werden drei Mengen gebildet, die es zu sortieren und anzuordnen gilt:

- x_{TR} = {I; III; VII; VIII}
- x_R = {II; V; VI; X}
- x_T = {IV; IX}

Es wird nach folgendem Lösungsweg vorgegangen:

- Im ersten Schritt werden die Klausuren aus der Menge x_{TR} nach dem Johnson-Algorithmus sortiert. Beachte, dass nun die „Maschinen" R und T im Vergleich zur ersten Variante vertauscht sind! Es ergibt sich die Reihenfolge x_{TR} = {VII; VIII; I; III}.
- Nun werden die Klausuren aus den Mengen x_R und x_T nach der KOZ-Regel sortiert. Daraus ergeben sich folgende Reihenfolgen: x_R = {X; VI; V; II} und x_T = {IV; IX}.
- Nun werden die Auftragsreihenfolgen miteinander verknüpft. Das zugrundeliegende Schema lautet:
  - Mitarbeiter T bearbeitet zuerst x_{TR}, dann x_T: {VII; VIII; I; III; IV; IX}
  - Mitarbeiter R bearbeitet zuerst x_R, dann x_{TR}: {X; VI; V; II; VII; VIII; I; III}
  - *Hinweis*: Gäbe es auch die Menge x_{RT}, so würde diese jeweils an das Ende bzw. den Beginn der Auftragsreihenfolgen je Mitarbeiter gesetzt werden. In der Aufgabenstellung wird jedoch explizit darauf hingewiesen, dass die Klausuren, in denen sowohl Rechen- als auch Theorieaufgaben bearbeitet werden müssen, *entweder* in der Reihenfolge x_{RT} (erste Variante) *oder* in der Reihenfolge x_{TR} (zweite Variante) korrigiert werden sollen.
- Nun kann die Durchlaufzeit berechnet werden (siehe Tab. 8.30). Es ergibt sich dieselbe maximale Durchlaufzeit von 47 ZE.

Tab. 8.30 Lösung 8-A10: Durchlaufzeitberechnung x_{TR}

Mitarbeiter T		Mitarbeiter R	
Klausur	Fertigstellungszeitpunkt (ZE)	Klausur	Fertigstellungszeitpunkt (ZE)
VII	7	X	3
VIII	15	VI	8
I	23	V	15
III	32	II	24
IV	35	VII	30
IX	45	VIII	38
		I	43
		III	47
Mit: ZE = Zeiteinheiten			

Das Konzept der „Industrie 4.0"

9

Zusammenfassung

Die These der Industrie 4.0 besteht darin, dass durch die Steigerung des Grades an Digitalisierung, Automatisierung sowie Vernetzung aller an der Wertschöpfung beteiligten Akteure die Komplexität der Aufgabe, flexible und stückkostenstabile Produktionssysteme zu gestalten, bewältigt werden kann. Ein Unternehmen der Industrie 4.0 erzeugt in seinem Produktionssystem ein hoch verdichtetes Informationsnetz, das es zur Planung und Durchführung der Produktion sinnvoll auswertet. Industrie 4.0 ist kein „Rechenthema" – sinnvoller ist es, sich auf konzeptioneller Ebene mit Industrie 4.0 und ihren betriebswirtschaftlichen Implikationen zu beschäftigen. Daher werden in diesem Kapitel drei fiktive Text-Fallstudien gegeben, die anhand einer Reihe von Aufgabenstellungen analysiert werden sollen. Diese Fallstudien beschreiben unterschiedliche Unternehmen und wie diese Technologien und Methoden der Industrie 4.0 einsetzen.

9.1 Aufgaben

Fallstudie 1 – Schraubenhersteller Federrath

Der in Deutschland ansässige Schraubenhersteller Schrauben Federrath (SF) ist ein europaweit führender Hersteller von Schrauben im B2C- und B2B-Geschäft. Federrath-Schrauben werden über eine Vielzahl von Absatzkanälen vertrieben, darunter firmeneigene Verkaufsläden, Großhandel, Fachhandel und ein firmeneigener Online-Shop. Federrath-Schrauben unterscheiden sich voneinander maßgeblich in folgenden Eigenschaften: Länge, Schraubendurchmesser, Gewindedurchmesser, Material (Stahl, Edelstahl oder Messing) und Antrieb (Schlitz, Kreuzschlitz, TX-Antrieb, Sechskant). Das Produktportfolio besteht aus einer Vielzahl von Kombinationen dieser Eigenschaften. Im Jahr 2020 bietet SF 200 Typen von Standardschrauben mit vordefinierten Ausprägungen

© Springer-Verlag GmbH Deutschland, ein Teil von Springer Nature 2024   251
M. Lukesch, F. Kellner, *Übungsbuch Produktionswirtschaft*,
https://doi.org/10.1007/978-3-662-68672-0_9

(z. B. Schraubenart 057: Länge: 55 mm, Schraubendurchmesser: 2 mm, Gewindedurchmesser: 1 mm, Material: Stahl, Antrieb: Kreuzschlitz). Darüber hinaus fertigt SF auf
Kundenwunsch auch Sonderfertigungen in Kleinserienformat.

Die Produktion einer Schraube beginnt mit einem langen Draht mit dem gewünschten
Durchmesser und aus dem gewünschten Material. Mithilfe einer Schneidemaschine wird
der Draht in die benötigte Länge gebracht. Anschließend werden die Drahtstücke ge-
staucht, wodurch der Kopf entsteht. Dies geschieht durch eine Maschine, die mit hoher
Kraft auf ein Ende des Drahtstücks einwirkt und dieses damit zusammenpresst. Ein ge-
eigneter Aufsatz sorgt dafür, dass der Schraubenkopf den gewünschten Antrieb
(z. B. Kreuzschlitz) aufweist. Das Ergebnis ist ein Schraubenrohling. Im letzten Schritt
wird dieser mit einem Gewinde versehen. Dafür wird der Rohling zwischen zwei geriffelten
Platten, die sich nach Form des Gewindes unterscheiden, gewalzt. Das Endprodukt ist eine
fertige Schraube mit Kopf, Antrieb und Gewinde. Die Qualität einer Schraube resultiert
vor allem aus der Verwendung von hochwertigem und daher teurem Material sowie der
sorgfältigen Verarbeitung. Eine hohe Qualität stellt sicher, dass die Schrauben später nicht
abbrechen, einen guten Halt bieten und ihr Antrieb nicht ausfranst.

In den vergangenen Jahren ist die Nachfrage nach Federrath-Schrauben aufgrund ihres
Qualitätsversprechens, der breiten Produktpalette und der Möglichkeit der individualisier-
ten Herstellung stark gestiegen. Die steigende Anzahl von Produktvariationen stellte die
Produktion jedoch vor Schwierigkeiten, da mit ihr eine Steigerung der Planungskomplexi-
tät, eine Vermehrung der Rüstvorgänge und somit steigende Stückkosten die Folge waren.
Eine Bündelung von Aufträgen zur Reduktion der Rüstvorgänge sorgte für eine bei den
Kunden unbeliebte Verlängerung der Lieferzeiten.

Auf der Suche nach einer Lösung beauftragte die Geschäftsführung Produktionsleiter
Herrn Müller damit, den Workflow der Produktion grundlegend zu analysieren und nach
Verbesserungsmöglichkeiten zu suchen. Schon seit längerer Zeit hatte Herr Müller die
vom Vertrieb forcierte Verbreiterung des Produktportfolios mit Unbehagen beobachtet, da
er wusste, welche Auswirkungen dies auf die Planung und Steuerung „seines" Produktionssystems hatte. Da ihm jedoch bewusst war, dass die Flexibilisierung des Produktionssystems langfristig unumgänglich war – Branchen- und Marktforschungsberichte und
nicht zuletzt der Erfolg der SF-Portfoliostrategie zeigten dies – nahm er die Analyseauf-
gabe als Chance war, das System „mal komplett auf den Kopf zu stellen und zu hinter-
fragen". Herr Müller erzählt Ihnen:

„Wissen Sie, ganz früher, als ich angefangen habe, da war die Welt noch einfach. Wir
hatten ein Produktportfolio von gerade mal 12 Schrauben, die immer in sehr großen Stückzahlen verkauft wurden. Und unsere Kunden haben langfristiger geplant. Ich glaube, man
war damals auch ein bisschen geduldiger als heute. Lieferzeiten bis zu zwei Wochen waren
die Regel – dafür konnten wir aber auch hervorragende Stückkosten erreichen, weil wir
sehr große Lose bilden konnten. Viele Jahre haben wir es geschafft, den firmeninternen
Benchmark an gleichbleibenden Stückkosten zu schlagen oder wenigstens zu halten. In
den letzten Jahren hat sich das jedoch geändert – unsere Produktion ist teurer geworden.

Der Wettbewerb, vor allem international, hat dazu geführt, dass die Kunden neue Produktanforderungen formulieren und forcieren. Wer da nicht mitzieht, der fällt beim Markt hinten runter. Schwierig wird es jedoch spätestens dann, wenn die Kunden eine Steigerung der Stückpreise nicht akzeptieren. Für mich war also klar, dass wir – noch mehr als zuvor, ich erinnere da an unsere Lean-Strategie vor einigen Jahren – jeden Stein in unserem Produktionssystem umdrehen müssen, um kurze Lieferzeiten und niedrige Stückpreise trotz der Produktvielfalt zu garantieren.

Ich habe meine Analyse am Workflow unserer Produktion ausgerichtet. Über die Zeit hinweg ist der Workflow immer komplexer geworden: Immer mehr Personen, Stellen und Maschinen nehmen daran teil, die untereinander in enger Beziehung stehen, weil sie Auftragsinformationen und Produkte voneinander erhalten und weiterverarbeiten. Dies führte zu etlichen Problemen. Aber lassen Sie mich von Beginn an erzählen: Der Workflow startete früher mit dem Anlegen eines neuen Auftrags in unserem PPS-System, entweder manuell oder per Schnittstelle. Ein Auftrag wurde entweder als Standardauftrag oder als kundenindividueller Spezialauftrag klassifiziert. Ein PPS-Durchlauf lieferte die nötigen Daten für die Kapazitäts- und Materialbedarfsplanung und gab die Start- und Endtermine der Fertigung aus.

Diese Daten wurden von einem Produktionsmitarbeiter manuell in eine Excel-Liste übertragen und den entsprechenden Stellen übermittelt. Obwohl wir bei der Übertragung das 4-Augen-Prinzip vorgeschrieben haben, kam es häufig vor, dass hier Eingabefehler gemacht wurden. Die Folge war dann beispielsweise, dass Kapazitäten oder Materialien nicht zum gegebenen Zeitpunkt vorhanden waren oder falsche Endtermine veranschlagt wurden. Gerade jetzt, wo wir so viele unterschiedliche Produkte herstellen und der einzelne Mitarbeiter wesentlich mehr Aufträge pro Tag verantworten muss, kamen solche Fehler leider häufiger vor. In Gesprächen mit den Produktionsmeistern habe ich auch erfahren, dass gerade in letzter Zeit die Mitarbeiter immer häufiger das 4-Augen-Prinzip missachtet haben. ‚Keine Zeit‘, hieß es dann üblicherweise.

Wie dem auch sei. Aus der Excel-Liste entnahm dann der NC-Programmierer seinen nächsten Auftrag. Handelte es sich um eine spezielle Kundenanfertigung, musste er das entsprechende NC-Programm erstellen, welches aus auftragsspezifischen Herstellungsanweisungen für Schneide-, Press- und Walzmaschine besteht, und in die Maschinen einspeisen. Handelte es sich hingegen um einen Standardauftrag, so musste er aus dem Produktionsbüro das zugehörige Programm holen, das in einem Ordner abgelegt war. Über die Zeit hinweg haben wir hier ein kleines System mit Farben und verschiedenen Ordnern angelegt, das halbwegs gut funktionierte – wenn wir einen neuen Programmierer eingestellt hatten, hat es jedoch immer einige Zeit gedauert, bis er in das Ablagesystem eingearbeitet war. Die neuen Kollegen haben dann immer lieber einmal zu viel als einmal zu wenig bei den alten Kollegen nachgefragt. Die Suche nach dem richtigen Programm hat somit immer ein bisschen mehr Zeit in Anspruch genommen.

Im nächsten Schritt müssen die Maschinen für den jeweiligen Auftrag gerüstet werden. Dafür müssen z. B. der passende Aufsatz der Pressmaschine für den jeweiligen Antrieb und die Platten der Walzmaschine für das richtige Gewinde montiert werden. Die nötigen

Werkzeuge und Aufsätze entnahm ein Lagermitarbeiter der zuvor erstellten Excel-Liste, suchte sie im Werkzeuglager und brachte sie zur Maschine, wo sie vom jeweiligen Maschinisten montiert wurde. Auch hier machte es sich bemerkbar, wenn der andere Mitarbeiter sich zuvor bei der manuellen Eingabe von Produktinformationen vertippt hatte, da dann auch der Lagermitarbeiter die falschen Werkzeuge geholt hat. Erfahrenen Maschinisten ist der Fehler dann vielleicht noch manchmal aufgefallen – in den meisten Fällen wurden jedoch Fehlproduktionen gestartet, Material verbraucht, Kapazitäten belegt und unsere Maschinen abgenutzt, bis der Fehler korrigiert war.

Eine weitere Sache, die mir bei der Bestückung der Maschinen aufgefallen ist, war die Tatsache, dass wir es in den seltensten Fällen ausnutzen konnten, dass sich Werkzeuge und Aufsätze bereits in der Produktionshalle befanden. Ich habe immer versucht, ähnliche Aufträge freizugeben, sodass man die Aufsätze nicht erst wieder abmontieren, zurück ins Werkzeuglager und dann wieder heraustragen muss. Aber das ist schwierig zu planen. Besser wäre es, man könnte den Werkzeug-Ist-Bestand gleich bei der Planung und Steuerung der Produktion berücksichtigen.

Nach der Montage der Werkzeuge an den Maschinen wird das NC-Programm eingelesen. Auch hier kam es immer wieder zu Eingabefehlern, aus denen wiederum kostenintensive Fehlproduktionen resultierten. Wenn der Schneidemaschine beispielsweise die Anweisung gegeben wird, den Draht in 56 mm statt 65 mm lange Stücke zu schneiden oder die Pressmaschine mit zu wenig Druck auf die Drahtstücke drückt, entspricht das Endprodukt nicht mehr den Vorgaben des Auftrags und muss entsorgt werden. Dieses Problem kann an allen Stellen des Produktionsflusses auftreten, da die Produktinformationen zwischen den Maschinen manuell weitergegeben werden, da unsere Maschinen proprietäre Datenformate verwenden und aus diesem Grund nicht miteinander kommunizieren können.

Schließlich ist mir aufgefallen, dass wir Schwankungen in der Bearbeitungszeit nicht ausnutzen beziehungsweise abfedern konnten. Manchmal kommt es dazu, dass ein Auftrag länger oder weniger lange dauert. Die Folge ist dann entweder, dass sich vor einer Maschine eine Warteschlange bildet – weil die längere Arbeitszeit nicht rechtzeitig kommuniziert wird – oder eine andere Maschine leer steht. Ein typischer Grund für die längere Dauer eines Auftrags ist bspw. eine Maschinenstörung. Die Folge sind längere Durchlaufzeiten, steigende Kapitalbindungskosten und Leerkosten. Um diese Schwankungen auszugleichen, haben unsere Produktionsmeister bisher gute Arbeit geleistet: Sie sprechen sich viel untereinander ab und treiben, falls nötig, ihre Leute zu schnellerer Arbeit an. Aber ein Dauerzustand konnte das meiner Meinung nach auch nicht sein, da das die Leute frustriert.

Sie sehen, dass es entlang unseres Workflows einige Problemquellen gab, die uns den Umgang mit der steigenden Auftragszahl und den wechselnden Produktvarianten erschwert haben. Als Basisthema haben wir in einem Workshop die Qualität unseres Informationsnetzes und die daraus resultierende erschwerte Koordination des Produktionssystems ausgemacht. Denn wenn ein Mitarbeiter bei der Übertragung von Daten Fehler macht, wenn wir nicht wissen, was der Werkzeug-Ist-Bestand ist, wenn wir nicht über Schwankungen Bescheid wissen, wenn Daten durch viele Hände und Maschinen hindurch laufen müssen, dann macht uns das das Leben in der Produktion schwer."

Herrn Müllers Analyse stieß einen strategischen Prozess zur Verbesserung des Informationsnetzes in der Produktion an. Das Ergebnis dieses Prozesses war die Einführung eines sogenannten Manufacturing Execution Systems (MES), das den Informationsfluss zwischen Datenbank, Mensch und Maschine vollständig und sicher gestalten soll. Das MES fungiert als zentraler Kommunikations-Hub und verbindet einerseits das PPS-System mit der physischen Fertigung (Shop-Floor) sowie andererseits die Akteure auf Shop-Floor-Ebene untereinander. Da alle Akteure nur noch mit dem MES kommunizieren, wird die Anzahl an Schnittstellen stark reduziert – die Fehlerquoten sinken, die Informationstransparenz steigt und dadurch kann die Planung und Steuerung der Produktion effizienter gestaltet werden.

Das MES gibt echtzeitbasierte Rückmeldungen über den aktuellen Stand der Auftragsabwicklung auf dem Shop-Floor, den Werkzeug-Ist-Bestand und den Zustand der Maschinen an das PPS-System zurück. Diese Echtzeitdaten kann das PPS-System bei der Freigabe von neuen Aufträgen berücksichtigen. Gibt das MES beispielsweise Informationen über eine unerwartete Störung oder einen länger dauernden Vorgängerauftrag an einer Maschine weiter, berücksichtigt das PPS-System diese Maschine nicht mehr in der Planung, bis das MES kommuniziert, dass die Maschine wieder bereit für einen neuen Auftrag ist. Auch eine frühere Fertigstellung eines Auftrags kann damit berücksichtigt werden. So lässt sich vermeiden, dass Warteschlangen und Leerzeiten an Maschinen entstehen. „Die Maschinenauslastung hat sich bei SF dadurch in den vergangenen sechs Monaten um 16 % verbessert", erklärt Herr Müller.

Auf Shop-Floor-Ebene vernetzt das MES alle beteiligten Akteure: Das PPS-System gibt die berechneten Produktionsdaten direkt an das MES weiter, das diese speichert. Für die Erstellung des NC-Programms durchsucht das MES dann eine im Zuge der Implementierung angelegte NC-Programmdatenbank nach bereits erstellten Programmen. „Vor allem für die vielen Standardschrauben, die immer gleich hergestellt werden, ist meist ein bereits erstelltes NC-Programm griffbereit. Findet sich kein zum Auftrag passendes Programm, stellt das MES dem Programmierer über ein User-Interface auf dem Computer oder auf einem Tablet die für ihn relevanten Daten (d. h. die gewünschten Produkteigenschaften eines Auftrags) zur Verfügung, damit er das Programm erstellen kann. Das fertige NC-Programm speichert das MES, wenn noch nicht vorhanden, in der Datenbank und schickt es dann direkt an die entsprechenden Maschinen weiter. Dadurch werden die Weitergabe des Programms auf Papier und die daraus resultierenden Eingabefehler vermieden", so Müller.

Da das PPS-System bei der Auftrag-Maschinenzuordnung auf vom MES bereitgestellte Echtzeitdaten zum Werkzeug-Ist-Bestand zurückgreifen kann, ordnet es dem Auftrag auch die Maschinen zu, an denen schon möglichst viele passende Werkzeuge montiert sind (d. h. geringster Werkzeug-Nettobedarf). Beispielsweise ist es sinnvoll, bei der Produktion von Kreuzschlitz-Schrauben eine Pressmaschine zuzuordnen, bei der noch von vergangenen Aufträgen ein Kreuzschlitz-Aufsatz montiert ist. Um die noch benötigten Werkzeuge zu beschaffen, erhält der Lagermitarbeiter dann über das User-Interface des MES auf seinem Tablet den Netto-Werkzeugbedarf. Dadurch werden erneut die früheren Schnittstellenprobleme vermieden. Da das NC-Programm bereits durch das MES an die jeweiligen Maschinen übertragen wurde, kann nach der Montage der Werkzeuge direkt mit der Produktion begonnen werden. Die Informationen über den aktuellen Produktionsfortschritt werden zwischen den Akteuren über das MES geteilt.

„Mit der Einführung des MES ist unser Produktionssystem wesentlich besser auf die veränderte Auftragslage eingestellt. Die Probleme, die sich aus der Verbreiterung des Produktportfolios und unserem ‚alten' System ergeben haben, konnten wir dadurch beseitigen. Das MES vernetzt die Akteure auf der Shop-Floor-Ebene und das PPS-System. Das macht es uns wesentlich einfacher, die Produktion zu planen und zu steuern. Das MES versetzt uns in die Lage, mit den Anforderungen des Marktes besser umgehen zu können als wir es früher konnten."

Aufgaben
a) Das MES wird im Text als zentraler Kommunikations-Hub bezeichnet. Wie kommt es zu dieser Bezeichnung? Erstellen Sie eine Grafik, in der diese Rolle klar wird! Welche Akteure verbindet das MES auf welche Weise?
b) Ein MES soll dazu beitragen, die Elemente des Produktionssystems sowie des PPS-Systems vertikal und horizontal zu integrieren. Was ist damit gemeint? Erklären Sie das Konzept der vertikalen und horizontalen Integration anhand der Fallstudie!
c) Erstellen Sie eine Tabelle, in der Sie die in der Ausgangssituation anfallenden Probleme und deren Lösung durch die Einführung des MES in übersichtlicher Form darstellen! Was war die jeweilige Problemursache, was die Auswirkungen auf Kostenebene? Zeigen Sie, wie das MES die Problemursache beseitigt hat.

Fallstudie 2 – Bohrmaschinenhersteller Drill Master AG
Die Münchner Drill Master AG ist ein weltweit gefragter Anbieter von hochwertigen Bohrmaschinen für Handwerker (im Firmenjargon „Profis") und den einfachen Hausgebrauch („Amateure"). Eine Besonderheit der Firma ist „myDrill", ein Konfigurator für Bohrmaschinen, der online, aber auch im Handel mit begleitender persönlicher Beratung angeboten wird. Die Marketingabteilung fand heraus, dass sowohl Profis als auch Amateure die Möglichkeiten der Individualisierung sehr schätzen und dies auch mit einer erhöhten Preisbereitschaft vergelten – neben den Standardbohrmaschinen, die von der Drill Master AG angeboten werden, hat man sich in den vergangenen Jahren daher viel mit der Produktion individualisierter Bohrmaschinen beschäftigt.

Bei der Verwendung von myDrill gibt der Nutzer zuerst an, ob er die Bohrmaschine für den professionellen oder privaten Gebrauch benötigt. Dies wird getan, da Profis und Amateure teilweise unterschiedliche Kriterien als wichtig erachten. Profis haben oft sehr spezifische Anforderungen an ihre Maschine, die sich von Arbeitsaufgabe zu Arbeitsaufgabe unterscheiden können – generell gilt, dass Profis eine höhere Auswahl an Konfigurationsmöglichkeiten höher schätzen als Amateure. Ein Schreiner, der viel in Holz bohrt, wählt beispielsweise bevorzugt Carbonstahl oder Chrom-Vanadium-Stahl als Bohrermaterial, eine superscharfe Bohrerschneide und eine Zentrierspitze. Tab. 9.1 und Tab. 9.2 listen eine Auswahl dieser Kriterien auf.

Tab. 9.1 Fallstudie Drill Master AG: Konfigurationsmöglichkeiten für das Amateurmodell (Auswahl)

Komponente	Wahlmöglichkeiten
Sicherheitshandgriff	Ja/Nein
Farbe des Gehäuses	10-teilige Farbpalette
Farbe des Handgriffs	10-teilige Farbpalette
Material des/der Handgriffe	Gummiertes Metall, gummierter Kunststoff (zwei Sorten)
Material des Bohrers	Carbonstahl oder Chrom-Nickel-Molybdän-Stahl
Umfang des Begleitsets	Standardset (20-teilig), Komplettset (60-teilig)
Individuelle Beschriftung auf der Oberseite	[Freitextfeld]
Zubehör	Ohrschutz, Handschuhe

Tab. 9.2 Fallstudie Drill Master AG: Konfigurationsmöglichkeiten für das Profimodell (Auswahl)

Bauform	Standard, Kompakt
Motorstärke	700, 900, 1100 W
Sicherheitshandgriff	Ja/Nein
Farbe des Gehäuses	10-teilige Farbpalette
Farbe des Handgriffs	10-teilige Farbpalette
Material des/der Handgriffe	Gummiertes Metall, gummierter Kunststoff (zwei Sorten)
Material des Bohrers	Carbonstahl oder Chrom-Nickel-Molybdän-Stahl
Umfang des Begleitsets	Komplettset (60-teilig), Universalset (100-teilig)
Material des Bohrers	Carbonstahl, Chrom-Nickel-Molybdän-Stahl, HSS (Schnellarbeitsstahl), Chrom-Vanadium-Stahl, Werkzeugstahl
Bohrlochbeleuchtung	Ja/Nein
Winkel des Bohrkopfes	90°, 45°, 180°
Bohrerschärfe	Profi, Superscharf
Zentrierspitze	Ja/Nein
Zubehör	Ohrschutz, Handschuhe
Beschaffenheit des Bohrers	[Freitextfeld für individuelle Anforderungen]

Die Herstellung von Amateurmodellen erfolgt vollständig auf Basis des Assemble-to-Order-Prinzips (ATO). Das Produkt kann also komplett aus den auftragsneutral und standardisiert vorgefertigten Komponenten zum kundenspezifischen Produkt zusammengefügt werden. Für die Herstellung von Profimodellen muss der benötigte Bohrer, der durch die individuellen Anforderungen sehr spezifisch ausfallen kann, eigens gefertigt werden (Make-to-Order-Prinzip, MTO). Die benötigten Rohstoffe und Halbfertigprodukte bezieht die Drill Master AG von einer großen Menge an Zulieferern in der Region.

Die maßgeblichen Qualitätsmerkmale der Bohrmaschinen sind ihre Langlebigkeit, Belastbarkeit, Robustheit und Präzision. Vor allem für Profis sind diese Merkmale besonders wichtig, da sie die Qualität der Handwerkerdienstleistung direkt beeinflussen. Aber auch Amateure erwarten eine hohe Qualität, da die Bohrmaschine meist eine einmalige Investition ist, die ein Leben lang funktionieren soll.

Die Einhaltung von Qualität und Lieferzeiten, verbunden mit den kundenspezifischen Produkten setzen für die Produktion der Drill Master AG ein hohes Maß an
Flexibilität voraus. Bei der Montage der Komponenten gibt es Unterschiede zwischen
dem Amateur-Produkt, bei dem zwar die Komponenten unterschiedliche Ausprägungen
haben, die Montage jedoch ähnlich ist, und dem Produkt für Profis, bei dem der Bohrer
individuell gefertigt wird. Ziel der Drill Master AG ist es, trotz geringer Losgrößen die
Qualität und eine höchstmögliche Liefertreue für den Kunden zu gewährleisten. „Unser
alter Produktionsprozess hat sehr lange gut funktioniert", erklärt Ihnen der Geschäftsführer Herr Meier. „Aber mit der steigenden Produktvielfalt und dem Wachstum unseres Unternehmens wurde klar, dass es so nicht weitergehen kann."

Herr Meier fährt fort: „Ging ein neuer Auftrag ein, dann bestimmte das PPS-System
alle auftragsrelevanten Informationen im Sinne der Materialbedarfsplanung, Kapazitäts-
planung, Reihenfolgeplanung und der Terminierung. Handelte es sich um ein MTO-
Produkt, wurde dabei auch die Vorlaufzeit der Fertigung berücksichtigt. Diese Informationen wurden daraufhin ausgedruckt und den zuständigen Mitarbeitern tageweise aus-
gehändigt. Für all diejenigen Teile, die bereits vorgefertigt auf Lager liegen, ging er mit
der ausgedruckten Stückliste des Auftrags ins Teilelager und suchte die passenden Komponenten heraus. Für jeden Auftrag befüllte der Mitarbeiter eine Box auf seinem
Kommissionierwagen, die er aus einem Pool entnommen hat. Von der Stückliste entfernte
der Mitarbeiter daraufhin den Kopf, auf dem die Auftragsnummer verzeichnet war, zeichnete sie mit seinem Kürzel und der Uhrzeit ab und legte sie in die Box. Die Boxen brachte
er daraufhin in die Montage, wo sie vom Montagemeister in Empfang genommen und an
einzelne Montageplätze zugeteilt wurde. War der Mitarbeiter an der Montagestation noch
mit dem Vorgängerauftrag beschäftigt, wurde der Behälter in eine Warteschlange eingereiht." Tab. 9.3 zeigt, aus welchen wesentlichen Bestandteilen eine typische Bohrmaschine besteht.

„Sie sehen, der Mitarbeiter musste eine große Anzahl an Komponenten für jede
einzelne Bohrmaschine entnehmen. Die Komponenten lagerten in Kisten in den Regalen
des Teilelagers, Kleinteile sind in unserem Paternosterregal abgelegt. Da viele Komponenten, vor allem Kleinteile wie Schrauben und Bolzen, sich sehr ähnlich sehen, kam es
immer wieder vor, dass der Mitarbeiter diese verwechselte und die falschen Teile entnahm. Auch der Zeitdruck, unter dem die Kommissionierer stehen, hat häufig zu
Konzentrationsfehlern und somit zu eben diesen Picking-Fehlern geführt. Es passierte
teilweise auch, dass die Mitarbeiter in der Zeile verrutschen und ein Teil vergessen – solche Fehler sind zwar menschlich, aber für die Effizienz unserer Produktion ist das natürlich Gift. Die Fehler werden dann nämlich typischerweise erst in der Montage bemerkt
und der Montagemitarbeiter musste einen Nachholauftrag an das Lager stellen. Schlim-
mer noch: Machte der Monteur keine Gegenprüfung, so stellte er ein falsch konfiguriertes
Produkt aus.

Hinzu kam noch, dass die Kommissionierer auf ihrem Wagen teilweise bis zu acht Aufträge kommissionierten – das ist verständlich, denn es ist ja nur effizient, wenn man mit
einer Tour gleich acht Montagestationen bedienen kann. Doch gerade wenn es sich um

Tab. 9.3 Fallstudie Drill Master AG: Stückliste einer typischen Bohrmaschine

Komponente	Anzahl
Schraube 4265	5 Stk.
Schraube 4264	4 Stk.
Schraube 4263	2 Stk.
Schraube 3218	10 Stk.
Bolzen 3821	2 Stk.
Platte 9821	4 Stk.
Platte 2030	5 Stk.
Verbindungskabel	1 Stk.
Kabelklemmstück	1 Stk.
Bohrfutter	1 Stk.
Kondensator	1 Stk.
Richtungsschalter	1 Stk.
Lager	1 Stk.
Getriebe	1 Stk.
Geschwindigkeitsregler	1 Stk.
Druckschalter	1 Stk.
Drehknopf	1 Stk.
Gehäuse (links)	1 Stk.
Gehäuse (rechts)	1 Stk.
Handgriff	1 Stk.
Bohrkopf	1 Stk.
Bohrer (MTO oder ATO)	1 Stk.

sehr unterschiedliche Aufträge handelte, konnte sich die Einsammeltour zeitlich lange ziehen. In der gleichen Zeit war die Montagestation ‚leer‘, obwohl ihr Auftrag bereits gepickt, aber noch nicht ‚ausgeliefert‘ war.

Nach Abschluss der Montage zeichnete der Monteur den Stücklistenkopf mit der Auftragsnummer mit seinem Kürzel und der Uhrzeit ab und legte ihn gemeinsam mit dem Produkt in die Box zurück und auf einen Transportwagen. Diesen Transportwagen brachte ein anderer Mitarbeiter regelmäßig in die Versandabteilung. Dort wurde die Bohrmaschine zunächst auf Qualität getestet – stimmte die Qualität nicht, wurde sie erneut mit einer Qualitätsmeldung an die Montageabteilung geschickt. Stimmte die Qualität, dann wurde die Bohrmaschine verpackt und mit speziell zum Produkt passenden Bedienungsanleitung, Garantie- und Sicherheitshinweisen versehen – der Versandmitarbeiter konnte die benötigte Konfiguration der Produktbegleitmaterialien an der sprechenden Auftragsnummer ablesen. Mit dem Abschluss der Verpackung konnte der Versandmitarbeiter anhand der Informationen auf dem Stücklistenkopf den Status des Auftrags aktualisieren.

Für alle MTO-Produkte wurde der Kommissionierprozess ebenfalls durchgeführt, die Auftragsbox wurde jedoch erst in eine Warteschlange eingereiht. Mit der Meldung des Abschlusses der Fertigung eines bestimmten Bohrers für einen bestimmten Auftrag konnte der Kommissionierer dann mit der Box in die Fertigung gehen und den Bohrer einsammeln.“

Herr Meier konstatiert: „Unser alter Produktionsprozess war bei Weitem nicht optimal.
Bei der Vielzahl von Komponenten und unserem damals suboptimalen Lagersystem kam
es häufig dazu, dass Mitarbeiter Teile verwechselten und sich dadurch die Fertigstellung
der einzelnen Bohrmaschine verzögerte. Auch die Abstimmung der Fertigung mit der
Montage für unsere MTO-Produkte war schwierig und hat oft zu einer Verlängerung der
Durchlaufzeit geführt. Das kam bei unseren Kunden nicht gut an und so kann man heutzu-
tage auch nicht in den Wettbewerb gehen. Wir haben starke Konkurrenten im europäischen
und nordamerikanischen Markt. Wir haben dank unseres Produktangebots zwar noch in
den wichtigsten Märkten die Nase vorn, aber der Wettbewerb holt auf. Es war uns allen
klar, dass wir unseren Produktionsprozess neu denken und gestalten müssen. Aus diesem
Grund haben wir vor einem Jahr mit dem Projekt ‚Smart Drill Master' begonnen. ‚Smart
Drill Master' ist unser Ansatz zum Thema ‚Industrie 4.0', mit dem wir unsere Produktionskette schnell, flexibel und qualitätssichernd machen.

Kern von ‚Smart Drill Master' ist die Autonomisierung des Produktionsprozesses.
Zwei Elemente standen dabei im Vordergrund: Die nahtlose Identifizierung von Teilen,
Aufträgen und Behältern sowie deren ‚Routing' durch das Produktionssystem hindurch.
Bei der Kommissionierung wollten wir einerseits sicherstellen, dass die Fehlerrate beim
Picking auf Null reduziert und gleichzeitig die Zeit der Arbeitsplatzversorgung mit dem
gepickten Material höchstmöglich beschleunigt wird – quasi zwei Fliegen mit einer Klappe.

Erfolgreiche Anwendungsfälle in anderen Branchen haben uns zur Entscheidung gebracht, unsere Kommissionierer mit sogenannten ‚smart glasses' auszustatten. ‚Smart
Glasses' sind Brillen, die wie tragbare Computer funktionieren und das Sichtfeld des
Kommissionierers mit pickingrelevanten Informationen anreichern. Eine solche Brille
empfängt die Entnahmelisten der anstehenden freigegebenen Aufträge vom PPS-System.
Auf Basis eines Routing-Algorithmus wird dem Kommissionierer für eine kleine Menge
von Aufträgen eine distanzminimale Route durch unser Kommissionierlager vorgegeben
und über die Brille angezeigt. Dabei können sogar kurzfristige Kapazitätsschwankungen
berücksichtigt werden, bspw. wenn ein Monteur krank wird und ein freigegebener Auftrag
daher noch warten muss. Zusätzlich berücksichtigt der Algorithmus, welche Wege zeit-
gleich von anderen Kommissionierern gegangen werden, damit sich die Kommissionierer
nicht gegenseitig in den Gängen oder an den Kisten blockieren.

Tritt der Mitarbeiter dann an das Regal heran, so zeigt ihm die Brille durch farbliche
Unterstützung, in welche Kiste er als nächstes greifen und wie viele Teile er daraus entnehmen muss. Dreht sich der Kommissionierer dann zu seinem Kommissionierwagen, so
gibt die Brille vor, in welche Transportbox das entnommene Teil gelegt werden muss. Wir
kombinieren also das Pick-by-Vision-System mit dem Prinzip der Augmented Reality.

Gleichzeitig haben wir unsere Behälter mit Sensoren ausgestattet. Ein Behälter ist
einem konkreten Auftrag zugewiesen und ‚weiß', welche Teile sich in ihm befinden sollten. Dies agiert als doppelter Boden für die Sicherstellung der Picking-Qualität: Sollte
trotz der Smart-Glasses-Unterstützung ein Mitarbeiter einen Fehler bei der Entnahme machen und ein falsches Teil in eine Auftragsbox legen, dann wird ihm ein Warnton ausgegeben. Ein korrektes Teil wird hingegen mit einem Bestätigungston angegeben.

Das hilft uns im Übrigen auch beim Einlernen neuer Mitarbeiter. Sie wissen ja, wie schwierig es ist, gute neue Mitarbeiter für die Lagerei zu bekommen und sie schnell auf Maß zu bringen. Die smarten Brillen machen es hier wesentlich einfacher, neue Mitarbeiter schnell mit unserem Lagersystem vertraut zu machen. Zu Beginn waren unsere Mitarbeiter – gerade die älteren – zwar noch skeptisch, was den Nutzen und den Gebrauch der Brillen angeht, aber letztlich haben sie sich doch durchgesetzt, weil sie die Arbeit vereinfachen.

Nach dem Picking müssen die vollständig mit Teilen ausgestatteten Transportboxen zur Montage gelangen. Dabei muss beachtet werden, dass MTO-Auftragsboxen zunächst in der Fertigung ‚vorbeischauen' müssen, um ihre eigens gefertigten Teile – und auch die richtigen Teile für den richtigen Auftrag – abzuholen. Hierfür haben wir ein eigenes neues Transportsystem entwickelt. Intelligente kleine Transportfahrzeuge bewegen Behälter und Produkte zwischen Lager, Fertigung, Montage und Versand. Ein Fahrzeug transportiert einen Behälter zu einem gegebenen Zeitpunkt. Nach Abschluss eines Transportauftrags kehrt das Fahrzeug wieder zu einem der Sammelpunkte im Lager, der Fertigung oder in der Montage zurück und kann mit einem neuen Auftrag bestückt werden.

Hat bspw. der Kommissionierer einen Auftrag fertig gepickt, so weiß die Transportbox, dass der Auftrag vollständig kommissioniert wurde. Der Kommissionierer bestätigt das mithilfe eines einfachen Knopfdrucks. Über das PPS-System wird der Transportbox daraufhin mitgeteilt, welche Station die nächste ist. Wird die Box auf das Fahrzeug gesetzt, dann kommuniziert die Box dieses Ziel an das Transportfahrzeug und es kann losfahren. Das gleiche Prinzip wird in der Fertigung und der Montage angewandt: Sobald ein Auftrag seinen nächsten Bearbeitungszustand erreicht, weiß der Behälter und damit auch das Fahrzeug, wo es als nächstes hingeht. Ermöglicht wird die autonome Bewegung durch Lasernavigation. Dabei werden Reflektor-Marken an Wänden und Regalen angebracht, die das Fahrzeug mithilfe eines Laserscanners erfasst. Der in das Fahrzeug integrierte Rechner bestimmt mithilfe dieser Informationen die aktuelle Position und folgt anschließend virtuellen Leitlinien zur angestrebten Zielstation.

Die Idee mit den intelligenten Brillen, Behältern und Fahrzeugen erforderte es, mehr Informationsfluss in unser Produktionssystem zu bringen. In diesem Sinne sind die Objekte nur so intelligent, wie wir es ihnen möglich machen. Informationen über Aufträge, Entnahmelisten, Bearbeitungszustände, Bearbeitungsstationen etc. müssen hierfür sofort verfügbar und immer up to date sein – sie stellen quasi die Identität eines Auftrags, eines Behälters oder eines Fahrzeugs für einen gegebenen Moment dar. Brille, Behälter und Fahrzeuge sind mit Sensoren ausgestattet, die diese Informationen abrufen, weitergeben oder verändern.

Mit ‚Smart Drill Master' haben wir unser Produktionssystem für die veränderte Marktlage neu ausgerichtet. Wir arbeiten stets weiter an der Verfeinerung dieses Systems. Zusammenfassend hat sich nach dem ersten Jahr herausgestellt, dass wir im Vergleich zu unserem alten System signifikante Produktivitätsverbesserungen erzielen konnten. Und es sind diese Verbesserungen, die es uns ermöglichen, gegenüber unseren Konkurrenten bessere Lieferzeiten, höhere Qualität und mehr Individualisierung anzubieten. Auf diese Weise sichern wir uns weiterhin eine internationale Spitzenposition im Wettbewerb."

Aufgaben

a) Erklären Sie den Begriff „cyber-physisches System" zunächst allgemein und nennen Sie anschließend die cyber-physischen Systeme in „Smart Drill Master".

b) Wo würden Sie Verbesserungen durch „Smart Drill Master" erwarten? Weswegen?

c) Wie wirken die Veränderungen von „Smart Drill Master" auf den Produktionsfaktor Mensch?

Fallstudie 3 – Snackhersteller BestSnack AG

Die BestSnack AG ist ein in Regensburg ansässiger Hersteller von Bio-Kartoffelchips im Hochpreissegment. Im Jahr 2020 waren die Geschmäcker „Avocado" und „Smokey Honey" die beliebtesten Produkte der BestSnack AG. Neben der Geschmacksrichtung sind vor allem die Knusprigkeit, die Farbe und die Dicke des einzelnen Chips die Qualitätsmerkmale in diesem Preissegment. „Avocado" und „Smokey Honey" unterscheiden sich bei diesen Merkmalen deutlich voneinander: Avocado-Chips zeichnen sich durch ihre besonders dünne Form, starke Bräunung und einen hohen Grad an Knusprigkeit aus. Der einzelne Chip ist hier etwas leichter, während Smokey-Honey-Chips heller und dicker sind, vergleichsweise weniger knusprig und ein wenig schwerer. Bei den Smokey-Honey-Chips werden darüber hinaus Kartoffeln mit Schale verwertet, um eine rustikale Note zu erreichen.

Die Qualitätsmerkmale entstehen während des Produktionsprozesses: Nachdem die für die Produktion verwendeten Bio-Kartoffeln gewaschen, sortiert und je nach Chipssorte geschält wurden, werden sie über ein Förderband in eine Schneidemaschine transportiert. Diese funktioniert wie eine Zentrifuge, an deren Außenwände scharfe Klingen befestigt sind. Durch die Fliehkraft werden die Kartoffeln an die rotierenden Klingen geschleudert und so in 1,8 mm – 2 mm dünne Scheiben geschnitten. Die Dicke der Scheiben variiert von Produkt zu Produkt, da für verschiedene Chipssorten verschiedene Kartoffelsorten verwendet werden, welche nur bei einer bestimmten Dicke die richtige Konsistenz des Endproduktes gewährleisten. Die Smokey-Honey-Chips werden beispielsweise dicker geschnitten als die Avocado-Chips. Die Kartoffelscheiben fallen daraufhin aus der Schneidemaschine in eine Durchlauffritteuse. Hier werden sie in Erdnuss- oder Sonnenblumenöl zwischen zwei und drei Minuten frittiert. Die Länge des Frittiervorgangs wirkt sich auf die Farbe sowie die Knusprigkeit aus: Avocado-Chips werden für ihre dunklere Bräunung und ihren höheren Knusprigkeitsgrad länger bei höherer Temperatur frittiert. Smokey-Honey-Chips werden hingegen kürzer und bei niedrigerer Temperatur frittiert. Auch das verwendete Öl hat Einfluss auf den Geschmack der Chips. Avocado-Chips werden mit Sonnenblumenöl frittiert, Smokey-Honey-Chips in Erdnussöl. Auf die noch warmen, aus der Fritteuse fallenden Chips werden im Anschluss Salz und die jeweiligen Geschmacksstoffe gegeben, bevor sie auf einem längeren Fließband abkühlen und letztendlich in beschichteten Papiertüten verpackt werden.

Was sich auf Papier vergleichsweise simpel anhört, stellt aufgrund der hohen Qualitätsansprüche der BestSnack AG hohe Ansprüche an die Produktion: Zur Sicherstellung der Qualität, d. h. insbesondere der Knusprigkeit, der Farbe und der Dicke, hat die Produktionsleiterin Frau Knuppig schon vor längerer Zeit einen umfassenden Qualitätsprüfungsprozess eingeführt. Täglich nehmen mehrere professionelle Geschmackstester in regelmäßigen Abständen Produktstichproben an verschiedenen Stationen des Herstellungsprozesses. Ergeben sich Abweichungen, wird sofort Frau Knuppig informiert, ein Untersuchungsprozess aufgesetzt und der Grund für die Abweichung ermittelt.

Qualitätsabweichungen ergeben sich aus unterschiedlichen Gründen: So haben in der Vergangenheit bspw. eine zu niedrige Kartoffelqualität, eine zu schnell eingestellte Schneidemaschine, eine schlecht geputzte Fritteuse, stumpf werdende Schneidemaschinenklingen, eine zu hohe Frittiertemperatur, eine Überbefüllung der Fritteuse oder ein durch Feuchtigkeit auftretendes Verklumpen der Geschmacksstoffe dazu geführt, dass die Qualitätskontrolleure Frau Knuppig informieren mussten. Die typische Folge eines solchen Prozesses ist dann, dass das Band gestoppt werden muss, bis der Fehler gefunden und behoben wurde. Die fehlerhaften Produkte mussten dann aussortiert und weggeworfen werden. Trotz der hohen Erfahrung ihrer Qualitätskontrolleure und trotz der bereits erfolgten Anstrengungen zur Reduktion vermeidbarer Qualitätsfehler (wie z. B. das Einspeisen schlechter Kartoffeln in den Prozess) vermutete Frau Knuppig, dass der Prüfprozess verbessert werden könnte. Entgegen den Aussagen ihrer Kollegen, dass ein gewisses Niveau an Qualitätsfehlern einfach unvermeidbare zufällige Schwankungen sei, vertrat Frau Knuppig die These, dass man diese vollständig abstellen könnte.

Aus diesem Grund wurde bei der BestSnack AG ein Datenanalysesystem eingerichtet, um kritische Abweichungen im Produktionsprozess frühzeitig zu erkennen. „Die Ausschussrate, die mit hohen Kosten verbunden war, und die Beschwerden unserer Kunden haben uns dazu gebracht, unseren Produktionsprozess zu überdenken. Wir wollten den kompletten Prozess transparent machen, um zu erkennen, wann welche Qualitätsabweichungen auftreten. Die Grundvoraussetzung hierfür war es, die an der Produktion beteiligten Maschinen und Produkte als Entitäten in einer Datenbank abzubilden – es sollte uns also quasi zu jedem Moment möglich sein, den aktuellen Zustand aller relevanten Teile des Prozesses zu erfahren. Die physische Produktionskette sollte über ein informationstechnisches digitales Abbild verfügen."

Um eine Echtzeiterfassung der aktuellen Zustandsdaten zu ermöglichen, wurden die Schneidemaschine und die Durchlauffritteuse mit etlichen Sensoren ausgestattet. Diese Sensoren messen eine Vielzahl von technischen Daten, die auf die Produktqualität Einfluss nehmen, darunter unter anderem die Geschwindigkeit der Schneidezentrifuge, die Breite der Schneideklingen, die Temperatur des Öls, die Länge des Frittiervorgangs und die Qualität des Öls. „Die Kartoffelchips können wir freilich nicht mit Sensoren ausstatten, die Zustandsaufnahme machen hier nach wie vor größtenteils unsere Geschmackstester – der einzige Unterschied ist, dass sie die Abweichungen mittlerweile mittels einer einfachen Benutzeroberfläche in die Datenbank eingeben. Zusätzlich haben wir an einigen Stellen auf dem Kühlfließband Kameras eingerichtet, die regelmäßig Bilder machen.", so Knuppig. Die Beschreibungs- und Zustandsdaten der beiden Produkte „Avocado" und „Smokey Honey" sowie der Durchlauffritteuse und der Schneidemaschine lauten wie in Tab. 9.4 und 9.5 angegeben.

Tab. 9.4 Fallstudie BestSnack AG: Produktdaten

Produktdaten		
Produkt-ID	102-892	102-875
Kartoffelsorte	Saturna	Idaho
Geschmacksstoffe	Avocadopulver Salz (Seesalz, grobkörnig)	„Smokey Honey" Mischung Salz (Standard, fein)
Dicke	1,9 mm	2,1 mm
Frittiertemperatur	150 °C	130 °C
Frittierzeit	2,5 min	1,7 min
Frittieröl	Sonnenblumenöl	Erdnussöl
Zustandsdaten		
Geschmack	i. O./n. i. O. (zu schwach, zu stark, andere Makel)	i. O./n. i. O. (zu schwach, zu stark, andere Makel)
Knusprigkeit	i. O./n. i. O. (zu weich, zu knusprig, fehlende Gleichmäßigkeit)	i. O./n. i. O. (zu weich, zu knusprig, fehlende Gleichmäßigkeit)
Farbe	i. O./n. i. O. (zu hell, zu dunkel, fehlende Gleichmäßigkeit)	i. O./n. i. O. (zu hell, zu dunkel, fehlende Gleichmäßigkeit)
Dicke (mm)	i. O./n. i. O. (zu dick, zu dünn, fehlende Gleichmäßigkeit)	i. O./n. i. O. (zu dick, zu dünn, fehlende Gleichmäßigkeit)

Tab. 9.5 Fallstudie BestSnack AG: Maschinendaten

Maschinen – ID	193-172	193-203
Bezeichnung	Twister X12	Vario Fritt 2000
Hersteller	Maschinenfabrik Regensburg	Generalissimo
Fassungsvermögen	300 kg	100 kg
Zustandsdaten		
	Betriebszustand	Betriebszustand
	Rotationsgeschwindigkeit (cm/s)	Temperatur (°C)
	Breite Klingen (mm)	Eingefülltes Frittieröl (Ölart)
	Klingenschärfe (i. O./n. i. O)	Durchlaufgeschwindigkeit (cm/s)
	Letzte Wartung (Datum)	Ölqualität (i. O./n. i. O)
		Letzte Wartung (Datum)
		Eingefülltes Öl (Erdnussöl, Sonnenblumenöl)

Alle erhobenen Daten werden über den gesamten Lebenszyklus der Entität gesammelt. So entstehen durchgehend neue Daten, die zusammen mit den bereits gespeicherten (historischen) Daten das digitale Abbild ergeben (Maschinen- und Produkthistorie). Für die Speicherung der Daten verwendet die BestSnack AG eine Cloud-basierte Datenbank, deren Speicherplatz bei Bedarf quasi unendlich erweitert werden kann.

Um Abweichungen im Produktionsprozess festzustellen, werden die historischen Daten von Produkten und Maschinen regelmäßig analysiert. „Es handelt sich um eine sehr große, ständig wachsende Menge an Daten. Zudem liegen diese in unterschiedlichen Formaten vor: Textformat (z. B. Ölart: „Erdnussöl"), Binärformat (z. B. „i. O."/„n. i. O."),

Zahlenformat (z. B. Rotationsgeschwindigkeit in cm/s), Datum (z. B. „Letzte Wartung: 09.02.2018") und Bilder (Bilder abkühlender Chips). Zur Analyse werden spezielle Data-Mining-Verfahren (Analytics) verwendet. Wir haben für diese Aufgabe zwei eigene Stellen geschaffen, den Production Data Analyst und den Production Data Scientist.

Aufgabe des Production Data Analysts und des Production Data Scientists ist es, kritische Konstellationen von Parametern zu entdecken, die zu abnehmender Qualität führen, und ihren Ursprung zu ermitteln. Aus den in der Analyse entdeckten Mustern wird wiederum ein Prognosemodell abgeleitet, mit dem die in Echtzeit erfassten Daten abgeglichen werden. Auf Basis der aktuellen Daten und des Prognosemodells können Prognosen über bevorstehende kritische Konstellationen getroffen werden. So haben wir bspw. durch die Datenauswertung herausgefunden, in welchem Maße die Temperatur in der Fritteuse schwankt – in Abhängigkeit der Anzahl zuvor bearbeiteter Produktionslose und in Abhängigkeit der dazu nötigen Frittiertemperaturen. Diese Temperaturschwankungen haben in vielen Fällen dazu geführt, dass bei Losen, die später am Tag gefertigt werden, eine erhöhte Ausschusswahrscheinlichkeit vorliegt. Kommen dann noch Probleme wie bspw. abstumpfende oder falsch eingestellte Klingen in der Schneidemaschine dazu, steigt die Wahrscheinlichkeit noch weiter. Auch ist uns ein Zusammenhang zwischen den Kartoffeln unterschiedlicher Zulieferer und der Entwicklung der Frittiertemperatur aufgefallen. Bisher können wir hier aber nur Spekulationen anstellen."

Aus den durch Data-Mining identifizierten Mustern wurden schließlich Regeln für die operative Produktion abgeleitet. Ein Computer überwacht die Produktionsdaten auf die über die Zeit hinweg ermittelten kritischen Muster. Wird im Rahmen der ständig laufenden Datenanalyse eine kritische Konstellation erkannt, wird eine Meldung an den verantwortlichen Produktionsmitarbeiter gesendet. Zudem werden Vorhersagen gemacht, wann es zu weiteren Problemen kommen könnte. Befindet sich beispielsweise die Temperatur des Frittieröls noch im akzeptablen Bereich, steigt aber seit den letzten Produktionsdurchläufen allmählich an, werden Prognosen erstellt, wann der Temperaturanstieg eine qualitätsmindernde Auswirkung auf die Chips haben wird. Somit kann rechtzeitig gegengesteuert werden. Oder stellen die Sensoren der Schneidemaschine fest, dass die Klingen bald abstumpfen werden, wird eine Prognose erstellt, wann die Klingen spätestens ausgetauscht werden müssen.

Zusätzlich zum Erkennen von Prozessabweichungen bietet das Datenanalysesystem der BestSnack AG einen weiteren Vorteil: Die erfasste Maschinenhistorie (Beschreibung, Zustands- und Sensordaten) kann dafür verwendet werden, frühzeitig kritische Abweichungen von Kenngrößen (z. B. Temperatur der Maschine, ungewöhnliche Vibrationen/Geräusche) zu erkennen, die auf bevorstehende Störungen oder auf bevorstehende nötige Wartungen hinweisen. „Vor allem bei der Durchlauffritteuse ist die Reparatur bei einer Störung oder einem Ausfall sehr aufwändig. Dafür muss das Frittieröl zuerst erkalten und abgeschöpft werden und die Maschine von unserem Reinigungspersonal komplett vom Fett befreit werden, bevor die Techniker mit der Reparatur beginnen können. Dies beansprucht viel Zeit, während der unsere zweite Fritteuse die komplette Produktion übernehmen muss. Gleichzeitig steigt natürlich der Verschleiß der Ausweichmaschine. Mithilfe der Maschinenhistorie können wir die nötigen Wartungszyklen viel besser planen und frühzeitig Vorkehrungen treffen – bspw. produzieren wir dann in den Wochen vor der Wartung auf Lager."

Frau Knuppig resümiert: „Durch unser neues System haben wir es geschafft, im vergangenen Jahr 22 % weniger Ausschuss zu produzieren. Darüber hinaus konnten wir den Aufwand für Reparaturen um 15 % senken – und dabei muss bedacht werden, dass wir erst am Anfang unserer Maschinen- und Produkthistorie stehen. Ich gehe davon aus, dass wir über die kommenden Monate noch sehr viel über weitere kritische Konstellationen lernen können, die auf die Produktqualität Einfluss nehmen. Ein schöner Nebeneffekt ist, dass die Marketingabteilung das Datenanalysesystem mittlerweile als Werbemittel heranzieht – in unserem hochpreisigen Segment spricht das die Kunden an."

Aufgaben

a) Wie helfen „Big Data" und „Analytics" der BestSnack AG, ihren Produktionsprozess zu verbessern? Definieren Sie die Begriffe und argumentieren Sie dann auf Basis der Fallstudie.
b) Beschreiben Sie die vier Schritte von Data Analytics allgemein und zeigen Sie anschließend auf, welche dieser Schritte das Datenanalysesystem der BestSnack AG bedient.
c) Die BestSnack AG verwendet für die Speicherung der aktuellen und historischen Daten eine cloudbasierte Datenbank. Erklären Sie kurz den Begriff Cloud Computing und warum es für die BestSnack AG nützlich ist, Cloud-Lösungen zu verwenden.

Fallstudie 4 – Automotive-Zulieferer Autobotix AG

Die Autobotix AG ist ein erfolgreicher mittelständischer Zulieferer für verschiedene Ersatzteile im Automotive-Bereich. Sie arbeiten als Teil eines Projektteams im Bereich des strategischen Produktionsmanagements. Da man sich bereits früh für die Ausrichtung des Produktportfolios auf E-Autos entschieden hat und da der Anteil von E-Auto-Teilen im gesamten Absatz stetig steigt, ist die Frage aufgeworfen worden, wie man mit den Ersatzteilen für auslaufende Verbrenner-Modelle umgehen soll. Insbesondere die sogenannten „Exoten", d. h. Teile für Spezialfahrzeuge wie Feuerwehrautos, Bergefahrzeuge, Wechselbrückensetzer, Tankwagen und Spezial-Zugmaschinen, stellen das Management zunehmend vor finanzielle Fragestellungen.

Im letzten „all-hands-on-deck"-Meeting der Geschäftsführung schilderte der Chef-Controller die Lage: „Mir ist bewusst, dass sich die Autobotix mit ihrem großen Ersatzteillager die Gunst ihrer Kunden erarbeitet hat. Ich kenne das Vertriebsziel, dass jede Ersatzteilanfrage in Mitteleuropa innerhalb von 24 h positiv beantwortet werden soll. In Zeiten, in denen die Material- und Raumkosten niedrig und die Finanzmärkte schwach sind, ist das eine kluge Vorgehensweise. Doch wir sehen seit Jahren ein Muster, das uns unruhig machen sollte: Der Finanzmarkt ist wieder weit über Vorkrisenniveau geklettert, die Zinsen steigen. Gleichzeitig haben wir durch Krieg und Umweltkatastrophen ein noch nie dagewesenes Lieferkettenrisiko und die höchsten Rohstoffpreise seit Firmengründung. Wenn wir es uns weiterhin leisten, ein prallvolles Ersatzteillager – vor allem auch für unsere Exoten – vorzuhalten, dann müssen wir die Preise massiv erhöhen. Oder nach anderen Lösungen suchen."

Die Geschäftsführung erkannte den Ernst der Lage und es rief ein unternehmensweites Projekt zur Verschlankung und Neu-Ausrichtung aus. Die Projekte umspannen jede Abteilung und sind darauf ausgelegt, nach neuen Technologien, Arbeitsweisen und Organisationsformen zu suchen. Sie sind Teil des Unterprojektteams „Innovative Produktionstechnologien" und sollen mit ihren Kolleginnen und Kollegen eruieren, inwieweit neue Technologien das Risiko der Autobotix AG senken und den ROI steigern können. In einem Brainstorming-Meeting wurde unter anderem der 3D-Druck von Ersatzteilen besprochen. Ihre Aufgabe ist es, das Potenzial des 3D-Drucks umfänglich abzuschätzen.

Dabei wollen Sie die potenziellen Vorteile des Einsatzes der 3D-Drucktechnologie für die Herstellung von Ersatzteilkleinserien bewerten, wobei der Schwerpunkt klar auf der Kostenreduzierung und der Erhöhung der Flexibilität bei der Teileherstellung liegt. Um Ihre Arbeit quantitativ messbar und kaufmännisch nachvollziehbar zu machen, entscheiden Sie, den Return on Investment (ROI) anhand der DuPont-Analyse zu berechnen und die Wirkungswege des 3D-Drucks abzubilden.

Im ersten Schritt haben Sie sich in die Funktionsweise des 3D-Druck eingelesen:

- **Modellierung**: Bevor ein Teil gedruckt werden kann, wird ein Modell am Computer erzeugt, typischerweise mithilfe von CAD-Software (Computer Aided Design). Dabei werden nicht nur die Form, sondern bereits in hohem Detailgrad auch funktionale Anforderungen wie Passgenauigkeit, Belastbarkeit und strukturelle Integrität vormodelliert. Im Automotive-Bereich wird zusätzlich vermehrt auf Eigenschaften wie Materialfestigkeit, Aerodynamik und geachtet. Das 3D-Modell wird daraufhin in dünne horizontale (Material-)Schichten zerlegt. Diese Schichten dienen dem 3D-Drucker später als Anleitung, wie das Bauteil Schicht für Schicht aufgebaut werden soll.
- **Druck**: Als Ausgangsmaterial kommen in der Automobilindustrie häufig Hochleistungskunststoffe, Metalllegierungen und Verbundwerkstoffe zum Einsatz. Je nach 3D-Drucktechnologie wird das Material als Pulver, Filament oder Flüssigkeit verwendet. Während des Druckvorgangs verwendet die Maschine die vorher modellierten Schichten als Referenz und schichtet das Material gemäß den Slice-Anweisungen. Beim sogenannten Fused Deposition Modeling (FDM) werden schichtweise geschmolzene Kunststofffilamente aufgetragen und miteinander verbunden. Beim Selective Laser Melting (SLM) hingegen wird Metallpulver mit einem hochpräzisen Laser selektiv geschmolzen und verschmolzen.
- **Aushärtung**: Nach dem Auftragen einer Schicht wird das Material durch gezielte Erwärmung oder Abkühlung ausgehärtet. Dies sichert die strukturelle Integrität des Bauteils und beeinflusst seine mechanischen Eigenschaften. Die genaue Durchführung dieses Schrittes ist entscheidend, um eine gleichmäßige Festigkeit und Haltbarkeit des gesamten Bauteils zu gewährleisten.
- **Nachbearbeitung**: Je nach Anwendung und Drucktechnologie kann eine Nachbearbeitung des fertigen Bauteils erforderlich sein. Dazu gehören bspw. das Entfernen von Stützstrukturen, das Glätten der Oberfläche, Schleifen oder Schweißen.

- **Qualitätsprüfung**: Das gedruckte Bauteil wird schließlich auf Maßhaltigkeit, Festigkeit, Oberflächenbeschaffenheit und andere spezifische Eigenschaften geprüft. Unter den Tests und Analysen sind u. a. Röntgenprüfungen, Zug- und Drucktests sowie thermische Analysen. So wird sichergestellt, dass das Bauteil den hohen Standards und Sicherheitsanforderungen der Automobilindustrie entspricht.

Im nächsten Schritt haben Sie über mehrere Tage hinweg kurze Besprechungen mit Schlüsselpersonen aus dem Unternehmen vereinbart. Ihnen ist klar, dass der Wissenstand zum 3D-Druck unterschiedlich hoch ist, jedoch möchten Sie ein umfängliches Meinungsbild sowie Schätzungen von Experten einholen. Im Folgenden sehen Sie die Kernaussagen verschiedener Personen:

Karsten Kreutzberg, Produktionsleiter: „Die Idee des 3D-Druck klingt natürlich vielversprechend. Für die Produktionsabteilung müssten wir die Maschinen erst einmal besorgen, eine 3D-Druck-Werkstatt einrichten und ein Druck-Team ausbilden. Klar, das ist spannend für meine Leute hier, aber bevor wir was Größeres umstellen, müssen wir alles gut durchplanen. Sonst haben wir hier nur Verwirrung und Chaos und das verzeiht uns der Markt nicht – mal von unserer CEO abgesehen, dann rollen Köpfe. Außerdem: Solche Leute, die sich im 3D-Druck auskennen, gibt es ja nicht wie Sand am Meer. Müssten wir also ausbilden oder reinholen. Aus Kostenrechnungssicht würde ich schätzen, dass die Fertigungskosten erst einmal steigen werden, bis wir ein produktives Niveau erreicht haben – sagen wir einmal, in einem Jahr. Die Materialeinzelkosten sind wahrscheinlich niedriger, als wenn wir fertige Teile kaufen würden, jedoch können wir mit kleinen Mengen keine Rabatte einlösen. Frag dazu bitte den Einkauf. Die Materialgemeinkosten bleiben wahrscheinlich auf demselben Niveau. Aber wie gesagt, ich schätze, bis wir effizient sind, werden die Fertigungseinzelkosten zwischen 10–20 % und die -gemeinkosten um 4–8 % steigen. Der größte Effekt wäre vermutlich, dass wir unseren Bestand an Ersatzteilen stark senken können. Aber frag dazu bitte nochmal die Lagerleitung. Aber ich sag mal so, bevor wir jetzt Hals über Kopf auf diese neue Fertigungsmethode umstellen, müssen wir wirklich sicherstellen, dass die Festigkeit und die Qualität der Materialien unseren Anforderungen gerecht werden. So viel steht fest. Und vergiss nicht: Wir werden im Produktionsbereich sicher eine Steigerung zwischen 0,5 % und 1 % in den bereichsfixen Kosten verbuchen müssen: Ausschuss, Übungsmaterial und so weiter."

Nicoletta Buratti, Qualitätskontrolle: „3D-Druck hat ein riesiges Potenzial, das seh' ich auch. Aber wir dürfen nicht vergessen, dass unser Unique Selling Point nicht vergessen wird. Unsere Teile weisen heute eine sehr hohe Qualität am Markt auf. Wir müssen da echt auf Zack sein und auch im 3D-Druck bis ins Detail kontrollieren, damit wir mit ruhigem Gewissen sagen können: Das hat dieselbe Qualität. Wenn sich die Produktion entscheidet, ein Team aufzubauen, dann hat das erst einmal keine Auswirkungen auf die Größe des Qualitätsteams – das bekommen wir noch unter. Aber wir sollten einen Kollegen auf einen Speziallehrgang schicken, damit wir auf der sicheren Seite sind und auch unsere Zertifizierung nicht verlieren. Auf's Jahr umgerechnet haben wir da eine Steigerung unserer bereichsfixen Kosten um 1–3 %. Das kommt auf den Zertifikatsanbieter an."

Max Keller, Einkaufsleiter: „Ich dachte mir schon, dass du zu mir kommen wirst. Nici hat es mir beim Mittagessen schon angekündigt. Ich habe daher schon einmal eine Vor-Kalkulation gemacht. Klar ist, dass die Ausgangsmaterialien für den Druck generell günstiger sind, als wenn wir einzelne Bauteile kaufen würden. Aber – und das ist ein großes Aber: Wir werden neue Lieferanten suchen müssen und die werden uns für die Mengen, die Herr Kreutzberg plant, keine Rabatte geben. Vielleicht einen Mitleidsrabatt, wenn wir gut verhandeln. Aber sicher nicht höher als 5 %. Außerdem müssen wir unsere Wareneingangskontrolle in der Anfangsphase strenger gestalten. Rechne also lieber damit, dass die Materialgemeinkosten 10 % bis zu 20 % steigen. Die Drucker werden wir erst einmal fremdfinanzieren und schauen, ob wir nicht eine Förderung von der Landesregierung bekommen können. Wäre doch gelacht. Relativ gesehen wäre das dann eine Steigerung des Anlagevermögens um 1–2 %. Du siehst: Klarheit über die Zahlen ist hier echt der Schlüssel."

Antonia Kirchweger, Personalabteilung: „Die grundsätzliche Idee ist klug. Aber hat jemand mal darüber nachgedacht, wie schwierig es ist, qualifiziertes Personal für 3D-Druck-Techniken zu finden? Die Jungs und Mädels in der Fertigung sind gut, das ist ja keine Frage, aber wir müssen sie erst einmal auf einen Lehrgang schicken, um sie mit den Maschinen vertraut zu machen. Außerdem muss das Qualitätsteam auch auf einen Lehrgang gehen, aber das hat dir Frau Buratti sicher auch schon gesagt – wegen unserer Zertifizierung. Wenn ich mal davon ausgehe, dass wir zwei Kollegen auf einen Lehrgang schicken, dann werden sie am Ende des ersten Jahres – sofern es gut läuft – auch eine Gehaltserhöhung sehen wollen. Das sollten wir ebenfalls mitberücksichtigen. Rechne mal mit einer Steigerung der bereichsfixen Kosten zwischen 2 und 3 %."

Arne Schricker, Lagerverwaltung: „Ich seh' ja die Vorteile von 3D-Druck. Aber ich bleib skeptisch. Aus meiner Sicht sind nicht alle Teile dafür geeignet, und wenn wir hier plötzlich in jeder Ecke Drucker stehen haben und Materialien bunkern, könnten wir unsere Logistik echt ins Wanken bringen. Vielleicht sollten wir das Ganze mal in Maßen halten. Wir haben aktuell eine Reichweite von einer Woche. Das ist für unsere Jungs in der Produktion akzeptabel. Wir können ja nicht jeden Tag ein neues Los auflegen. Jeden Tag, den wir uns an Reichweite sparen können, würde die Bestände senken. Nagel mich nicht fest, vielleicht reden wir über 10 % je Tag, den wir sparen können."

Kadeem Salih, Vertriebsleiter: „Bis wir den Markt von 3D-gedruckten Erzeugnissen überzeugt haben, werden wir mit einem Discount in den Verkauf gehen müssen. Die Kunden sind unsere Qualität gewohnt und werden erst einmal skeptisch sein, wenn wir ihnen von unserer neuen Methode erzählen. Rechne bitte mal mit einem durchschnittlichen Discount zwischen 5 % und 8 %. Wenn die Qualität stimmt und wenn sich das unter unseren Kunden herumspricht, dann können wir wieder auf Normalpreisniveau zurückkehren. Aber das dauert sicher bis zu einem Jahr. Und, aber ich glaube, das ist eine Selbstverständlichkeit: Die Lieferzeit muss dieselbe bleiben."

Maren Preissner, Market Analyst: „Eine sehr coole Idee, 3D-Druck! Klingt nach 'ner spannenden Zukunft, aber auch nach viel Arbeit. Ich habe neulich in einem Artikel in der ProduktionPlus von einem Unternehmen in Frankreich gelesen, das auf 3D-Druck umgestellt hat. Die waren auch B2B-Geschäft, aber in der Elektronikbranche. Die machen Gehäuse und so Grundlagen für Elektromodule, aber ist ja egal. Die haben in ihren Absatzzahlen zunächst mal ein Minus gesehen, weil die Kunden der neuen Technik nicht getraut haben. Und das, obwohl der Vertrieb dicke Discounts gegeben hat. Es ist immer fraglich, ob man diese Information so direkt auf unsere Situation anwenden könnte, aber du solltest sicher mit einem Absatzrückgang rechnen, auch wenn Herr Salih den Kunden wieder Honig ums Maul schmieren wird. Wenn ich schätzen müsste, würde ich mit maximal 3 % Rückgang rechnen. Aber im Bestfall sind es natürlich 0 %."

Mit diesen Informationen möchten Sie einen Szenarienvergleich durchführen („Best Case" und „Worst Case"). Da Sie für eine möglichst anschauliche Visualisierung das Du-Pont-Schema nutzen möchten, haben Sie sich vom Chef-Controller zusätzlich die ungefähren Zusammensetzungen der Du-Pont-Schema-Elemente geben lassen:

Herstellkosten:	16000 Geldeinheiten (GE)
– Materialeinzelkostenanteil:	20,9375 %
– Materialgemeinkostenanteil:	14,3750 %
– Fertigungseinzelkostenanteil:	48,4375 %
– Fertigungsgemeinkostenanteil:	16,2500 %

Als zusätzlichen Kostenpunkt im Bereich der für die Absatzmenge anfallenden Kosten schlägt der Chef-Controller vor, dass Sie einen Block „Bereichsfixe Kosten" einführen. Diese bereichsfixen Kosten belaufen sich aktuell auf 4300 GE

Die Vertriebs-/Verwaltungskosten betragen 800 GE	
Die Umsatzrendite betrug 41,3889 %, bei 240 abgesetzten Mengeneinheiten	
Umlaufvermögen:	222.250 GE
– Zahlungsmittel:	9,3190 %
– Forderungen:	12,6523 %
– Bestände:	78,0287 %
• Rohmaterial:	5.600 GE
• Halbfertigprodukte:	43.800 GE
• Fertigprodukte:	168.300 GE
Anlagevermögen:	141.000 GE
– Immobiles Anlagevermögen:	68,0851 %
– Mobiles Anlagevermögen:	31,9149 %

Aufgaben

a) Reformulieren Sie das Statement des Chef-Controllers in Ihren eigenen Worten, mit Blick auf den Economic Value Added (= EVA).

b) Gehen Sie davon aus, dass die Schätzungen der im Text genannten Personen eintreten. Was wäre der Einfluss der 3D-Druck-Einführung auf den ROI der Autobotix im ersten Jahr? Nutzen Sie die Systematik des Du-Pont-Schemas und erzeugen Sie jeweils ein pessimistisches und ein optimistisches Szenario.

c) Fassen Sie die von den Stakeholdern genannten, quantitativ nicht messbaren Argumente gegen die Einführung der 3D-Druck-Technologie stichpunktartig zusammen. Welche Argumente fallen Ihnen noch ein?

9.2   Lösungen

Fallstudie 1 – Schraubenhersteller Federrath

▶   **Tipp** Im Lehrbuch „**Produktionswirtschaft: Planung, Steuerung und In-
dustrie 4.0**" finden Sie in Kap. 4 eine breite Einführung in das Konzept der
„Industrie 4.0" sowie der darin maßgeblichen technologischen Themenfelder.
Produktionswirtschaft: Planung, Steuerung und Industrie 4.0, Autoren:
Florian Kellner, Bernhard Lienland, Maximilian Lukesch (3. Auflage, erschie-
nen bei Springer Gabler, 2022; eBook ISBN: 978-3-662-65803-1, Softcover
ISBN: 978-3-662-65802-4).

Aufgabe a) Die Bezeichnung als zentraler Kommunikations-Hub trägt der Aufgabe des
MES Rechnung, den über die Elemente des Produktionssystems und das PPS-System
stattfindenden Informationsfluss vertikal und horizontal zu integrieren (vgl. hierzu auch
die Lösung zu Aufgabe b)). Die Notwendigkeit einer intensiveren Integration ergibt sich
aus den wachsenden Anforderungen, die aus dem Marktumfeld an das Produktionssystem
gestellt werden (wachsendes Produktportfolio, Sinken der Losgrößen). Infolgedessen
musste das Produktionssystem an Komplexität zunehmen, um dem nach wie vor be-
stehenden Bedarf zur Rationalisierung der Produktion nachzukommen.

Die Komplexität des Produktionssystems äußert sich vornehmlich durch die Vielzahl von
Akteuren auf der internen Wertschöpfungskette, zwischen denen Informationen zirkulie-
ren und deren Aktionen durch das PPS-System geplant und gesteuert werden müssen. Das
MES soll den Informationsfluss zwischen den Akteuren sowie zum PPS-System rationali-
sieren. Abb. 9.1 veranschaulicht diesen Anspruch.

Aufgabe b) Vertikale Integration bedeutet, dass ein vom PPS-System ausgelöster
Produktionsauftrag vom MES übernommen und auf Shop-Floor-Ebene bis zur Fertigstellung gesteuert wird. Während das PPS-System also Aufträge plant, koordiniert und ter-
miniert, kommt dem MES eine Steuerungsaufgabe bei der Auftragsabarbeitung zu. Dabei
werden Teilschritte und abgeschlossene Aufträge dem PPS-System rückgemeldet. Hierzu
gehört bspw. die Rückmeldung über den aktuellen Auftragsstatus, den aktuellen Werk-
zeugbestand, den Zustand (z. B. Störungen) der Maschinen, den aktuellen Arbeitsstand
der Maschinen etc. Hierdurch wird erreicht, dass das PPS-System seine Auftragsplanung
auf Echtzeitdaten aufbauen kann und nicht auf Grundlage geplanter Daten kalkulieren
muss. So wird es möglich, dass das PPS-System Aufträge unter Berücksichtigung von aktuell im Bedarfszeitpunkt erhobenen Informationen vergibt (aktueller Prozessstatus,
Maschinenkapazität oder Bestand an Werkzeugen an den Maschinen etc.).

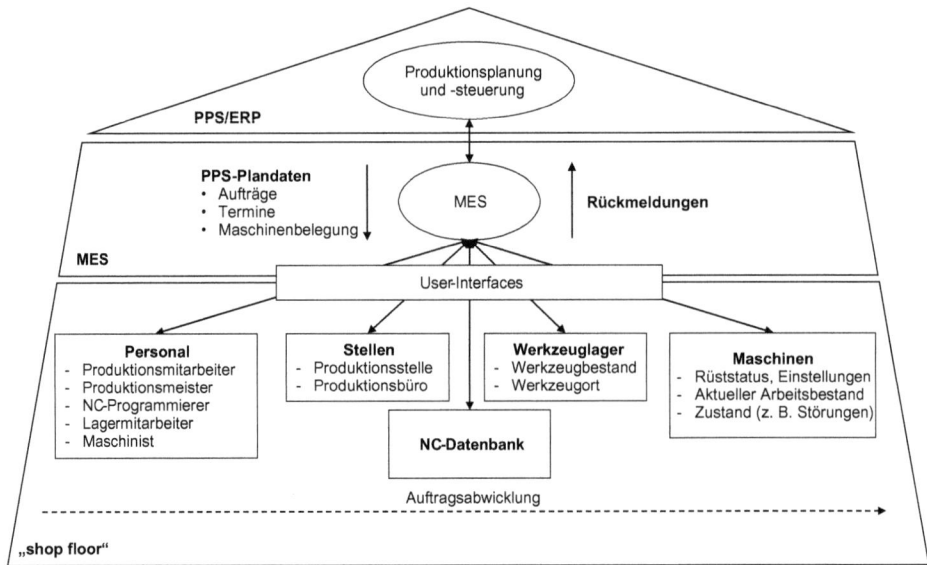

Abb. 9.1 Lösung 9-F1 a): Das Manufacturing Execution System als Kommunikations-Hub. (Obermaier et al. 2010; Obermaier 2019)

Horizontale Integration bedeutet, dass das MES die am physischen Fertigungsprozess beteiligten Akteure verbindet: Das MES vernetzt die Maschinen auf „Shop-Floor"-Ebene informationstechnisch. Zu diesen Akteuren gehören entlang des Produktionsprozesses mehrere Mitarbeiter (Meister, Programmierer, Lagerist, Maschinist), Produktionsstellen, das Werkzeuglager und die einzelnen Maschinenstandorte. Hierfür stellt es die nötigen Schnittstellen bereit, um eine Kommunikation zwischen den häufig mit proprietären Datenformaten arbeitenden Maschinen zu ermöglichen. Die Umsetzung eines MES kann in einer Client-Server-Architektur folgen, wobei das MES als zentrale Informationsdrehscheibe in der Fertigung dient. Die einzelnen Akteure melden ihre Anfragen dem MES, das die geforderten Informationen bei den entsprechenden Akteuren abfragt, diese Informationen gegebenenfalls verknüpft und das Ergebnis der anfragenden Stelle überträgt.

Auf diese Weise wird die Anzahl der Kommunikationsschnittstellen der beteiligten Akteure einer Fertigung reduziert, da die Informationsübermittlung nicht mehr jeweils bilateral, sondern zentral über das MES als Informations-Hub erfolgt. MES sind somit als funktionale Ergänzung zu ERP-Systemen zu sehen, um Prozesse in der Fertigung zeitnah zu planen und zu steuern sowie den aktuellen Material- und Informationsfluss transparent abzubilden.

Aufgabe c) Die Lösungen zu dieser Teilaufgabe sind in Tab. 9.6 zusammengetragen.

Tab. 9.6 Lösung 9-F1 c): Lösung der Probleme durch das Manufacturing Execution System

Problem/Ursache	Fehler bei der manuellen Übertragung der vom PPS-System bereitgestellten Produktionsdaten als Excel-Liste
Auswirkungen	– Bei fehlerhaft übertragenen Startterminen: Material und Kapazitäten stehen nicht bereit; Durchlaufzeit und Opportunitätskosten steigen aufgrund steigenden Produktionsbestands – Bei fehlerhaft übertragenen Endterminen: Fehlplanung der Kapazitäten, andere Aufträge müssen warten; erneut: Steigen von Durchlaufzeit und Opportunitätskosten – Korrektur des Endtermins erzwingt eventuell eine Benachrichtigung des Kunden: Dies führt vermutlich zu Unzufriedenheit bei den Kunden und schadet dem Image des Unternehmens – Bei fehlerhaft übertragenen Produkteigenschaften: Anfallen von Materialkosten (Ausschuss, Material muss eventuell nachbeschafft werden), Entsorgungskosten (z. B. in Form von Personalkosten o. Entsorgungsgebühren), unnötige Maschinenabnutzung (führt bspw. zu früherer Notwendigkeit einer Wartung), unnötige Personalkosten (bspw. muss Nacharbeit geleistet werden), unnötige Rüstvorgänge (es muss abgerüstet und das Werkzeug in das Lager rückgeführt werden) etc – Personalaufwand (Korrektur der Übertragung, Kommunikation des Fehlers an Kollegen und Vorgesetzte, „Frust")
Lösung	Das MES nimmt die vom PPS-System generierten Daten an und verteilt diese ohne weitere menschliche Schnittstelle digital an die Wertschöpfungsakteure. Eine manuelle Übertragung der Daten entfällt somit. Das Risiko einer Fehlübertragung sinkt durch das Abnehmen der Schnittstellen und Medienbrüche
Problem/Ursache	Umständliche Verwaltung der NC-Programme
Auswirkungen	– Personalaufwand (Suche nach bereits bestehenden NC-Programmen nimmt viel Zeit in Anspruch, Verwaltung der NC-Programme durch Mitarbeiter, Aufrechterhalten und Pflege des Ordnersystems, eventuell Einlernen neuer Kollegen etc.) – Fehlerrisiko bei der Übertragung: NC-Programme müssen manuell je Auftrag durch die Mitarbeiter in die Maschine eingespeist werden. Dies kann erneut zu Materialkosten, Entsorgungskosten, Maschinenabnutzung, Personalaufwand etc. (s. o.) führen
Lösung	Im Zuge der MES-Implementierung wurde eine NC-Programmdatenbank angelegt, die das MES bei Auftragseingang nach dem passenden NC-Programm durchsucht, um passende NC-Programme vergangener Aufträge zu finden. Das MES überträgt das entsprechende Programm daraufhin plangemäß an die zuständigen Maschinen
Problem/Ursache	Der Werkzeug-Ist-Bestand zu einem gegebenen Zeitpunkt ist nicht bekannt und kann daher auch nicht in der Maschinenplanung berücksichtigt werden
Auswirkungen	– Personalaufwand (unnötige Laufzeiten der Lagermitarbeiter, eventuell längere Suche nach passenden, aber aktuell nicht im Lager befindlichen Werkzeugen) – Rüstaufwand (Maschinen werden abgerüstet, um später mit demselben Werkzeug wieder gerüstet zu werden)

(Fortsetzung)

Tab. 9.6 (Fortsetzung)

Problem/Ursache	Der Werkzeug-Ist-Bestand zu einem gegebenen Zeitpunkt ist nicht bekannt und kann daher auch nicht in der Maschinenplanung berücksichtigt werden
Lösung	Das MES stellt durch Echtzeitabfrage fest, welche Werkzeuge an welchen Maschinen montiert sind und sendet diese Informationen an das PPS-System. So kann der Werkzeug-Ist-Bestand in der Produktionsplanung berücksichtigt und Aufträge den Maschinen zugeordnet werden, an denen die meisten passenden Werkzeuge montiert sind
Problem/Ursache	Schwankungen im Produktionssystem (z. B. schnellere Arbeit, Störungen etc.) werden zu spät bzw. gar nicht erkannt.
Auswirkungen	– Bilden von Warteschlangen (Durchlaufzeiten steigen, Bestandskosten steigen, eventuelle Nicht-Erfüllung des geplanten Fertigstellungstermins, Mitarbeiter müssen schneller arbeiten etc.) – „Hungern" von Maschinen (Leerkosten)
Lösung	Das MES empfängt laufend Echtzeitdaten zum aktuellen Produktionsstand und meldet diese dem PPS-System: Dieses kann dann Planänderungen durchführen, um den Workflow besser zu verteilen

Fallstudie 2 – Bohrmaschinenhersteller Drill Master AG

▶ **Tipp** Im Lehrbuch „**Produktionswirtschaft: Planung, Steuerung und Industrie 4.0"** finden Sie in Kap. 4 eine breite Einführung in das Konzept der „Industrie 4.0" sowie der darin maßgeblichen technologischen Themenfelder.
Produktionswirtschaft: Planung, Steuerung und Industrie 4.0, Autoren: Florian Kellner, Bernhard Lienland, Maximilian Lukesch (3. Auflage, erschienen bei Springer Gabler, 2022; eBook ISBN: 978-3-662-65803-1, Softcover ISBN: 978-3-662-65802-4).

Aufgabe a) Ein cyber-physisches System ist eine Menge informationstechnischer und physischer Elemente, die über eine Dateninfrastruktur – typischerweise das Internet – miteinander verbunden sind und in Echtzeit untereinander Daten senden, verarbeiten und empfangen sowie auf Basis der verarbeiteten Informationen angemessene Handlungen wählen und durchführen. Die Kommunikation und Zusammenarbeit der Elemente eines cyber-physischen Systems erfolgt über Sensoren, Mikroelektronik und Aktoren. Im Text finden sich hierzu:

• „Smart glasses" in der Kommissionierung: Der Kommissionierer (physisches Element) nutzt die Brille, um Materialien (physisches Element) und Behälter (physisches Element) gemäß der vorgegebenen Entnahmelisten (Information) zu identifizieren. Gleichzeitig gibt ihm die Brille eine distanzminimale Sammelroute vor, d. h. eine in physische Aktionen umzuwandelnde Information. Die Brille stellt das Verbindungsstück dar, da durch sie die für die Entnahme notwendigen Informationen dem Mitarbeiter nahtlos mitgeteilt werden (Augmented Reality).

- Intelligente Behälter: Behälter (physisches Element) sind einem Auftrag (Information) zugewiesen und erkennen, welche Teile in ihn hineingelegt werden und sich in ihm befinden bzw. fehlen (physisches Element sowie Information). Der Behälter unterstützt den Kommissionierer zusätzlich zur intelligenten Brille mit Warn- und Bestätigungstönen.
- Intelligent-autonome Transportfahrzeuge: Fahrzeuge (physisches Element) werden über Reflektoren und Laserscanner (physisches/informationstechnisches Element) befähigt, vorgegebene Strecken (z. B. den Weg einer Transportbox zur vorgesehenen Fertigungs- bzw. Montagestelle) abzufahren, d. h. sie erlangen die Fähigkeit, physische Aktionen auf Basis vorgegebener Informationen durchzuführen. Hierfür kommuniziert das Transportfahrzeug mit dem Behälter und dessen Auftragsinformationen.

Aufgabe b) Im Wesentlichen sinkt die Durchlaufzeit des einzelnen Auftrags:

- Sinken des Risikos falscher Picks durch den Einsatz der „smart glasses" (Sinken des Risikos von Vergessen, Zeilenverrutschen und falschen Griffen) führt zu einem Sinken des Risikos von Fehlproduktionen (Aufträge stimmen „beim ersten Mal" und müssen nicht nachgebessert werden)
- Wegfallen der Unterlagenbearbeitung während des Herstellungsprozesses (Abzeichnen und Ablegen von auftragsbegleitenden Unterlagen)
- Leichteres Einlernen neuer Mitarbeiter in der Kommission führt zu schnellerer Adaption und zu einem früheren Erreichen einer hohen Kommissionierproduktivität
- Beschleunigung des Pick-Vorgangs (Unterstützung des Kommissionierers beim Pick, Vorgabe distanzminimaler Routen, Nutzung autonomer Transportfahrzeuge nach Beendigung eines Pickvorgangs)
- Beschleunigung der innerbetrieblichen Bewegung des Auftrags durch die Nutzung intelligenter Behälter und autonomer Transportfahrzeuge (Bestände „wandern" selbstständig und schneller durch das Unternehmen)

Diese Gründe können alternativ auch für eine Argumentation sinkender Stückkosten herangezogen werden, wobei eine derartige Betrachtung auch den durch den Einsatz der cyber-physischen Systeme erzeugten Aufwand berücksichtigen müsste.

Aufgabe c) Für den Produktionsfaktor „Mensch" ergeben sich folgende maßgebliche Auswirkungen:

- Der Mensch wird zum „assistierten Bediener" und kann sich auf die Aufgaben konzentrieren, die er besser als eine Maschine durchführen kann. In diesem Fall umfasst dies maßgeblich den Greifvorgang während der Kommission sowie die Durchführung von Fertigungs- und Montageprozessen. Der Einsatz cyber-physischer Systeme entlässt den Mitarbeiter indes nicht daraus, seinen Verantwortungsbereich zu beaufsichtigen und Fehler im System zu korrigieren.

- Das Einlernen neuer Mitarbeiter wird vereinfacht: Das Einlernen erfolgt schneller und erlaubt es dem Mitarbeiter, früher ein höheres Produktivitätsniveau zu erlangen.
- Es können sich jedoch – wie im Text angedeutet – Akzeptanzprobleme in der Belegschaft ergeben. Über deren Inhalt kann spekuliert werden:
  - Teile des alten Fertigungsprozesses werden automatisiert und dem Menschen abgenommen. Dies kann den Arbeitsprozess monotoner erscheinen lassen.
  - Insbesondere Mitarbeiter, die mit dem alten Fertigungsprozess vertraut sind, müssen daran gewöhnt werden, dass Teile ihrer bisherigen Arbeit nun von Objekten durchgeführt werden. Dies erfordert auch Vertrauen der Mitarbeiter in den betriebswirtschaftlichen Sinn der Maßnahmen.
  - Der Einsatz von Smart Glasses ist für den Einzelnen zumindest während der ersten Einsatzstunden gewöhnungsbedürftig, da das Sichtfeld des Mitarbeiters nun mit Informationen befüllt wird und somit das gewohnte Bild der Realität überlagert.
  - Eventuell wird die Aufnahme von Informationen im Sichtfeld des Mitarbeiters als anstrengend für die Augen wahrgenommen.
  - Das Aussehen der Smart Glasses kann ebenfalls eine bedeutende Rolle bei der Akzeptanz spielen.

Fallstudie 3 – Snackhersteller BestSnack AG

▶   **Tipp** Im Lehrbuch „**Produktionswirtschaft: Planung, Steuerung und Industrie 4.0**" finden Sie in Kap. 4 eine breite Einführung in das Konzept der „Industrie 4.0" sowie der darin maßgeblichen technologischen Themenfelder.
     Produktionswirtschaft: Planung, Steuerung und Industrie 4.0, Autoren: Florian Kellner, Bernhard Lienland, Maximilian Lukesch (3. Auflage, erschienen bei Springer Gabler, 2022; eBook ISBN: 978-3-662-65803-1, Softcover ISBN: 978-3-662-65802-4).

Aufgabe a) Der Begriff „Big Data" bezeichnet Daten, die über das normale Maß von Datenmenge (Tera- bis Zettabyte-Bereich), -erhebungsgeschwindigkeit (Echtzeit) und -heterogenität (Zahlen, Text, Grafiken, Bilder, Videos, Audio) hinausgehen. Der Begriff steht also für Datenmengen, die bspw. zu groß, zu komplex, zu schnelllebig oder zu schwach strukturiert sind, als dass sie mit herkömmlichen Methoden der Datenverarbeitung ausgewertet werden können. Häufig sind Methoden des Parallel Computing nötig, um die anfallende Datenmenge zu verarbeiten.

Das Adjektiv „Big" bezieht sich somit auf mehere Dimensionen, die häufig auch als die „Vs" von Big Data bezeichnet werden. Hierzu zählen:

- Volume (d. h. der Datenumfang, das Datenvolumen)
- Velocity (d. h. die Geschwindigkeit, mit der die Datenmengen generiert und transferiert werden)

- Variety (d. h. die Bandbreite der Datentypen und -quellen)
- Veracity (d. h. die Echtheit von Daten)
- Value (d. h. der unternehmerische Mehrwert der Daten)
- Validity (d. h. die Sicherstellung der Datenqualität)

Im vorliegenden Text werden Maschinen- und Produktdaten in Echtzeit erhoben, die in unterschiedlichen Datenformaten vorliegen (Zahlen, Datum, Bilder). Dies führt zu einer stets steigenden Menge historischer Daten zu Maschinen-/Produktdaten-Konstellationen.

Der Begriff „Analytics" bezeichnet die systematische Sammlung, Untersuchung und Verarbeitung von Daten, typischerweise „Big Data". In der Fallstudie wird versucht, durch die Untersuchung von Maschinen- und Produktdaten herauszufinden, bei welchen Parameterkonstellationen sich welche Qualitätsveränderungen (Produktebene) und Wartungsanforderungen (Maschinenebene) ergeben. Auf diese Weise kann dafür Sorge getragen werden, dass …

1. die zu den Qualitätsschwankungen führenden Parameter (z. B. der Zusammenhang von Knusprigkeit und Dicke mit der Rotationsgeschwindigkeit der Schneidemaschine und der Durchlaufgeschwindigkeit der Fritteuse) frühzeitig antizipiert und entsprechende Vorkehrungen getroffen werden können und
2. bessere Wartungspläne entwickelt werden können.

Beide Elemente sorgen ceteris paribus – werden die Kosten für die Einrichtung und Unterhaltung des Datenanalysesystems außer Acht gelassen – dafür, dass die Stückkosten der Produktion sinken. Dies ist im Wesentlichen auf die sinkende Ausschussrate (Warnung der Mitarbeiter vor kritischen Konstellationen, Erkennen sinkender Produktqualität) und die sinkenden Reparaturkosten (durch besser getaktete präventive Wartung) zurückzuführen.

Aufgabe b) Die Lösung ist in Tab. 9.7 angegeben.

Tab. 9.7 Lösung 9-F3 b): Einsatz von Analytics bei der BestSnack AG

Schritt	Beschreibung	Einsatz bei der BestSnack AG
Descriptive Analytics	Daten werden mithilfe von Sensoren in großer Menge gesammelt und mit ERP-Daten akkumuliert. Dies erhöht die Transparenz des Produktionssystems und lässt Abweichungen im Datenfluss erkennen	Mithilfe des Datenanalysesystems werden laufend Produkt- und Maschinendaten erhoben – eine Produkt-Maschinen-Historie entsteht. Werkzeug der Erhebung sind Sensoren, Mitarbeiter und Kameras. Der Production Data Analyst und der Production Data Scientist suchen mithilfe von Data-Mining-Verfahren nach Abweichungen im Datenfluss (bspw. Absinken der Qualität, ungewöhnliche Vibrationen/Geräusche der Maschinen)

(Fortsetzung)

Tab. 9.7 (Fortsetzung)

Schritt	Beschreibung	Einsatz bei der BestSnack AG
Diagnostic Analytics	Mithilfe von Algorithmen wird versucht, Datenmuster zu ermitteln, die zu den vorher erkannten Abweichungen geführt haben	Der Production Data Analyst und der Production Data Scientist untersuchen die erhobenen Daten auf Muster hin und ermittelt deren Ursprung
Predictive Analystics	Mithilfe der erkannten Muster können Prognosen für zukünftige Ereignisse im Produktionssystem bei unterschiedlichen Parametern aufgestellt werden (Was wäre, wenn …?)	Auf Basis der erkannten Muster entwickelt der Production Data Scientist Prognosemodelle, die zur Warnung der verantwortlichen Produktionsmitarbeiter vor kritischen Datenkonstellationen bei Produkten (Qualitätsschwankungen) und Maschinen (Wartungsbedarf) herangezogen werden können
Prescriptive Analytics	Spezielle Entscheidungsunterstützungs-systeme nehmen auf die im vorigen Schritt entwickelten Prognosen Bezug und geben Vorschläge zur Steigerung der Effizienz des Produktionssystems	Bei der BestSnack AG fehlt ein geeignetes Entscheidungsunterstützungssystem. Stattdessen entscheiden verantwortliche Produktionsmitarbeiter darüber, wie auf kritische Datenkonstellationen reagiert werden soll

Aufgabe c) Cloud Computing bezeichnet IT-Leistungen (z. B. Speicher, Software, Rechenkapazität), die über ein Netzwerk (Internet, Intranet) zur Verfügung gestellt werden. Im Gegensatz zu lokal verfügbaren Rechenkapazitäten kann das Ausmaß der benötigten IT-Leistungen mithilfe von Cloud Computing nach Bedarf skaliert werden. Cloud Computing kann als eine Weiterentwicklung des traditionellen Hostings bezeichnet werden. Traditionelles Hosting zeichnet sich durch dedizierte Server aus, bei denen die Inanspruchnahme vollständig bezahlt wird, unabhängig davon, wie viel der Serverkapazität tatsächlich genutzt wird. Weiterhin sind Veränderungen der Speicherressourcen nur durch einen manuellen Eingriff in die Hardware zu erreichen. Anders als das traditionelle Hosting ist die Cloud in der Lage, Daten schnell und sicher zu replizieren und diese mehrfach an verschiedenen Orten zu speichern. Die Vorteile des Cloud Computing für die Best-Snack AG sind die Folgenden:

- Das Anwachsen der Datenmenge erfordert eine einfach skalierbare Speicherlösung. Cloud Computing ermöglicht dies.
- Die örtlich und zeitlich ungebundene Zugriffsfähigkeit auf die Daten in der Cloud ermöglicht es dem Production Data Analyst und dem Production Data Scientist, auf die Produkt-Maschinen-Historie von jedem Ort und zu jeder Zeit zurückzugreifen.
- Die Ausfallsicherheit schützt die BestSnack AG davor, ihren wachsenden – und damit für eine zielgerichtete Auswertung wertvoller werdenden – Datenschatz zu verlieren.

Fallstudie 4 – Automotive-Zulieferer Autobotix AG

▶ **Tipp** Im Lehrbuch „**Produktionswirtschaft: Planung, Steuerung und Industrie 4.0**" finden Sie in Kap. 4 eine breite Einführung in das Konzept der „Industrie 4.0" sowie der darin maßgeblichen technologischen Themenfelder.
Produktionswirtschaft: Planung, Steuerung und Industrie 4.0, Autoren: Florian Kellner, Bernhard Lienland, Maximilian Lukesch (3. Auflage, erschienen bei Springer Gabler, 2022; eBook ISBN: 978-3-662-65803-1, Softcover ISBN: 978-3-662-65802-4).

Aufgabe a) Der Chef-Controller beschreibt die riskanten Folgen, die ein Beibehalten der aktuellen Vertriebsstrategie mit Blick auf die volatile Unternehmensumwelt hat. Das Vertriebsziel lässt sich in wenigen Worten darauf reduzieren, dass die Autobotix jeden Ersatzteilwunsch ihrer Kunden möglichst schnell bedienen können möchte. Die Folge daraus ist, dass das Unterhemen jedes Ersatzteil auf Lager hält, darunter auch die nur selten angefragten Teile („Exoten"). Diese in Kapital gebundenen Ressourcen „drücken" den EVA, da sie – in gewichteter Form und gemeinsam mit den Fremdkapitalkosten – den operativen Gewinn nach Steuern reduzieren. Die tatsächliche Wertgenerierung im Sinne des EVA sinkt also.

Dies ist jedoch eine bewusst getroffene Trade-Off-Entscheidung, da Material- und Raumkosten bisher niedrig waren und somit der Effekt des großen Lagerbestands kleiner als der Effekt des Vertriebsziels auf den operativen Gewinn war. Nun steigen Material- und Raumkosten und der Lagerbestand muss höher gewertet werden – der Trade-Off kippt nun. Der Chef-Controller rät also entweder die Preise zu erhöhen (= Steigerung des operativen Gewinns unter der Annahme, dass das Verkaufsvolumen gleichbleibt) oder nach einer anderen Lösung zu suchen. Diese andere Lösung kann implizit darin bestehen, nach Wegen zu suchen, den Lagerbestand zu reduzieren, aber das Vertriebsziel weiterhin aufrecht zu erhalten.

Aufgabe b) Die Protagonisten nennen zusammengefasst folgende Zahlen, die sich auf Szenarien verteilen lassen (siehe Tab. 9.8).

Tab. 9.8 Fallstudie 4: Zusammenfassung der Szenariendaten

Person	Bezugspunkt im Du-Pont-Schema	Optimistisch	Pessimistisch
Karsten Kreutzberg, Produktionsleitung	Fertigungseinzelkosten	+ 10 %	+ 20 %
Karsten Kreutzberg, Produktionsleitung	Fertigungsgemeinkosten	+ 4 %	+ 8 %
Karsten Kreutzberg, Produktionsleitung	Bereichsfixe Kosten: Übungsmaterial, Ausschuss	+ 0,5 %	+ 1 %

(Fortsetzung)

Tab. 9.8 (Fortsetzung)

Person	Bezugspunkt im Du-Pont-Schema	Optimistisch	Pessimistisch
Nicoletta Buratti, Qualitätskontrolle	Bereichsfixe Kosten: Fortbildung Qualitätskontrolle	+ 1 %	+ 3 %
Max Keller, Einkaufsleitung	Materialgemeinkosten	+ 10 %	+ 20 %
Max Keller, Einkaufsleitung	Anlagevermögen	+ 1 %	+ 2 %
Antonia Kirchweger, Personalabteilung	Bereichsfixe Kosten: Lehrgang Produktion, Gehaltserhöhung	+ 2 %	+ 3 %
Arne Schricker, Lagerverwaltung	Bestände	− 70 %	− 10 %
Kadeem Salih, Vertriebsleitung	Erlös/Stück	− 5 %	− 8 %
Maren Preissner, Market Analysis	Menge	− 0 %	− 3 %

Der ROI der Ausgangssituation beträgt 3,55 %.

Im optimistischen Szenario würde der ROI auf 4,4 % steigen.

Im pessimistischen Szenario würde der ROI auf 2,12 % sinken.

Aufgabe c)

- Schwierigkeit, geeignete Fachkräfte zu finden (Konsequenz: Hohe Lohnkosten)
- Notwendigkeit, Fachkräfte neu auszubilden
- Neue Zertifizierungen
- Zweifel, ob die Materialqualität beibehalten werden kann
- Notwendigkeit zur Ausbildung in der Qualitätskontrolle
- Hohe Investitionskosten für die Drucker
- Geringere Produktionsgeschwindigkeit bei hohen Stückzahlen im Vergleich zu klassischen Maschinen
- Geringe Skalierfähigkeit
- Skepsis bzgl. Urheberechten

Literatur

Kellner, F., Lienland, B., Lukesch, M.: Produktionswirtschaft: Planung, Steuerung und Industrie 4.0. Springer Gabler, Berlin (2020)

Obermaier, R.: Handbuch Industrie 4.0 und Digitale Transformation. Springer Fachmedien, Wiesbaden (2019)

Obermaier, R., Hofmann, J., Kellner, F.: Webbasierte Fertigungssteuerung in der Praxis. HMD Praxis der Wirtschaftsinformatik. **47**(2), 49–59 (2010)

© Springer-Verlag GmbH Deutschland, ein Teil von Springer Nature 2024   281
M. Lukesch, F. Kellner, *Übungsbuch Produktionswirtschaft*,
https://doi.org/10.1007/978-3-662-68672-0